# 日本福岡大學《文心雕龍》
# 國際學術研討會論文

日本福岡大學文心雕龍
國際學術研討編委會
主　編

文史哲出版社印行

國家圖書館出版品預行編目資料

日本福岡大學《文心雕龍》國際學術研討會
論文集 / 日本福岡大學文心雕龍國際學
術研討編委會主編. -- 初版. -- 臺北市：
文史哲, 民 96
　頁: 公分
　含參考書目
　ISBN 978-957-549-711-8(平裝)
　1. 文心雕龍 – 論文,講詞等　2. 文心雕

龍 – 研究與考訂

820.7　　　　　　　　　　　　　96006258

# 日本福岡大學《文心雕龍》
# 國際學術研討會論文集

主　編　者：日本福岡大學文心雕龍
　　　　　　國際學術研討編委會
出　版　者：文史哲出版社
　　　　　　http://www.lapen.com.tw
登記證字號：行政院新聞局版臺業字五三三七號
發　行　人：彭　　　正　　　雄
發　行　所：文史哲出版社
印　刷　者：文史哲出版社
　　　　　　臺北市羅斯福路一段七十二巷四號
　　　　　　郵政劃撥帳號：一六一八○一七五
　　　　　　電話886-2-23511028・傳真886-2-23965656

**實價新臺幣六○○元**

中華民國九十六年（2007）三月初版

# 日本福岡大學《文心雕龍》
# 國際學術研討會論文集

## 目　　次

乙酉二月廿八日 林中明攝影記詩

赤子之心 一蹴而得

岡村繁教授蹴球花海

櫻花樹下問學者
笑言老師踢球去
遙看場上數童子
八三先生最得趣

買初春福岡大濠公園
櫻花盛放如海勢 文心
學者鋪席櫻下飲酒
論學甚樂座中唯岡村
先生遊走花海草場逐
童子踢球自得其樂矯健
如六十年前誠赤子心之真人也

維摩詰
經云
過去現在
未來三心
皆不可得
赤子心不
可得也
不知赤子
之心赤不
可得也

赤子心不可得

岡村先生踢足球

畏友遙翔洋上來櫻花燦爛待之開

中明始唱斌心說四海諸賢頌睿才

乙酉四月四日五日於日本福岡大學召開文心雕龍國際

學術研討會此時畏友林氏中明自美國來於福岡而見贈

其大作斌心雕龍一本因繫以詩一首謝之

乙酉五月二十八日　鹿山　岡村繁　謹撰書

岡村先生贈書法

# 《文心雕龍論文集》序

## 岡 村 繁

2005 年 4 月 4 日至 5 日,「文心雕龍國際學術研討會」在風和日麗、櫻花盛開的日本福岡市的福岡大學隆重舉行。此論文集便是以當時發表的研究成果爲中心並追加了沒有趕上研討會的論文編輯付梓的。

附帶說一下,此「文心雕龍國際學術研討會」的籌備組織如下:大會名譽主席爲國立九州大學名譽教授町田三郎博士、大會主席爲福岡大學笠征教授、大會秘書長爲西南學院大學王孝廉教授、大會執行主席爲福岡大學甲斐勝二教授、長崎大學連清吉副教授司總務、北九州市立大學葉言材副教授、福岡國際大學海村惟一副教授主國外學者之迎送。這些都是我的舊交親友,由他們來做學會的籌備者,我的心裏真踏實。

由於這些學會籌備者的不惜辛勞,爲參會學者營造了良好的環境,所以參加此次研討會的學者顯得意外的多彩多姿。若列舉其主要參會學者的話,以中國文心雕龍學會原會長復旦大學的王運熙先生、前會長北京大學的張少康先生、臺灣文心雕龍研究的最高權威臺灣師範大學的王更生先生爲首,有來自上海社會科學院的林其錟先生、復旦大學的楊明先生、南京師範大學的石家宜先生、人民文

學出版社的劉文忠先生、澳門大學的鄧國光先生、北京大學的汪春泓先生、臺灣師範大學的劉渼女士、原鎮江市長‧中國文心雕龍資料中心的錢永波先生，有來自美國的《斌心雕龍》的著者‧張敬基金會的林中明先生、韓國啓明大學的諸海星先生，還有來自世界各地的前途輝煌的少壯精英，他們的參會使學會的氣氛既秋高氣爽又春色盎然。但是，遺憾的是作爲承辦方的日本，參會者‧研究報告者僅數人而已。其實，會期正值四月上旬，日本各大學正逢新學期之始，此乃一年中最忙之時，實處無奈，不得而已。

　　儘管如此，正如上述列舉的文心雕龍學界的重鎮、英銳的參與，學會的學術報告均頗具深度，令人受益匪淺；質疑應答亦不同凡響，會場的學術氣氛可謂自由活潑。此研討會由專題演講：岡村繁的〈莊老告退，而山水方滋—淝水之戰的文化史意義〉、王運熙的〈《文心雕龍》的藝術標準〉、王更生〈民國時期的《文心雕龍》學〉拉開了帷幕，接著由岡村繁‧林中明‧王更生‧張少康‧甲斐勝二‧諸海星各位教授依次爲大會主席，兩天之間共主持了十八位學者作了學術報告。其報告內容有《文心雕龍》的語詞研究‧文體研究‧文藝思想研究，《文心雕龍》與佛教思想的關係，《文心雕龍》與《詩品》的比較研究，漢代賦學與《文心雕龍》的關係，由明清至近年的《文心雕龍》研究史；更有與日本江戶時代的文論作比較研究的，提倡與愛爾蘭小説家喬伊斯（James Joyce, 1882～1941）的長篇小説《尤利西斯》（Ulyses）

　　作相互對照的國際比較文學研究，提倡網絡《文心雕龍》研究資料的建構，介紹鎮江市圖書館附設的「中國《文心雕龍》資料中心」等等，從傳統研究到新興問題，其涉及範圍之廣，論及層次之深，提示了近年《文心雕龍》研究所面臨的各種方向性的問題，真可謂富有啓發性的高層次的研討會。

　　因而，通覽此論文集的目錄便彷彿置身於此屆研討會的自由活潑的學術氣氛之中。正值此時，好像與此次研討會事先約好似的，王元化先生的名著《文心雕龍講疏》日譯本作爲《王元化著作》第一集由日本東京的汲古書院出版，還有日本大東文化大學門脇廣文教授的勞作《文心雕龍研究》由東京的創文社付梓。與這兩大專著問世的同時，此次「文心雕龍國際學術研討會」在福岡市召開，這2005年對於日本來説真可謂是《文心雕龍》研究的記念年吧。

　　回想起每年的4月初都已過了盛開季節的福岡市的櫻花，只是今年也好像與此次研討會事先約好似的，推遲了開花的日期，幸此，我們的學會能在可以自豪的櫻花盛開的美麗季節裏召開，可謂天公作美。會場附近便是櫻花名勝之一福岡城遺址，利用學術報告的休息時間去觀賞櫻花，會後再去品味夜空下的櫻花，遠道而來的諸位學者可以盡情玩味日本春天的風景詩。我殷切希望此次學會與此冊論文集將作爲一個新的基座，爲今後世界各國的研究者們進一步強化交流的感情，擴大友好的花輪。

　　最後，若要說起此次在福岡大學召開的「文心雕龍國際學術研討會」與此冊論文集編輯出版的原委的話，最初於2004年夏長崎大學的連清吉先生慈惠委託福岡大學的笠征教授召開此次學會。因爲有曾經於1991年5月在福岡市召開過同樣的「文心雕龍國際學術研討會」的經驗，還有目加田誠・岡村繁兩教授長期培養而形成的《文心雕龍》研究的國際性的人緣關係。這些因素就成了連先生繼往開來召開此次學會的原動力，邀請信的寄發、參會者的登錄、參會者的住宿、用餐的準備、報告稿件的徵集・印刷、運營經費的確保等等的重任幾乎一人承擔，還爲此論文集的出版作了準備。聽說美國的林中明先生主持的「張敬國學基金會」爲了支援此次研討會的召開提供了高額的經費援助，不勝感激。

擱筆之前，於茲一併表示深深的謝意。

2006 年 1 月 10 日於日本福岡

**海村惟一**　翻譯

# 序

## 泛論當前《文心雕龍》研究概況

## 笠　征

二○○五年四月，正當福岡櫻花盛開的時候，我們以非常愉快和激動的心情，迎來了「《文心雕龍》國際學術研討會」的召開，迎來了龍學研究界的許多老朋友和新朋友！

福岡是日本南部一個美麗、和平、寧靜的城市，讓我們感到有特殊意義的是福岡和《文心雕龍》有著很悠久的親緣關係。日本老一代研究《文心雕龍》和中國古代文學的著名學者目加田誠教授，是九州大學的名譽教授，也是九州大學中國古代文學研究的奠基者，他不僅把《文心雕龍》全文翻譯成日語，作了詳細注釋，而且發表過很多極有理論深度的研究《文心雕龍》論文。岡村繁教授繼目加田誠先生之後，成爲九州大學研究中國古代文學和《文心雕龍》的大師，他的《文心雕龍索引》一書，曾長期享譽海內外。一九八三年中國大陸以著名學者王元化教授、牟世金教授、章培恒教授爲代表的「《文心雕龍》學術訪問團」也專程到福岡來訪問。

記得十四年前，也就是一九九一年五月，在日本九州「中國學會」年會之際，我們曾經在福岡開過一次小型的《文心雕龍》學術

研討會，我的老師岡村繁教授主持了那次會議，當時與會的除日本學者外，還有中國大陸、臺灣、韓國的學者，雖然會議的時間很短，只有一天，但是它結我們留下了極其深刻的印象，和難忘的美好回憶！那次會議的論文，由臺灣著名的研究《文心雕龍》學者王更生先生帶回臺灣，經過細緻的編輯後，在臺灣文史哲出版社出版。今年這次會議是十四年前那次會議的繼續。岡村先生已經八十多歲高齡，我們這次會議既是對岡村先生健康長壽的祝賀，也是對岡村先生一生研究中國古代文學、研究《文心雕龍》的卓越學術成就的贊頌！十四年前參加會議的學者，除了韓國的李炳漢教授、臺灣的黃錦鋐教授、中國大陸的馬白教授未能前來，町田三郎教授因工作繁忙沒有出席會議，其他的學者都來了。大家雖已經年逾古稀，甚至接近耄耋之年，但是，有這樣一次重逢，真的感到無比的欣喜和寬慰！

本次會議比十四年前的會議無論在人數、時間和規模上，都大大地擴展了，除了上次參加會議的老朋友（如王更生先生、張少康先生等）外，還有很多研究《文心雕龍》的著名學者，是第一次來日本參加學術會議，如年近八十的王運熙先生，《文心雕龍》版本研究方面卓有成就的林其錟先生，大陸《文心雕龍》學會的負責人劉文忠先生、石家宜先生。特別是從劉勰出生和生活的故鄉 —— 江蘇鎮江特地前來的錢永波先生，熱情地爲我們介紹了劉勰老家的父老鄉親們對劉勰的深沉懷念和鎮江南山風景區文心閣的建設，以及《文心雕龍》資料中心的發展狀況。這裏我特別要提倒的是美國的林中明教授，不僅遠道越洋趕來參加會議，還非常熱情地爲會議提供了贊助，爲本次會議的圓滿成功，作出了重要的貢獻。臺灣研究《文心雕龍》的學者劉渼教授、方元珍教授也都曾經爲本次會議的召開，做了很多聯絡和籌備工作，提供了許多積極有益的建議。此

外，還有許多龍學界年輕的新朋友，他們將是未來龍學研究的中堅力量。當然，更爲重要的是本次會議有很高的學術質量，每一位參加會議的學者，都帶來了他們精心研究、水平很高的學術論文。大家把自己最新的研究成果帶到會議上，對劉勰的生平思想和《文心雕龍》所包含的豐富的文學理論內容，作出了相當深刻的分析和論述，提出了很多富有啓發性的新見解。這對推動劉勰和《文心雕龍》研究的發展，無疑將起到重大的促進作用。

本次會議是由福岡大學籌辦的。具體的策劃和組織，是由福岡大學甲斐勝二教授和長崎大學連清吉教授來負責的。他們爲會議的順利召開，付出了大量的心血和精力，默默地奉獻了很多寶貴的時間。甲斐教授也是日本中青年一代很有成就的研究《文心雕龍》學者。我謹向他們二位表示真誠的敬意和感謝！

和十四年前的會議一樣，本次會議的論文，也還是由王更生教授帶回臺灣，經過認真的整理編輯，交由文史哲出版社出版。王更生教授是臺灣研究《文心雕龍》的泰斗，不僅著作宏富卓越，而且爲臺灣培養了大批研究《文心雕龍》的優秀人才。王教授也是本次會議的極爲熱情的發起人，爲福岡這兩次國際會議論文集的順利出版，付出了辛勤的勞動。感謝臺灣文史哲出版社彭正雄先生的熱忱，彭先生從出版方面爲學術發展所作的努力是大家所熟知的。

希望在若干年後，福岡的櫻花再一次迎來《文心雕龍》研究界的老朋友和新朋友，我衷心地期待著！

笠 征　二〇〇五年五月于日本福岡

# 劉勰故鄉鎮江的「文心」情結

## —— 研究‧運用‧服務‧紀念

中國　江蘇鎮江

## 錢　永　波

　　內容提要：以《劉岱墓誌》、《晉書》、《宋書》、《齊書》和方志中詳實的史料，論證劉勰的籍貫是「南徐州東莞郡莒縣」。介紹《中國歷史文化名城鎮江研究叢書》第六冊《文心司南》的編寫情況，論證加強《文心雕龍》應用研究（包括運用於公文寫作）的可行性。介紹中國文心雕龍學會與鎮江合作創辦的「中國文心雕龍資料中心」的建設情況，希望海內外「龍學」界繼續給予支持，共同辦好，更好服務。

　　介紹紀念劉勰及其《文心雕龍》的園林 —— 鎮江南山風景名勝區文苑景區建設的進展等。

　　鎮江是《文心雕龍》作者劉勰的故鄉。古往今來，鎮江人一直在用各種方式紀念這位元東方古代文學理論巨著《文心雕龍》的作者。除宋朝以來地方誌的記載以外，還建有紀念公園、中國文心雕龍資料中心，在 2004 年 9 月江蘇人民出版社出版的《中國歷史文化名城鎮江研究叢書》十冊中，第六冊是《文心司南》，主題是「向《文心雕龍》學習寫作」。劉勰的名字，《文心雕龍》這本書，已為許多人熟知，並逐步深入人心。

## 一、關於劉勰與鎮江的研究

鎮江的學者，很注重劉勰與鎮江關係的研究。劉勰「世居京口」（今鎮江），早已成為龍學界的共識，也為許多史書和辭書所公認。在這方面，我們對有關文物、文獻作了進一步探討，並有所進展。

《梁書》稱：劉勰是「東莞莒人」。在南、北朝時期，這裏所言「東莞莒人」，是北魏版圖的「東莞莒」呢，還是南朝版圖僑置的「東莞莒」呢？經過對有關文物、文獻的仔細考辨，我們認為是指在南徐州僑置的東莞郡莒縣，既然是僑置的，當然也包含其祖籍所在的實地東莞郡莒縣。

（一）用《劉岱墓誌》解讀《梁書》關於劉勰籍貫的記述。《劉岱墓誌》是 1969 年鎮江地區句容縣出土的南齊劉岱墓碑上的銘文，王元化先生考證後，發現劉岱是劉勰的堂叔，並據此增訂了劉勰世系表，從而使這一珍貴文物成為劉勰是今鎮江人的物證。鎮江的學者則進一步研究認為，《劉岱墓誌》明白無誤地刻著南齊劉岱是「南徐州東莞莒縣」人，這證明南徐州確有東莞莒縣，《梁書》所載劉勰是「東莞莒人」，應解讀為「南徐州東莞莒縣人」。

（二）《晉書》、《宋書》、《齊書》有關南徐州、東莞郡、莒縣的記載。根據史料記載：東晉時開始僑置南徐州，南朝宋永初二年（西元 421 年）起成為實置，一直延續到隋滅陳止（西元 589 年）。治所設在京口（今鎮江市區）。

唐房玄齡等撰的《晉書・地理下》就記有元帝渡江後僑置的「南徐州」、「南東莞」。

南朝沈約撰的《宋書・州郡》對「南徐州」的記述最為詳實：「武帝永初二年，加徐州曰南徐，而淮北但曰徐。文帝八年，更以江北為南兗州，江南為南徐州，治京口。……故南徐州備有徐、兗、

幽、冀、青、並、揚七州郡邑。……今領郡十七，縣六十三，戶七萬二千四百七十二，口四十二萬六百四十。」在「南徐州」的記述中，有「南東莞太守」，南東莞「領縣三，戶一千四百二十四，口九千八百五十四」，並有「莒令」。記述「南兗州」的文字中，有「東莞太守，宋失淮北僑立」的內容，在「東莞太守」下有「莒縣令、諸縣令、東莞令」。沈約經歷宋、齊、梁三朝，以上記述應是可信的。劉勰出生于宋，當是南徐州東莞郡莒縣人。

南朝梁蕭子顯撰的《南齊書・州郡志上》也載有「南徐州」的「南東莞郡」，郡下有「東莞，莒，姑幕（建武三年省）」三縣。

（三）鎮江地方誌關於南徐州、東莞郡和劉勰的記載。

關於南徐州、東莞郡的記載，元《至順鎮江志》較爲具體。西晉「永嘉五年，改毗陵郡爲晉陵，徙治丹徒」（今鎮江）；東晉時，「雖於京口僑置徐、兗，然晉陵郡仍屬揚州，故徐州刺史多領揚州之晉陵諸軍事」，「僑郡十八」，內有「南東海、南琅邪」、「南蘭陵」、「南彭城」、「南東莞」等。南朝宋設「南徐州」，轄「晉陵郡」，後又轄「吳郡、義興郡」，「僑郡十七」，仍有「南東莞」。南齊時，南徐州轄「晉陵郡」、「義興郡」，「僑郡十四」，仍有「南東莞」。

宋《嘉定鎮江志》對劉勰世系表中最直接的祖先有如下記載：「劉爽居京口，官尚書都官郎，山陰令。仲道，爽子。……欽之，仲道子。……劉尚，父靈真，宋司空秀之弟，官越騎校尉。劉勰……尚子，天監初起家奉朝請，臨川王記室，遷車騎倉曹參軍，出爲太末令，除南康王記室兼東宮通事舍人，遷步兵校尉。」

綜上所述，我認爲，劉勰應是南徐州僑置東莞郡莒縣人，世居京口。

## 二、組織撰寫《文心司南》

2003 年初，鎮江市歷史文化名城研究會決定編撰《中國歷史文化名城鎮江研究叢書》，共十冊。第六冊的主題是「向《文心雕龍》學習寫作」。我們請涂光社教授任主編，喬長阜教授協助主編工作；林其錟研究員寫緒篇，何懿、李金坤、安曉陽副教授等承擔部分撰稿任務。因爲《鎮江研究叢書》各冊書名都是四個字，主編借用《文心雕龍·體性》篇中的「文之司南」之句，將第六冊書名定爲《文心司南》，甚是得當。這套書已於去年九月由江蘇人民出版社出版發行。

《文心司南》一書，正文由四部分組成：第一部分「緒篇」，簡述「劉勰和《文心雕龍》其人其書」；第二部分「原理篇」，分爲十六節，闡述劉勰關於創作的基本原理；第三部分「應用篇」，分爲二十二節，介紹劉勰關於創作方法、作品的鑒賞和評價、作者的修養等方面的論述；第四部分「警句篇」，摘錄《文心雕龍》名句名言。附錄有我們爲本書綜合寫成的《劉勰世系表》、《劉勰生平簡譜》。全書約 15 萬字，插圖 15 幅。

我很贊成許多學者的意見：在深化《文心雕龍》學術研究的同時，要加強應用研究，融通古今，東西交流。只有走這樣的研究道路，「龍學」才能永遠充滿活力，蘊藏在《文心雕龍》中的寶貴精神財富才能融入到現代文論、創作和實際生活中去，在生動的實踐和理論探索中得到繼承創新、發揚光大。就以「應用」而言，也是大有可爲的。例如《文心雕龍》中講到的 30 多種文體，其中有很多是屬於公文寫作的。這次編寫的《文心司南》，「原理篇」、「應用篇」共 38 節，有不少內容可供公文寫作借鑒。至少有七個方面：一是書中強調「文之爲德也大」，公文寫作更爲重要，作者必須有

高度的社會責任心；二是書中強調「『文心』之作也，本乎道」，
公文寫作更要以實踐爲基礎，佔有第一手材料，形成新的觀點；三
是書中強調「乘一總萬，舉要治繁」，公文寫作也要很好構思，明
確主題，構建框架，選擇觀點，選擇典型，選擇語言；四是書中強
調「文附質」、「質待文」、「酌奇而不失其貞，玩華而不墜其實」，
公文寫作更要堅持兩者的統一，做到準確、鮮明、生動，反對「弄
文失質」；五是書中強調「文律運周，日新其業」，公文寫作也要
有新意，有創見，而且要有解決問題的辦法；六是書中強調「精理
爲文，秀氣成采」，公文與文學不同，但也要有文采，使人愛看，
從中受到感染，增加知識，提高效果；七是書中強調提高作者的素
質，由於公文具有權威性的特點，對寫作者的品德、知識以至辭章
修養等要求很高。

　　總的來看，這次組織編寫《文心司南》，還只是應用研究方面
的一次大膽探索。我們希望「龍學」界與各有關學科密切合作，深
入研究，分門別類，形成體系。還可以組織現行文體方面的名家寫
心得體會文章，既有繼承，又有創新。

### 三、堅持不懈地進行文心雕龍資料中心的建設

　　鎮江市圖書館的文心雕龍資料中心已經有五個年頭了。2000 年
4 月，文心雕龍國際學術研討會在鎮江舉行，會議期間由學會和市
政府負責人揭牌，建立「鎮江市文心雕龍資料中心」；2002 年 10
月，文選學國際學術研討會在鎮江舉行，根據中國文心雕龍學會給
市政府的公函，該資料中心由學會與鎮江市合作，並由當時與會的
中國文心雕龍學會負責人和市政府負責人再次揭牌，更名爲「中國
文心雕龍資料中心」。現在資料中心已初具規模，而且開始向數位
化邁進了。

　　這是一件社會效益好而沒有什麼經濟效益的苦事、難事、求人的事。好在有鎮江市政府、市文化局和海內外龍學界的熱情支持，鎮江圖書館先後投入人民幣逾百萬元，建成了擁有使用面積二百平方米的文心雕龍資料中心，室外可建樓頂花園，觀賞古運河、珍珠路和珍珠廣場的景色。經過五年來的艱苦努力，文心雕龍資料中心在原有館藏數十種文心雕龍類圖書的基礎上，已彙集近二百種專著、二千多篇論文。在這裏，我們非常感謝王元化、楊明照、王運熙、張少康、林其錟、楊明、王更生、岡村繁、興膳宏、甲斐勝二、林中明等各位先生的鼎力支持和無私捐贈！

　　在文本文獻收藏基本到位的基礎上，近兩年來，又在數位化上下功夫，建設「文心雕龍網站」和全文資料庫。現在，文心雕龍全文資料已錄入論文 2111 篇，近 2000 萬字。張少康教授贈送的光碟含有范文瀾、張立齋、詹鍈和他本人的著作；他主編的《文心雕龍資料叢書》，也以圖片形式製成光碟贈送給中心。但是，文心雕龍全文資料庫的開放，還涉及到作者的知識產權問題和一些技術經濟問題。目前，正爭取更多學者和有關方面的大力支持，研究制定實施辦法，抓緊解決實際問題，加速數位化建設進程。

　　我們希望與海內外學者、中國文心雕龍學會共同努力，在文獻文本彙集方面更上一層樓。現在資料中心已存有王元化先生贈送的《文心雕龍》外文譯本，楊明照先生的有關畢業論文和專著手稿，並設有王更生先生贈書專櫃。歡迎「龍學」界繼續捐贈文獻、著作和珍貴手稿，更歡迎在這裏設置專櫃，或者委託代管藏書。爭取全文資料庫早日建成開放，爲「龍學」研究和廣大讀者提供便捷的網上服務。

## 四、紀念劉勰及其文心雕龍的園林
## ── 南山文苑不斷充實和完善

　　鎮江於 1996 年醞釀籌建「文苑」，首期工程建設「文心閣景區」，以紀念中國古代文學理論家劉勰及其巨著《文心雕龍》。籌建之初，我們就得到王元化、楊明照、王運熙、林其錟等先生的關心和支持，我專程到上海請教元化先生，楊老以 87 歲高齡從成都到鎮江參加「文心閣景區」竣工典禮。1998、1999 年的二期工程建成「學林軒景區」。2000 年 4 月，增建文心雕龍國際學術研討會紀念碑，與會學者留名其上，成為永久的留念。

　　近幾年來，文苑進一步充實完善。鎮江博物館珍藏的《劉岱墓誌》石刻已複製陳列在文心閣內，並精心製作了《劉勰世系表》、《劉勰生平簡譜》佈置其上。雕龍池擴大一倍，新建了竹溪、花架，《劉勰及其文心雕龍簡介》、《文心雕龍名句選錄》鑲嵌其間。又新增「鎮苑三寶」：「億年乾坤石」、「千年長壽樹」、「百年富貴花」。「乾坤石」是產於太湖之濱、天目山北麓、蘇浙皖三省交界處的巨型奇石─太湖石，主石寬五米五、高四米六、厚二米八，重六十八噸，成岩年代距今二億四千萬年，頂部岩石狀似蛟龍探海、天龜仰眺、神牛俯抵，栩栩如生。「長壽樹」是一千年、七百年的三株紫薇（拉丁名 Lagerstroemial.L.Indica L），俗名百日紅、怕癢樹。「富貴花」是百年牡丹（拉丁名 Paeonia L.suffruticosa.Andr），是市區一家居民自動贈送，每到花季開花 150 多朵。

　　如今的文苑，山水環抱，綠樹成蔭，花草茂盛，竹林幽深，文韻綿延，富有詩境。這裏已成為人們最樂意去的園地：市民是常客，遊人喜雅靜，更是中小學生郊遊的好去處，新人婚紗照的攝影地。

　　最近，南京市鍾山園林管理局已建立「鍾山定林寺劉勰與文心

雕龍紀念館」，從此又多了一處紀念勝地。他們正籌畫建立「劉勰
與文心雕龍紀念地聯誼會」，由南京、鎮江、莒縣三地有關單位人
員參加，共同紀念劉勰及其名著，弘揚優秀歷史文化，促進現代文
明建設。劉勰創作《文心雕龍》的上定林寺，遺址考古發掘工作即
將全面完成，鑒定工作正抓緊準備。劉勰的世居地、創作地、祖籍
所在地合作推進「龍學」研究、應用、普及的局面已經形成！


作者簡歷：曾任鎮江市市長、人大常委會主任、歷史文化名城
研究課題組組長等職，現任鎮江市歷史文化名城研究會會長等職。
先後曾主持建設紀念劉勰及《文心雕龍》的鎮江南山文苑，與時任
中國文心雕龍學會會長的張少康先生等籌辦中國鎮江文心雕龍國際
學術研討會，倡議和支持創辦文心雕龍資料中心，主編《鎮江在江
河交匯處升起》、《中國歷史文化名城鎮江研究叢書》。

# 《文心雕龍》「神理」義探

澳門　澳門大學

## 鄧 國 光

內容提要：《文心雕龍》七用「神理」以表述劉勰「文理」觀的基礎元素。惟其指謂，學界至今未能一致。概括眾說，可以歸類出九種的解釋。

「神理」不見先秦兩漢文獻，是東晉玄學背景中興起的新詞，見郗超、張湛、徐邈的文字，主要應用於佛門中人對高僧大德的贊揚，指超凡的義理領悟力。其特點是在生活現象中深刻體會一套義理，從而開示道眾，令大法流行。因此，「神理」視為弘法的關鍵。《高僧傳》的「義解」編所載高僧，都是弘法的重要代表，皆稟具過人的「神理」。「神理」與「神解」、「神悟」、「悟解」等詞彙的指謂，沒有分別，互文則為「天悟」。僧佑《出三藏記集》把「神理」抽離人的形相義，而於行文間突出佛法流行和「神理」的不可分割關係，大法之傳化，亦以此為機轄。

《文心雕龍》所用「神理」，與當時流行的詞用義一致。劉勰突出「聖人」的「神理」，認為是這「神理」彰顯了天地的意義，又能夠以文字表述這種常人不可及的感悟，則天地的大義便保存於聖人的文字撰作之中，為千秋萬世的立言事業提供了典範，引導教化事業。因而「神理」是樞紐的核心，突出聖人的心識作用。劉勰

因此建構了整套「文理」的核心,文體論第一篇〈明詩〉,突出「神理」,下篇論文術以心識的「神思」啓首,而〈情采〉的「神理之數」,均呼應了樞紐篇的「神理」義涵,「神理」在《文心雕龍》中的地位是極關鍵的,「悟」是一切「制作」的根源。

劉勰的「神理」雖受之於僧佑,但參用道家的「神明」之說,以《易傳》而開出一套以「天地之心」為語境的「文理」觀,則屬創見。應用新詞,轉化傳統的義理,從而構建出一套以「悟」為中心的完整而宏大的文論體系。劉勰之遺用「神理」,足為後世提供寶貴的轉化和構建經驗。

**關鍵詞**:神理、悟、現象、意義、教化

## 一、導　論

「神理」一詞於《文心雕龍》凡七見,三出〈原道〉,錄下:

一、若迺〈河圖〉孕乎八卦,〈洛書〉韞乎九疇,玉版金鏤之實,丹文綠牒之華,誰其尸之,亦「神理」而已。

二、爰自風姓,暨於孔氏,玄聖創典,素王述訓,莫不原道心以敷章,研「神理」而設教。

三、(贊)道心惟微,「神理」設教;光采玄聖,炳耀仁孝;龍圖獻體,龜書呈貌;天文斯觀,民胥以傚。

一見於〈正緯〉:

四、《經》顯,聖訓也;《緯》隱,神教也。聖訓宜廣,神教宜約。而今《緯》多於《經》,「神理」更繁,其僞二也。

一見於〈明詩〉:

五、(贊)民生而志,詠歌所含。興發皇世,風流二〈南〉。

「神理」共契，政序相參。英華彌縟，萬代永耽。

又見於〈情采〉：

六、故立文之道，其理有三：一曰形文，五色是也；二曰聲文，
五音是也；三曰情文，五性是也。五色雜而成黼黻，五音
比而成韶夏，五情發而爲辭章，「神理」之數也。

復見於〈麗辭〉：

七、造化賦形，支體必雙；「神理」爲用，事不孤立。夫心生
文辭，運裁百慮；高下相須，自然成對。[1]

就語境觀察，以上七處「神理」，均蘊含一種根源的性質，爲
劉勰敍述「文理」[2]的重要依據。「神理」所涵的概念，於《文心雕
龍》處核心的地位，非等閒的信筆，有值得深入討論的餘地。

## 二、有關「神理」義的詮釋分歧

回顧龍學的往跡，「神理」的討論亦曾激宕波瀾。今縷述大畧，
以見精密之日趨。

### （一）諸家主張

### （1）「神理」爲「神」

此說見饒宗頤先生〈《文心雕龍・原道篇》疏〉。釋「誰其尸
之，亦神理而已」句，謂：

> 神理說爲劉氏基本理論。〈神思篇〉云：「文之思也，其神
> 遠矣。」又云：「思理爲妙，神與物遊，神思（居）胸臆，
> 而志氣統其關鍵。」揭櫫「神」爲作文之原動力，嚴滄浪論

---

1 本文引用《文心雕龍》原文，依據王利器《文心雕龍校證》（上海，上海古籍出版
社，1983 年），偶有歧解，則參酌近代諸家的校讀，隨文注出。
2 「文理」用《梁書・劉勰傳》所載沈約的評價《文心雕龍》：「約便命取讀，大重
之，謂爲深得文理，常陳諸几案。」（北京，中華書局，1973 年，頁 712。）

詩云：「詩之極致有一，曰入神。」亦即此義。[3]

　　以〈神思〉的「神」義爲內證，主張「神理說」是劉勰的「基本理論」。換言之，「神理」取義在「神」。饒氏雖首揭此義，惟一直未再伸說。

## （2）「神理」爲「感應」

　　這一解讀乃透過佛學論著證成，曹道衡和楊明最爲典型。楊明先生《劉勰評傳》謂：

> 《文心雕龍・原道》和其他篇中還講到「神理」。「神理」就是〈滅惑論〉所謂「幽數潛會，莫見其極，冥功日用，靡識其然」的不可言說，難以究詰的功用和表現，也就是那神秘本體的功用和表現。劉勰〈梁建安王造剡山石城寺石像碑〉說：「夫道源虛寂，冥機通其感；神理幽深，玄德（一作元匠）司其契。」所謂「道源」、「神理」，也是同樣的意思。……《出三藏記集》卷一五〈慧遠法師傳〉說，外國眾僧不知緣何都認爲「漢地有大乘道士，每至燒香禮拜，輒東向致敬。其神理之迹，固未可測也。」其「神理」也是指一種微妙莫測的感應。僧肇〈維摩詰經序〉云：「超群數之表，絕有心之境，渺莽無爲而無不爲，罔知所以然而能然者，不思議也。」所謂「神理」就是「不思議」。[4]

　　本體的心識對於佛理的微妙感應，既非有意，亦非言語能喻，所以稱之爲「不思議」；「神理」指這層感應的心境。

## （3）「神理」爲「佛性」

---

3　饒宗頤〈《文心雕龍・原道篇》疏〉之注 41 條。此疏成於五十年代初，今此疏具載於先生的文學論文集《文轍》（臺北，學生書局，1991 年。頁 398。）
4　楊明先生《劉勰評傳》第二章。（南京，南京大學出版社，2001 年。頁 51。）曹道衡之說見采於《評傳》，故不贅引。曹文〈對劉勰世界觀問題的商榷〉，載《文學遺產增刊》第 11 輯，1962 年。

　　此說馬宏山提出，具論於所著〈《文心雕龍》之「道」辨——
兼論劉勰的哲學思想〉及〈論《文心雕龍》的綱〉二文[5]。馬氏提出
「『自然』和『神理』同是『道』的名稱」，道是「佛道」。強調
劉勰「在《文心雕龍》中把『神理』和『自然』都按照『佛性』的
意義來使用」，根據宋宗炳〈明佛論〉「有神理必有妙極⋯⋯內稟
無生之學」的論述，斷定「『神理』一詞的特定意義就是『無生之
學』」，而『無生之學』即是『涅槃佛性』之說，於是「『神理』和
『自然』，也都是『佛性』之意」[6]。

## （4）「神理」為「道心」

　　興膳宏〈《文心雕龍》與《出三藏記集》〉謂：

> 「道心」或「神理」，是劉勰所謂的「文」的中樞，由自伏
> 義至孔子的古代聖人定為有「文」的文章的。這與《出三藏
> 記集》「夫真諦玄凝，法性虛寂，而開物導俗，非言莫津」
> 與〈胡漢譯經音義同異記〉「夫神理無聲，因言辭以寫意；
> 言辭無跡，緣文字以圖音⋯⋯是以文字應用，彌綸宇宙，雖
> 跡繫翰墨，而理契乎神」等語之間有一種微妙的共鳴。[7]

於行文上，用「或」字串繫「道心」和「神理」，表明兩者是相通
的主語，同屬「文」的中樞。興膳宏先生強調「《文心雕龍》中所
存在的、潛在的佛教影響」[8]，基於這大前提，特別彰顯《出三藏記
集》及〈胡漢譯經音義同異記〉關於言辭和「神理」的內在關係的
敘述；但語焉不詳，「道心」、「神理」無所區別。

## （5）「神理」即「自然之道」

---

5 分別載於《哲學研究》1979 年 7 期，及《中國社會科學》1980 年 4 期。後收入其論
　文集《文心雕龍散論》（烏魯木齊，新疆人民出版社，1982。）
6 前揭書，頁 4-5。
7 《興膳宏《文心雕龍》論文集》，彭恩華譯。（濟南，齊魯書社，1984 年，頁 64。）
8 前揭書，頁 59。

這一說最爲流行，今舉述典型的闡釋。

甲、陸侃如、牟世金先生《文心雕龍譯注》根據紀昀的「標自然以爲宗」的評論的判定：「劉勰的這個『神理』，也就是他的所謂『道』。」[9]於解釋正文時說：

> 神理：自然之理。這個詞除本篇用過三次外，〈正緯〉、〈明詩〉、〈情采〉、〈麗辭〉諸篇也曾用過。總起來看，這個詞的用意和劉勰主張的「自然之道」有關。劉勰認爲自然之道比較深奧，只有聖人才能掌握，所以稱之爲神理。[10]

牟世金於其《文心雕龍精選》注「神理」爲「微妙的自然之理」[11]，概括了前注的意義。這一解讀，主意在「理」的一面，「神」字視爲修飾，取其深奧、微妙之意。

乙、蔣祖怡先生〈論《文心雕龍》中的「神」、「理」、「術」〉一文強調「神理」就是「自然之道」的同義詞[12]，認爲「神理」兩字連用，是「從『天文』引申到『人文』」。換言之，劉勰刻意組合「神」和「理」，以顯示由「天」至「人」的內在哲學思路。因此，「神理」兩字各涵實理。

丙、王運熙先生〈《文心雕龍・原道》和玄學思想的關係〉認爲「神理」、「道心」、「神理之數」一樣，都指「自然之道」。強調「自然觀念」原本老莊，是魏晉玄學的重要論題。劉勰的「自然之道」是「玄學思想影響下的產物」。[13]

丁、羅宗強先生〈劉勰的文學思想〉強調「原道的這個道，在

---

9　陸侃如、牟世金《文心雕龍譯注》之〈引論〉。（濟南，齊魯書社，1981 年。頁 30。）
10　前揭書，〈原道〉注文，頁 6。
11　牟世金《文心雕龍精選》，〈原道〉注文。（濟南，山東大學出版社，1986 年，頁 3。）
12　蔣祖怡《文心雕龍論叢》。（上海，上海古籍出版社，1985 年，頁 27。）
13　王運熙《文心雕龍探索》。（上海，上海古籍出版社，1986 年，頁 54。）

《文心》一書中有多種說法，如『自然之道』、『道心』、『神理』」，「道自身就是『自然而然』，是物自身的自然而然」，「而彥和所謂『神理』、『道心』，實亦『自然之道』之意」。至於「神理」之「神」義，羅先生闡釋說：

> 既以其為本然，又因其難以言說，故視之為神妙莫測，乃稱之為「神理」。如河圖洛書之說，彥和亦信其真有。既信其真有，而又難以解釋，於是歸於神妙之本然。其實，早於彥和的王充，已持有這種見解，《論衡・自然篇》⋯⋯由是亦可證「神理」與「自然之道」義同。⋯⋯「道心」與「神理」對舉，義亦同。[14]

「本然」是本來如此的意思，是從「性質」上說的。羅先生釋讀「神理」爲「神妙之本然」，乃屬義理的疏釋。

　　戊、祖保泉先生則主張「神理」的「神」爲《易傳》的「神」，據韓康伯注詮釋說：

> 所謂「神理」就是自然而然的、人們難以說清楚它的根源的玄妙的道理。請注意「亦神理而已」一句中的「亦」字！「亦」是與上文「道之文也」、「自然之道也」相呼應而下的字眼，它暗暗地表明「神理」也是「自然之道」；「神理」之文，也是體現「自然之道」之文。⋯⋯必須強調指出，劉勰論「文」的起源時捧出「天地之文」、「神理之文」，為的是把「人文」起源說得玄深一些、神聖一些。這就把本來是關於人間的問題送到天堂裡的神靈面前求解答了。[15]

蔣祖怡認爲「神理」是從「天」到「人」，而祖先生則理解爲由「人」至「天」。

---

14 羅宗強《羅宗強古代文學思想論集》。（汕頭，汕頭大學出版社，1999 年，頁 27-28。）
15 祖保泉《文心雕龍選析》。（合肥，安徽教育出版社，1985 年，頁 50-51。）

己、王禮卿《文心雕龍通解》亦以「自然之道」爲釋，謂「神理即自然之道之代辭」。又特別關注「理」的意義，說：

> 道體無形，唯以「理」理之，故理又爲萬物文理體制所以成之本。而物各異理，所以盡道之用。理異故物不得不化，化故無常，而死生氣稟萬智萬事之變現焉。乃闡道體既本於自然，故成物之用，亦施於自然，以申老子之旨。而聖人得其自然之妙諦以成文，是文亦原於自然。……是原道之道，乃取老韓自然之義。[16]

「道體」無形，所以運用「理」處理事物。換言之，道隱而理顯，道和理屬體用的關係。

庚、王元化先生《文心雕龍創作論》主張「神理」是「自然之道的異名」，自然之道也就是「神理」。「神理」是「宇宙主宰」，則與「神理」互文的「自然之道」，便蘊含「客觀必然性」，而非「物自身運動的客觀規律」。「道心或神理」具「神秘性」，難以「捉摸」、「辨認」。據此斷定爲一種「儒學唯心主義」所導致「極其混亂而荒唐的形式」的文學起源的推論。[17]

申、韓湖初先生〈《文心雕龍·原道篇》「太極」辨析 —— 兼論「道」與「神理」〉主張「神理」與「自然之道」互訓，「神理」爲神妙之理而非神秘莫測之理，屬《易傳》的易數之理，強調「神道、天命與神理，和自然之道都是同一東西。」並認爲「劉勰所說的『道』、『神理』即是《易傳》的表述的對立統一規律，也就是物質運動的客觀規律，而不是宇宙本體的絕對精神」。[18]

---

16 王禮卿《文心雕龍通解》。（臺北，黎明文化，1986 年，頁 4-5。）

17 王元化〈劉勰的文學起源論與文學創作論〉，收入其《文心雕龍創作論》（上海，上海古籍出版社，1979 年，頁 49。）

18 韓湖初《文心雕龍美學思想體系初探》。（廣州，暨南大學出版社，1993 年，頁 23-43。）

可見持此論調的，亦有各自的理路，不是鐵板一塊。

## （6）「神理」爲「絕對理念」或「絕對精神」

此說乃借歐陸哲學話語立義，先在署名「炳章」的〈漫談劉勰文學觀的哲學思想基礎〉提出的「神理」即「道」，「道」爲「絕對理念」[19]。「理念」這一哲學話語從此進入龍學的領域。周振甫先生〈《文心雕龍・原道》試論〉認爲「神理」、「神道」的確義連劉勰也不太了然；若籠統地解釋，「相當於『絕對理念』、『絕對精神』之類的東西」[20]。周先生的觀點可與其《文心雕龍注釋》互參；其批評黃侃「自然」說，認爲「神理」屬先驗的「神秘力量」，《文心》以及劉勰兩篇佛教論文所言及的「神理」的含義無不如此。〈原道〉追源「人文」的根源，以「神秘」的「神理」爲依據，便與抒情及敘事開出的文章起源的論述自相的矛盾。[21]周先生的批評和王元化先生的思路是相近的。

張文勛先生認爲：

> 劉勰說：「形而上者謂之道。」（〈夸飾〉）也就是說「道」
> 是看不見摸不著的神秘的東西，所以有時稱之為「神道」，
> 有時稱之為「神理」。我認為，就這一點來說，他所謂的道，
> 和黑格爾把整個客觀世界看作是某神秘的「絕對理念」、「絕
> 對精神」的外化，有類似之處。[22]

但早前張先生和杜東枝合著的《文心雕龍簡論》尚謂「他（劉勰）謂『道心』、『神理』云云，就是儒家的『忠、孝、仁、義』之類的封建倫理道德。」[23]從「倫理」而跳躍至「絕對理念」，顯示思

---

19　見《光明日報》1961 年 4 月 9 日。
20　載《文史》第 9 輯，北京，中華書局，1980 年。
21　周振甫《文心雕龍注釋》之「前言」及〈原道〉「說明」。（ 北京，人民文學出版社，1981 年，頁 19 及頁 9。）
22　張文勛《劉勰的文學史論》。北京，人民文學出版社，1984 年，頁 7。
23　張文勛、杜東枝《文心雕龍簡論》。（北京，人民文學出版社，1980 年，頁 25。）

考的躍動波幅之大。

## （7）「神理」即「倫理」

易中天提出[24]，惟未作申述。

## （8）「神理」爲「神道」

甲、陳思苓《文心雕龍臆論》強調：「劉勰所謂的神理，與〈正緯篇〉中的神道、神教相同。」劉勰論「神理設教」，本「儒家傳統的世界觀」，只是「囫圇其詞」，缺乏「理論上的在聯繫」。[25]

乙、詹鍈《文心雕龍義證》亦本「神道」立說，於〈原道〉下注謂：

> 《易·繫辭上》：「陰陽不測之謂神。」韓注：「神也者，變化之極，妙萬物而為言，不可以形詰者也。」王融〈三月三日曲水詩序〉：「設神理以景俗，敷文化以柔遠。」李善注：「神理」猶神道也。《周易》曰：『聖人以神道設教而天下服。』」曹植〈武帝誄〉：「人事既關，總鏡神理。」（誄文殘缺，輯錄於《全三國文》）《文選》謝靈運〈述祖德〉詩，歌頌祖父謝玄功績說：「萬邦咸震慴，橫流賴君子。拯溺由道情，龕暴資神理。」呂延濟注後兩句說：「言拯橫流之溺，由懷道情；勝暴靜亂，資神妙之理。」這詩中的「道情」與「神理」互文，合「神」與「道」便是「神道」。兩句所表達的正是「聖人以神道設教而天下服」的意思。顯然，「神理」之義，是本之於《周易》的。[26]

詹先生的論證，建基於李善注的「神理猶神道」；本「神道」立說的，不離李善注這條材料。此外，李炳勛《文心雕龍理論體系新論》

---

24 易中天《文心雕龍美學思想論稿》。（上海，上海文藝出版社，1988 年，頁 71。）
25 陳思苓《文心雕龍臆論》。（成都，巴蜀書社，1986 年，頁 16-18。）
26 詹鍈《文心雕龍義證》。（上海，上海古籍出版社，1989 年，頁 16-17。）

所說的「神理，即造物者的意志」[27]，亦可納入此一義項。

　　丙、吳林伯先生《文心雕龍字義疏證》謂：

> 至於統治天下的政治之「道」，劉勰也同乎「舊談」（〈序
> 志〉）他以為這種「道」是儒家六經的毛目，是「絕對理念」，
> 是「恆久之至道，不刊之鴻教」（〈宗經〉），同意《易傳》
> 作者的「神道」的名號，《莊子‧繕性》：「道，理也。」
> 曹植的〈武帝誄〉，王元長的〈三月三日曲水詩序〉，都易
> 「神道」為「神理」（〈原道〉），「異名同實，其指一也」
> （《莊子‧知北游》）。[28]

吳先生強調「神理」之為「神道」，是「明王的教義」，顯示用世
的抱負和主張。

### （9）「神理」為「道」

　　甲、劉永濟《文心雕龍校釋》謂：「神理，即道也。」[29]揭示
此義而未遑申論。

　　乙、張少康先生《文心雕龍新探》詳論說：

> 他（指劉勰）是一個有神論者，而不是無神論者，這從他所
> 遺留下來的兩篇佛教論文中可以看得很清楚。所以，劉勰在
> 論「文」與「道」的關係時，常常把「道心」和「神理」并
> 提。〈原道〉篇中說：聖人之「文」，莫不「原道心以敷章，
> 研神理而設教……」其篇末「贊」中也說：「道心惟微，神
> 理設教。」「神理」這個概念在六朝以前很少出現，它主要
> 是在佛教典籍中用得比較多。在中國文學理論批評史上，「神
> 理」這個概念在不同的時代、不同的人和不同的場合，有各

---

27　李炳勛《文心雕龍理論體系新論》。（鄭州，文心出版社，1993 年，頁 128。）
28　吳林伯《文心雕龍字義疏證》。（武昌，武漢大學出版社，1994 年，頁 52-53。）
29　劉永濟《文心雕龍校釋》卷上。（香港，中華書局，1972 年，頁 1。）

種不同的含義。後來文學理論批評中有些人講的「神理」，常常是指藝術描寫能表達出事物內在的自然之理。比如王夫之……。然而，劉勰所說的「神理」顯然與此不同，而是一種哲學和宗教意義上的「神理」，它與「道」的含義實際上是一致的，指的是一種事物內在的本質與規律，而它又是由神明所啟示給人類的。按：《文心雕龍》一書中，涉及「神理」者共有七處。……其基本含義都是相同的，都是指神明所啓示予人類的客觀真理，是直接從河圖、洛書兩句所引申出來的，認為《易》象、〈洪範〉都是神明意志的體現。……由此可知，劉勰所說的「神理」是不能和後來文學理論批評中的「自然之理」相提並論，而確實帶有神秘唯心的色彩。而他在兩篇佛學著作中也曾講到「神理」的時候，是既有〈繫辭〉中的唯心主義觀點，又有佛教的唯心主義觀點，兩者在「神理」的問題上溝通了起來。……對「神理」含義的理解上，劉勰也是表現了儒、道、佛合流的思想。[30]

張先生釋「神理」為「道」，從歷史發展的脈絡中把握劉勰所有著述內的「神理」義涵，頗為周詳。最後確定劉勰的「神理」義並存儒、釋、道三家的內涵，深稟神秘氣息，以此批評前述「自然之理」的解讀。

　　**丙**、石家宜先生亦主張「神理」即「道」，肯定王元化先生那「采用了非常混亂的形式」論斷，說明劉勰無法克服內在理路的矛盾。[31]

　　**丁**、陳順智《魏晉玄學與六朝文學》表明：「神明、神理即道

---

30　張少康《文心雕龍新探》。（濟南，齊魯書社，1987 年，頁 34-37。）
31　石家宜《文心雕龍系統觀》。（南京，江蘇古籍出版社，2001 年，頁 105-108。）

作為本體規定著末，也制約著人文。」[32]劉勰的道是玄學義涵的道。

　　戊、門脇廣文〈關於《文心雕龍》中的理〉較全面觀察《文心》中的「理」，亦主張「神理」是超越所有事物的、絕對的理。一再強調「幾乎在所有的情況下，都可以說是『道』的同義詞」。[33]

### （二）論爭的波瀾

　　以上歸納的九種解釋，即「神」、「感應」、「佛性」、「道心」、「自然之道」、「絕對理念」、「倫理」、「神道」、「道」，從「神」至「道」分別顯示了極端理解方向。「神」、「感應」、「佛性」、「道心」等解釋，偏向於個體的精神活動和性質。「自然之道」、「絕對理念」、「倫理」、「神道」、「道」之類的解釋，則以心外的客觀存在為主要的考慮。這種偏趨一端的理解，很大程度是與時代意識型態相關。五十年代以來衡量古典作品和思想，除了階級性的社會學標準外，便是與事物第一性相關的唯物論和唯心論的哲學分別，構成理解和詮釋的兩把尺度。「神理」問題之所以受到關注，一方面是「神」字本身極易令探索的注意力滑向起源論上的哲學論爭；另一方面，「神理」的問題是解釋〈原道〉所屬的哲學性質的關鍵，欲判定《文心雕龍》的思想屬哲學上的唯心或唯物，始終無法繞過「神理」這一關。半世紀以來《文心雕龍》「神理」詮釋分歧之大，是跟「道」的哲學屬性的理解差異分不開的。

　　掀動「神理」論爭波瀾的，首先以「絕對理念」引發。這是以黑格爾的哲學話語加以比附的。惟自一九七九年馬宏山發表三篇文章論《文心雕龍》的「道」[34]，斷定劉勰「神理」乃佛教詞彙，源

---

32 陳順智《魏晉玄學與六朝文學》。（武昌，武漢大學出版社，1993 年，頁 99。）

33 門脇廣文〈關於《文心雕龍》中的「理」〉，載《文心雕龍研究》第 2 輯。（北京，北京大學出版社，1996 年。頁 66-85。）

34 此三篇作品是〈《文心雕龍》之「道」辨〉，載《哲學研究》1979 年 7 期；〈論《文心雕龍》的綱〉，刊於《中國社會科學》1980 年 5 期；〈劉勰前後期思想「存在原則分歧」嗎？〉，載《歷史研究》1980 年 5 期。以上文章及馬氏回應駁難的

於宋時宗炳，義爲「佛性」。這說法頗招議論。韓藍田著文議駁，認爲「神理」等同「神道」，出於《易》；謂《世說新語》已見「神理」一詞。[35]（事實上，《世說新語》根本沒有「神理」一詞。）程天祜、孟二冬著文駁難，指出：

一、「文理」首見於曹植〈武帝誄〉的佚文「人事既關，聰鏡神理」，「神理」非佛學專用詞語。

二、與宗炳同時的謝靈運〈述祖德詩〉有「拯溺由道情，龕暴資神理」句，據唐人呂延濟的注，釋，「神理」爲「神妙之理」；詩中「道情」與「神理」互文，「神」與「道」組合成「神道」。又謝詩〈從游京口北固應詔〉「事爲名教用，道以神理超」，唐李善用《周易》「神道設教」爲釋。又與劉勰同時的王融〈曲水詩序〉「設神理以景俗，敷文化以柔遠」，也是《易》「神道設教」之意，均無涉「佛性」。

　　文章頗辯，駁難「佛性」義極有力，而所遣用的駁難材料，亦爲後來林林總總的注釋本襲用。然則「神理」的指謂，二氏認爲：「〈明詩〉、〈麗辭〉、〈情采〉幾篇中『神理』一詞，都可作『自然』解釋，其義甚明，勿庸贅言。總之，劉勰在《文心雕龍》一書中所講的『神理』和『自然之道』是一致的；『神理』就是『自然之道』，『自然之道』也可稱之爲『神理』。其本源是儒家經典，其思想傾向也基本上是儒家的。」[36]於立論的表述上，「其義甚明，勿庸贅言」，然後是「總之」如何如何，如此辭氣，亦墜入另一種

---

文字，均收入其論文集《文心雕龍散論》。（烏魯木齊，新疆人民出版社，1982。）

35 韓藍田〈關於《文心雕龍》的「神理」、「玄聖」及其他〉，載《歷史研究》1981年2期，頁14。

36 程天祜、孟二冬〈《文心雕龍》之「神理」辨──與馬宏山同志商榷〉，載《文學遺產》1982年3期，頁14。

強橫。

### （三）研究的反省

至目前，詮釋「神理」，大致如此。問題所在，亦大抵未從語源、語用、語境詳察其義，更鮮有理會與《文心》全書理路和系統的內在關係。

為了較全面理解問題，研究「神理」詞源便顯得很重要。劉勰七用「神理」敍述重要的觀點，可見於這一詞語的運用是高度自覺的，不是遷就行文或美化文體的「互文」。以「互文」的方式解讀，有時可通，但在這類有意遣用的情況則難以奏效。即使「互文」訓讀，「研道心以敷章」的「道心」一詞，儘管只就詞面義來說，亦無法說明「神理」的詞義。所以，經反省不同主張後，不採取「互文」訓解的方便法門，而以文獻考察，從詞源與詞用來尋求一較客觀的觀察結果。

「神理」以「神」和「理」組成。「神」之一義，時賢的考論已周至。寇效信先生〈釋「神思」〉一文中，已全面考察了「神」義的文獻來源和意義。寇先生歸納「神」義為四項：

一、在哲學範疇上以表示宇宙萬物變化的根源，見於《易傳》、《素問》、《禮記·樂記》、《大戴禮記·曾子天圓》。

二、在宗教範疇上表示最高者，與前面的哲學義相通，見《書·微子》、《周禮·大司樂》、《易傳·文言》、《禮記·禮運》、〈祭義〉。

三、指生理、心理學的精神，見於《荀子·天論》、《莊子》、《淮南子·天文訓》、《新論》、《論衡》。

四、表示神聖、神秘、神妙諸義的形容詞。[37]

---

37 寇效信〈釋「神思」〉，載《文心雕龍學刊》第 5 輯。濟南，齊魯書社，1988 年，頁 255-256。

　　以此比觀蒐羅頗富的《故訓匯纂》，臚列了 142 條「神」字的訓詁[38]，概括義項，亦不出上述四項的範圍，但偏偏沒有收入「神理」一詞。

　　「理」的問題，門脇廣文〈關於《文心雕龍》中的「理」〉討論細緻，認爲劉勰「在『理』這一概念中尋求理論根源」[39]，突出「理」於劉勰文論中的關鍵作用。能夠注意到「理」的作用，實是卓識。

　　至今爲止，中國古代文論研究尚未伸延至「理」的境域，注意力聚集於「情」之一義，以顯示中國文學理論的「人民性」或「人道」傾向，於此而揭示其「進步」或「合理」意義。這是身處張力極強的大時代環境，爲學科尋求生存空間的必然做法。古代文論研究之未涉「理」境，非不能也，畢竟是時勢使然。但「神理」是一個自具涵義的詞，不僅是「神」和「理」兩字的字面義的組合。拼揍兩字的義項，也不足解決問題。

## 三、「神理」溯源

### （一）關於曹植〈武帝誄〉的佚文

　　「神理」不見於先秦兩漢的專門著述。《昭明文選》所收錄謝靈運〈述祖德詩〉其中有「萬邦咸震懾，橫流賴君子；拯溺由道情，龕暴資神理」句，唐李善的注引錄「曹植〈武帝誄〉」的「人事既關，聰鏡神理」句[40]指出語源。但曹植的〈武帝誄〉原文俱在，文意首尾完足。引文是關乎謝絕人事之後的精神狀態，根本無法置入誄文的語境與及曹操的一生行事之中。至漢末爲止，「神理」一詞

---

38 宗福邦、陳世鐃、蕭海波等主編《故訓匯纂》。（北京，商務印書館，2003 年，頁 1598。）
39 門脇廣文〈關於《文心雕龍》中的「神理」〉，《文心雕龍研究》第 2 輯，頁 84。
40 《文選》（李善注）卷 19。（北京，中華書局，1977 年，頁 274。）

尚未出現，詞彙總需有誕生的過程，兀然一個新詞放在祭誄其先父的極嚴肅的文字之中，於理不合。因此，不排除李善偶誤的可能。縱然這句話是〈武帝誄〉的文字，但在流傳過程中已經失落，亦無甚作用和意義可言。到了魏、晉之間，也還未見「神理」的出現。則李善的注引遺文，未免太孤零了。

### （二）晉人的「神理」義

疏理的工作還是從《出三藏記集》和《高僧傳》二書做起，因為書成於劉勰同時，而編《出三藏記集》的釋僧佑與劉勰的關係極密切，疏理這兩部著作的「神理」義涵，於詮釋《文心雕龍》的「神理」義，參照的作用是很大的。

### （1）郗超讚頌支遁義

先從釋慧皎編撰的《高僧傳》說起。卷四「義解」載支遁事蹟的〈晉剡沃洲山支遁〉一文，載：

> （支遁）幼有「神理」，聰明秀徹。……家世事佛，早悟非常之理。……郗超後與親友書云：「林法師神理所通，玄拔獨悟。」……遁幼時，嘗與師共論物類，謂雞卵生用，未足為殺，師不能屈。師尋亡，忽見形，投卵於地，殼破雛行，頃之俱滅。遁乃感悟，由是蔬食終身。[41]

依據這段文字，「神理」見於東晉的郗超（336-377）給親友的家書，用以形容支遁的領悟能力；而傳文之運用「神理」，也從領悟力的層次講，雞卵之事，乃補足「幼有神理」的事實，顯示「神理」是從現象本身直接領悟深奧道理的能力。郗超是晉室大員，《世說新語》有關其人言行的敘述頗富。

這一傳文置於《高僧傳》的「義解」卷之中，「義解」編之內

---

41 釋慧皎《高僧傳》（湯用彤校注本），卷 4。（北京，中華書局，1992 年，頁 159-163。）

所有傳主，都具超凡的領悟力。朱士行「少懷遠悟」，竺法乘「神悟超絕」，竺潛「理悟虛遠」，法虔「精理入神」，于法開「深思孤發，獨見言表」，釋道寶「弱年信悟」，王晞「忽然感悟，乃捨俗出家」，竺道生則「幼而穎悟」，至關中，僧眾「咸謂神悟」；釋道安「神悟絕倫」，法智「幼有神理」，釋曇無常「神悟絕倫」，釋曇諦「學不從師，悟自天發」，釋僧導「神機秀發」，釋導亮「神悟超絕」，釋曇斌「悟解深入」，釋曇度「神情敏悟，鑒徹過人」，釋慧基「幼而神情俊爽，機悟過人」，釋慧隆「學無師友，卓然自悟」，釋僧印「少而神思沈審」，釋智秀「幼而穎悟，早有出家之心」，釋僧盛「少而神情聰敏」，釋智順「少而穎悟，篤志過人」，釋法通「幼而岐穎，聰悟絕倫」，均表示具有獨特領悟能力的稟賦；在《高僧傳》中，「神理」義指天發的悟性，又稱「天悟」，和「佛理」一詞異途。「神理」和「佛理」兩詞分別運用，是十分清晰的，不曾混淆。

## （2）張湛《列子注》義

與郗超同時張湛和徐邈（344-397）也分別運用了「神理」一詞以詮釋典籍。《列子・仲尼篇》引亢倉子「我體合於心，心合於氣，氣合於神，神合於無」等語，張湛在「氣合於神」當句注：

> 此寂然不動，都忘其智。智而都忘，則「神理」獨運，感無不通矣。[42]

所謂「神理獨運」，在《列子・周穆王篇》「吾與王神遊也，形奚動哉」句下，張湛的注可視為注腳，文謂：

> 所謂神者，不疾而速，不行而至。……況神心獨運，不假形器，圓通玄照，寂然凝虛者乎！[43]

---

42 楊伯峻《列子集釋》卷 4。（北京，中華書局，1979 年，頁 118。）
43 前揭書，卷 3，頁 94。

則「神理」、「神心」所指皆一，是「感應」與「玄照」等遺形取意的悟解之源。《列子・湯問篇》「朕亦焉知天地之表不有大天地者乎，亦吾所不知也」句下，張湛注謂：

> 夫萬事可以理推，不可以器徵。……至於「達人」，融心智之所滯，玄悟智外之妙理；豁視聽之所閡，遠得物外之奇形。[44]

這段注文讌足為「神理獨運」的描狀；張湛把「玄悟智外之妙理」的「玄照」能力，歸之於異乎「俗士」的「達人」。「達人」是少數秉賦「神理獨運」以體悟「智外妙理」的異人；「神理」乃上天鍾秀於某類人物的厚禮，不是普通的心智本能。這種「達人」獨具的「神理」觀，與郗超所說的「玄拔獨悟」的意思相通，指超凡的悟解天賦。

### （3）徐邈《春秋穀梁傳》義

東晉范寧（339-401）做了一部《春秋穀梁傳集解》，收羅了同時代的經說，其中引述徐邈（344-397）以「神理」說經之文，見〈魯莊公三年傳〉「獨陰不生，獨陽不生，獨天不生，三合然後生」句下，謂：

> 古人稱萬物負陰而抱陽，沖氣以為和。然則〈傳〉所謂天，蓋名其沖和之功，而「神理」所由也。
> 會二氣之和，極發揮之美者，不可以柔剛滯其用，不得以陰陽分其名，故歸於冥極而謂之天。
> 凡生類稟「靈知」於天，資形於二氣，故又曰「獨天不生」，必三合而形神生理具矣。[45]

徐邈以「形」、「神」的兩大生理原素解釋「天」、「陰」、「陽」

---

44 前揭書，卷5，頁150。
45 鍾文烝《春秋穀梁經傳補注》卷5。（北京，中華書局，1996年，頁148。）

的「三合」。陰和陽成生理的「形」，而天則爲「靈知」的來源，此謂之「神」。徐邈認爲「神理」源自沖和的天功，則此「神理」無疑是「靈知」或「神」，也是人的心神活動，與郗超、張湛的指謂是一致的。

張湛本精佛理，其〈列子序〉強調《列子》「所明往往與佛經相參」[46]，與郗超的思想背景相似。而徐邈之以「神理」爲「神」，則明顯是魏、晉玄學的思路，尤其與向秀、郭象的《莊子注》的「神解」義，關係密切。在〈齊物論〉「萬物皆照」句下，向、郭注強調「至道能弘」則「釋然神解」[47]，「神解」乃以「弘道」爲目的，這是一種涵具目的性的稟賦；在〈天下〉「慎到之道非生人之行而至死人之理」句下，注云：

夫去知任性，然後「神明」同照，所以為賢聖也。[48]

「賢聖」之所以出類拔萃，「神明同照」是其精神特點，這「神明」指的是高出平凡的知解能力的心神活動。「神明」一詞是《易傳》和《莊子》常見的詞彙。向、郭注的「神解」義淵源自《易傳》和《莊子》，而徐邈的「神理」義則明顯與向、郭注《莊》一脈相承。

「神理」之在東晉出現，是玄學和佛學相融的結果，郗超與張湛的「神理」最足以反映這一特色。必須強調的是：「神理」不是佛經語，也不屬玄學和佛學的核心話語。

晉、宋以來，「神理」已在宗炳、謝靈運、王融、謝朓等著名文人的筆下出現，無不與悟性義相關，但還未能進入《世說新語》的敘述世界之中。

---

46 前揭《列子集釋》，頁 279。
47 成玄英《南華真經注疏》卷 1。（北京，中華書局，1998 年，頁 47。）
48 前揭書，卷 10，頁 614。

　　晉人的「神理」義均限定於「聖人」身上，表明這是「聖人」異乎凡人的特質所在，這一方面是玄學思維，同時也受門第社會的等級意識所範限。「神理」之為最高級的精神活動，只有最上上等的聖人才配得上「神理」的稟賦。劉勰把「神理」和聖人相提並論，也是時代的共同意識。

### （三）釋僧佑的「神理」義

　　《出三藏記集》的「神理」義涵具見釋僧佑所撰的〈胡漢譯經文字音義同異記〉，文謂：

> 夫「神理」無聲，因言辭以寫意；言辭無跡，緣文字以圖音。故字為言諦，言為理筌，音義合符，不可偏失。是以文字應用，彌綸宇宙，雖跡繫翰墨，而理契乎神。[49]

「神理」和「言辭」對文；全文均從「言辭」和「神理」兩大義脈開展論述，強調華、梵「文畫誠異，傳理則同」；梵語「一字或攝眾理，或數言而成一義」，文字言詞是「義理」的載體，「字為言諦，言為理筌」，應用言辭以筌載義理是其關鍵。「言謬則理乖」，不可不慎，要做到「辭理辯暢」，警惕到「文過則傷艷，質甚則患野」，辭和理必須對衡，要求文質相稱。比觀全文語境，「神理」概指文辭撰作所表達的「理」，一種感悟而生的義理，就佛學而言，為佛理，玄學為玄理。「神理」的「神」即「理契乎神」的神，是存在於主體的精神主宰力量。「神理」之在文章，不論所涉何理，皆是「意」，是文章的靈魂。理、義、意，一也。〈同異記〉的「神理」指文章的義理、意義，這些義理或意義都是聖人感悟現象世界的成果。僧佑是肯定「言盡意」的主張的，文章明顯反映這觀點。「神理」是玄學的言意之辯的文化背景下的產物。

---

49 釋僧佑《出三藏記集》卷 1。（北京，中華書局，1995 年，頁 12。）

　　「神理」義亦因其具「悟性」的內涵，與心性觀念的關係極密切。《出三藏記集》卷二前序亦僧佑筆墨，謂：

> 法寶所被遠矣。夫「神理」本寂，感而後通，緣應中夏，始自漢代。[50]

　　僧佑對「神理」的敘寫，運用了《易繫辭》的「《易》無思也，無爲也，寂然不動，感而遂通天下之故」，〈繫辭〉「寂然不動」指的是「聖人之道」；在本序文「法寶所被」爲大前題的語境中，「神理」自與佛理相關，但又不是「佛理」本身。前述《高僧傳》以「神理」爲悟性，是個體的天賦才情。則僧佑言大法之所廣泛流行，是因爲人所涵具而本寂的「神理」，受佛法所感動而開悟，於是大法得以傳。所謂「道不獨運，弘必由人」[51]，支遁〈大小品對比要抄序〉強調「夫至人也，凝神玄冥，靈虛響應，感通無方」[52]。佛法因爲得到這類「至人」而得大弘被遠。「神理」指這「至人」的悟性。〈慧遠法師傳〉提到「外國眾僧咸稱漢地有大乘道士，每至燒香禮拜，輒東向致敬。其神理之跡，固未可測也」[53]，也即這類「通感無方」的悟性。

　　「神理」是弘法的關鍵。於是〈胡漢譯經文字音義同異記〉所說的「神理」，指悟解佛理的特殊能力；文辭表達的「義理」深淺，視乎這能力的高下。佛法有賴這種超詣佛理的言辭文章弘遠散播。文辭承載此悟得的意旨，其優劣及得當與否，直接影響弘法的效果，因此不能輕忽。僧佑立意，大致如此，而亦反映中國文化之崇尚文辭，竟視以跟教義同功。

　　其時已充份認識到「弘必由人」，「道藉人弘，神由物感」（《高

---

50　前揭書，卷2，頁22。
51　前揭書，卷9，釋僧衛〈十住經合注序〉，頁326。
52　前揭書，卷8，頁299。
53　前揭書，卷15，頁568。

僧傳‧興福》贊語），傳法弘法護法，全賴具備深厚教義修養的人才，東晉支遁用《莊子》的「至人」一詞比喻這些聰穎異常的弘法種子。僧佑則超離「人」的形相義而指詣其超凡的悟解能力，離形取實，故特別彰顯「神理」，把此超凡的領悟能力抽象化，於文字敍述上形成一獨立於形體之外的「存在」。這種處理方法，顯示僧佑有意擺脫玄理的窒桔，徹底抹去《老》《莊》的影子。因此，「神理」是在言意之辯的玄學背景中冒出來的新詞，而又代表著對玄學的疏離，這是一種辯證的生成過程。彰顯「神理」，是僧佑很突出的做法。從語源考察，僧佑是極關鍵的人物。今存劉勰所有著述，均着「神理」的影蹟，可見僧佑對劉勰影響之深刻。

## 四、劉勰的「神理」義

### （一）〈滅惑論〉及〈剡縣石城寺彌勒石像碑銘〉的「神理」義

進而疏理劉勰兩篇佛學文章〈滅惑論〉及〈剡縣石城寺彌勒石像碑銘〉。〈滅惑論〉乃回應〈三破論〉對入華佛教的三項指控，即耗費民財、敗壞倫常、毀身滅種。在反擊第二項譴責，謂：

> 夫孝理至極，道俗同貫，雖內外迹殊，而神用一揆。若命綴俗因，本修教於儒禮；運稟道果，固弘孝於梵業。是以誥親出家，《法華》明其義；聽而後學，《維摩》標其例；豈忘本哉！彼皆照悟「神理」，而鑑燭人世。過駟馬於格言，逝川傷於上哲。[54]

「照悟神理，鑑燭人世」是說明《法華經》和《維摩詰經》皆明洞人情物理，明白主張出家之事，必先徵得家人的同意。而「過駟馬」乃《禮記‧三年問》所說的「三年之喪，二十五月而畢，若

---

54 僧佑《弘明集》，卷8。（上海，上海古籍出版社，1991年，頁51。）

馳之過隙」，「逝川」指《論語》載「子在川上曰：逝者如斯乎，不舍晝夜」，都是聖哲感悟生命的短暫。「照悟神理」指的是這類了然生命本質和意義的極深刻感悟；這些感悟明洞人情世事。則此「神理」義，同僧佑文及《高僧傳》的用意，皆指超凡深刻的悟解能力。

〈剡縣石城寺彌勒石像碑銘〉謂：

　　夫道源虛寂，冥機通其感；「神理」幽深，玄德司其契。是以四海將寧，先入感鳳之寶；九河方導，已致應龍之書。[55]

這與僧佑〈《出三藏記集》卷二序〉所言「神理本寂，感而後通」義本一致。「道源」和「神理」互文，「虛寂」、「幽深」乃其體性，「通感」、「司契」則是「神理」的受用。天下太平，則必先有鳳瑞之文應兆；九河得治，則流出應龍為祥兆之書。這些瑞應文辭便是「神理」通感的證明。則銘文所言「神理」之為「道源」，因為「道」之得明，先必始於深刻的領悟。悟之為源，突顯主體精神的作用。

劉勰佛學專文所遣「神理」之命意，跟僧佑一脈相承，與《高僧傳》無別，亦皆指超凡的悟性。

### （二）《文心雕龍》樞紐篇的「神理」義

順著「感悟」、「悟性」的取義，通觀劉勰《文心雕龍》的七處「神理」的用例，無不妥貼理順。先就〈原道〉三例說。「誰其尸之，亦神理而已」，「神理」之體現於天命的符瑞，在〈河圖〉和〈洛書〉之成型，此乃是聖人感悟深幽的天命而致。此「神理」當理解為聖人對天命的通感。「神理」乃超凡的能力，不是常人所能，惟聖人方有此稟賦。《文心雕龍》的「神理」指的是聖人的感

---

55　嚴可均《全梁文》，卷60。（京都，中文出版社，1976年，頁3310。）

悟能力。「莫不原道心以敷章，研神理以設教」，「道心」乃天地
之心，「神理」爲感悟能力；聖人本原天地之心以張設文采，其於
天地之感悟，則詳爲研求天地的意義以教民施化，通天地之文於人
道，此所謂「感而遂通」的意思。「道心」與「神理」義各有屬，
不是互文，但都是聖人的精神特質。「道心」乃謂天地之心，神理
爲超凡悟性。本此用心，通此悟性，將天地的意義推拓爲「人之文」，
遂成教化。教化本天地之義而施，聖人對天地的領悟爲一切「制作」
的樞紐。此中亦見董仲舒的影子在，董仲舒講貫天地之理，王者所
以通天地人。贊語「道心惟微，神理設教」，總理全文，講明聖人
彰明倫理（光采玄聖，炳耀仁孝）；復以感悟天命，示現禎祥（龍
圖獻體，龜書呈貌）；於是天文呈顯其意義，令下民相與從義而成
化（天文斯觀，民胥以傚）。「天文」之足以被胥傚，因爲可「觀」。
觀的字面指目睹，有形則可見。聖人之功德，乃令天文爲可觀，此
乃喻法。實指一種直接的理解。乃喻聖人以其超凡的領悟力，體會
了天地的深刻意義，並以文字表述這體悟所得的深意，天地的意義
得以彰顯於人間，令人人得而理解。因此，「天文斯觀」便是「神
理設教」的成果。〈原道〉以「道心」和「神理」脈注全文，而以
「天地」爲場境，成教爲宗極。「道心」和「神理」是聖人的心識
作用的兩面，相輔相成而表出「天地」的意義，教化本此意而成。
〈原道〉立意如此，而重心在彰顯心識悟性的弘化作用。「道心」、
「神理」之義明白，劉勰用心方見。「神理」於當日乃通行語，讀
者立曉；但時移世易，於後世反陌生，令本來易曉之文，歧義雜出。
因此，復原語境，據以解讀，則疑滯自銷。

　　〈原道〉所彰顯的是聖人的「道心」和「神理」的心識作用，
所以承之而爲〈徵聖〉。〈徵聖〉強調聖人生而知之的特殊本能；
聖人的文章精義堅深，乃因聖人能夠「鑒周日月，妙極機神；文成

規矩，思合符契」，對天地之道，領悟透徹；「妙極機神」指聖人的「神理」；宋宗炳〈明佛論〉便強調「有神理則心有妙極」。「妙極」是「神理」的作用特性。聖人之文表達了深刻體悟的道理，這道理本源天地諸現象，而聖人筆下表出，所以聖文的內容必「思合符契」，深會天意。贊語說「妙極生知，睿哲惟宰；精理為文，秀氣成采」，文含精理，此理之精，是聖人以其生而之知神理所領悟的天地的意義的那份睿哲。〈徵聖〉反覆突出「妙極」，補足了〈原道〉三用「神理」的意義。

　　第四例見〈正緯〉「今緯多於經，神理更繁」。在行文上，因前文有「緯隱，神教也；聖訓宜廣，神教宜約」的前提語，則「神理」與「神教」，義旨是相通的。「神教」與顯現天命相關。傳統視天命為王者的認受性來源，天命乃是上天的命令、允諾、譴責等類屬「長官意志」的行為，但天是無言的，天本身無法透過文字表明意志，只能變化日月氣象或以示現罕見之物類，這種種異象或稀罕之物的出現，顯示天意的喜怒，天命寄託於這類不尋常的情態事物，對人間呈露以比較難以形求的意志。這些現象算是天的身體語言，把天的隱微意志表而出之。天的身體語言雖然比較具體，也不是凡人所能完全理解，而這種語言背後深藏的意義，更須等待具備超凡領悟能力的聖人加以詮釋和演繹，天的意志才能大明於世。〈正緯〉起筆便說「神道闡幽，天命微顯，馬龍出而《大易》興，神龜見而〈洪範〉燿。故〈繫〉稱『河出圖，洛出書，聖人則之』，斯之謂也」，「神道」乃謂「神理」，乃是離形取實的敘事手法，把聖人的超凡悟性單獨抽離出來；劉勰認為聖人能夠領悟天意，解釋其中隱微難知的意義，是謂「神道闡幽」，亦可讀為「神理」闡幽。經過聖人的闡述，微顯的天命方能明耀於世。劉勰舉例，「馬龍」、「神龜」這罕見生物出現的現象，惟聖人才領悟其示現的意義，於

是周文王悟出《易》六十四卦，而箕子悟出治天下大法的〈洪範〉，
這是〈繫辭〉所說「聖人則之」的典範。聖人以之誘導百姓，〈原
道〉稱之為「神理設教」。因此，〈正緯〉所說的「神理」、「神
教」均與「神理」相通；亦透過「神理」義突出聖人的心識作用。
「神道」並非宗教巫術的指謂。〈正緯〉贊語「榮河溫洛，是孕圖
緯。神寶藏用，理隱文貴」，把「神理」拆開以見義，強調聖人的
「神理」所起的闡釋天命的關鍵作用，聖人文辭傳達天的大道理。
概括說，「神理」便是聖人代天立言的能力。

　　「神道設教」跟「神理設教」，在《文心雕龍》的語境系統之
中，均指向相同的義涵。「神道」是《易傳》話語，「神理」是晉、
宋以來在玄學背景下生成的佛門中人話語（不是佛典話語），屬於
原生而非取之翻譯，但於遣用過程中，則涵蘊儒、釋、道三家對於
「弘道」的共同期盼。儒家講「人能弘道，非道弘人」，道賴人傳，
「人」是極關鍵的元素，「苟非其人，道不虛行」，儒家強調的聖
哲，便是弘道之人。《易傳》對聖人的心理和精神作全方位式的描
述，「聖人有以見天下之動，而觀其會通，以行其典禮」；《易》
是聖人會通「天下之動」的成果，顯示那「寂然不動」的聖人之性，
一旦觀天地之動而了悟其中大意，則「感而遂通天下之故」了。《易
傳》強調「非天下之至神，其孰能與於此」，「至神」指的是出類
拔萃的聖人的心識。劉勰沿用僧佑的「神理」義，復於《文心雕龍》
之中，本《易傳》的「天下之至神」義而強化了「神理」義的文化
創制功能的義蘊。

　　《易傳》的話語是劉勰刻意傳述的，整篇〈原道〉都以《易傳》
話語塑造。但切不能劃地為牢，或劃清界綫。「神理」是〈原道〉
的核心意識，來源自東晉崇佛人仕，又是僧佑的話語，本身跟弘法
的意識有極密切的關係。支遁認為「至人」了悟大法；大法弘之由

人。《高僧傳》諸傳之中,大凡弘法有功的大師都具有極高的領悟天賦,稱之爲「神理」。「神理」是一種悟性(悟性不是佛性),佛教是極重視悟性的,當然任何學理教義都重視領悟能力。《法華經》是劉勰熟識的,在〈剡碑〉之中也提過。後秦沙門僧叡於〈妙法蓮華經後序〉稱讚本經「即萬化以悟玄,則千途無異轍」[56],「萬化」指現象界,「玄」指其所涵含的深奧意義。本諸現象而深悟其中的道理,是謂「即萬化以悟玄」,此正是南人所說「神理」之義。《法華經》重視「教化眾生」,〈五百弟子受記品〉反覆此旨[57];〈妙音菩薩品〉亦強調「是菩薩以若干智慧,明照此娑婆世界,令一切眾生各得所知,於十方恒河沙世界中,亦復如是」[58],佛這樣的主張,佛門中人的劉勰是沒有理由漠視而不受影響的,〈原道〉中叙述「道沿聖以垂文,聖因文以明道」一段人文化成的聖迹歷史,表述的雖非佛理之化行,但「明道」的意識則明顯因《法華經》而得到強化,「寫天地之輝光,曉生民之耳目」乃聖人文辭的功効,與《法華經》所說的「明照此娑婆世界,令一切眾生各得所知」的語義是一致的。劉勰極在意「弘」的功效,〈序志〉已說明鄭玄的諸經注「弘之已精」,方才另闢徯徑,於「立言」的角度發揚孔子精神以「明道」。「明道」在《文心雕龍》,其原點在聖人的「神理」;「明照」於《法華經》,其關鍵在佛弟子的「悟」。「悟」亦是「神理」的核心意義。因此,「神理」是中土原生學術和佛學相融無間的結果。

### (三)《文心雕龍》文體論的「神理」義

　　第五例見〈明詩〉的贊的「神理共契,政序相參」。「神理共

---

56 鳩摩羅什譯《妙法蓮華經》(香港,佛教慈慧服務中心,1994 年,頁 316。)
57 前揭書,卷 4,頁 140。
58 前揭書,卷 7,頁 280。

契」就詩歌產生的主觀因素說；「政序相參」從詩歌產生的客觀人文環境說。〈明詩〉發揮傳統性情觀闡釋詩歌史源，從人性深處尋求詩歌的本質，強調「應物斯感」的性情特質，詩歌在這感應的過程中產生的。這感應過程與聖人之悟道沒有殊致，就詩歌史的進路而言，與聖人「神理設教」的軌轍同步，所以說「共契」。「神理設教」的典範和始源是《大易》，〈原道〉所顯豁的「神理設教」的過程，是《大易》的形成過程。則詩、《易》共契，詩道與《易》理自然相通，此乃〈神思〉贊語「神用象通，情變所孕」。《易》者象也，聖人立象以盡意。則此所謂「神」，實「神理」之類的心識感悟。而〈明詩〉謂「興發皇世，風流《二南》」，則詩之「興」在遠古三皇時代已存在，而一直流衍至周詩的《二南》。則《詩》興和《易》象本質一致。此「神理共契」的實義。〈明詩〉以「神理」為感興本原，推跡詩的主體大本，呼應了「樞紐篇」的立意。可見樞紐的〈原道〉領控全書的理路。「神理」之義不明，則體式的問題亦只有翻空而不能深著劉勰本身的理路。「神理」義為神悟感應，詩講「神理」，與「悟性」相關。宋人嚴羽講詩道與禪悟的關係，實肆始於劉勰。饒宗頤早已發覆，雖語焉不詳，惟本文之論證反映饒氏不凡卓識。至於《易》象與《詩》興相通，錢鍾書《管錐篇》已具論，惟單憑孔疏立說，亦未知《文心雕龍》早經撰述，而劉勰的論述較之孔穎達疏更為系統與精密。皆因「神理」之義誨闇，真相未明，劉勰詩說的光華所以不能顯耀於後葉。

### （四）《文心雕龍》文術論的「神理」義

　　第六例見〈情采〉。劉勰提出「三文」，即形文、聲文、情文。具體說，五色為形文，乃眼目之可以形見；五音為聲文，是聽覺所能察知；情文為五性，五性為質，性動為情，所以相表裡以見義，言五性即言五情，皆主體的心思所能會察。「立文之道，其理有三」，

「三文」是「理」，此「理」乃客觀的存在；天地之間，無非「三文」，〈原道〉已暢明「文」為天地之大德，天地諸現象皆括概於此「三文」，約言則為「文」。「三文」之為主客體全攝其中的現象或信息，是一切制作的基本素材。「立文」指制作。制作必須以「三文」為依據，所以說「立文之道，其理有三」。

　　但制作則非凡人之所能，「三文」固然客觀而普遍的存在，若非聖人的生知本領，亦無法感知其義理，遑論制作。在常人，諸物的顏色只供賞覽；而聖人則了悟顏色所閃發的義理，於五色中辨其正色、閒色，然後施諸「黼黻」禮服，表現天地尊卑的道理。聲文於凡人，只是各類聲音，「生活世界」充滿各式各樣的雜音、噪音[59]，惟聖人審音聲而辨別出五聲，「五音」代表天地雜遝聲音。聖人以其超卓的神思感悟，重新組合代表宇宙聲響的「五音」，制成〈韶〉、〈夏〉之樂，「盡美盡善」，孔子聽到後也為之「三月不知肉味」的樂曲。這些偉大的樂曲的素材，只是平凡不過的「五音」；但「五音」經聖人之「神理」，則迸發出天地百物和諧共處的感動力量，於是，「擊石拊石，百獸率舞」《尚書・堯典》，天下熙和，與嚴別尊卑秩序的「禮文」黼黻相輔為用，致治天下。至於「五情」於普通人只是平常的喜怒哀樂，天賦所有，亦不會特別留意和珍惜。聖人卻能深刻體會性情的作用，「或明理以立體，或隱義以藏用」〈徵聖〉，「精理為文，秀氣成采」，把最平凡的素材轉化為絢麗的《五經》，「聖賢書辭，總稱文章，非采而何！」〈情采〉，「情文」意義因《五經》而綻放。「三文」之得以轉化為影響天下萬世的制作：禮、樂、《五經》，全都是聖人生知的本能及超凡的領悟力，把天地宇宙潛藏於雜遝現象之內的本質意義彰顯明白，於是劉

---

[59] 「生活世界」一詞用胡塞爾《邏輯研究》義。

勰總結說「神理之數也」。「數」是相對於形上性質的「理」，涵有器用技術的形下意義。「三文」是「理」，「理」屬抽象的概念，不能用於人事。聖人深悟此「理」而制作，禮、樂、《五經》俱經天緯地的事業，全賴其心識的卓絕不凡，令天地之義得以應用於人間。「神理之數」立言如此，落實了「神理」所涵的傳化義。則此「數」之爲「術」，乃是實現聖人抱負的具體方法，和樞紐篇所談的原理正是「體用」相依。文之所以能「立」，關鍵在「神理」。這宗旨和劉勰及僧佑「神理」用例，意義是貫通的。

　　最後一例見〈麗辭〉「神理爲用，事不孤立」。這是在聖人撰作書辭的筆法技巧說。劉勰首先舉出一項不言自證的事實：「造化賦形，支體必雙」，作爲論述的大前提。天地間生物，大凡具手、足的，必定駢足雙手，經驗告訴這是絕對的真理。傳說中有一足之夔，但據「理」推論，「夔之一足，跰踔而行」，只能如《莊子‧秋水》所言「吾以一足跰踔而行，予無如矣」的天下惟我的獨一無二的特例，不是造化的原意。天道如此，本天道說文辭，則文辭主駢偶的造句，是完全符合天道的做法。聖人既以其「神理」，感悟天地之道理，則造句遣辭，亦必順從天的法則。符合造化之道。所以下文接著說「夫心生文辭，運裁百慮，高下相須，自然成對」，描繪了「神理」的運思過程；駢偶完全是從「神理」的運動過程中自生自衍，不煩刻意的經營。劉勰舉述經典爲證，而以孔子的《易傳》爲典範，謂之「聖人之妙思」，固以駢辭爲主；《詩三百》也是「奇偶適變，不勞經營」，從造句的自然符契天道，顯示了不但《易》象之與《詩》興之同源，即使文辭造句，亦同樣本源於聖人的「神理」妙思。《易》是「理」的宗源，《詩》以情志爲本，情與理爲一切文辭的本質。文辭乃情理的載體，因此不容忽視。這是〈情采〉的宗旨，〈麗辭〉的立意與之呼應，而與僧佑〈胡漢譯經

文字音義同異記〉「字爲言諦，言爲理鑒，音義合符，不可偏失」
的觀點，有內在的一貫性，而關鍵所在，亦是「神理」。

## 結　論

　　通觀劉勰傳世文辭所涉的「神理」，無一例外，都是指聖人所
獨稟的天才式的悟性，此「神理」是一切人文制作的本源。「神理」
一詞源出中土的玄學環境，乃東晉佞佛者用以描述超凡的教理悟
性，同時能以卓越文辭宣明所悟得的深意；「神理」是傳弘大法的
關鍵。僧佑沿用此義，但離形取實，把「神理」抽象化；劉勰則迻
以論文，標榜聖人垂言立教，與「神理」的原始用例及其時的語境
一致。因爲是新生字詞，對後來讀者或有疑滯，在當日則無此問題。
「神理」於《文心雕龍》用以指示文章意義的生發本源精神所在，
在其「文理」系統之中，佔核心地位。「神理」之指謂不顯，則有
礙對其文理觀的理解。苟明其義，中國文論史上的以「悟」論文，
亦至少可以提早六百年。而且，《文心雕龍》的「心」的義涵亦得
以彰顯。

　　以悟性爲義的「神理」比觀，較之西晉陸機〈文賦〉的「用心」
說，皆從作者主體的心靈活動爲觀察原點，劉勰更據以外推於文體
論以及文術論，然後推拓文章的教化功能，把主體心靈世界和客觀
的人文世界充分結合爲一有機體，構成同心輻射形的外張「文理」
網絡。劉勰的「神理」觀融匯了中土以心爲本的大思想傳統以及以
心識開展的佛學。因此，從「神理」這一視角觀察，《文心雕龍》
的文化涵義是較〈文賦〉遠爲深厚的。

　　這種「神理」觀包涵強烈的用世和傳化的意識，建功立業的熱
切期盼亦因此綜貫全書。這是儒學和大乘佛學相融的人生態度，體
現了東方文化性格優秀的一面。同時也包涵了道家和玄學的「神明」

義蘊，突顯了主體的主宰和能動性，個性因而得到解放和張揚。亦即是說，在《文心雕龍》的敘述世界中。儒學、玄學、佛學充份融化於以主體心靈爲核心的宇宙之中，展示主體心靈爲宇宙塑造「意義」和「色彩」的神奇功能。亦可以說，儒、釋、道於劉勰，不是「打照面」的客體，而是全體融入其心靈之中，共同構成了他的宏偉的「立言」願力。

於是「神理」一詞，若執於一邊，則見仁見智，既可謂儒家《易傳》之發揮，亦可說是道家玄理「神明」和「自然」之遺，也可以比傅爲「佛性」，各不相下，其實，眾說紛紜，只因著其一邊而已。事實上，以「天地」爲心的劉勰，又怎會牢繫一家之說呢？輒樹藩籬，標榜家派，無疑只矮化和萎縮劉勰的精神。「道心」和「神理」雖然海涵地負，畢竟「文章千古事，得失寸心知」，知音實難。「神理」是聖人的特質，如果只有聖人才足以了解聖人的話；如此，劉勰「神理」之寂寞，紹述無繼，孤懸於歷史之間，亦是必然的事情。

「神理」和「道心」是劉勰「文心」之所在。晉人華譚《華氏新論・辨道》說：

> 體道者聖，遊神者哲。體道然後寄意形骸之外，遊神然後窮理變化之端。故寂然不動而萬物為我用，塊然玄默而象機為我運。[60]

華譚這段說話正是「道心」和「神理」的註腳。晉人孫綽有言：

> 「理」出於天，「辭」宣於人。[61]

「辭理」的關係顯示「天人」的關係，劉勰運用「道心」和「神理」的觀念指出實現這種「辭理」轉化的主體的心理機制。魏桓範

---

60 馬國翰《玉函山房輯佚書》之《子編》。（上海，上海古籍出版社，1990 年。頁 2555。）
61 孫綽《孫綽子》佚文，見清王仁俊《玉函山房輯佚書續編》之《子編》。（上海，上海古籍出版社，1989 年。頁 208。）

《世要論‧序作》說：

> 夫著作書論，乃欲闡弘大道，述明聖教，推演事義，盡極情
> 類，記是貶非，以為法式，當時可行，後世可修。[62]

桓範的立意，劉勰盡納之於「神理」論之內。聖人的「神理」
轉化天地的意義於萬世不朽的經典，開物成務，「制作」的偉大事
業本此而生。

---

62 見王仁俊《玉函山房輯佚書續編》之《子編》。（上海，上海古籍出版社，1989
　年。頁 221。）

# A Search of Meaning of Shen-li in *Wen Xin Diao Long*

## Tang Kwok-kwong

### Abstract

There are 7 Shen-li in *Wen Xin Diao Long* to note a basic inner factor leading the stream of thought of literary criticism of Liu-xie. But its meaning is in disputing nowadays.

Shen-li was a new word risen in East Qin Dynasty, as an applause of senior monks by Buddist followers for their great contribution of the development of Buddism. The cord meaning of the word was genius understanding by which inspirited the phenomena of living world to set up an insight theory or to explain the inner meaning, educating the public to follow the teaching of Budda. Therefore, Shen-li was treated as a key human factor for developing and spreading the religion.

All senior monks recorded in the section of Yi-jie in *The Book of Senior Monks （Gao-seng-zhuan）* were representative for spreading of Buddism in the East Land. All of them were described having born super power of understanding religion theory. Seng-you, a famous monk for Buddist books compiling and having an very close relationship with Liu-xie, was the first one to use word in metaphysical meaning.

All 7 Shen-li's meaning in *Wen Xin Diao Long* was no difference with the say about. Liu-xie emphasized the relationship between Shen-li and the Saint who depicted the most important meaning of Heaven and Earth, and another hand expressed his extraordinary inspiration and understanding in words and paper. The significance of Heaven and Earth then was preserved in the works written by the Saint, setting up a formal standard for literary writing for after ages. Thus, the word of Shen-li is the center of Shu-niu by which a whole system of literary theory was constructed.

Liu-xie did not restrict his scope only by one way. Shen-li in his works indeed created a new theory with inspiration from Confucian *Yi-zhuan*.

**Key words**: Shen-li, understanding, phenomena, meaning, educating.

# 劉勰《文心雕龍》和佛教思想的關係

中國　北京大學　　日本　福岡大學
張 少 康　　笠　　征

論文提要：歷來對劉勰《文心雕龍》和佛教的關係有很多爭議，各家所持觀點都有一些片面性，或簡單否定，或強調過分，往往有失公允。本文希望對劉勰《文心雕龍》和佛教的關係作一個較為客觀的分析。全文分以下幾個部分：一，劉勰《文心雕龍》中的「神理」說和佛教的聯繫；二，六朝玄佛合流和劉勰的本體觀；三，劉勰《文心雕龍》的研究方法和佛教哲學的中道觀。

**關鍵字**：神理、道、般若、中道、折衷

　　《文心雕龍》和佛學的關係是大家有過很多研究的老問題。不過，究竟怎麼看待這個問題，大家有很不同的觀點。總起來說，強調有佛學思想影響和否定有佛學思想影響的說法，都有相當的片面性，不夠公允。在研究這個問題時，我認為首先要承認兩個客觀事實：一是劉勰從青年時期開始就是虔誠信仰佛教的，而且是精通佛學的，他隨僧祐在定林寺整理佛經，研究佛學，長達十餘年之久，後來雖然進入官場，但是並沒有離開佛學，仍然參加了很多佛學活動，最後還是成了佛教徒。他還以寫佛教的碑誌聞名，這也很值得

注意。二是《文心雕龍》中確實沒有多少佛學詞語和概念，也沒有很明顯的、很直接的運用佛學思想來論文。儒家思想的影響在《文心雕龍》中是很突出的。也許正是這兩個問題，使研究者對《文心雕龍》和佛學的關係有了很分歧的看法。其實，我們應該從當時的文化背景上來理解這種現象：第一，儒家文化在中國是長期佔有統治地位的正統文化思想，它在每個時代都對社會生活各方面具有深刻的潛在影響，即使在玄佛思想佔有比較主要地位的南朝也是如此。第二，在那個時代，佛學和儒學不是對立的，而是完全可以互相相容的。崇敬儒學和信仰佛學並不矛盾，它是可以同時體現在一個人身上的。當時梁武帝就曾經提倡三教同源，也就是儒、釋、道三教同源。第三，那時佛學的傳播是要借助中國本土文化的，當時特別是借玄學來宣傳自己的學說，所以是玄佛合一的。而且從中國文化發展的特點來看，各種不同的文化思想（包括外來文化），在歷史發展過程中不是互相排斥，而是互相吸取有益內容，不斷融合的。所以我們不要用那種似乎不同文化思想一定是互相排斥的觀點來看問題。這樣我們也許可以比較符合實際地來說明《文心雕龍》和佛學的關係。

我認為劉勰在寫作《文心雕龍》雖然沒有有意識地運用佛學思想來論文，但是實際上《文心雕龍》的寫作還是潛移默化地受到佛學思想的深刻影響，這些主要表現在下述三個方面：

**第一，是「神理」的觀念。**劉勰在《文心雕龍》中共有七處涉及「神理」的概念，而在他的兩篇佛學著作中涉及「神理」概念共三處，它們的含義是否一致，有什麼聯繫，是我們研究《文心雕龍》和佛學關係的十分重要問題。很多研究者把《文心雕龍》中的「神理」概念說成是「自然之理」，其實是不符合劉勰原義的。現在我們先看《滅惑論》和《梁建安王造剡山石城市石像碑》這兩篇佛學

著作中的「神理」概念。

> 彼皆照悟神理，而鑒燭人世，過駟馬于格言，逝川傷於上哲。
>
> ——《滅惑論》

> 夫道源虛寂，冥機通其感；神理幽深，玄德思其契。
>
> ——《石像碑》

> 鎮南將軍江州刺史建安王，道性自凝，神理獨照，動容立禮，發言成德，英風峻于間平，茂績盛乎魯衛。
>
> ——《石像碑》

劉勰一共用了三次「神理」的概念，都是指神明的真理。第二例既指至高的佛理，第一、三例是指對佛理的領悟。這個「神」不是神妙或自然的意思，而是指神佛，「神理」是神佛的最高原理。這一點大概是沒有很大爭議的，但是，這裏的「神理」和《文心雕龍》中的「神理」是否是同一含義，則分歧就很大了。現在我們再看《文心雕龍》中的七處「神理」：

> 若乃河圖孕乎八卦，洛書韞乎九疇，玉版金鏤之實，丹文綠牒之華，誰其尸之，亦神理而已。
>
> ——《原道》

> 莫不原道心以敷章，研神理而設教，取象乎河洛，問數乎蓍龜。
>
> ——《原道》

> 贊曰：道心惟微，神理設教。光采玄聖，炳耀仁孝。龍圖獻體，龜書呈貌。天文斯觀，民胥以效。
>
> ——《原道》

> 《經》顯，聖訓也；《緯》隱，神教也。聖訓宜廣，神教宜約；而今《緯》多於《經》，神理更繁，其偽二矣。
>
> ——《正緯》

贊曰：民生而志，詠歌所含。興發皇世，風流《二南》。神理共契，政序相參。英華彌縟，萬代永耽。

——《明詩》

五色雜而黼黻，五音比而《韶夏》，五情發而為辭章，神理之數也。

——《情采》

造化賦形，肢體必雙；神理為用，事不孤立。夫心生文辭，運裁百慮，高下相須，自然成對。

——《麗辭》

在這七處地方，《原道》篇中三處「神理」，其實最為明顯是說的神明的原理。第一例說「河圖孕乎八卦，洛書韞乎九疇，玉版金鏤之實，丹文綠牒之華」，正是說上天神明授予人類的啓示，告訴人類什麼是治理國家和社會生活的基本原理，這就是最早的「人文」，「人文」之源正是來自於上天神明。河圖洛書並非人類的創造，而是上天神明的意志之顯現。第二例講從伏羲到孔子都是研究「道心」和「神理」，取法乎河圖洛書，從而對「人文」的發展作出了重大的貢獻，這裏的「神理」和第一例的「神理」自然也是完全相同的。第三例贊語中所說的「道心惟微，神理設教」，則是概括第二例的意義來說的，意義也和第二例相同。《正緯》篇中所說的「神理」就是指「神教」，也就是神明的教誨，而緯書本身就是體現天人合一思想的，這「神理」的意思和《原道》篇所說是完全一致的。《明詩》篇贊中所說的「神理」，是講詩歌的起源是和人類的產生同步的，它也是天人合一的產物，「神理共契，政序相參」前者指天，後者指人，說明詩歌是天神之理和人君之治相結合的結果。《情采》篇講五色、五音、五情皆是神明早已設定好的天理。《麗辭》篇講人的肢體都是對稱的，宇宙間事物也都是對稱的，這是造化和神理

的自然表現，這個神理也是指上天神明賦予人類和萬物的特點。可見，《文心雕龍》中的七處「神理」和劉勰佛學著作中的「神理」含義是相同的。過去之所以很多研究者把「神理」作爲自然之理來解釋，是因爲要強調劉勰的思想和佛學沒有關係，或者是爲了說明劉勰的所謂唯物主義思想，實際上這些說法是不符合劉勰本意的。

當然，說「神理」的意思是指神明的原理，還不能證明它和佛學的關係，因爲很多儒家也是主張天人合一，也是有神論者。但是如果我們把它和劉勰的《滅惑論》和《石像碑》聯繫起來，就可以知道劉勰所說的「神理」和他的佛學思想是確實有著不可分割的聯繫的。

同時我們還可以從劉勰協助僧祐編撰的《出三藏記集》一書中看到「神理」一詞也有相當廣泛的運用，其含義和劉勰上述十處的含義是相同的，而且很明顯是指神佛之理。如《胡漢譯經音義同異記第四》中說：「夫神理無聲，因言辭以寫意；言辭無跡，緣文字以圖音。故字爲言蹄，言爲理筌，音義合符不可偏失。是以文字應用彌綸宇宙，雖跡繫翰墨而理契乎神。」這裏非常明確地說言辭所表達的「神理」其「理契乎神」。僧祐《出三藏記集錄上卷第二》中說：「法寶所被遠矣。夫神理本寂，感而後通。」這裏的「神理」自然也是指佛家的神理。又于《慧遠法師傳》中說：「外國眾僧咸稱漢地有大乘道士，每至燒香禮拜輒東向致敬。其神理之跡，固未可測也。」這也是指慧遠對佛的神理之傳播所產生的影響。「神理」一詞是當時佛教的通用詞語，劉勰既精通佛學經典，他自然也清楚地知道「神理」就是指的神佛的至高原理，它並不是萬物內在的自然之理，這是非常明顯的事。

第二，劉勰的本體論和佛教的關係。劉勰的本體論思想大家都是就《文心雕龍》的《原道》篇來考察的，這當然是不錯的。劉勰

認爲宇宙萬物的本體就是「道」，所以凡「天文」、「地文」、「人文」，或者是「形文」、「聲文」、「情文」，乃至虎豹等動物之文和草木等植物之文，無不是「道」的體現。對於這個「道」的含義，歷來大家爭議很多，或謂是儒家之道，或謂是道家之道，或謂是佛家之道，或謂是以儒家爲主而兼有其他各家之道，理解是相當分歧的。不過，有兩點是可以肯定的：第一，劉勰在《文心雕龍》中並沒有明確地講這個「道」是那一家的「道」，第二，劉勰在《滅惑論》中非常明確地講了儒家、道家和佛家在「道」的問題上是可以相通的，原理是一樣的，他說：「至道宗極，理歸乎一；妙法真境，本固無二。」不僅佛道和儒道是一致的，而且道家之道和佛家之道也是一致的。「梵言菩提，漢語曰道。」「權教無方，不以道俗乖應；妙化無外，豈以華戎阻情？是以一音演法，殊譯共解，一乘敷教，異經同歸。經典由權，故孔釋教殊而道契；解同由妙，故梵漢語隔而化通。但感有精粗，故教分道俗；地有東西，故國限內外。其彌綸神化，陶鑄群生無異也。故能拯拔六趣，總攝大千，道惟至極，法惟最尊。」這就把儒家和佛家的道看作是共同的一致的東西，只是因爲地域差異，運用不同，而在表現方式上有所差別，一是理論的，一是通俗的。顯然，劉勰對儒道和佛道的地位放得都是比較高的。「然至道雖一，歧路生迷。九十六種，俱號爲道，聽名則邪正莫辨，驗法則真僞莫辨。」因爲各家各派都有自己的「道」，從表面上看其真僞往往不易分辨，但是一考察其內在原理，則是否非常清楚。他的《滅惑論》是批評道教《三破論》的，當然認爲道教之道是邪而非正的，但是他在抨擊道教之道時，並沒有把它和先秦道家之道混淆起來，而是清楚地對其作了區分。他指出「尋柱史嘉遁，實惟大賢，著書論道，貴在無爲，理歸靜一，化本虛柔。」這就說明劉勰認爲道家的虛靜無爲在本質上是和不過，因爲「三世

弗紀，慧業靡聞」，故而只能是「導俗之良書，非出世之妙經」。至於道教的「道」則不過是騙人的小道，雖「標名大道，而教甚於俗；舉號太上，而法窮下愚。」這裏，我們可以看到劉勰所說的「道」實際是包含了儒、釋、道三家兼通的特點的。

　　但是，《文心雕龍》中所體現的劉勰的本體論思想並不僅僅局限于《原道》篇。特別值得我們注意的是他在《論說》篇中評價魏晉玄學中的崇有和貴無兩派學說時提出的看法。他說：「宋岱、郭象，銳思於幾神之區；夷甫，裴頠，交辨於有無之域；並獨步當時，流聲後代。然滯有者，全系於形用；貴無者，專守於寂寥；徒銳偏解，莫詣正理；動極神源，其般若之絕境乎。」玄學中的這兩派都是講的本體論問題，劉勰對這兩派都有所批評認爲他們是「徒銳偏解，莫詣正理」，也就是說，他們各自都有一定的片面性，並不能達到對宇宙萬物本體的全面而正確的理解。他認爲玄學的這兩派都不如佛學的般若境界更爲高明。我們知道魏晉時期的佛教是借助於玄學來傳播的，玄佛合一是這個時期思想史發展的重要特點。從劉勰對玄學的有、無之爭的觀點來看，他所說的佛學中的「般若之絕境」，應該是和僧肇的思想比較接近的。六朝時期般若學屬於佛教的大乘空宗，其基本思想是認爲一切事物的本性均爲空無，故稱爲空宗。但是般若學在發展過程中，又有所謂「六家七宗」之說，也就是對「空」或「無」的理解有所不同，形成不同的派別。六家是指：本無、心無、即色、識含、幻化、緣會。因爲「本無」派內部又有兩派「本無」和「本無異」，所以說是七宗。其實，這六家主要是三派：本無、即色、心無，其他的幾派均可歸入即色派。本無派的主要代表是道安，這是般若學的核心，所以湯用彤先生說：「廣而言之，則本無幾爲般若學之別名。」（《漢魏晉南北朝佛教史》）本無，是從玄學的「以無爲本」而來的，但是和玄學思想又是不同的。道

安的本無說認爲宇宙間一切都是空無的，本來什麼也沒有，萬物的本性也是空無的，不但沒有老子的「有生於無」，也沒有王弼的「本無末有」，「夫人之所滯，滯在末有，若宅心本無，則異想便息。」認識到一切全是空無，不滯於末有，則方能止息一切思想上的障礙，進入到佛家的「涅槃」、「真如」精神境界。「本無異」宗的代表是竺法琛，他認爲無可生有，有生於無，這和老子的觀點有點接近，「本無」宗把他看成是「異宗」。「即色」派的代表人物是支道林，他本姓關，名遁，他是當時的清談家，他的說法是「即色是空，非色滅空」（慧達《肇論疏》引），不是物質消滅後才是空，物質本身就是空的。他不承認物質是客觀存在。一切物質現象（也就是色）都是由「因緣和合」而生，它生、住、異、滅，瞬息萬變，不可能有獨立的「自性」，所以是空的。「夫色之性也，不自有色，色不自有，雖色而空，色復異空。」（《世說新語·文學篇》注引）一切事物的形相，如青黃等顏色，只是人們感覺到才有，它本身是不存在的。「識含」宗以於法開爲代表，認爲「三界爲長夜之宅，心識爲大夢之主」（《惑識二諦論》），把三界看作是夢幻，而皆起於心識。「幻化」宗的代表是道壹，認爲「一切諸法，皆同幻化」（《神二諦論》）。「緣會」宗的代表是于道邃，認爲「緣會故有」，「緣散即無」（《中論疏》引），因緣會合就是「有」，因緣散失就是「無」。這三種都是由「即色」宗派生出來的。「心無」宗爲與「本無」、「即色」並立之第三派，以支潛度爲代表。他的看法是承認客觀事物是存在的，「無心者，無心於萬物，萬物未嘗無」（見僧肇《不真空論》引）。慧達《肇論疏》說：「竺法溫法師《心無論》云，夫有，有形者也。無，無像者也。有像不可言無。無形不可言有。而經稱色無者，但內止其心，不空外色。但內停其心，令不想外色，即色想廢矣。」這一派和般若學的空宗思想是不大一致的，所以遭到很多圍攻。

　　般若學的空無義此後又在僧肇和慧遠那裏得到進一步發展。僧肇有著名的《不真空論》、《物不遷論》、《般若無知論》，收入《肇論》一書中。僧肇是鳩摩羅什翻譯佛經的主要助手，但是他的主要貢獻是在佛學理論上。他從當時已經翻譯過來的龍樹著作中，吸取了其中觀學說的精華，在分析六家七宗的得失基礎上，把般若空宗思想發揮到了極至。他的《不真空論》是意思是「不真」即空，他用龍樹《中論》的觀點，從「非有非無」的本體論出發，論述了世界的「不真」即「空」的本質。「非有」是說現實世界從根本上說是不存在的，「非無」是說世界從現象上看又不能說是完全不存在的，只是它所存在的是一個假像。「雖無而非無，無者不絕虛；雖有而非有，有者非真有。」「譬如幻化人，非無幻化人，幻化人非真人也。」《物不遷論》是說一切事物都是絕對地靜止不動的，但不是只有靜沒有動，而是「必求靜于諸動」，從變化中去認識不變。湯用彤先生說：「稱爲《物不遷》者，似乎是專言靜的。但所謂不遷者，乃言動靜一如之本體。絕對之本體，亦可謂超乎言象之動靜之上。即所謂法身不壞。」此「即動即靜」之義亦即「即體即用」「非謂由一不動之本體，而生各色變動之現象。蓋本體與萬象不可截分。」《般若無知論》則說因爲般若無知，所以無所不知。他說：「夫有所知，則有所不知。以聖心無知，故無所不知，不知之知，乃曰一切知。」因爲世界是不真而空的，所以認識世界也不要那些具體的知識，只要有無知之心就可以知道一切。僧肇的本體論是認爲無非真無，有非真有，這正好解決了玄學中貴無和崇有兩派的「徒銳偏解，莫詣正理」的缺點，也就是劉勰所說的「動極神源，其般若之絕境乎」的境界。劉勰受龍樹思想的影響很深，這點我們將在本文下節中詳細論述，而僧肇的思想正是對龍樹本體論思想到發揮。由此，我們也可以看到劉勰《文心雕龍·原道》篇中說

的「道」，顯然也是包含了佛道在內的。

　　**第三，龍樹的中道觀對劉勰《文心雕龍》研究方法的影響**。劉勰《文心雕龍》中的「折衷」論文學研究方法，是直接受龍樹中道觀影響的產物。龍樹是西元二三世紀時印度的佛學大師，他的《中論》是以偈語的方式來寫的一部十分重要的佛學著作，原有 500 偈，漢譯為 446 偈，分二十七品，為佛教大乘空宗的主要經典。《中論》在中土最早有姚秦時鳩摩羅什翻譯的青目注釋本，有著名高僧僧叡的序和曇影法師的序。後來有吉藏法師的《中觀論疏》，對《中論》本身和青目注釋都作了詳細的疏解。《中論》的內容是非常豐富的，而它的核心是闡明一種觀察宇宙事物的方法，也就是所謂「中道觀」。這種方法的特點就是要求人們要超越兩端，不即不離。一般人理解事物往往只看到事物對立的兩個極端，例如生死、有無、來去、善惡等等，因此就容易落入一端，而龍樹則要求超越這兩個極端，而看到事物不陷於這一端、也不陷於那一端的複雜性。《中論》的宗旨集中表現在它的第一偈中的「八不」：

　　　　不生亦不滅，不常亦不斷，不一亦不異，不來亦不出。

我們平常看待事物常常會落入相對性，有無便有有，有生便有死，有來便有去，有善便有惡，有美便有醜，有上便有下，有高便有矮……，當我們落於一邊的時候，實際上也落到了另一邊，強調善的觀念時，就有惡的觀念存在著，讚揚美的觀念時，就有醜的觀念存在著。龍樹則認為一切事物都是由複雜多變的因緣所決定的，是沒有完全純粹的東西的。因是指個體本身，緣是指外在的事物和環境，它們都是不斷地變化發展的，他們的配合也是無窮無盡的。善不是完全都是善，惡也不是完全都是惡。因此，他提出：不生不滅，不常不斷，不一不異，不來不出。不生不滅，是說的事物的存在和非存在問題。事物產生的時候也是它消滅的時候，它消滅的時候也

是它產生的時候，隨因緣而轉化，所以實際上是沒有生也沒有滅。常和斷，說的是時間的永恆和非永恆，不常就是無常，從時間的不斷變化來說，事物是沒有常性的，不可能是永恆的。事物無常而相續，所以又是無斷或不斷的。既非永恆又非非永恆。一和異，說的是數量的統一和差別，事物從執常性的角度來看，好象是統一的、獨立的個體，實際上它又是不斷變化而有差異的，所以是非一的。但是，事物雖然不斷變化，卻還有它的相續性，所以又是非異的。這就是不一也不異。來和出，說的是時空中的來去運動相，其道理也是一樣的。事物的來者無所從來，去者無所至。比如，火是那裏來的？不是從木材來的，也不是從火柴來的，也不是從手來的，也不是從氧氣來的，而是諸多因緣聚合的結果。火滅了，它去那裏了？是因緣離散的結果。這就使我們想起了蘇軾的《琴詩》：「若言琴上有琴聲，放在匣中何不鳴？若言聲在指頭上，何不於君指上聽？」琴聲的有無也是琴弦和手指因緣聚散的結果，也是不來亦不去。所以正如吉藏所說：「不來來，不去去。」故而龍樹得出的結論是：「諸法實相中，無我無非我。諸法實相者，心行言語斷。無生亦無滅，寂滅如涅盤。一切實非實，亦實亦非實。非實非非實，是名諸佛法。自知不隨他，寂滅無戲論。無異無分別，是則名實相。若法從緣生，不故名實相，不斷亦不常。不一亦不異，不常亦不斷。」「是故知涅盤，非有亦非無。」總之，他認為事物極端的兩個對立面實際是不存在的。他否定了事物的兩個極端，認為只有超越了事物的兩個極端，善於不即不離，才能真正認識和把握事物的本質。這種觀察事物的方法論，其最特出的地方是要求對任何事物不要有絕對的看法，不能偏於一邊，陷入一個極端，要認識到事物的複雜多變，而給以符合實際的解釋。劉勰毫無疑問是非常熟悉龍樹的《中論》的，他協助僧祐編撰的《出三藏記集》中曾收入僧叡的《中論

序》和曇影法師的《中論序》，在《鳩摩羅什傳》中也說他曾翻譯
《中論》等龍樹的著作。我認爲龍樹《中論》中的「中道觀」對劉
勰《文心雕龍》中的文學研究方法的確立有著十分深刻的影響。

　　劉勰之所以能寫出這部偉大的著作，能夠提出那麼多深刻而有
價值的見解，是和他所採取的科學的研究方法有直接關係的。他的
這種「折衷」論的研究方法自然也和儒家、道家、玄學的方法論有
關，但更爲重要的是，他所受的以龍樹《中論》爲代表的佛學方法
論的影響。劉勰在文學批評上一個顯著的特點，是持論非常公允，
絕不偏於一端，能夠客觀地、全面地來看待問題，這可以說是貫穿
于《文心雕龍》全書的。他對當時文學理論批評上一些歷來有分歧
的爭論，都沒有簡單地肯定或否定那一方面，而是善於吸取對立雙
方觀點中的正確的合理的因素，提出自己比較穩妥的持平之論。譬
如，「芙蓉出水」和「錯彩鏤金」是兩種尖銳對立的美學觀，劉勰
是比較欣賞以自然清新爲特徵的「芙蓉出水」之美的，但他又不否
定以人工雕飾爲特徵的「錯彩鏤金」之美的。他主張要在重視人工
雕飾的基礎上達到自然清新的理想境界。所以在《隱秀》篇中提出
文學創作要以「自然會妙」爲主，又要輔助以「潤色取美」，認爲
這才是最高的美的境界。在《辨騷》篇中總結漢代對《楚辭》評價
的爭議時，他也沒有偏向於那一邊，而是詳細地分析了《楚辭》「同
於風、雅」的四個方面和「異乎經典」的四個方面，充分肯定了《楚
辭》既「取熔經意」又「自鑄偉辭」的基本特色。特別明顯的是他
對當時文學創作中有很大爭議的聲律、對偶、用典等，他都不偏於
一端，而能採取比較公允態度，注意從理論上進行深入探討，提出
很有深度的看法。對於聲律，他既不像沈約等人那樣，去制訂繁瑣
的聲病規則，但也不像鍾嶸那樣對聲律理論全盤加以否定。他在《聲
律》篇裏以探討聲律的美學原理爲主，強調聲律美的關鍵是要做到

「和」、「韻」之美。對於用典，劉勰既不贊成顏延之、謝莊那樣堆砌典故，以至使「文章殆同書鈔」，也不贊成鍾嶸對詩歌創作用典全的全盤否定，而是比較客觀地在肯定用典的積極作用前提下，要求儘量做到不要詰屈敖牙，而要如同「口出」和自己說的一樣。並且提出學識要「博」，運用典故要「約」，特別要注意選擇之「精」，還要運用得「核」，也就是說，既要吸取用典的長處，又不能讓它影響作品的自然美。在對待我國文學批評史上「言志」與「緣情」的爭論中，他也沒有簡單地落入那一邊，而是善於把情和志統一起來。他在《明詩》篇中說：「大舜云：『詩言志，歌永言。』聖謨所析，義已明矣。」又說：「詩者，持也，持人情性；三百之蔽，義歸無邪，持之爲訓，有符焉爾。」劉勰他認爲文學的本質不僅表現「志」，也表現「情」，兩者是不能分開的。文學作品就好比一個人，「以情志爲神明，事義爲骨髓，辭采爲肌膚，宮商爲聲氣」。文學創作既是以「述志爲本」的，又是「爲情造文」的。劉勰在文學批評方法論上最有價值的地方，就是善於採取「圓通」的見解而不絕對化，能全面而深刻地提出自己的觀點。他的「折衷」論不是調和折中抹稀泥的方法，而是能夠根據客觀的「勢」和「理」，來科學地分析各方面的因素，從而得出較爲符合實際的結論。這些都非常突出地體現了劉勰運用「折衷」的方法論所取得的積極效果。他這種善識「大體」，不執一端的文學批評，顯然和龍樹的「中道觀」有著明顯的內在聯繫。

　　上面我們從三個方面討論了《文心雕龍》和佛教的關係，但並不是說《文心雕龍》和佛教的關係就只有這些，實際上在其他很多方面還可以看到佛教和《文心雕龍》的聯繫，譬如大家講得很多的佛教因明學對他的影響等等。總的說來，我認爲應該對劉勰《文心雕龍》和佛學的關係作一個全面的穩妥的考量，用一種客觀的、實

事求是的態度去認識這個問題，這對於《文心雕龍》研究的深入，
也許是必要的。

# 喬伊斯的「文源」、「文心」與
# 《尤利西斯》的文體[1]、文術
## ── 劉彥和、喬伊斯文、理相映

美國　張敬國學基金會研究員

## 林 中 明

　　內容提要：《文心雕龍》體大精深。其中的「文體論」二十篇，幾佔全書五十篇中 40％的高比例。劉勰說「**因情立體，即體成勢**」，這是不變的文論真理。然而本世紀以來，研究「文體論」者，難攻難寫，成文見世者十不及一，和研究易讀易寫的感性文章不成比例。再加上現代各種文字語言趨於相似的口語白話，文體的應用和變化，失去了和現實社會的聯繫，只有學院專家偶爾研究。今日一般的文學作家，連使用一種文體，也少有不同的風格變化，更不用說有誰還能再有喬伊斯的彩筆，一書之中，十八章有十八種文體變化，震驚雅俗。因此，我認為若能以《文心》的文體論和文類叢來分析西方現代經典小說的冠冕之作《尤利西斯》，並以喬伊斯創新文學時的心情和戰略，對照劉勰當年創新文論時的文心和兵略，則對於現代文藝的根源，與古典文論的現代化[2]，都有劃時代的意義和啓

---

1 Lin, Chong Ming, *Some Thoughts About Integration: From Michelangelo, Bada Sanren, James Joyce to SOC, Internet, and* 「*Innernet*」, 2005 IPSI （Internet Processing & System Interdisplinary） VIP Scientific Forum Digest CD, Amalfi, Italy, 2005.2.18-19.

2 錢永波《劉勰故鄉鎮江的「文心」情結－研究‧運用‧服務‧紀念》（中國江蘇鎮江市歷史文化名城研究會），福岡大學‧「文心雕龍國際學術研討會」論文‧2005

發。尤其今年6月16日是愛爾蘭和國際文壇爲紀念喬伊斯而設的「布盧姆日」100周年[3]，我們在日本九州以《文心》對映《尤利西斯》，先著世界五洲一鞭，雖嫌草草，也還是師承舍人當年定林寺「原道」、「辨騷」雕龍之餘意。

## 【前言：舊高峰、闊平原和新山路】

「登山則情滿于山，觀海則意溢于海」，這是劉勰年青時在〈神思篇〉裏的壯言。然而在實際人生和學術探討的過程裏，登上了高峰之後，躊躇滿志，徘徊平原，繞山三匝，無峰可攀。這曾是曹孟德的感嘆，也是世間顯學必然有的「困境」。重新登山，何處尋峰？如何攀越另一座高峰？這從來就是新舊學者的大挑戰。在21世紀之初，回顧「龍學」發展的歷史記錄[4]，我們可以看到「龍學」的研究已達到了一個新的高峰。而與此同時，也是「龍學」由20世紀「風雲並驅」、波浪起伏的開拓時期，轉向雲淡風輕、鳥語花香、「信受奉行、漸漸修學、有話則談、無話則散」的承平時代。當龍學專家王更生先生，在2000年爲楊明照先生的九十大壽而寫下《歲久彌光的「龍學家」——楊明照先生在「文心雕龍學」上的貢獻》一本

---

年4月4、5日：「我很贊成許多學者的意見：在深化《文心雕龍》學術研究的同時，要加強應用研究，融通古今，東西交流。只有走這樣的研究道路，「龍學」才能永遠充滿活力，蘊藏在《文心雕龍》中的寶貴精神財富才能融入到現代文論、創作和實際生活中去，在生動的實踐和理論探索中得到繼承創新、發揚光大。就以「應用」而言，也是大有可爲的。例如《文心雕龍》中講到的30多種文體……」。

3　文潔若《魯迅和喬伊斯的文化精神》，文匯報2005.3.24，「……愛爾蘭人這麼崇拜喬伊斯，甚至把六月十六日「布盧姆日」定爲僅次於國慶日（三月十七日聖巴特裏克節）的大節日。1954年6月16日，舉行「布盧姆日」五十周年紀念活動。《尤利西斯》愛好者從圓形炮塔出發，在都柏林市街上遊行。1962年，都柏林市當局決定把圓形炮塔作爲喬伊斯博物館保存下來。今年6月16日，邀請世界各國的作家和喬伊斯研究家，前往參加博物館成立大會。今年6月16日，是「布盧姆日」的100周年。愛爾蘭在首都都柏林舉辦長達五個月的紀念活動。自4月1日起，一直持續到8月31日。紀念活動主題爲「重品喬伊斯：都柏林2004」。

4　上海林其錟等學者編寫，在1995年出版的《文心雕龍學綜覽》；北京張少康、汪春泓、陶禮天、陳允鋒所著，於2001年出版的《文心雕龍研究史》；和臺灣劉渼2001年的《台灣近五十年來《文心雕龍》學》；……等專書。

「輕、薄、短、小」，然而義深情厚的賀壽之作時，其實已經標誌著一個「舊」「龍學」研究高峰的結束，和新一代的「龍學」研究，又正在展開下一輪的「登山觀海」活動。

　　當此之時，不僅國內的中學生都知道《文心雕龍》是中國古代文學批評的經典之作，就連美國矽谷高科技的工程師裏，也竟然有人購買有翻譯解釋的《文心雕龍》，用以提升自己的國學文化水平。這不能不說是「龍學」在國內中學和大學裏的教育成功，和國學經典在海外也漸漸顯現了它們的價值。這個情形固然可喜，但是有心的「龍學」學者，不免要問：**1. 在「全球化」的新時代，「本土」「國學」還有自我競生的能力嗎？2. 古老的「龍學」又如何與「國際接軌**[5]**？**這兩個問題，可以說都是「大哉問」。尤其是第一個問題，我們雖然可以從不同的角度去探討[6,7,8]，但也需要有打持久戰的兵力，不然還是風去浪平，不起漣漪。若要開闢新疆，則需要跨語文、跨領域具備「新弓箭」的學者「圓鑒區域，大判條例（《文心‧總術篇》）」，共同研究，屯田開墾。第二個問題，範圍雖然不小，但是畢竟有個中心點，似乎可以成為下一波「龍學」研究的方向之一。本篇論文，也就是以此為考量，試圖在劉勰和喬伊斯這兩大異文化、異類高峰之間，找出一條「無限風光在險峰」的新路來。

5 張少康、汪春泓、陳允鋒、陶禮天《文心雕龍研究史‧結語‧3. 從中西比較的角度來研究《文心雕龍》》，北京大學出版社，2001，pp.591-592。「比較文論的研究可以使我們更好地把握中國古代文論的基本原理和發展規律，同時使中國古代文論走向世界。」
6 林中明《漢字書藝之特色、優勢及競爭力：過去、現在、未來》，2004 年淡江大學「臺灣書法國際學術研討會」「臺灣書法的新風貌及未來發展」論文集，2004.4.30-5.1。
7 林中明《舊經典活智慧 —— 從易經、詩經、孫子、史記、文心看企管教育和科技創新》，第四屆《中華文明的二十一世紀新意義》學術研討會論文（喜瑪拉雅基金會）主題：傳統中國教育與二十一世紀的價值與挑戰，嶽麓書院‧湖南大學，2002.5.30&31。《斌心雕龍》，學生書局，2003 年 12 月，pp. 463-518。
8 林中明《經典與創新：從「知識平台」到「文化縱深」》，第十屆「文化與社會」學術研討會（主題「經典與文化」）論文集，淡江大學，2004.11.25-26。

## 【劉勰對喬伊斯：東西古今文學批評
## 和文藝創新的兩大高峰對映】

　　劉勰的《文心雕龍》雖然有許多論文、書籍解釋他的理論，然而由於時空的差異，今人雖然能精讀他的文章，可是真要讀通而且能應用，卻是「知之非艱，行之惟艱」。東西文化裏的各種經典，歷來都有許多學者用「新舊術語」解釋「古典辭語」，雖然道貌岸然讓人敬仰，但對新學來說，卻常是難上加圈，越學越惑。又如中華學術圈裏前人所不注重的〈諧讔篇〉[9]，其實在世界文藝史上，卻佔有相當的地位。而殘缺的〈隱秀篇〉，雖然受到不少喜歡考證文獻者的注意，但是如何在實際文藝上應用發揮，並與世界文藝接軌，卻相對的未受到積極的重視。這大概是因為理論家大多不是藝術實行家，慣用術語解釋術語，越說越玄。而藝術家又最厭煩咬文嚼字的理論，奇巧異起，越走越偏。理論和實踐從來就不容易合於一身，能左手右手各執一項，同時發揮戰略和戰力的大師少之又少。

　　在這種兩難的情況下，我曾於世紀之交，選擇後於劉勰千年的八大山人，以八大藝術中的諧讔、隱秀和人格等特性，來和《文心》理論相應證[10]，試作「**跨學科的研究**」，似乎對兩造都得到較多的瞭解。所以對於「『龍學』如何與『國際接軌』」這個問題，我認為如果選擇適當的西方文藝大師的「文藝創作」來和劉勰的「文學理論」相應證，即是同屬文藝領域，但又是「**跨文化**」和「**半跨學科**」的一種嘗試，這也有其本身的創新，而且即是「**腳踏實地**」，便不至於凌虛指月而難逃落水。這樣做，**有跨越，也有直聯**，雖然

---

9　林中明《談諧讔 —— 兼說戲劇、傳奇裏的諧趣》，《文心雕龍》1998 國際研討會論文集，《文心雕龍研究第四集》，北京大學出版社 2000.3，pp.110-131。

10　林中明《從劉勰《文心》看八大山人的六藝和人格》，《文心雕龍》2000 國際研討會論文集，北京，學苑出版社，2000，pp.574-594。

不免盲人摸象，以耳爲扇，但初雖不中，終執象耳。所以我以爲這**個方向和方法**應該也是可行。不然《文心雕龍》的理論雖然精妙，但是沒有近代西方大師以爲印證，在文論和文藝創新的研究上，不免有脫離當前熱門的「跨多元文化」和「國際軌道接軌[11]」的遺憾，亦不免有抱璧自娛之譏。

　　至於應該選誰和劉勰對證？如何避免「關公戰秦瓊」之類的**「爲比較而比較」的「比較文學」**？這個抉擇可是人各有其所好，見仁見智，難下定論。選喬伊斯和劉勰對陣，則是最容易，也是最難的抉擇。因爲喬伊斯的《尤利西斯》是 20 世紀西方小說中最受西方文學學者推崇的鉅作。在多項百年小說票選百名最受重視的西方小說裏，《尤利西斯》很少落出前十名，而且常居冠首[12]，所以是首選。但難處是人人都認爲這是一本偉大的「天書」，歷來罕有讀者能夠讀完全書。就連有名的心理學家容格（Carl Jung, 1875-1961），也不得不坦白承認此書難讀，而以他的才學，竟然也花了三年時間，才開始進入情況[13]。所以選擇這一本書和《文心》對映，很可能是「松下問童子，言師采藥去；只在此山中，雲深不知處」。但如果有焦點，或許還有「牧童遙指杏花村」的指望。

　　《尤利西斯》在一次大戰後就已威震歐美。早年曾經留英，而且終身細治西洋文學和精析國學藝文典故的錢鍾書先生當然對它十分熟悉。他曾在《管錐編・史記會註考證 58 則・太史公自序》一則

---

11 尤雅姿《文心雕龍之作品結構理論闡微波 —— 取徑英加登之現象學文論》，《文心雕龍》1999 臺北・國際研討會論文集，臺灣・文史哲出版社，2000，pp.524-562。

12 文潔若《魯迅和喬伊斯的文化精神》，文匯報 2005.3.24，「喬伊斯的代表作《尤利西斯》到了 20 世紀末，在世界文壇的重要地位已確立。1998 年，美國蘭登書屋「現代叢書」編委會評出 20 世紀百部最佳英語小說，《尤利西斯》名列榜首。1999 年，英國水石書店約請世界四十七位著名文學批評家和作家，評選一個世紀最具影響的十部文學名著，《尤利西斯》再一次名列前茅。」

13 C.G. Jung letter to James Joyce, 1932.「Your book as a whole has given me no end of trouble and I was brooding over it for about three years until I succeeded to put myself into it」In Richard Ellman,「*James Joyce*」, Oxford University Press,1959, p.642.

中用 Ulysses 中的「Nes. Yo」來解釋「壺遂曰：「夫子所論，欲以何明？」太史公曰：「唯唯！否否！不然！余聞之先人曰……」這一句中的「唯唯！否否！不然！」[14]。這是用「兵器庫」裏的「小刀殺小雀」。大師沒能多用《尤利西斯》裏的大刀和遠箭來擒王射馬。甚爲可惜。

　　因此，作者「知難漸進」，先簡略比較兩人的「文心」和著作動機，再略看喬伊斯《尤利西斯》的「文源」。然後以「文體」爲切入的重點，看看兩位古今文學大師，在理論和應用上如何分門別類和「戲耍出入」「古今文體」變化。然後簡略比較兩人對「文術」和「文評」的看法。以上諸項，劉勰和喬伊斯有同，也有異。我們由他們之同，見人心基本反應之同之深。而於他們之異，見出文化背景和個人性向之異之廣。他們的同，加深我們對文藝的認識。他們的異，不僅互補[15]，而且擴大了我們對多元文化和人各有體的欣賞。

　　以下一節，先從兩人的「文心」和創作動機說起。

## 【文心和幻夢】

　　劉勰未寫《文心》時，就準備繼承聖人之業。他在〈序志篇〉中說「予生七齡，乃夢彩雲若錦，則攀而采之。齒在逾立，則嘗夜夢執丹漆之禮器，隨仲尼而南行」。喬伊斯也是「少有大志」，年方十八，就能在有名的《雙週評論》雜誌上寫文評臧否當時歐洲文

---

14　錢鍾書《管錐編》第一冊，香港・中華書局，1980，pp.393-395。「James Joyce, Ulysses, The Odyssey Press, 536:「The Fan:Have you forgotten me? Bloom:『Nes. Yo』」」

15　樂黛雲《詮釋學與學與比較文學的發展，雙向詮釋與文學研究》，《積薪集：深圳大學 1983-2003 建校 20 週年文學院學術文選》，北京大學出版社，2003，pp.28-38。「西方學術界原來互不相干的三個學術圈子：漢學研究、理論研究、比較文學研究正在迅速靠攏，並實現互補、互識、互證。在這樣的大好形勢下，中外合力，新興的比較文學研究必將爲 21 世紀文化的重建做出重大貢獻」。

壇泰斗易卜生[16]。在《青年藝術家的畫像》的第四章，喬伊斯假借
少年主角看到一個美妙少女，光彩迷人，如登但丁《神曲‧天堂》
見「天國玫瑰」，從而提升了人生眼力境界。這不僅和劉勰的第一
個夢：「夢彩雲若錦」相類似，而但丁也是喬伊斯心中希望追隨的
「文學聖人」，也和劉勰的第二個夢呼應了。至於喬伊斯的最後一
本大作，《菲尼根的蘇醒》，則全書都是夢境，人物、地點、時間
都互相幻化，不知是「蝶夢莊周」，還是「莊周夢蝶」。有大創意
的文藝家，當然有若錦之夢。有邏輯組織的能力，又有曼妙的想像
力，此所以文藝大家之能成為大家乎？

## 【創新的戰略】

　　至於「創新」立家，劉勰在〈序志篇〉中說：「敷贊聖旨，莫
若注經，而馬鄭諸儒，弘之已精，就有深解，未足立家……於是搦
筆和墨，乃始論文。…品列成文，有同乎舊談者，非雷同也，勢自
不可異也」。由此可知他未寫書時，就準備「創新」立家。書出了
之後，也得到當代博學而當權派沈約的欣賞。可見得《文心》一書，
在「當時」「該地」是被權威人士公認為創新之佳作。

　　喬伊斯的文學創作生涯比劉勰早。1916 年，34 歲時，他在出版
了《青年藝術家的畫像》之後，毀譽兩極，但是聲名鵲起。然而他
仍然不認為他自己「足以立家」，逾越前賢。所以他自稱「將近花
了兩萬小時」寫出《尤利西斯》，並且采用特殊的文體、文術，「控
引情源，執術馭篇，制勝文苑（《文心‧總術篇》）」，「文成數萬，
其指數千，萬物之散聚，皆在（其間）[17]」，一舉立馬於文學創作

16 喬伊斯《易卜生的新戲劇 —— 評〈我們死人醒來的時候〉》，《雙週評論》雜誌，
　 1900 年。
17 司馬遷《太史公自序》。

的新高峰。他采用「18種角度並以同樣多種的文體來寫一本書，這是我的同行顯然不知道或未曾發現的」[18]。雖然古希臘人就說過，一篇好文章之中應當有多種「簽名」。但是作家寫文章是「我手寫我心」，誰能不著痕跡地「一筆兩用，三心二意」呢？何況連變18種文體！喬伊斯的《尤利西斯》在觀察者角度寫出人、史、情、事的量，和動用文體之多的變化量，都十百倍於任何中西前人，光從「量變到質變」的「躍變」，已經足以在世界文壇留下地位，何況**他的文筆高雅俚俗並舉，自鑄新辭，創新句法，突破前人篇章組織**，又於寫作中加入「**潛意識**」和「**意識流**」的手法，**小說裏能有的變化，他幾乎無所不用其極！**結果當然是成就曠世未有之作。

## 【千載 — 知音】

劉勰出書，使用《孫武兵經》的戰略，傳奇性地得到當時文壇霸主**沈約**的欣賞，從而登上**梁武帝**的官場。

喬伊斯心高氣傲，不肯向任何文壇政壇名人低頭，既譏 T.S. Elliot（1888–1965）「也會寫詩」，也笑普鲁斯特（Marcel Proust，1877～1922）文體不過爾爾[19]。喬伊斯大半生衣食不繼，一輩子事業起伏不定，這是他天生的傲氣所致。他連英國女皇都諷刺，根本不在乎諾貝爾獎的提名，這倒有點像魯迅了。或許也是他沒有戰略修養，雖然好用「利刃、藝術尖刀、利器鋼筆」來描寫自己的作品，但卻常打「沒把握的戰爭」[20]，而且酗酒花錢全無兵法節制，這也

---

18 蒲松齡的《聊齋》小說集裏穿插了各種詩、詞、曲、民歌、謎語、酒令。這類詩歌類作品有56篇，占總數的十分之一強。徐渭（1521-1593）優秀作品包括詩書畫、戲曲、書評、畫論、贊跋、尺牘、燈謎、碑銘祭文、榜聯、酒牌、兵略、奏章（代表）、……，各種文藝別類比擬蘇軾，而於創新體裁則有過之。
19 林按：根據 Terence Kilmartin 的描述，普魯斯特文筆自然，不矯揉造作，也不用古體。難怪喬伊斯小看他的文體。
20 文潔若《魯迅和喬伊斯的文化精神》，文匯報，2005.3.24。

有點杜甫的影子。這是劉勰、喬依斯兩人完全不同的地方之一。他
得到當時文壇名士龐德的欣賞和鼎力推薦，幸而突破貧窮無名的困
境，這是龐德的寬宏大量和伯樂愛材所致。

　　出身寒門的人材若不遇知音，多半沒有出頭的機會。蘇東坡《賈
誼論》說「非材之難，所以自用者實難」。難怪劉勰未受知遇於沈
約時，在〈知音篇〉裏感嘆地說：「知音其難哉！音實難知，知實
難逢，逢其知音，千載其一乎！」喬伊斯眾多知音者中的「貴人」
是龐德。但喬伊斯一生自傲，並不特別感激。喬伊斯成名之後，在
出版《菲尼根的蘇醒》的慶祝會和生日宴會上，叫兒媳海倫朗誦了
《菲尼根的蘇醒》的最後幾段。其中有句曰：「有人理解我嗎？在
一千年的暗夜裏，有沒有這樣一個人？……菲，又來了！拿去吧。
輕柔的，記住我！直到一千個你。嘴唇。許多鑰匙。都給你！一路
孤寂終於被愛一條長長的（全書完）[21]」。這兩位文學大師，竟然
都如此寂寞，連講的話，意思幾乎都一樣！這真是「英雄所嘆略同」
了！

## 【文　源】

　　劉勰《文心雕龍》的文源，見於開章的樞紐五篇，不用再說。
喬伊斯的文源，雖然出於西方的兩大文化 —— 希臘和希伯萊，但是
由於愛爾蘭當年宗教系統在人事和思想的腐敗，喬伊斯很早就屏棄
了俗世的宗教文化和思想，專崇自然的永恆，及荷馬、但丁、莎士
比亞等人間的文藝宗師，和思想家 G. Bruno（1548-1600）的哲學及

---

21　James Joyce, *Finnegans Wake*, Penguin Books, 1999, pp.627-628. 「　A hundred cares,
　　a tithe of troubles and is there one who understand me？One in a thousand of years of
　　the nights?......Loonely in me loneness......Finn again! Take. Bussoftlhee,
　　mememormee! Till thousendsthee. Lps. The keys to. Given!　A way a lone a last a
　　loved a long the 　」（全書結尾，沒有句號！）

St. Thomas Aquinas（1226-1274）的美學。劉勰和一般的中西文人推崇「大道」，而喬伊斯卻偏偏一改其向，用雅俗並起的筆法，描寫瑣碎小事、噁心動作和卑俗亂想，從「俗人小道[22],[23]」中呈現永恆。他似乎用類似《孫子》出「奇」制勝的兵法，加上莊子、禪宗「道在屎溺」的哲學，古文典故、異國文字和鄉俗俚語，能想到的趣事，全部出籠。一如〈神思篇〉所云：「情數詭雜，體變遷貿。庸事或萌於（出）新意。視布於麻，雖云未費，杼軸獻功，煥然乃珍」。他的筆法語詞文法變幻莫測，連「喬學」學者都說不清到底小說各章的特製文字和隱藏的意義為何？一般人，甚至包括許多小說大家，像是吳爾芙女士，都為之皺眉。難怪《尤利西斯》在美國被衛道之士查禁，目為淫穢小說，這反而使得喬伊斯意外成名。文源和文辭的雅俗，這是兩人相反而互補的地方。把他們兩人的文源和文辭合起來看，「截盤根，以驗利器，剖文奧，以辨通才（《文心·總術篇》）」，兩相發明，互相映照，「**東登高牆，西望遙崗**」，這有助於「全球化」時代藝「術」文「理」的瞭解。

### 【宗經、徵聖、正緯、辨騷】

　　劉、喬兩人在文化上都博通百家，又都有所繼承[24]，各有其文化及文藝上的「宗經」和「徵聖」。而於「正緯」[25]，喬伊斯摘取

---

22·王運熙《從〈樂府〉、〈諧讔〉看出劉勰對民間文學和通俗文學的態度》，《文心雕龍探索》，1986 年 4 月。

23 方元珍《劉勰與民間文學》，《（1999 臺北）文心雕龍國際學術研討會論文集》，文史哲出版社，2000, pp. 357-374。

24 T.S. Eliot, 'Ulysses, Order and Myth,' reprinted in Seon Givens, James Joyce: Two Decades of Criticism, p.201.
「喬伊斯『在現代和古代之間找到一種持續的對應關係』，而這『具有科學發現一般的重要性』」（袁德成書）

25 鄧國光《〈文心雕龍〉假緯立義初探》，《文心雕龍研究·第三集》，1998, pp. 67-83。
「運用緯學配身取象之法，張揚了文體的意識，生命的意念涵蓋全書，「體」的觀念至此成熟」。《〈文心雕龍〉本〈經〉制式的文體論研究》，2000 年鎮江·《文心雕龍》國際研討會論文。

了各種怪異奇詭的傳說來增加小說的趣味和變幻幅度，把劉勰〈正緯篇〉中對緯讖裏「事豐奇偉，辭富膏腴，無益經典而有助文章」的理論，發揮得淋灕盡致，奇趣橫生。可以說是《文心雕龍·正緯篇》理論應用的最佳經典之作。而〈辯騷篇〉中提到屈平的「託雲龍，說迂怪，詭異之辭，譎怪之談，狷狹之志」之類的寫法，天地日星的變化，在喬伊斯的《尤利西斯》和《菲尼根的蘇醒》裏，更是較屈原有過之而無不及。尤其在「異乎經典」的「士女雜坐，亂而不分，指以爲樂，娛酒不廢，沉湎日夜，舉以爲歡，荒淫之意」等男女穢事，則「語其夸誕」嚇倒古修，驚起時賢。至於「取鎔經意，自鑄偉辭」更是「瑰詭慧巧，耀豔深華」，所以文藝批評家莫不認爲他的這兩部書是「氣往轢古，辭來切今，驚采絕豔，難與並能」。讀劉勰〈辯騷篇〉而曾經覺得他描寫屈原作品似乎言過其實的學者，如果能讀讀喬伊斯的《尤利西斯》和《菲尼根的蘇醒》，我想他們一定會認爲劉勰的眼光超絕千載，言無虛發。至於許多實際的文例，由於篇幅有限，在此及全文均歉然割捨，不能多予引證共賞。

　　喬伊斯《尤利西斯》一書在文學史上有兩大傲世成就。一個是他大量應用前人（譬如莎士比亞）和時賢已經在有限度的情況下使用的「意識流」手法。但是我認爲他雖然運用「意識流」成功，然而由於這不是首創，所以不能算是文學上的里程碑。另一個則是他首創在一書之中，運用多種文體，奇舉繁變，「因情立體，即體成勢」。這確實是文學上的重要里程碑，可以說是「前不見古人，後不見來者」，和「遙登百丈樓，俯覽人馬小」。喬伊斯的《尤利西斯》沒能獲得諾貝爾文學獎，我認爲是評審人的眼光和膽識不足。但這並不代表喬伊斯的《尤利西斯》不是劃時代的鉅著。以下專就「文體論」的角度切入，並試加略論。

## 【文體的重要性】

上世紀初中國文學史先驅者之一的劉大杰氏，曾在他的《中國文學發達史》中批評劉勰《文心雕龍》裏論述文體的部份是「在全書這是價值最低的一部份…不可掩飾的缺點：1. 文學的觀念不清楚。2. 次序雜亂。3. 分類沒有統一性。4. 議論時多牽強附會」。這想來也是過去和當時許多人的見解。今天也許還有許多追逐「現代化」和「半現代化」的學者持類似的看法。但是自從臺灣龍學巨擘**王更生先生**在他的《文心雕龍研究》中及其他論著裏精審明斷地提出劉勰「文體論」的價值和重要性之後，人們才開始重新重視《文心》裏 20 篇文體論的論文。而**更生先生**所說的「確實是他參綜博考，畢力從事的重點所在……以及彥和曠古絕今的新發現。……二十體一百八十（179）類之多。這種「體大慮周」的組織，……那一家談文體也趕不上他。……（劉勰將這二十篇）妥適的架構在「原始以表末，釋名以章義，選文以定篇，敷理以舉統」四大基礎上以外，又「以時代爲先後的歷史論敘法」和「以作家爲主的社會評述法」，兩相錯綜，把它們從不同的角度，相異各種文體的區別、關係、淵源、附論以及各代文學的風尙等，將文體論二十篇塑造成一個有血有肉的機體。我們可以肯定的說：要想瞭解《文心雕龍》「創作論」與「批評論」的理論依據，則「文體論」不可不讀。如欲探討彥和「文原論」中，「原道」「宗經」的精神所在，亦必須視「文體論」作它的淵藪。[26]」。更生先生所說，不僅是發前人之所未發，而且也是最適宜用來指導今後研究喬伊斯《尤利西斯》這本集俗事、雅筆、穢言、典故於一體的奇書。

---

26 王更生《文心雕龍研究・第八章：文心雕龍「文體論」》，臺北・文史哲出版社，1979 初版，pp. 309-336。

**「體」字的出現頻率**：再從劉勰用字喜好的統計來看，根據文章電腦分析專家楊少俊先生的初期分析，劉勰《文心雕龍》裏用字的頻率，除虛字之外，以「文、辭、言、體、心」為前五位（2000.9.7）。然而，如果我們把「文、辭、言」當作文章的基本名詞，再除之於外，那麼「體」的出現頻率約為一百九十多次，數目在「心」字出現頻率一百二十次左右之上，近於 50%之多！這說明「體」字是《文心雕龍》中除虛字和「文、辭、言」之外，最常出現的一個字！雖然它每次出現處的意義不盡相同，但也有共同的範圍和意指。因此我認為研究「體」的意義，對研究《文心》的範圍、重點和走向，都是一個非常重要的指標。許多人好談「文心、神思」等比較飄渺的觀念，卻不知道**「體」在「心」先，而「體之不存，心將焉附？」**

　　既然劉勰重視文體，而「體」字又如「春城何處不飛花」，在《文心》裏處處出現，所以我們研究《文心》和「文體」，必須把整本書「作為一體」來看，「宮中府中，宜為一體（諸葛亮《前出師表》）」，不能把表面「形式」上定義為「文體論」的二十篇，逕自和《文心》其他篇章分開研究。譬如說〈體性篇〉就舉出「體式雅鄭，其異如面。若總其歸塗，則數窮八體。」在〈體性篇〉之後的〈風骨篇〉，它的內涵，也不能和文章基本結構的「體」分開研究。劉勰所說的「風骨」之骨，他自己的釋例各次不同，無意中造成後人的困惑，而近人的看法和今人的研究也有多種[27]，似乎沒有壓倒性和簡單直接的解釋。但是劉勰的「風骨」，不論作什麼解釋，也多少和現代人對文體的理解有相接之處。

　　就以〈風骨篇〉「怊悵述情，必始乎風。沉吟鋪辭，莫先於骨。故辭之待骨，如體之樹骸。情之含風，猶形之包氣。」這一段來說，

---

27 汪涌豪（輯述）《文心雕龍綜覽・風骨》，上海書店出版社，1995，p.p.160-165。

「情」與「形」互生互補，風情和辭骨，都能造成不同的韻味和風格。特殊的文體，則可以加強某些方面的效果。〈明詩篇〉指出，「四言正體，則雅潤爲本。五言流調，則清麗居宗」，然而「華實異用，唯才所安」。所以〈明詩篇〉也談「詩體」。所以不論何體，因人因時之不同，風情動作的表現還是不一樣。最後又都回到〈體性篇〉的一句千古不變的名言：「因情立體，即體成勢」。

　　而同一種風格爲多人采用，成爲風氣之後，自然從量變而質變，成爲一種新的文藝體。外表「旗幟鮮明」的文體形式，其實只是涵包內外的「文藝體」中的一個大類。如果真要精究文體，我們不宜刻舟求劍，止於「因習成俗」的「外形之體」。

　　《文心雕龍》寫得簡要，處處名句，不時舉證。然而名言的妙處雖然在於文字簡單，應變無窮。但隨之而來的壞處則是一句有多種解釋，有時反而造成困惑。劉勰舉了許多人事書篇，以爲例證，較前人文論更有組織更詳盡。但是他舉的例證，對現代讀者來說，本身過於籠統。由於常常缺乏直接述說引用所說的人事細節，和確切詳列所指的文章或文句，又帶給後人「各自表述」莫衷一是的混亂。中華俗語說：「百聞不如一見，百見不如一現」，西人也有「千語不如一圖」，印度則有「千圖不如一實例」的類似說法。所以現代法商學院的教學，也都注重「實際案例」，以補經典理論的不足。劉勰有理論，可惜沒有留下詩文和多種文體的作品，後人無從印證他在寫《文心》之前和之後，自己如何變化和實踐他的理論。這是一個遺憾。《文心》中多次提到的陸機，根據《晉書·陸機本傳》，「所著文章凡二百餘篇，並行於世」。而唐太宗「制曰：百代文宗，一人而已。」就此而言，陸機是全材，有詩有文又有理論。可惜陸機的《文賦》不是專書的規模，而且缺乏組織，也難以應用他的文論，來分析古今詩文。鍾嶸寫了《詩品》專書，但也是例證不詳，

品評標準不能跨越時空，所以只能當參考書，而不能成為品詩的經典教科書。和陸機、鍾嶸相比，劉勰的《文心》不僅有組織，而且立論大多正確，可以跨越時空。只是百分之四十的「文體論」部份，不能和現代接軌，有「骨」而乏「風」，失去了生命力，以至於「與時俱退」，淪為《文心》的「附錄」，和「文論王國」裏的「二等公民」，非常可惜。因此本文嘗試以《文心》的理論來「格」《尤利西斯》這本現代西方文學的頭號經典之作，並藉著喬伊斯的詩、文、小說，來印證和落實《文心》的理論。

## 【詹姆斯・喬伊斯：奇人奇事奇書】

　　喬伊斯少年時幾乎投身宗教事業，後來卻終身反宗教。年青時的劉勰崇儒好兵，後來卻由漸而頓，焚髮出家。劉勰懂得《孫武兵經》的精要，一生三次重大「鬥爭」都以兵法智慧「戰勝」環境，最後似乎是平安淡出官場，去做自己喜歡做的「事」，脫離宮廷鬥爭，神龍不見首尾，飄然不知所終。喬伊斯則是一生在逆境中掙扎，寧可挨餓，也不向腐敗的宗教、財閥、司法和政治勢力低頭。他的一生經歷，似乎可以借用《文心雕龍・明詩篇》所說的「望路而爭驅。並憐風月，狎池苑，述恩榮，敘酣宴，慷慨以任氣，磊落以使才。……雖各有雕采，而辭趣一揆，莫與爭雄。」和《文心雕龍・雜文篇》的「贊曰：偉矣前修，學堅才飽。負文餘力，飛靡弄巧。枝辭攢映，慧若參昴。慕顰之心，于焉只攪。」來描寫。他筆下的都柏林精細唯肖，愛爾蘭人認為即使有朝一日都柏林毀了，建築師仍然可以用他的描寫來重建都柏林。

　　更由於他的文才高妙知識淵博，所以《尤利西斯》幾乎是一個小博物館和圖書館。《文心雕龍・雜文篇》說「詳夫漢來雜文，名號多品。或典誥誓問，或覽略篇章，或曲操弄引，或吟諷謠詠。總

括其名，并歸雜文之區；甄別其義，各入討論之域。類聚有貫，故不曲述也。」與其相比，《尤利西斯》不僅雜，而且精深。全書篇章呼應，各以荷馬《奧德塞》的一個故事爲主題，而加以變奏。與此同時進行的是盡量把全書 18 章，都配上一個人體器官的風神，一個學科的知識，一種主要的顏色，一個特殊的象徵，以及一種寫作的技巧，同時穿插在一章之中。有的章篇，他沒有指出甚麼是相關的特殊器官、色彩等。但很可能他心中有構想，但後來故意不提，戲弄讀者去瞎猜 300 年。他見識之廣博，文筆之細膩，內容之多樣，文辭語氣之各具神態，真是一場超大型「文學馬戲班」的精心費力演出。西方古來的經典文學，各國語言，鄉里俗話層出不窮，超出了今古雅俗文體單線作業的傳統範圍[28]，讓人嘆爲觀止。

　　一本書用了超過 18 種文體而又能一氣呵成，如果不是親自眼見，這是難以想象的事。中國通俗小說動不動就說某某好漢「精通18 般武藝」。然而即使是小說裏的英雄豪傑，關公也只是使大刀，張飛用槍，宮本武藏用雙刀，佐佐木小次郎用晾衣杆長刀……，人人都有所專精，罕聞能同一戰場使用多種兵器作戰因而取勝。像《水滸・第二回》寫九紋龍史進，「每日求王教頭點撥十八般武藝[29]，一一從頭指教，前後得半年之上，史進把這十八般武藝，從新學得十分精熟。多得王進盡心指教，點撥得件件都有奧妙。」但是後來在小說裏，並沒有看到史進如何使用十八般武藝。倒是小說近尾出現的「沒羽箭・張清」，不靠十八般武藝，一個時辰之間，徒手飛石連打梁山泊一十五員大將。這倒類似近代白話散文，只要眼明手快，比傳統文體都要厲害！

---

28 劉文忠《用比較方法看齊梁文學思潮和古今文體之爭 1994》，《中古文學與文論研究》，北京・學苑出版社，2000 年，pp. 156-175。

29 《水滸全傳校注・第二回》，臺北・里仁書局，1994，32 頁。「那 18 般武藝？矛錘弓弩銃，鞭簡劍鏈撾。斧鉞並戈戟，牌棒與槍杈。」

　　《尤利西斯》裏的文體變化其實不止一十八種。譬如書中第 14 章，喬伊斯熟讀了《英國散文韻律史》，然後按英國散文歷史發展，以九個部份隱約對應胎兒生長的九個月，寫作費時上千小時，使人讀此一章，猶如神遊英國散文史的博覽會！英國的散文大家史維夫特（Jonathan Swift, 1667-1745）號稱文筆多方，但和喬伊斯相比，恐怕也是如小巫之見大巫。曾有半吊子的「學者」肆意說喬伊斯文筆變化不及史維夫特，那也是夏蟲不足語冰之見，可以唬外行人，並嘩眾自秀而已。喬伊斯此章文體**由古而今**，開始時筆法**莊嚴**如〈頌讚〉「**理想國**」對產婦嬰兒之照顧，又同時以**諧諷口吻**〈祝盟〉人神間的盟約，再而**戲笑**天主宗教的作做和人類昏亂的生殖活動。然而也不時觀照生死，作大哲之言，又用文人之筆〈弔哀〉死嬰亡婦。再一轉又變出魔術城堡，滿口〈正緯〉裏的怪異。看上段，不知下段筆走向何方，〈辨騷篇〉裏推崇屈原的的奇文雄變也不能過之。他以翻騰變化的文筆摹擬了二十幾位英國文學史上散文大家的寫作風格[30]，外加引用《聖經》典故、天主教傳教體、羅馬‧維吉爾長詩《農事詩》、但丁《神曲》、法國文學、美國漫畫文學、馬克吐溫的筆調、20 世紀初的新聞體、蘇格蘭警察測試酒醉者的繞口令……，又混用多種西方語言，這是世界文學史上罕見的大手筆，各國譯者根本不能翻譯。作家**蕭乾**夫婦的中文翻譯也只能先用文言，後轉白話，略顯文體的變化而已。其他各國的翻譯，若其語言文化中沒有龐大的散文文體相對應，和本身是一流作家的文筆，想來也只能粉飾文辭，意譯達信而已。

　　**《水滸》《紅樓夢》文體單一**：中華古典小說中最能表達講話人的身份性格的莫過於《水滸》和《紅樓夢》。曹雪芹寫劉姥姥，

---

30 蕭乾、文潔若譯《尤利西斯》，臺北‧貓頭鷹出版社，1999，771 頁。

施耐庵寫魯達，都是生動活現，如見其人。但是施耐庵和曹雪芹的文體筆法都有其特性，變化有限，全書基本上是一個人的口吻和類似的文體筆法。所以後人可以倣他們的文體筆法，改動文字和故事，增加續篇，幾百年來，瞞過多少讀者。又有一些詩文大家，和書法大家，幾乎每一句，每一句都能讓人知道他就是作者。這是「正變」裏的「不變」功夫，書法大家一旦「立體」之後，便可以傲世，並以此流傳普及群眾。以至於自古以來大部份人都以爲「顏體」只有常見的一種俗體。其實書體文章「**因情立體，即體成勢**」，環境感受不同，下筆應該有所反應，所謂「**字達情**[31]」是也。如果百幅書畫，只是一體一味或數體一勢，那也和現在的電腦字體無大差異。所以似而不似，「因情立體」，層出不窮，百變莫測，那又是另一種「奇變」的功夫，但自古以來就少見，也不容易被一般人接受，這更是業餘收藏者的夢魘。

　　**編章排序**：喬伊斯在第 14 章又盡情發揮了他的醫學知識，以人體器官中的子宮爲主體，以母親懷胎生產爲象徵，用九個大段，如寫嬰兒懷胎九月而生。這又是一個文學史上的創新。若與《文心雕龍》的「彰乎大易之數，其爲文用，四十九篇而已（〈序志篇〉）」的編排相比，兩位大師，都是巧用心思，以特別用意的事典，精心配合篇章節段的數目。這是另一個兩者相同之處。

　　**文體百變**：至於《尤利西斯》的其他篇章，除了開始的三章喬伊斯沒有特別點出它們和什麼人體器官呼應之外，其餘的十五章，他自稱都有一個或一個以上的人體器官藏在文字之後。而這十八章，根據作者的自述，大部份章篇都特意關連到特殊的學科、顏色、象徵和寫作技巧。如果把這 18 篇，每篇至少五種變化，其中又有多

---

31 林中明《漢字書藝之特色、優勢及競爭力：過去、現在、未來》，2004 年淡江大學「臺灣書法國際學術研討會」「臺灣書法的新風貌及未來發展」論文集，2005。

種的語言（英語、拉丁、希臘、古蓋爾文……）混雜，統而計之，
如果再加上《菲尼根的蘇醒》的文體，其總共的文類，可能已在
**18x5x4=360** 種文類變化之上，超過《文心雕龍》所列舉的 179 種文
類一倍有餘。喬伊斯雖然沒有寫文論的專書，但是他的《尤利西斯》
和《菲尼根的蘇醒》兩本書，本身就是集大成的文論實例。這是世
界文學史的寶庫之一，非常值得深廣研究東西文論者的注意。

　　**三準、六觀皆備**：《文心雕龍・鎔裁篇》提出「三準」的構思
佈陣、取材勘勢和遣辭用兵的策略：1.「設情以位體」，2.「酌事
以取類」，3.「撮辭以舉要」。喬伊斯可以說都做到了。《尤利西
斯》的各個篇章，也都各隱涵「人體」的呼應，並配合故事人、地、
時、事的發展，肆意使用不同文體、文類的變化，及繼承又創新寫
作的文術技巧，來表達如電影蒙太奇的情韻。再從《文心》的「六
觀」理論來檢驗，它可以說是「**位體、事義、置辭、宮商**[32]、**奇正、
通變**」六觀皆備。尤其是喬伊斯自己又是寫詩和歌唱的好手，對於
文字的音樂感更是得心應手[33]，他能嚴厲地批評別人的文字文體，
而自己的文章也耐得住別人評其事義「宮商」[34]。他還特意在《尤
利西斯・第九章・193 頁》特別插入一段音譜，這在當時也是創舉
和「異端」。第九章不僅反映了當時的學術界文評討論的「實況？」，
其間文字詩句更從「五步舞」[35]到管弦樂和號筒[36]，音樂悠揚，全都

---

32 黃維樑，《文心雕龍六觀說和文學作品的評析》，文心雕龍研究第二集，北京大學
　出版社，1996，247 頁。「上面用了不少篇幅，介紹了（十位文評者評十家文章）
　十篇論文的內容……倒是注意到宮商的卻很少……論析音樂性是吃力不討好的
　事，以致很多評論者都省略了。」

33 Editor's notes in 「The Portable James Joyce」, The Viking Press, 1947. 「Yeats called
　some of his poems Words for Music, Perhaps. There was no」perhaps「 about Joyce's
　intention, as a singer, to write lyrics that could really be sung.」P.627.

34 林中明《 陶淵明的多樣性和辯證性及名字別考，第 7 節：（陶淵明的音樂修養）
　「少學琴書」而「不解音聲」？》，第五屆昭明文選國際研討會論文集，學苑出版
　社，2003 年 5 月，pp.591-511。又見：《斌心雕龍》pp.216-217。

35 *Ulysses* Chapter 9,p.180:「He came a step a sinkapace forward on neatsleather creaking
　and a step backward a sinkapace on the solemn floor.」 註：sinkapace 及 neatsleather

不用力氣，自然飄灑。所以如果要應用《文心》「六觀」「180 類」去詳細一一討論，可以寫成數十萬言的專書。然而由於研討會論文的篇幅有限，謹法王更生先生的「文體論二十篇所涵文章體類統計一覽表」[37]，把《尤利西斯》的 18 章的關聯特點[38]，從每一篇章和《奧德塞》故事的關連、學科、顏色[39]的對應，象徵以及文章的技巧專注，加上一些與《文心》相關的篇章，粗列簡表如下，以略見文體、文類、文題的多樣變化，並為讀者參考及為下一次專題討論時預作擴建框架。今後將作較詳細之補充。

| 章數 | 章的源起和《奧德塞》的對應 | 章的內涵與人體的對應 | 章的內涵與學科的對應 | 章的內涵與顏色的對應 | 章的象徵 | 章的技巧（非文術）與文論文術對《文心》篇章的呼應 |
|---|---|---|---|---|---|---|
| 1 | Telemachus | （肚臍？） | 神學 | 白、金黃色 | 繼承人 | 〈原道〉希臘文史,〈宗經〉《奧德塞》《聖經》,〈徵聖〉托馬斯・阿奎那,食屍鬼、人魚神、宇宙記憶〈正緯〉,（不見〈辨騷〉）談話（年青人）〈議對〉 |

二字典出 Shakespeare's *Twelfth Night & Julius Caesar.* （林評：蕭乾譯注未列 *Julius Caesar*。讀者或誤以為二字皆典出 Shakespeare's *Twelfth Night*。）

36 *Ulysses* Chapter 9, p.181:「Orchestral Satan, weeping many a rood // Tears such a angels weep // Ed egli avea del cul fatto trombetta.」

37 王更生《文心雕龍研究・第八章：文心雕龍「文體論」》，臺北・文史哲出版社，1979 初版，p.336。

38 James Joyce's Ulysses 18 Chapters and Their References To Homer's Odyssey and Human Body based on Joyce's 2nd schema, edited by H.K. Croessmann, James Joyce Miscellany（Second　Series, 1960），according to Richard Ellmann's 「 Ulysses on the Liffey,」 Oxford University Press, 1972. pp.186-187. Don Gifford, Ulysses Annotated, University of California Press, 1988. （note: in Linati Schema, there were also references related to color, technic, science & art, sense）部份中文翻譯字參考蕭乾、文若潔的譯詞。

39 參看：林中明《漢字書藝之特色、優勢及競爭力：過去、現在、未來，「白具五味」》

| 2 | Nestor | （口?） | 歷史 | 褐色 | 馬 | 〈諧讔〉猜謎，暹羅（亞洲）學生讀兵法，天主教教義問答（個人）〈議對〉 |
|---|---|---|---|---|---|---|
| 3 | Proteus | （眼?） | 語言學 | 綠色 | 潮汐 | 〈神思〉「觀海則意溢於海」，〈知音〉抄本送大圖書館，億萬年後，仍有人讀。 |
| 4 | Calypso | 腎 | 經濟學 | 橘色 | 女神 | 〈事類〉「莫不取資，縱意漁獵…」微言美事，置於閑散，是綴金翠於足脛，靚粉黛於胸臆也。 |
| 5 | Lotus-Eater | 皮膚、生殖器 | 植物、化學 | （黑色）？「花的語言」 | 聖體聖餐 | 交換情書之事，劉勰不談。然間接似〈物色〉之「目既往還，心亦吐納。情往似贈，興來如答」可乎？ |
| 6 | Hades | 心 | 宗教學 | 黑、白色 | 管理者 | 夢魘 Freud, Jung 劉勰二夢 |
| 7 | Aeolus | 肺 | 修辭學 | 紅色 | 編輯 | 省略推理法 邏輯〈論說〉 |
| 8 | Lestrygonians | 食道 | 建築學 | ？ | 警察 | 蠕動（吃道）〈總術〉「前驅有功，後援難繼。按部整伍，以待情會。因時順機，動不失正。」 |
| 9 | Scylla & Charybdis | 腦 | 文學 | ？ | 倫敦學者 | 辯證法邏輯、因明學〈指瑕〉「近代辭人，率多猜忌，至乃比語求蚩，反音取 |

| | | | | | |
|---|---|---|---|---|---|
| | | | | | 瑕。若掠人美辭，以爲己力。然謬於研求，或率意而斷。」〈練字〉五線譜音符圖（193頁）。 |
| 10 | Wandering Rocks | 血液 | 機械學 | ？ | 市民們 | 迷宮。多人意識流交響樂。〈辨騷〉〈雜文〉〈諸子〉〈才略〉「才難然乎？性各異稟。一朝綜文，千年凝錦。餘采徘徊，遺風籍甚。無曰紛雜，皎然可品。」 |
| 11 | Sirens | 耳朵 | 音樂 | ？ | 酒吧女侍 | 肯農式的賦格曲〈聲律〉 |
| 12 | Cyclops | 肌肉 | 政治學 | ？ | 芬尼社 | 巨大症[40]〈誇飾〉，〈比興〉「稱名也小，取類也大。夫人象義，義取其貞，無從於夷禽。德貴其別，不嫌於鷙鳥。此章喬伊斯爲猶太人打抱不平。 |
| 13 | Nausicaa | 眼、鼻 | 繪畫 | 灰、藍色 | 處女 | 小兒，色心、弛緩。此等事爲《文心》所無！〈情采〉？ |
| 14 | Oxen of the Sun | 子宮 | 醫學 | 白色 | 母親 | 胎兒生命的發展〈養氣〉「胎息之邁術」 |

---

40 *Ulysses* Ch.12 , Random House 1961, p.285 :...How are the mighty fallen! Collector of bad and doubtful debts. But that's the most notorious bloody robber you'd meet in a day's walk and the face on him all pockmarks would hold a shower of rain.

| | | | | | | |
|---|---|---|---|---|---|---|
| | | | | | | 〈事類〉「《大畜》之象，『君子以多識前言往行』，亦有包于文矣。引古事，取舊辭。」〈誦讚〉、〈祝盟〉、〈弔哀〉、〈正緯〉、〈辨騷〉，〈雜文第14[41]〉 |
| 15 | Circe | 腳 | 魔術 | ？ | 妓女 | 幻覺〈神思〉，但丁《神曲》、哥德《浮士德》：〈徵聖〉〈宗經〉 |
| 16 | Eumaeus | 神經 | 航海學 | ？ | 船員 | 談話（老年人）〈議對〉「老年敘事體」：用呆板句法，遊移不定的行文，模糊的邏輯，混亂的分段來描寫疲倦[42]。 |
| 17 | Ithaca | 骨骼 | 科學 | （色即是空）？ | 慧星 | 〈議對〉〈論說〉，也是〈知音〉「見異，唯知音爾」，夜半談文事、藝事、國家事、天下事，事事關心。 |
| 18 | Penelope | 肉體 | （心理學） | （女之色）？ | 大地 | 內心獨白（女性）、無標點、意識流、用 Yes 首尾呼應《孫子兵法》「常山之蛇」。 |

41 林中明注：《文心雕龍・雜文第十四》說：「智術之子，博雅之人，藻溢於辭，辭盈乎氣，苑囿文情，故日新殊致。……學堅多飽，負文餘力，飛靡弄巧」，如繁枝、若眾星。劉勰所描述的，正是喬伊斯在《尤利西斯》第十四章的智術文辭表演。讓後之文學作者和翻譯者們，「慕嚬之心，於焉祇攪」，雖仰慕，而手忙腳亂。
42 袁德城《詹姆斯・喬依斯：現代尤利西斯》，四川人民出版社，1999，p.266。

## 【《尤利西斯》文術舉例】

　　由上表，可以看到《尤利西斯》的許多章節都可以找到和《文心雕龍》「文術論」相對應的地方。譬如：

　　**第八章**：描寫「食道、建築學、警察、吞吃蠕動的技術」，雖然和文學沒有直接的關係，但是所描寫的整個午餐的餐廳飲食種類及言談氣氛，和中、下層人士的吞吃過程，也可以看成《文心雕龍》〈總術篇〉的「前驅有功，後援難繼。按部整伍，以待情會。因時順機，動不失正」的行動管理策劃描述。整章劇情的發展，也是不慌不忙，緩緩推進，左瞻右顧，在極短的一個小時，眼光如電洞徹人心，心細如髮觀察入微，寫出百種吃像和言語表情，把各種食物湯飲寫得香氣噴騰，人聲吵雜，生動活現。甚至連狗如何吃和吐，都津津有味地詳加描述，這也是「前不見古人，後不見來者」，念飲食之紛紛，眾舐然而涎下！

　　**第十章**：此章描寫眾多市民的言行百態，是別開生面，別具創意的「**多人意識流同時進行**」的文學交響樂。作者把它叫作「迷宮」，也是這一章處處是路，又不知道下面的情節、人物該走那一條路的真實描寫。和這一章對應的《文心雕龍》章節可以包括〈辨騷〉〈雜文〉〈諸子〉〈才略〉等篇。〈才略篇〉結尾的贊說「才難然乎？性各異稟。一朝綜文，千年凝錦。餘采徘徊，遺風籍甚。無曰紛雜，皎然可品。」頗能道出第十章紛雜的人物和行態變化。喬伊斯此章的創新，可以類同屈原的「氣往轢古，辭來切今，驚采絕艷，難與并能矣」。

　　**第十四章**：此章說的是胎兒生命九個月的發展。這正如〈養氣篇〉所說的「胎息之邁術」。而這一章摹擬英國過去的二十幾位散文大家的文筆，這也不出於〈事類篇〉引《易經》「《大畜》之象，

「君子以多識前言往行」，亦有包于文矣。引古事，取舊辭。」

　　其他的例子不勝枚舉。這一段的幾個短評，只是率先指出這劉勰與喬伊斯在「文術論」和文術技巧的實踐上，彼此映照和互補。

## 【〈諧讔〉悲喜劇[43]】

　　《尤利西斯》雖然以希臘的大英雄尤利西斯的漂泊不得返家，反應作者的悲情去國內心意識，但此書和荷馬《奧德塞》的相比，一個陽剛，一個陰柔。一個雄偉，一個猥瑣。可以說是互補的兩本經典之作。《奧德塞》裏的幾個震撼讀者的「大人虎變」，到了《尤利西斯》裏就成了讓人發噓的「小人鼠變」，排不上《易經‧革卦》的「君子豹變」。從他描寫的「一夥喜詼諧，看似好爭論之徒……生性滑稽詼諧，調皮而不懷惡意……鼓起如簧之舌，滿口來自娼妓之流的淫言穢語，讓每個娘胎生的莫不笑倒[44]」的情況來看，這也反映了作者的性格興趣，使他創作出和前人不同的「古雅而穢俗」的文學，以「反變」的「怪書」，又爭得世界文學傳統中心之外的邊角髒濕之沃地。書中有一段把肥胖的教士當公牛諷刺，借一人之口曰：「其人飽食，除自食之**綠色**草料外（其人腦中唯具**綠色**），不容國中種植他物。島中小丘上，豎一牌，書告示曰：「奉**哈李王令**，地上長草僅容**綠色**[45]」。這對當時愛爾蘭的天主教等腐敗的宗教組織和人員，以及人世間恒存的意識形態、顏色黨派等類醜態，都作了一再的諧謔諷刺。也讓人想起和他幾乎同時代，「橫眉冷對

---

43　林中明《談諧讔 —— 兼說戲劇、傳奇裏的諧趣》，《文心雕龍》1998 國際研討會論文，《文心雕龍研究第四集》，北京大學出版社 2000.3, p.110-131。
44　《尤利西斯‧第14章》集句。（袁德成譯文略加變動）
45　《尤利西斯‧第14章》：「so pampered was he that he would suffer nought to grow in all the land but green grass for himself（for that was the only colour to his mind）and there was a board put up on a hillock in the middle of the island with a printed notice, saying: By the lord Harry green is the grass that grows on the land.

千夫指」的**魯迅**和他的《投槍集》等書和憤慨而幽默的文字來。

　　東西方文學經典之作裏，除了**莎士比亞**爲世俗而寫的戲劇之外，好的幽默戲劇難得出現或存活。《奧德塞》也沒有什麼幽默喜劇。但是《尤利西斯》裏的幽默和諧謔層出不窮。他開玩笑地自稱《菲尼根的蘇醒》「別當它有什麼『隱義』，它只是寫來讓你笑的[46]」。不過寫《喬伊斯傳》的艾爾曼說的好，「**搞笑和深義其實並不衝突**」。這倒是和《文心》的〈諧讔篇〉的「**辭雖傾回，意歸義正**」的文論所見略同。

　　〈諧讔篇〉裏寫「**應瑒之鼻，方于盜削卵；張華之形，比乎握春杵。曾是莠言，有虧德音。**」《尤利西斯‧第八章》裏寫「**大鼻子弗林**」「瞧他的**嘴**。可以往自己耳朵裏吹口哨。再配上一對**招風耳**。音樂。[47]」短短一行 17 個字，俳句的音節數，喬伊斯不僅把弗林的鼻子寫了，再一轉筆，連大嘴和大耳都配了音。文字經濟，形象生動，怪音並起。真個「扮笑衽席」，笑殺眾看官也。但是這從「道學先生」的角度來說，也確實也是「**空戲滑稽，德音大壞**」。其他的妙例隨手可得，不再引述。如果說「解構主義」，《尤利西斯》全書都是在「解構傳統」，而又同時繼承優良經典，並創造新「結構」新文字，「本土」和「全球」統而冶之，真是如紐約時報的座右銘所說：「*All The News That's Fit to Print*」。或是桐城派大師姚鼐所說：「**文無古今，唯其當耳！**」

---

46　Richard Ellman, *James Joyce*, pp.715-716.「（T.W. Gervais asked him）…But are there not levels of meaning to be explored ?」 'No, No', said Joyce, 'it's meant to make you laugh.」 Ellman's comment: Of course, laughter and levels of meaning were not mutually exclusive.

47　*Ulysses*, ch.8,「Nosey Flynn…Look at his mouth. Could whistle in his own ear. Flap ears to match. Music」

## 【讔秀和迷宮：第十章】

　　至於「讔」的部份，第十章作者自比爲「迷宮」。其實第十章只是一個「小迷宮」，而整本《尤利西斯》和《菲尼根的蘇醒》才是兩個「大迷宮」，它們「文外有重旨，篇中多獨拔〈隱秀篇〉」，「讔」和「隱秀」都可以和《紅樓夢》的謎語埋伏、警言秀句比美。而作者也以此爲得意事。有人曾問他爲何用這種怪方式寫書？喬伊斯得意的回答：「**讓文藝批評家忙三百年**」，而「**理想的讀者，應該承受失眠的折磨**」[48]。〈知音篇〉說「觀文者披文以入情，沿波討源，雖幽必顯。」「**披文以入情，沿波討源**」這要花不少時間。**容格**（Jung）看了三年才大約弄懂喬伊斯的意圖。陶淵明去世近兩百年，他的作品才受到重視，但他的多樣性和名字的隱義，直到最近，學者還在進一步探討，和討論一些長久以來許多人對他的人和詩文只是淡泊等印象的誤會[49]。《文心》問世也近乎一千五百年，我們都弄懂了嗎？現在喬伊斯的作品出世才九十年，所以，我想，研究「喬伊斯學」的學者，還有得忙。就像研究《孫子》《老子》和「紅學」「龍學」的學者一樣，經典之作是越研究，才會發現它們是越研究不完的。

## 【文評論】

　　喬伊斯雖然沒有專門的文論著作，但是他寫過不少文評，而且《尤利西斯》書中也不時評論古今文學以及其他學科。對於音樂，

---

48 Richard Ellman, *James Joyce*, p.716.「'Why have you written the book this way ?' someone else demanded. 'To keep the critics busy for three hundred years.' 'The demand that I make of my reader is that he should devote his whole life to reading my works'. In *Finnegans Wake* he gave his humorous approval to 'that ideal reader suffering from an ideal insomnia.'」

49 林中明《陶淵明的多樣性和辯證性及名字別考》，第五屆昭明文選國際研討會論文集，學苑出版社，2003 年 5 月，p.591-511。

他還專心學習過聲樂，參加比賽，幾乎得了大獎。和劉勰的〈聲律篇〉相比，喬伊斯對聲律和音樂評論更是專精，不只是精於文評而已。　關於喬伊斯的「文評論」，除了**第九章**專寫倫敦學者文學討論會之外，還有許多小例子，就可以「依此類推」，約略看出他的高明。譬如在**第八章**，喬伊斯假借主角的耳朵所聞和他心中的評語，說了下面這兩個短詩句，和一句論詩「絕句」。

> The hungry famished gull
>
> Flaps o'er the waters dull

「這就是（所謂的）詩人寫法，用同音。然而莎士比亞不用韻：無韻詩。語言就像流水。思想。莊重」。

> 「Hamlet, I am thy father's spirit
>
> Doomed for a certain time to walk the earth」

喬伊斯自己也寫詩，出過幾小冊詩集[50]。他的詩雖然不及他的文章高妙，但到底是詩人論詩，能切中要點。詩的第一義，應該是內容，而不是形式或韻律。韻律和形式，只是幫助讀詩的人用最少的能量進入情境。這是我在去年《詩經》研討會作的報告要點之一[51]。喬伊斯在歐洲多年，對英、法、義等文化的今古詩都熟悉。他這一句簡略的評語，和中國歷來論詩的詩話形式類似。能夠一語中的，還舉佳例爲證，所以不必引經舉爲證引經據典，漫說長篇大論。

近人**錢穆先生**也曾經舉過兩個鮮明的好例子，借以品評詩聯的高下，並說明他品詩藝的標準。他認爲

　1.陸游：重窗不卷留香久，古硯微凹聚墨多。（不及）

　2.王維：雨中山果落，燈下草蟲鳴。

---

50　James Joyce poems:「Chamber Music（1907）」;「Pomes Penyeach（1927）」;「Collected Poems（1936）」.

51　林中明《從視感、聲聞、記憶探討《詩經》、詩形、詩韻》，第六屆《詩經》國際研討會論文，河北承德，2004.8.4。

　　因為陸游的這首詩聯只是**字面堆砌，背後無人**。而王維的詩聯，**背後有人，其人有心胸、有情趣、有意境**。錢穆先生論詩，也是一句到位。我想放翁的詩多，好的詩也不少。但是他似乎好壞都留，二流的詩也傳下來。所以「隨手詩，故不佳」。我想，同樣的道理，也可以用於繪畫、雕刻和攝影等藝術。一時的視覺震撼，若無內涵為支撐，其「半衰期」必短，甚至不能熬過一眨眼的時間。許多所謂名家的新詩，大約也是方生方死，又何嘗敢笑「一季時裝」？喬伊斯當然是準備作品不朽，上追莎翁。他在第九章裏借約翰・埃格林頓之口說自己今後的文學史上的地位：「還得塑造出一位將被世人譽為能與薩克遜人**莎士比亞**的**哈姆萊特**相比美的人物，……並且對他崇拜得五體投地」。然後再借席間某人之口說出他對上乘藝術作品的看法：「藝術必須向我們顯示一些意念 —— **無形的神髓**。關於一部藝術作品的首要問題是：它究竟是從多深邃的生命中湧現出來的？[52]」這和〈神思篇〉的語句，「窺**意象**而運斤……規矩**虛位**，刻鏤**無形**，……**觀海**則**意溢於海**」又是何等相似！

　　劉勰的《文心雕龍》是中國古代文論的經典之作，喬伊斯的《尤利西斯》是現代西方小說的經典之作。他們所處的時空，和寫作的種類雖然不同，但是《尤利西斯》的成功，是由於書後面一個與眾不同，不向宗教、政治、金錢、健康妥協的人。所以喬伊斯之後，沒有人能模仿他再寫一本類似的書。依此類推，我們也可以想見，劉勰一定也是一個與眾不同的人，只是歷史文獻沒有他的生平細錄。我們只能學司馬遷一樣，「遙想其人」。而在可預見的將來，

---

52 Ulysses ch.9:「Art has to reveal to us ideas, formless spiritual essences. The supreme question about a work of art is out of how deep a life does it spring. The painting of Gustave Moreau is the painting of ideas. The deepest poetry of Shelley, the words of Hamlet bring our mind into contact with the eternal wisdom, Plato's world of ideas. All the rest is the speculation of schoolboys for schoolboys.」

我想也沒有人能寫出一本相同水平的現代《文心雕龍》來。

## 【《文心》的缺失[53]：男女柔情　兒童稚趣[54],[55]】

**大人之失也，如日月之蝕**：偉大的文藝經典之作，必有所突破，而必然相對地也有所缺失。所謂大人之失也，如日月之蝕。劉勰《文心雕龍》的缺失，過去許多人都討論過。許多學者以爲他固守「舊傳統」，不能創新，認爲這是他最大的缺失。關於這類的看法，許多人都有其本身「大環境」和「新主流」的投影。但是如果能跳脫大小環境和新舊主流傳統，換從一個最基本的智術角度來看，我們可以發現劉勰雖然受到大環境的限制，但他卻是世界文論裏第一個大規模而有系統地采用和融合了兵法的人，而且首先指出《孫子》是屬於「經」的高層次著作，所謂「**常道曰經**（〈總術篇〉）」。並且斷言「**《孫武兵經》辭如珠玉**」[56]。這真是文學史上的大事！從此，我們可以據此兵法文論的思路，去探討世間所有的文藝創作，甚至科技創新，都有「庖丁解牛」的快鋒利勢[57]。

**劉勰之失**：而劉勰最大的兩項缺失，我個人直觀的認爲皆是他受到環境和傳統的影響，並不是他個人的能力眼光的偏失。第一，他有意避開和忽略了文藝中最基本的「男女之情」。第二，中國古代社

---

53　林中明《劉勰文論的創新與詩學的局限》，2004 年《文心雕龍》國際學術研討會論文，深圳大學 ，2004.3.27-28。

54　林中明《杜甫諧戲詩在文學上的地位 —— 兼議古今詩家的幽默感》，杜甫 1290 年國際學術研討會 ，2002.11.28 及 29 日，台灣‧淡江大學。里仁書局，2003.6.，p.307-336。

55　林中明《白樂天的幽默感》（日文翻譯：綠川英樹），《白居易研究年報》，日本‧勉誠出版（株），平成十六年八月，2004.8. pp.138-153。

56　林中明《劉勰、《文心》與兵略、智術》，中國社會科學院‧史學理論研究季刊，1996 第一期，p.38- 56。
　　*節本：《劉勰和《文心》和兵略思想 》，《文心雕龍研究‧第二集》北京大學出版社，1996.9, p.311-325。

57　林中明《斌心雕龍：從《孫武兵經》看文藝創作》，1998 年第四屆國際孫子兵法研討會論文集，軍事科學出版社，1999.11, p. 310-317。

會把小孩當大人來對待（現代社會卻又常把大人當小孩看待，教養
出一批「草莓族」），古代文人大多不注重兒童的天真稚趣，寫兒
童，少得童心，罕具童趣。大詩人中，陶淵明和杜甫是少數的例外。
與此相比，在20世紀初的西方社會，喬伊斯對於「男女之情」的處
理，積極、大膽、真實和縱筆渲染到了近乎齷齪淫穢的地步。雖然
和今日社會的穢亂相比還是「保守、落伍」，但在當時，這立即引
起衛道人士的鞭笞，和一度在美國成爲禁書。這一禁，反而把它推
擁到暢銷書列，因禍得福，「遂使豎子成名」，脫離了貧困的寒士
生涯。喬伊斯筆彩多樣，他描寫兒童和動物也都生趣百出。這是劉
勰和絕大部份的中國文人才筆都罕能匹及的。劉勰《文心》風骨雅
正，取法聖賢。然而喬伊斯雅俗並舉、髒潔共存，描寫的人物，特
意取法乎下！專從細小猥瑣的人物事情上著墨。《莊子》說「道在
屎溺」，然而文章卻是飄逸，似乎不食人間煙火。喬伊斯則類似20
世紀，以尿盆參加藝展的法國創意大畫家，杜尙（Marcel Duchamp），
而花樣之多，又有過之。

　　**喬伊斯　顛覆六義　八體連橫**：《尤利西斯》是本奇書，在正統
中華經典小說中找不到類似的書。《文心·宗經篇》所提倡的宗經
六義[58]，喬伊斯全部加以顛覆！劉勰認爲文學的變化有一定的原
則，所以「百家騰越，終入環內」。然而喬伊斯顛覆六義、連橫八
體，從表面上看來，他是「**騰越百家，突出環外**」。《尤利西斯》
似乎是類集《紅樓夢》＋《金瓶梅》＋《世說新語》＋……等書之大
全，而又自創新體。〈體性篇〉說「**夫情動而言形，理發而文見，
蓋沿隱以至顯，因內而符外者也。體式雅鄭，鮮有反其習：各師成
心，其異如面。**」然而喬伊斯雅鄭並起，就是一個「**鮮有反其習：**

---

58　《文心雕龍·宗經篇》：「故文能宗經，體有六義：一則情深而不詭，二則風清而
　　不雜，三則事信而不誕，四則義貞而不回，五則體約而不蕪，六則文麗而不淫」。

各師成心，其異如面。器成采定，難可翻移。」的例外。至於「若總其歸途，則數窮八體：一曰典雅，二曰遠奧，三曰精約，四曰顯附，五曰繁縟，六曰壯麗，七曰新奇，八曰輕靡。」則似乎喬伊斯一人一書，從典雅到輕靡，不僅把八體全包了，並提供了「六義」的「反面教材」，而且還加上許多不同的學科、顏色、象徵，並創新大量使用「意識流」的技術。幾乎是當年陸機的才氣再加上劉勰的文論組織的能力。這真是驚人的成就。他也給我們一個最好的機會，用以加深和擴大瞭解劉勰的《文心》，和人類文藝智術的多元多學科（M.I.T.（Multi-Inter-Trans）Disciplinary）的活力和未來發展的潛力。

## 【結尾：常山之蛇首尾圓合】

西方當代小說家兼文學批評家卡維諾（Italo Calvino, 1923～1985）也是一個才子。可惜他沒講完他的《未來千年文學備忘錄八講》，才講到第五講話《論繁複》，就因爲心臟病突發而去世。他的最後一篇原來擬爲《論文章開頭與結尾》，也只能留給後賢去發揮。但是他在死前的第五講話《論繁複》的結尾，已經點到文章「結尾」的困難。他說：「他們不善於適時結尾。就連馬賽爾·普魯斯特（Marcel Proust）都沒有辦法結束他那百科全書式的小說，這倒不是因爲缺乏設計；我們知道，關於這部書的設想、開頭與結尾，還有總體輪廓，都是同時出現在他腦海中的。原因在於，這本書因爲其本身的肌體活力從內部起變得越來越密集。聯結一切的網路也是普魯斯特的題材。但是，在他那裏，這一網路由每個人物依次占的許多時空點組成，於是造成時空維度無限地繁複起來。世界不斷擴充，以致無法把握，而知識，對普魯斯特來說，雖然取得，卻模糊不清」。我們知道，普魯斯特的《追憶逝水年華》是 20 世紀公認

最偉大的小說之一。但是「（普魯斯特）他都沒有辦法結束他那百科全書式的小說[59]」。可見得小說開頭難，收尾更難。

　　然而《尤利西斯》的最後一章，第十八章，喬伊斯自認爲是「全書的重頭戲」。它以英文文法中的「陰性詞」Yes 起，以 Yes 止，有點「轆轤體[60]」的趣味，也是「像地球一樣緩慢而平穩地轉啊轉個不停[61]」，近乎《易經・坤卦》的「坤德載物」和「元亨利牝馬之貞」。亦如劉勰在《文心雕龍・鎔裁篇》中借用《孫子兵法》「常山之蛇，首尾呼應」的意思所說的「首尾圓合」。全章不僅文體的技巧用飄蕩不遵循「時間之箭」進行方向的「意識流」來寫女主角的慾思，而且「復古」不用標點符號，一口氣寫到底，以大寫的 Yes 結束。這一章用 and, yes 來斷句，如同中國古代用虛字來代替近代才發明的標點符號。這又是當時「20 世紀新世紀」的一絶。

　　後來喬伊斯把這個「首尾環接」的技巧用到《菲尼根的蘇醒》全書的開頭和結尾，以小寫的「riverrun, past Eve and Adam's」起頭，以「A way a lone a last a loved a long the」結束。然而這又再接到小說的開頭，變成「A way a lone a last a loved a long the riverrun, past Eve and Adam's」。從新開始新一輪的循環，後浪推前浪，又開始新一波的故事。這在西方小說史裏又是創新。和普魯斯特的《追憶逝水年華》結尾相比，普魯斯特的結尾自然而悠遠，近似孔子的「逝者如斯乎，不捨晝夜」，而又有陶詩「歲月有常御，我來淹已彌。庭宇翳餘木，倏忽日月虧」那種淡雅的憂傷[62]。而喬伊斯則是巧變

---

59　林按：根據 1953 年版新譯本譯者，1922 年 11 月普魯斯特 51 歲去世時，《追憶逝水年華》的最後三章尚未出版。他在病牀上還在修改最後第三章。留下來的手稿充滿更改和矛盾的地方。所以此書的收尾還沒定稿。非常可惜。

60　《文心雕龍・聲律篇》：「轆轤交往，逆鱗相比」。

61　Stuart Gilbert（ed.），*Letters of James Joyce*, London : Faber and Faber, 1957. p.170.

62　Marcel Proust,「*Rememberance of the Past, Vol. 3, Time Regained*」:」...And I was terrified by the thought that the stilts beneath my own feet might already have reach that height; it seemed to me that quite soon now I might be too weak to maintain my

之中又有莊子的幻夢，全書變化宏麗多方，不可測度，這是喬伊斯「**氣往轢古，辭來切今，驚采絕艷，難與並能**（〈辨騷篇〉）」的成就。但是從《孫子兵法》來看，這不過是「**奇正相生，如環之無端，孰能窮之哉！**」而這也是《文心雕龍‧通變篇》所說的「循環相因，終入籠內。……（司馬）相如《上林（賦）》云「視之無端，察之無涯。日出東沼，月生西陂。」劉勰提倡「望今制奇，參古定法」，但是過去的中國文人很少有文體的大膽創新，敢於「望今制奇」。而現在的作家又難得能「參古定法」、「典雅遠奧」。如何振興「龍學」和文論的研究？我認為綜匯東西，通變劉彥和的文學理論和吸取喬伊斯的文藝創作，將是新世紀文論研究「參古定法」和「望今制奇」的一個新起頭。從前喬伊斯去國 37 年，而今年我也離臺 37 年，而且今年 6 月 16 日是國際文壇「布盧姆日」的 100 周年，所以特撰此文，謹向主辦此次大會的諸君致敬，並請會內外的前輩專家和國際學者們指正。

## 【劉、喬贊[63]】

　　東登高牆，西望遙崗。孔門五經，劉勰文颺。荷馬二書，喬意思彰。

　　劉理喬文，中外雄雙。各執彩筆，珠玉篇章。彥和之作，五十洋洋。

　　傑慕斯文，十八茫茫。知音見異，智術新疆。宗經徵聖，文心重光。

---

hold upon a past which already went down so far...like giants plunged into the years, they touch epochs that are immensely far apart, seperated by the slow accretion of many, many days – in the dimension of Time. (translated by Andreas Mayor, Vintage Books, 1982.)

63　贊註：此贊將 James Joyce 之姓名戲譯為「傑慕斯‧喬意思」，兼取韻義。其餘文辭多出《文心》諸篇。

# 【參考資料】

Robert Fagles（translation），Homer: The Odyddey, Penguin Book, 1996.

Robert Fitzgerald （translation），Homer:The Odyssey, Anchor Book, 1963.

James Joyce, Ulysses, The Modern Library, 1933.

The Portable James Joyce, The Viking Press, 1947.

Stuart Gilbert, Uames Joyce's Ulysses – A study by Stuart Gilbert, Vintage Book, 1955.

Ellmann, Ulysses on the Lifffey, Oxford University Press, 1962.

Don Gifford with Robert J. Seidman, Ulysses Annotated, University of California Press, 1988.

James Joyce, A Portrait of the Artist as a Young Man （1916）, Penguin Books, 1992.

The Cambridge Companion to James Joyce, Cambridge University Press, 1995.

James Joyce, Finnegans Wake, Penguin Books, 1999.

袁德成《詹姆斯‧喬依斯：現代尤利西斯》，四川人民出版社，1999。

蕭乾、文潔若《尤利西斯》，貓頭鷹出版社，1999。

James Joyce, Occasional, Critical, and Political Writing, Oxford University Press, 2000.

方漢文《比較文學高等原理》，南方出版社，2002。

# 《文心雕龍》「物」字章句考釋

## ── 馬克思主義美學反「物化」的視角

中國　華東師範大學

陸　曉　光

　　《文心雕龍·論說》曰：「通人惡煩，羞學章句」。此中含有微貶漢儒釋經方法有失迂腐之意，對於今天的古典文學研究未必毫無意義。但是，如果問題關涉義理所在與性靈所鍾，如果考章釋句的工夫能夠避免「東向而望，不見西牆」，那麼劉勰當也會認為有必要化一點煩瑣工夫的吧。

　　《文心雕龍》全書「物」字出現凡 59 次（《物色》篇名不計），在大多數場合，劉勰是從說明心與物之關係的角度談論或涉及該字的。《物色》篇提出過著名的被後人概括為「心物交融」的命題，如果說作家的心志性情與作為創作素材的客觀物件之關係，是貫穿《文心雕龍》全篇探討的根本基本問題和基本思路，那麼「物」字無疑堪稱劉勰表述其文藝思想的關鍵字之一。

　　被譽為西方馬克思主義美學第一人的喬治·盧卡奇（Georg Luckacs, 1885-1971），在其美學論著中貫穿使用的核心詞是「物化」（Materialization）。其基本觀點是：資本主義生產方式導致隸屬於它的個人在精神上「被商品生產所創造出來的**物化**所毀滅。」[1]「物

---

1 喬治·盧卡奇《歷史與階級意識》第 70 頁，張西平譯，重慶出版社，1993 年版。

化」由此成爲西馬美學流派理論中的關鍵字。這個關鍵字的批判矛頭直指馬克思《資本論》中所嘲諷的「金錢拜物教」。

　　古漢語中「物化」一詞初見於《莊子》，義指人在幻想中變爲動物：「昔者莊周夢爲蝴蝶，栩栩然蝴蝶也，……此之謂物化」；又指聖人之死：「聖人之生也天行，其死也物化。」[2]該詞在指謂人淪爲動物或死亡之物的意義上，與盧卡奇「物化」概念相通。《文心雕龍》未用及「物化」，但是「寫氣圖貌，既隨物以婉轉；屬采附聲，亦與心而徘徊」（《物色》篇），其中顯然包含著以詩人心靈去擁抱統攝外在事物，賦予其精神意義，使之「心靈化」的意思。因之，《文心雕龍》「物」字章句與馬克思主義美學中「物化」概念之間，可能具有某種相通的價值追求。

　　對於這種相通性，筆者已有專文作初步討論。[3]鑒於這種相通性的研討是建基於《文心雕龍》「物」字之義的考察辨析，也鑒於筆者考察辨析的結論與迄今所有的相關研究有較多出入乃至相左，因此有必要就《文心雕龍》「物」字章句本身作一番專門的考釋。

　　本文標題中所謂「章句考釋」的意思是，從《文心雕龍》「物」字所屬的上下章句及其具體指涉對象來辨釋該字之義。之所以運用這一方法是因爲，迄今爲止考釋《文心雕龍》「物」字而最受重視的方法是依據《經籍籑詁》等古代小學文獻及相關研究，而筆者認爲這一方法誠然必需，卻有局限。茲先述其局限如下。

　　查《經籍籑詁》釋「物」字計有八十餘義項，剔除其中重複者或假借字（如物亦可通作否定副詞「勿」）等可得六十餘項，今按其編籑順序拈出如下 ——

---

2　《莊子》「齊物論」篇，諸子集成本，中華書局，1980 年出版。
3　參見拙文《〈文心雕龍〉物字章句與馬克思美學的反「物化」思想》，載《文藝理論研究》2005 年第五期。

　　萬物也；事也；眾陰也；造物謂道也；乾爲物；物謂坤；物猶
事也；庶物猶眾事也；物謂事驗也；類也；物猶類也；質也；職也；
名也；器也；賤而不可不任者，物也；外境也；禮；爲物猶爲禮
也；物者所以治蕪與莫也；色也；毛色也；毛也；氣色災變也；物
色謂形狀也；地占其形色知鹹淡也；識也；相也；猶相也；物之謂
相其土地可以居民立邑；物謂地所有也；物謂凡物可以養人者也；
物謂家中之財；物謂殖生者也；物謂衣服兵器之屬；雜帛爲物；物，
雜色也；物謂射時所立處也；畜獸也；禽獸也；物牲謂祭祀之牲；
物謂牢鼎之食；海物，海魚也；五物，五地之物也；物貢，貢雜物
魚鹽橘柚；物謂鬼物；牛爲大物；物也者，大共名也；物，象也；
精氣爲物；物，猶神也；物，亦鬼也；物謂鬼神也；物，自定也；
物，禮物也；物，權勢；物者材也；取材以彰物采謂之物；物，故
死也；物故，謂死也；物謂精怪及藥物也；物者，衰絰之制。

　　《經籍纂詁》釋「物」字之義項如此繁多，所謂「外境」只是
數十種釋義之一項。由此我們已經不能不對斷言《文心雕龍》59出
「物」字大都是指「代表外境或自然景物的稱謂」之說產生疑慮。

　　對上面眾多義項略作分析歸納可見：「物」字既可泛指萬物（如
「物謂萬物」，「物也者，大共名也」等），也可特指某一具體事
物，（如「牛也」，「毛也」，「畜獸也」，「海魚也」等）；既
可指大自然所生之物（如「物謂地所有也」，「五物，五地之物也」
等），也可指人工製造器品（如「雜帛爲物」，「物謂衣服兵器之
屬」，「物，器也」等）；既可指事物之外形方面（如「毛色也」，
「雜色也」，「色也」，「物色謂形狀也」，「相也」，「象也」
等），也可指事物之內理方面（如「質也」，「造物爲道也」，「乾
爲物」，「物謂坤」等）；既可指生活資料（如「家中之財」，「可
以養人者也」，「物之謂相其土地可以居民立邑」等），也可指社

會人事（如「事也」，「庶物猶眾事也」，「事驗也」，「職也」，「射時所立處也」，「物牲謂祭祀之牲」，「禮也」，「禮物也」，「物者，衰経之制」，「物者所以治蕪與莫也」，「物，權勢」等）；既可指外部或者客觀實有之物（如「外境也」），也可言主體心智或想像之物（如「識也」，「物謂精怪及藥物也」，「物亦鬼也」，「物謂鬼神也」等）；既可指生命來源（如「精氣爲物」，「物謂殖生者也」），也可代表死亡（如「物，故死也」，「物故，謂死也」）；既可指謂神聖物件（如「物猶神也」），也可指謂價值低賤者（如「賤而不可不任者，物也」）；如此等等。可見《經籍訓詁》中「物」字釋義不僅紛紜繁雜而且多有相互抵牾。由此我們對《文心雕龍》「物」字之義不能不兼而觀之，綜而論之，而不能僅僅舉諸如《物色》篇之類的單篇作以偏概全的把握。

　　《經籍纂詁》所集纂是古人對「經籍」中文字的訓詁，這些訓詁尚非包羅無遺。例如《莊子・山木》中著名的「物物而不物於物」句，其中作爲動詞之用的「物」字，該書就未有涉及。在筆者看來，莊子該句可謂是理解莊子思想，乃至理解整個中國古典哲學的關鍵句；如此重要而著名之「物」字章句，《經籍纂詁》卻未有纂入，不能不說是重大缺失。即便是該書纂入的古人訓詁之例也未必恰切。因爲即便古人，對古典中同一章句中的同一字詞也會有不同解讀乃至誤讀。例如該書釋「物」字爲「萬物」項，引例有《荀子・賦》「皇天隆物」句注，該注未必恰切。《荀子・賦》各篇皆以設謎自解方式展開，該句出自其中「知」（智）賦首句，從該賦內容看，「隆物」實暗指篇末所道出的謎底即「君子之知」，因此古注「萬物」失之。《荀子・賦》首篇「禮」賦之開首句「爰有大物」，末句言謎底是「禮」；梁啓雄注曰：「大物，暗指禮」，此可佐證「知」賦的首句「皇天隆物」也是暗指其末句謎底的「知」，而非

泛泛之「萬物」。《經籍纂詁》是清朝學者阮元主持編纂，但是由於其關注的只是其心目中「經籍」，因此在清朝以前已經出現的許多重要而未見於「經籍」的「物」字義項就被忽略了。例如古漢語《辭源》中有「物外」（指世俗之外；「物」可訓「世俗」）、「物望」（指眾望、人望；「物」可訓「眾人」）、「物價」（商貨之價格；「物」可訓「商貨」）等等，這些義項皆未纂入該書。由此我們考釋《文心雕龍》「物」字章句需要另覓他途。

在辨析《文心雕龍》「物」字之義方面，論者除引鑒阮元《經籍纂詁》外，還注意到近代王國維琪於甲骨文研究的《釋「物」篇》之考證等，以為裁斷之根據。姑且不談結論，僅就方法而言，雖然有助擴大視野，但是相對于《文心雕龍》本身「物」字之義而言，卻仍然屬於隔膜。因為上面已見，該字之義在古代經籍中繁雜紛紜，相互抵牾，掛一漏萬，那麼借助遠隔古代「經籍」也有數千年之久的甲骨文「物」字以為主要根據，就更是鞭長難及的了。語言文字之義隨時代而變化，在同一時代又因地因人因章句因語境而異。因此，結合《文心雕龍》文本及其上下文章句，尤其是依據章句中所針對性指涉的物件來考釋「物」字之義，至少也是必要方法之一。如果說這種方法所得出的考釋結論與《經籍纂詁》等前人所訓不同，那麼這並不奇怪。畢竟，古代學者鮮有訓詁《文心雕龍》者，阮元《經籍纂詁》看來也沒有視《文心雕龍》為「經籍」的意思。那麼，我們不妨自己來對《文心雕龍》這一無愧於「經籍」稱號的文本的59出「物」字作一番訓詁並集纂之。

本考釋特別關注的問題是：在具體的上下文中「物」字所指為何，「物」之所指與「心」即精神的價值關係如何，以及「物」字章句與馬克思主義美學「物化」概念有無相通。

本考釋所據文本為范文瀾《文心雕龍注》，人民文學出版社，

1973 年出版。

### 《原道》篇（1 例）

「無識之物，鬱然有彩；有心之器，其無文與？」

按：「有心之器」是指人，「無識之物」與「有心之器」對舉，則該「物」不涉性靈人事。同篇有「雲霞雕色，有愈畫工之妙；草木賁華，無待錦匠之奇」，此兩句將大自然作品與「畫工」、「錦匠」的人工製品明確區別，則「無識之物」也不包括人工製品。此句前面提到自然物象者有「日月疊璧」、「山川煥綺」以及「傍及萬品，動植皆文」，則日月山川，動物植物皆屬於「無識之物」。要之，上句中「物」字專指自然界事物。

又，同篇稱人是「性靈所鍾」，「爲五行之秀，實天地之心」；則以「無識之物」與「有心之器」對舉，顯然包含著價值高下的評判。換言之，劉勰認爲「無識之物」在價值上低於「有心之器」。

### 《徵聖》篇（1 例）

「《易》稱辨物正言，斷辭則備；《書》云辭尚體要，弗惟好異。」

按：《易·繫辭下》：「開而當名，辨物正言，斷辭則備矣。」韓康伯注曰：「開釋爻卦，使各當其名也；理類辨明，故曰斷辭也。」據此，上引首句中「辨物」之「物」，指《易》之卦象及其代表的事理。《周易》將自然萬物概括爲六十四卦象，由此又引申人事法則，則《周易》所辨之「物」，非純客觀自然之物。

又，「辨物正言」，是以人事之「正」的規範分辨所稱之「物」；「辨物」是手段，「正言」是目的。兩者在價值上顯然有高下之別。

### 《宗經》篇（1例）

「經也者，……象天地，效鬼神，參物序，制人紀，洞性靈
之奧區，極文章之骨髓者也。」

按：「參物序」與「制人紀」對舉，則「物序」之「物」指自然界事物，不包括人事。

又，「參」謂參考、參酌。「參物序，制人紀」兩句，謂參酌自然界事物之序而制定人倫之綱紀；前者是方式，後者爲目的；「物序」與「人紀」在價值關係上有高下之別。

### 《明詩》篇（4例）

「人稟七情，應物斯感；感物吟志，莫非自然。」

按：《范注》引《禮記·禮運》曰：「何謂人情？喜怒哀懼愛惡欲，七者弗學而能。」又引《禮記·樂記》：「凡物之起，由人心生也。人心之動，物使之然也。感於物而動，故形於聲。」則該句中的「自然」並非僅指自然界「外境」，也包括人心中稟賦的「七情」即「喜怒哀懼愛惡欲」。該句中的「物」字之意也並非僅指外部自然界事物，還包括能夠感發人心「七情」的社會事件。上數句後面所舉詩例有葛天氏時代的《玄鳥》與黃帝時代的《雲門》等，「鳥」與「雲」誠然是自然事物；而又舉大禹與太康時期的詩歌：「大禹成功，九序惟歌；太康敗德，五子咸怨。」此兩例詩歌顯然直接以人事爲物件。可見所謂「感物吟志」者，所感之「物」不僅是自然界對象，也包括人間大事。《明詩》篇後面概括建安詩歌題材曰：「並憐風月，狎池苑，述恩榮，敘酣宴」。其中「風月」爲自然事物，「池苑」爲人工製品，而「恩榮」、「酣宴」者則皆爲人事。同篇以「古詩佳麗」讚揚《古詩十九首》，茲舉其中《今日良宴會》一首以明劉勰所謂「敘酣宴」：「今日良宴會，歡樂具難陳；彈箏

奮逸響，新聲妙入神；令德唱高言，識曲聽其真；齊心同所願，含義具未申。人生寄一世，奄忽若飆塵；何不策高足，先據要路津；無爲守窮賤，憾軻長苦辛。」此詩可謂是有感於宴會而抒情言志，其中所感爲人事宴會，所述爲人情世故；全詩罕涉自然界事物。由此可證劉勰所謂「應物斯感」和「感物吟志」之「物」，也包括社會人事。

又，「感物吟志」之「志」，指自覺的人生追求，它與客觀的自然事物迥異，與外在的社會現實不同，與天性中的「七情」即自然情感也有別。出於自覺意識的「吟志」與出於被動的自然「感物」，在美學價値上前者高於後者。同篇評「嵇（康）志清峻，阮（籍）旨遙深，故能標焉」，此類贊詞可爲佐注。「感物吟志」包含著以「志」馭「物」的思想。

　　「《孤竹》一篇，則傅毅之詞，……婉轉附物，怊悵切情，實五言之冠冕也。」

按：劉勰以爲《孤竹》詩乃傅毅所作，《范注》以爲原是民間歌謠，東漢後被士大夫採用。茲錄該詩全文：「冉冉孤生竹，結根泰山阿；與君爲新婚，兔絲附女蘿；兔絲生有時，夫婦會有宜；千里遠結婚，悠悠隔山坡；思君令人老，軒車來何遲。傷彼蕙蘭花，含英揚光輝；過時而不采，將隨秋草萎；君亮執高節，賤妻亦何爲。」該詩描寫所及者多爲自然界事物，如竹、泰山、兔絲、女蘿、蕙蘭花、秋草等；該詩所訴說則主要爲婚姻人事。其中描寫自然與訴說婚姻交替展開，則劉勰所評贊的「婉轉附物」與「怊悵切情」，當是分別指描寫自然與訴說婚姻兩方面。可見，此句中「物」字主要指自然事物方面。

又，劉勰讚揚該詩爲「五言之冠冕」的理由是「婉轉附物，怊悵切情」，這至少表明他將「附物」與「切情」視爲兩個不可分離

或偏廢的方面。劉勰看重的是人情化之「物」。

> 「宋初文詠，體有因革，莊老告退，而山水方滋；儷采百字
> 之偶，爭價一字之奇，情必極貌以寫物，辭必窮力以追新，
> 此近世之所競也。」

按：此處針對劉宋時代山水詩而論，則「情必極貌以寫物」之「物」，主要指自然界的山水之類景物。

又，「情必極貌以寫物，辭必窮力以追新」兩句包含貶斥。《情采》篇「繁采寡情，味之必厭」與「采濫辭詭，則心理愈翳」可參證。「情必極貌以寫物」意味著「情」衰「物」盛，意味著「寫物」成爲詩人目標，意味著詩人之情的「物」化。劉勰的貶斥可謂是對詩歌「物化」的貶斥。

### 《詮賦》篇（7例）

> 「賦者，鋪也；鋪采摛文，體物寫志也。」

按：該篇所舉最早的「賦」例是《左傳》中記及的《狐裘》與《大隧》，兩篇所賦對象「裘」與「隧」皆爲人工製造。該篇又稱荀子之賦爲「命賦之厥初也」。《荀子·賦篇》所載爲五篇：《禮》、《知》、《雲》、《蠶》、《箴》。其中《雲》、《蠶》所賦爲自然界事物，《箴》（針）所賦爲人工製品，《禮》、《知》所賦爲抽象義理。故知上句「體物」之「物」，包括自然事物、人工製品乃至抽象事理諸方面。荀子《禮》、《知》兩篇起句分別曰「爰有大物」、「皇天隆物」，《雲》、《蠶》、《箴》三篇起句分別爲「有物於此」，則可知劉勰以「體物」詮「賦」早有所本。「禮」、「知」之類精神活動和抽象義理也可以「物」稱之，尤當注意。

《經籍纂詁》「物」字各條無訓「物」爲「理」或「義理」者；但卻有接近事物之義理的意項，如「質也」，「造物爲道也」，「乾

爲物」，「物謂坤」等。《范注》釋《神思》篇「物沿耳目」句有
曰：「物，謂事也，理也。」王元化先生《文心雕龍講疏》作專門
辨析，認爲《范注》此釋所本爲《段注說文》「牛」篆之訓和王國
維《釋「物」篇》「物亦牛名」的考證；但是後人（王筠、李時珍、
白作霖、桂氏、徐承慶等）已經「從根本上推翻了牛訓理說」；只
有感性事物才能被「耳目」等感覺器官所攝取，抽象的事理則不能；
因此將「物沿耳目」之「物」訓釋爲「事理」，於理不通。[4]王元化
先生的考證首先是針對《物色》篇的「物」字而言，尤其是針對該
篇「物沿耳目」句而辨析，因此不能引而伸之以偏概全。再則，即
便「物」字訓爲「事理」在字源上難覓根據，但是語言本身是發展
變化的，漢字的具體使用也是因人而異。無論前人訓「物」如何，
荀子《禮》、《智》兩賦中分別稱抽象之理爲「大物」與「隆物」
是事實，劉勰以荀子之賦爲「體物寫志」的最初典範之作也是事實。
因此我們至少可以說，在荀子與劉勰的筆下，「物」之所指可以包
括抽象義理。

　　又，荀子賦作各篇皆及義理：《雲》篇賦天上雲氣，而有「大
參天地，德厚堯舜」之比喻；《蠶》篇賦蠶蟲，而有「禮樂以成，
貴賤以分」之聯想；《箴》篇賦縫紉之針具，而有「下覆百姓，上
飾帝王」之發揮。由此又可見，所謂「賦者，體物寫志」之「寫志」，
圖解或比喻義理也。「體物」旨在「寫志」，前爲手段，後爲目的。
劉勰認爲荀子之賦提供了處理「體物」與「寫志」兩者關係的典範，
故《才略》篇讚揚道：「荀況學宗，而象物名賦，文質相稱，固巨
儒之情也。」

　　　「皋朔以下，品物畢圖。」

---

4　《文心雕龍講疏》第 97-103 頁，廣西師範大學出版社，2004 年。

　　按：「品」謂眾多；「品物」指各類事物。關於枚皋之賦，《漢書·枚皋傳》稱其「百二十篇」，「其尤嫚戲不可讀者，尚數十篇。」其賦所寫多為「宮觀、山澤、弋獵、射馭、狗馬、蹴鞠、刻鏤」，「上有所感，輒使賦之」。關於東方朔之賦，《漢書·東方朔傳》記錄所及者有《封泰山賦》、《責和氏璧賦》、《皇太子生賦》、《襐賦》、《屏風賦》、《殿上柏柱賦》、《平樂觀獵賦》諸篇；又《太平御覽》三百五十記東方朔賦作有《對驃騎難》。據此，劉勰所謂「品物畢圖」之「品物」所指，除「山澤」、「狗馬」之類的自然界事物外，還包括「宮觀」、「屏風」之類人工製品，以及「蹴鞠」、「觀獵」之類人事活動；「畢圖」者，無所不描寫也。同篇談論賦之題材時提到「草區禽族」、「庶品雜類」、「京殿苑獵」，三者亦可謂分別代表了自然事物、人工製品和人事活動。

> 「至於草區禽族，庶品雜類，則觸興致情，因變取會：擬諸
> 形容，則言務纖密；象其物宜，則理貴側附：斯又小制之區
> 畛，奇巧之機要也。」

　　按：此處「草區禽族，庶品雜類」相對於前面「京殿苑獵」而言。劉勰論後者曰：「京殿苑獵，述行序志，並體國經野，義尚光大」，可見稱「草區禽族，庶品雜類」題材為「小制之區畛」，也是相對於「京殿苑獵」題材的「義尚光大」而言。《漢書·藝文志》賦部「雜賦」類記有《雜鼓琴劍戲賦》十三篇，《雜山陵水泡雲氣雨旱賦》十六篇，《雜禽獸六畜昆蟲賦》十八篇，《雜器械草木賦》三十三篇等，可見「小制」所賦，確實雜駁而瑣細。這裏「象其物宜」之「物」，特指植物、動物和雜器製品以及山水天氣等，而不包括「義尚光大」的「京殿苑獵」。

　　又，在劉勰看來，題材駁雜瑣細的「小制區畛」相對於「義尚光大」的「京殿苑獵」之賦，在價值等級上無疑略遜一籌；「小制」

所賦的特點是「奇巧」，據後文「宋（玉）發巧談，實始淫麗」的批評看，「小制」有貶意。劉勰認爲，此類作品雖然「象其物宜」，但是距離君臣大義畢竟較遠而隔，故其「物宜」不足爲「大義」之典範。

> 「原夫登高之旨，蓋觀物興情。情以物興，故義必明雅；物以情觀，故詞必巧麗。」

按：《范注》引《西京雜記》所載司馬相如語解說上文：「賦家之心，苞括宇宙，總攬人物，斯乃得自於內，不可得而傳。」據上面章句中「觀物」之「物」，廣涉宇宙人事，非特指某一二物類。

又，「觀物興情」、「情以物興」、「物以情觀」三句，言「物」皆不離「情」字；且強調所興之「情」當符合「義必明雅」規範。則劉勰提倡的所寫之「物」，不僅是「情」化之物，而且是「義」化之物。《范注》引梁元帝《蕩婦秋思賦》以爲當時背離「明雅之義」的代表作，茲錄於下：「蕩子之別十年，倡婦之居自憐；登樓一望，唯見遠樹含煙；平原如此，不知道路幾千。天與水兮相逼，山與雲兮共色；山則蒼蒼入漢，水則涓涓不測；誰復堪見鳥飛，悲鳴只翼。秋何月而不清，月何秋而不明；況乃倡樓蕩婦，對此傷情。於時露萎庭蕙，霜對階砌；坐視帶長，轉看腰細。重以秋水紋波，秋雲似蘿；日黯黯而將暮，風騷騷而渡河；妾怨廻文之錦，君思出塞之歌；相思相望，路遠如何！鬢飄蓬而漸亂，心懷愁而轉歎；愁縈翠眉斂，啼多紅粉漫。已矣哉！秋風起兮秋葉飛，春花落兮春日暉；春日遲遲猶可至，客子行行終不歸。」此賦今日讀之，不失爲感物興情，一唱三歎，有情有義，既明且雅之佳作。雖然劉勰「明雅之義」的歷史內涵今已陳舊，但是其重視精神價值的意向依然可嘉，彌足珍貴。

> 「寫物圖貌，蔚似雕畫。」

　　此兩句爲《詮賦》篇贊辭，其中「物」字，總括前面諸「物」所指，當謂舉凡自然人事之萬物。

　　又，同篇前面曰：「逐末之儔，蔑棄其本，雖讀千賦，愈惑體要；遂使繁華損枝，膏腴害骨，無貴風軌，莫益勸戒：此揚子所以追悔於雕蟲，貽誚於霧縠者也。」則單純的「寫物圖貌」，雖「蔚似雕畫」般工巧，不足爲法。此處亦可見劉勰反對藝術描寫中的「物化」。

### 《頌贊》篇（2例）

　　「邱明子高，並諜爲誦，斯則野誦之變體，浸被乎人事矣。

　　及三閭《橘頌》，情采芬芳，比類寓意，又覃及細物矣。」

　　按：此前後兩段「人事」與「細物」分別對舉，「細物」似乎不包括人事方面，而其實不然。這裏是討論「頌」體而及於屈原的《橘頌》。劉勰認爲「頌」體的主要特徵是「美聖德而述形容」，它以聖人道德爲謳歌對象，其作者爲帝王身邊的文人。因此，民間並非歌功頌德而形式類似的作品乃是「頌」的「野誦之變體」（古漢語「頌」、「誦」二字可通）；屈原《橘頌》詠橘樹而寄託道德情志，但不是特別以聖人道德爲對象，所以稱之爲「覃及細物」（覃謂延）。後文提到郭璞注《爾雅》：「景純注《雅》，動植必贊」，則「細物」包括動物與植物。據《范注》所引錄，郭璞《爾雅圖贊》所贊及的對象有比目魚、比肩獸、枳首蛇、蟬、麟、尺蠖等動物，有萍、款冬、柚等植物，有太室山之類的無生之物，又有筆之類的人工制器，其《山海經圖贊》還贊及「毛民國」、「焦僥國」之類傳聞中人事。由此可見，所謂「細物」不僅限於動、植之類，舉凡與聖人道德勳業無直接關係者皆可謂之「細物」。

　　又，「細物」之稱有貶意，至少相對于前文「美聖德而述形容」

而言。「覃（延）及細物」，可理解爲題材「細物」化的微貶，其中包含價値意識。

「容體底頌，勳業垂贊。……降及品物，炫辭作翫。」

按：此兩句爲《頌贊》篇末讚語，前兩句總結「頌」體，後兩句總結「贊」體。頌以「聖德」或「勳業」爲謳歌對象，贊所描寫的則是「品物」。「品物」者，各類雜物，無識之物，意近「細物」。

又，「降及品物」可讀作題材的「品物」化；「降」字以及後面「炫辭作翫」的評語，表明對「品物」化的微貶之意。

### 《祝盟》篇（1例）

「周之大祝，掌六祝之辭，是以庶物咸生，陳於天地之郊……」

按：此句語本《大戴禮記·公冠篇·祭天辭》：「皇皇上天，照臨下土；集地之靈，降甘風雨；庶物群生，各得其所。」可見「庶物」指沐浴天上陽光雨露而生長的有生命之物，即植物動物之屬。

又，「大祝」爲重大的祈禱儀式；祈禱「庶物咸生」的目的在於後文所說人世間的「多福無疆」，可見「庶物」爲人事乃至人倫精神之手段。可參證者如《易·乾》：「首出庶物，萬國咸寧」；《孟子·離婁下》：「舜明於庶物，察於人倫。」

### 《銘箴》篇（3例）

「敬通雜器，準矱《戒銘》，而事非其物，繁略違中。」

按：「敬通」爲後漢文人馮衍之字。「雜器」指各種人制用具。《周易·繫辭上》：「備物致用，立成器以爲天下利。」又《繫辭下》：「弓矢者，器也。」「準矱」謂尺度。《范注》認爲「戒銘」爲「武銘」之誤，指武王所作諸銘。《大戴禮記·武王踐阼》載武王銘有十七：《席四端》、《機》、《鑑》、《盥》、《盤》《楹》、《杖》、

《帶》、《履》、《屨》、《觴》、《豆》、《戶》、《牖》、《劍》、《弓》、《矛》，所銘皆爲人工製品。《全後漢文》卷二十載馮衍銘文有《刀陽》、《刀陰》、《杖》、《車》、《席前右》、《席後右》、《杯》、《爵》，其所銘亦皆人工製品。上文前兩句言馮敬通模仿武王銘，所賦皆雜用之器。據此，則後句中「物」字所指即「雜器」之「器」，指刀、杖、車之類人工製品。

又，同篇前面提出「觀器必也正名，審用貴乎盛德」的標準，並以武王之銘爲典範：「武王《戶》、《席》，題必戒之訓。」查武王《席銘》全文爲：「席前左端：安樂必敬。前右端：無行可悔。後左端：一反一側，爾不可不志。後右端：所監不遠，視爾所代。」武王《戶銘》全文爲：「夫名難得而易失。無懃弗志，而曰我知之乎。無懃弗反，而曰我杖之乎。擾阻以泥之。若風將至，必先搖搖，雖有聖人，不能爲謀也。」——此兩賦大意皆爲銘物戒德。武王《鑑賦》爲：「見爾前，慮爾後。」《矛賦》爲：「造矛造矛，少間弗忍，終身之羞。」——此兩賦不僅旨主戒德，而且文甚簡約。據此，劉勰批評馮敬通模仿武王賦，「而事非其物，繁略違中」，當是指他未得武王賦意真諦，一味描摹器物狀貌，而不重「盛德」。可見此處「物」字相對於「德」，指謂的也是價值低下方面。劉勰的批評包含著以德馭物的觀念。

「崔駰品物，贊多戒少。」

按：「品物」原意泛指各類事物。但是據《全後漢文》卷四十四所載崔駰銘文的具體所銘，有《車左》、《車右》、《車後》、《仲山父鼎》、《樽》、《冬至襪》、《六安枕》、《刀劍》、《刻露》、《縫》、《扇》等，則此處「品物」之「物」皆爲器用之具。

又，劉勰批評崔駰銘文「贊多戒少」。茲錄崔駰銘文《冬至襪銘》爲例觀之：「機衡建子，萬物含滋；黃鍾育化，以養元基。陽

升於下，日永於天；長履景福，至於億年。皇靈既祐，祉祿來臻；本枝百世，子子孫孫。」其中通篇是讚美禖子之辭。再如《六安枕銘》：「枕有規矩，恭壹其德。永元窊躬，終始不忒。六安在床，匪邪匪仄。」亦是通篇贊辭。由此可見其「贊多戒少」之一斑。「贊」與「戒」所涉皆道德，「銘」這一文體重在「戒」的方面，故劉勰作此批評。然而，根據「審用貴乎盛德」的標準，「贊多戒少」較之既無戒亦無贊的寫物忘德而言，當還是有所可取的。

> 「李尤積篇，義儉辭碎。《蓍龜》神物，而居博弈之中；衡
> 斛嘉量，而在《臼杵》之末；曾品名之未暇，何事理能閑哉。」

按：《全後漢文》卷五十嚴可均注李尤之文曰：「今搜集群書，得八十四銘，其餘三十七銘亡。」《范注》曰：「《蓍龜銘》、《臼杵銘》佚。」「蓍」為植物之一，「龜」為動物之一，因兩者皆為占卜用具，而與博弈用具之類有價值高低之別，故稱之「神物」；「衡」、「斛」皆為度量用具，在用途上比「臼」、「杵」等一般用具重要，故稱之為「嘉量」。可見劉勰對動物植物以及器物，從有益人用的立場給予價值排序。《封禪》篇貶稱「蓬蒿藜莠」、「鴟梟」為「怪物」，與「鳳凰麒麟」、「嘉穀」之類判然區別，可參照互讀。劉勰批評李尤銘文「義儉辭碎」，可以其《匱匣銘》為例觀之，其文曰：「國有都邑，家有匱匣。貨賄之用，我之利器。」此銘突出匱匣的貨用價值，已屬「義儉」；「賄」字又有賄賂之意，《隋書‧煬帝紀下》：「政刑弛紊，賄貨公行，莫敢正言，道路以目。」則此銘公然提倡匱匣的賄賂之用，不僅只是「義儉辭碎」，而堪稱詞義鄙下了。

### 《諧隱》篇（2例）

「謎也者，……或體目文字，或圖像品物，纖巧以弄思，淺

察以炫辭，義欲婉而正，辭欲隱而顯。」

按：「體目文字」指利用文字形體之會意關係而設謎。如《世說新語·捷悟》記楊修解「黃絹幼婦，外孫虀臼」八字之謎爲：「黃絹，色絲也，於字爲絕；幼婦，少女也，于字爲妙；外孫，女子也，於字爲好；虀臼，受辛也，於字爲辤；所謂絕妙好辤也。」「圖像品物」指利用文字的象形特點，結合所書器物而設謎。如《世說新語·捷悟》記曹操在新建門板上寫一「活」字，楊修解爲「門中活，闊字，王正嫌門大也。」可見上文「品物」指各類人制器物。

又，「圖像品物」後面評價之辭「纖巧以弄思，淺察以炫辭」，顯然有貶意。

「高貴鄉公，博舉品物：雖有小巧，用乖遠大。」

按：《范注》曰：「高貴鄉公所作謎語，今皆無可考。」此處「博舉品物」之「品物」，所指同上例「圖像品物」之「品物」。「雖有小巧，用乖遠大」兩句，貶意豁然。

### 《諸子》篇（1例）

「大夫處世，懷寶挺秀。辨雕萬物，智周宇宙。」

按：「辯雕萬物」典出《莊子·天道篇》：「故古之王天下者，⋯⋯辯雖雕萬物，不自說（悅）也。」《莊子》所謂「天道」實通於人事之道，所謂「王天下」指統令天下所有自然物、器物與人事。因此，其「萬物」包括自然與人間的萬事萬物。劉勰同篇有曰「博明萬事爲子，適辨一理爲論」，可證其所引莊子「萬物」，指人間與自然的萬事萬物。

又，莊子有「物物而不物於物」的思想（《莊子·山木》），其「辨雕萬物」之旨實乃駕馭萬物；劉勰所謂「懷寶挺秀」與「智周宇宙」，亦是言人的精神與智力之可寶可秀；賴此可寶可秀之精神智力，萬

事萬物方可辨可雕可駕馭。《情采》篇亦引涉「辨雕萬物」句，可參見。

### 《論說》篇（1例）

> 「論也者，彌綸群言，而研精一理者也。是以莊周《齊物》，以論為名。」

按：此「齊物」一般認為是《莊子》中「齊物論」篇名。但《范注》引古詩文相關解說以為：「齊物論」不應讀作「齊物之論」，而當讀作「齊各種物論」；劉勰所讀有誤。無論劉勰所讀是否恰切，《齊物論》篇談論所及者有「秋毫」與「泰山」、「蝴蝶」與「蛇蜽」、「西施」與「毛嬙」、「筐床」與「鼓琴」等各類自然人事，則其所謂「物」者，乃自然人事無所不包的「萬物」。

《齊物論》論說的是萬物各類皆無高下區別的道理，但是其歸旨則是「自喻適志」。可見莊子論「物」意在其「志」。劉勰以《齊物論》為「研精一理」之文類的代表作，說明他對莊子思想有所讚賞。

### 《封禪》篇（2例）

> 「《綠圖》曰：『渾渾噩噩，芬芬雉雉，萬物盡化。』言至德所被也。」

按：「萬物」賴「至德」而披靡變化，則「萬物」包含人事。

又，「至德」代表最高精神力量，「被」言自上而下覆蓋，則精神高於萬物。「至德所被」，可理解為萬物的人倫化、精神化。此句含義有與「物化」傾向相反對者。

> 「夷吾譎陳，距以怪物。」

按：兩句語本《管子·封禪》記管仲諫齊桓公不可封禪語：「今

鳳凰麒麟不來，嘉穀不生，而蓬蒿藜莠茂，鴟梟數至，而欲封禪，毋乃不可乎！」「怪物」指不祥之植物與動物。《銘箴》篇有「蓍龜神物」，與此「怪物」可互文足義。「距」通「拒」，上兩句意謂，管仲委婉地諍諫，以不祥「怪物」爲理由，使齊桓公不舉行封禪儀式。

又，自然界事物自在自爲，本無可怪；物之可「怪」，實由人間觀念視之。「怪物」之名，是以人倫法則辨排物序之例。

### 《章表》篇（2 例）

「《詩》云：『爲章於天』，謂文明也；其在文物，赤白曰章。表者，標也。《禮》有《表記》，謂德見於儀；其在器式，揆景曰表。章表之目，蓋取此也。」

按：此段釋「章」與「表」兩種文體之名。「爲章於天」兩句典出《詩經・大雅・棫樸》：「倬彼雲漢，爲章於天」；《箋》曰：「雲漢之在天，其爲文章，譬猶天子爲法度于天下。」則「文明」之詞既指天上雲彩，亦指治世法則。「其在文物」兩句典出《考工記・畫繢事》：「赤與白謂之章。」則「文物」指繪畫等有文彩之人工製品。天上的雲彩可與天子治世的「文明」法則相關，那麼稱爲「文物」的人工繪畫就更非與道德政治無關的「物」了。後面「《禮》有《表記》」兩句，典據《禮記・表記》，《正義》注曰：「名曰『表記』者，以其記君子之德，見於儀表。」上引整段文字中引《詩》據《禮》，有自覺的宗經意識；釋名關注的是天子治世與道德儀表。在這個上下文中，「文物」一詞之重點，顯然不在於「物」的方面，而在於「文」即人文方面。

「陳思之表，……應物制巧，隨變生趣。」

按：《范注》引錄陳思王曹植《求通親親表》爲例，以解釋「應

物制巧」兩句。其中頗有舉自然事物以明人世義理、征古典詩文以表當下心情者。前者如「若葵藿之傾葉，太陽雖不為之廻光，然終向之者，誠也。臣竊自比葵藿。」後者如：「遠慕《鹿鳴》君臣之宴，中詠《唐棣》匪他之戒，下思《伐木》友生之義，終懷《蓼莪》罔極之哀。」兩者都可謂達到「巧」的境界。可見此處「應物制巧」之「物」，不僅指自然事物，亦包括詩文典故。

又，「應物制巧」與「隨變生趣」對應，則物巧與人趣不可偏廢也；此兩句讚賞的是符合人趣之物。

### 《書記》篇（1 例）

「疏者，布也。佈置物類，撮題近意，故小券短書，號為疏也。」

按：《范注》釋「佈置物類」諸句引《周禮·地官·質人》：「大市以質，小市以劑。」《鄭注》：「大市，人民馬牛之屬，用長券；小市，兵器珍異之物，用短券。」參此，上文所言「疏」之文類，當不是指經傳注疏中的「疏」，而是特指古代「小市」買賣中的「短券」，即契約文字；上文「物類」，則特指「小市」買賣中的兵器珍異之物。

### 《神思》篇（4 例）

「思理為妙，神與物遊。」

按：黃侃《劄記》注此兩句曰：「此言內心與外境相接也。」則其意「物」字指與「內心」有別的「外境」。然而究竟什麼是「外境」？是作家在創作過程中身體所處、耳目能夠實際看見和聽見的外界事物嗎？如是，則「神與物游」的時空範圍極狹小。而該文前面有曰：「思接千載」、「視通萬里」。千年之前的事件或萬里以外的物象顯然是身處某一具體時空「外境」中的作家所不可能切實

耳聞目見。因此所謂「神與物遊」之「物」，當是不僅指作家其時身體所處空間中可以耳聞見目睹的實有之物，而且更包括其時內心中的想像之物。《神思》篇首句引《莊子‧讓王》兩句：「形在江海之上，心存魏闕之下。」「江海」與「魏闕」皆爲有形之「物」象，而既可存於「形（身體）」外，亦可在於「心」內，則「神與物遊」之「物」亦不僅是指作家身體所處的「外境」了。後文又有「積學以儲寶」、「研閱以窮照」等四句，《范注》於前句曰：「虛靜之至，心乃空明。於是稟經酌緯，追騷及史，貫穿百氏，氾濫眾體，巨鼎細珠，莫非珍寶。」於後句注曰：「『閱』有積歷之意。精研積閱，以窮其幽微。及其耳目有沿，將發辭令。」《范注》中肯。可見創作過程中作家「神思」所與遊歷之「物」，至少很大部分包括史書古典中記載的人世事物。要而言之，此處「神與物遊」之「物」的所指是廣義的：非止身體處境，更及想像空間；既有自然萬物，亦涉社會人事，應該包括作家在寫作過程中腦海裏可能出現的任何事物的意象。

「神居胸臆，而志氣統其關鍵；物沿耳目，而辭令管其樞機。」

按：此「物」字與上同指，可「沿耳目」之「物」既有身體處境中的感性事物，也包括心中想像之感性事物。《范注》以爲此處「物」字指「事也，理也。」失之甚遠。王元化先生對《范注》此條有辨析，參見本文前面《詮賦》篇第一例所引。

「樞機方通，則物無隱貌；關鍵將塞，則神有遁心。」

按：此處「物」字除與上同指外，還兼涉語言文字。「樞機」與「關鍵」皆指與語言文字相攜的靈感，四句意謂靈感一來，各種事物皆可以語言文字表達；反之則亦反。進而言之，語言文字本身也可謂事物之一種，因爲語言有聲，可聽之於耳；文字有形，可睹之於目。前面描述「神與物遊」之狀時說：「吟詠之間，吐納珠玉

之聲」，可見詩文之章句也屬於可「沿耳目」，可「與物遊」的對象。《情采》篇故有「形文」與「聲文」之說，前者「五色是也」，後者「五音是也」。如是，則「物無隱貌」，亦可解爲包括語言文字本身的暢通無阻。

「物以貌求，心以理應。」

按：此爲贊辭中章句，「物」字帶有總結性，指凡有形貌與聲貌者，包括自然、人事、實境之物、心境之物、乃至語言文字。

又，「物」、「貌」與「心」、「理」分別對應；前後兩者顯然不容分離；劉勰顯然是在提倡以「心」駕「物」，以「理」馭「貌」。

### 《情采》篇（1例）

「莊周云辯雕萬物，謂藻飾也。」

按：此處「萬物」之義，同前面《諸子》篇所引。

### 《比興》篇（6例）

「何謂比？蓋寫物以附意，颺言以切事者也。」

按：劉勰在上文後面舉《詩經》中用「比」之例解說：「故金錫以喻明德，珪璋以譬秀明，螟蛉以類教誨，蜩螗以寫號呼，澣衣以擬心憂，席捲以方志固，凡此切象，皆比義也。」其中「金錫」、「珪璋」爲人工製品，「螟蛉」、「蜩螗」爲自然界動物，「澣衣」、「席捲」爲人事活動。可見「寫物附意」之「物」，指涉所及爲自然事物、人工製品以及人事活動。

又，「寫物以附意」語中，「寫物」是手段，「附意」是目的；後者貴在「明德」、「教誨」。可見此句中「物」與「意」的輕重本末。

「賈生《鵩賦》云：『禍之與福，何異糾纆。』此以物比理也。」

按：此處「物」指「糾纆」（繩索），即器物之類。「以物比理」，意謂以器物之狀，比喻人世規律；此句中「物」亦為「理」的手段。

「張衡《南都賦》云：『起鄭舞，繭曳緒。』此以容比物者也。」

按：張衡《南都賦》有：「坐南歌兮起鄭舞，白鶴飛兮繭曳緒。」《文選注》曰：「白鶴飛兮繭曳緒，皆舞人之姿。」則是以白鶴飛與繭抽絲的動物活動之狀比喻人的舞蹈之姿。《范注》以為劉勰「以容比物」當為「以物比容」之誤，得之。此處「物」狀與人「容」亦為手段與目的之關係。

「揚班之倫，曹劉以下，圖狀山川，影寫雲物，莫不織綜比義，以敷其華，驚聽回視，資此效績。」

按：「影寫雲物」之「雲物」，疑是「雲霧」之誤；「雲霧」可與前句「山川」對應。倘「雲物」不誤，則該詞亦是指天上雲霧之類。

又，從後面「驚聽回視」兩句看，劉勰對於一味追求「圖狀山川，影寫雲物」的作品持批評態度。「物」字在此亦有貶意。

「詩人比興，觸物圓覽。物雖胡越，合則肝膽。」

按：此數句為篇末贊辭，總結比興技巧所涉物件；因此其中兩「物」字所指意同前面「寫物附意」之「物」，即包括自然事物、人工製品以及人事活動。

## 《指瑕》篇（1例）

「《周禮》井賦舊有疋馬，而應劭釋疋，或量首數蹄，斯豈辯物之要哉？」

按：「井賦」謂以「井」為單位的田地稅。「疋」為「匹」之

異體字。《周禮・地官・小司徒》：「九夫爲井，四井爲邑，四邑爲丘，四丘爲甸，四甸爲縣，四縣爲都，以任地事而令貢賦。凡税斂之事。」《鄭注》曰：「六尺爲步，步百爲畮，畮百爲夫，夫三爲屋，屋三爲井，井十爲通，通爲匹馬。」《正義》曰：「三十家使出馬一匹，故曰通爲匹馬。」劉勰認爲應劭（《風俗通》作者）以「量首數蹄」解釋「疋」字有誤，故批評其「豈辯物之要哉？」可見「辯物」在此指辯釋「疋」之字義；「物」指詞語。

### 《總術》篇（1 例）

「文體多術，共相彌綸；一物攜貳，莫不解體。」

按：《總術》篇所論是各類文體所共通的技巧法則。「文體多術」兩句意謂：各種文體有不同要求，但卻相互輔佐，並有共通的技巧法則。正文中所謂「才之能通，必資曉術，自非圓鑒區域，大判條例，豈能控引情源制勝文苑哉？」就是強調相通法則的方面。「一物攜貳」兩句，則是重在指出，好的文體風格不可魚目混珠，瑕瑜不分。正文中舉例有：「精者要約，匱者亦鮮（鮮）；博者該贍，蕪者亦繁；辯者昭晰，淺者亦露；奧者複隱，詭者亦典」等。可見這裏「一物攜貳」之「物」，是特指文體風格。

### 《物色》篇（13 例）

「春秋代序，陰陽慘舒，物色之動，心亦搖焉。」

按：「物色」一詞，在梁昭明太子蕭統（與劉勰大體同時代）所編《文選》中被用於賦體分類，《文選》賦部「物色」類所錄計四篇：宋玉《風賦》、潘安仁《秋興賦》、謝惠連《雪賦》、謝希逸《月賦》；可見「物色」類所屬作品都以自然景物爲題材。《文選》賦部「物色」類之外以自然對象爲題材者有「江海」類，以人

工制物爲物件者有「京都」、「宮殿」類，以人事活動爲物件者有「郊祀」、「畋獵」、「紀行」、「遊覽」類，以文藝爲物件者有「音樂」、「論文」類，以主觀情志爲對象者有「志」、「情」類等；由此又可見「物色」作爲詩文歸類之名，所指範圍不僅限於自然物件，而且特指與四季變化相關的自然物件。李善注「物色」類曰：「四時所觀之物色而爲之賦」，認爲「物色」指四季變化中的自然景物，可謂中肯。

劉勰《物色》篇論說所舉的對象和例證集中于詩文中自然景物，如「灼灼桃花」、「依依楊柳」、「杲杲日出」、「漉漉雨雪」、「嘒嘒黃鳥」、「喓喓草蟲」，以及「嵯峨」、「葳蕤」、「山林皋壤」等。其中又特別強調自然景物與四季變化的關係，如「春秋代序」、「陰陽慘舒」、「四時之動物」、「獻歲發春」、「滔滔孟夏」、「天高氣清」、「霰雪無垠」、「春日遲遲」、「秋風颯颯」、「四序紛廻」等。可見劉勰所謂「物色」，與《文選》賦部作爲詩文歸類之名的「物色」所指相類。不過《文選》「物色」爲賦體之歸類，而不及於「詩」；劉勰「物色」則泛指詩賦等凡以四季自然變化爲詠歌物件或涉及之的作品。要之，「物色」之義，指隨四季變化之自然事物之容色，以及詩文相關之類或相關物件；其指涉不包括人工製品和人事活動。

「四時之動物深矣。」

按：此「物」字意同「物色」。鍾嶸《詩品·序》：「氣之動物，物之感人，故搖盪性情，形諸舞詠。」其「物」字所指同之。

「物色相召，人誰獲安？」

按：此「物色」意同上。

「歲有其物，物有其容。」

按：此處「歲」字特指一年中的四季變化；兩「物」字意同「物

色」。

　　「情以物遷，辭以情發。」

　　按：此「物」字意同「物色」。

　　「詩人感物，聯類無窮。」

　　按：此「物」字意同「物色」。「聯類」者，即後文所謂「嵯峨之類」、「葳蕤之群」，指植物、動物、山水日月之類隨四季變化容色者。

　　「寫氣圖貌，既隨物以婉轉；屬采符聲，亦與心而徘徊。」

　　按：此「物」同「物色」。

　　「及《離騷》代興，觸類而長，物貌難盡。」

　　按：「物貌」指「物色」之貌。

　　「自近代以來，……體物為妙，功在密附。故巧言切狀，如印之印泥，不加雕削，而曲寫毫芥。」

　　按：「體物」謂描寫物色。「不加雕削，曲寫毫芥」兩句有貶意。後文「物色雖繁，而析辭尚簡」可證。

　　「物有恆姿，而思無定檢。」

　　按：前句謂物色雖隨四時變化，其變化容貌卻有周而復始的一定規律。

　　「是以四序紛廻，而入興貴閑；物色雖繁，而析辭尚簡。」

　　按：自然界事物有天地山水、植物動物，又有四季變化，故物色可謂「繁」。

　　又，「物色雖繁，而析辭尚簡」——因為描寫自然景色畢竟不是詩文的主要目的，詩文主要目的是表達性靈心志；因此前者的繁簡適當與否以後者為尺度。此兩句反對捨本逐末，有「物物而不物於物」的意思。

　　「物色盡而情有餘者，曉會通也。」

按：「物色盡」非謂「如印之印泥」般地描寫，也可以簡要描寫之；因爲「一葉且或迎意，蟲聲有足引心」。關鍵是「情有餘」。此句亦強調內心情志高於外在物色。

### 《才略》篇（2例）

「荀況學宗，而象物名賦，文質相稱，固巨儒之情也。」

按：荀子之賦，參見前面《詮賦》篇首例注。「象物名賦」之「物」，所指包括自然事物、人工製品、社會人事，乃至抽象義理。

「延壽繼志，環穎獨標，其善圖物寫貌，豈枚乘之遺術與？」

按：延壽爲後漢文人王逸之子，字文考。《文選》卷十一載其《魯靈光殿賦》。李善注曰：「游魯作《靈光殿賦》，後蔡邕亦造此賦，未成，及見延壽所爲，甚奇之，遂輟翰而止。」劉勰稱其「環穎獨標」當與此賦此事有關。《靈光殿賦》描寫該殿之狀貌，記述建造之原委，其序文曰：「物以賦顯，事以頌宣。」又該賦描寫靈光殿物象極盡能事，如其中一段：「圖像天地，品類群生，雜物奇怪，山神海靈。寫載其狀，詫之丹青。千變萬化，事各繆形。隨色象類，曲得其情。」由此可見其「圖物寫貌」範圍之廣。劉勰這裏「圖物」之「物」，不僅指靈光殿之狀貌，亦涉社會人事與自然萬物。

### 《序志》篇（2例）

「夫（人）肖貌天地，稟性五才，擬耳目于日月，方聲氣乎風雷，其超出萬物，亦已靈矣。」

按：《范注》引《漢書·刑法志》：「夫人肖天地之貌，懷五常之性」，又引《淮南子·精神訓》：「耳目者，日月也；血氣者，風雨也。」以爲此乃上面數句所本。但是劉勰上面數句重點在於突出

人「超出萬物」的方面，故稱人爲「靈」。則所謂「萬物」者，特指自然萬物，不包括人事；所謂「靈」者，言人之性靈高於自然萬物。

> 「逐物實難，憑心良易。傲岸泉石，咀嚼文義。文果載心，
> 余心有寄。」

　　按：此文中的「物」字尤堪玩味。「物」字如果解爲與同篇上例「萬物」一樣，是指自然界事物的話，則「逐物實難，憑心良易」兩句意成「追求自然景物的外境實在是很困難的，聽憑內心情志而爲則是容易的。」這樣，由自然事物構成的大自然景色就似乎成爲詩人不應嚮往投入的對象，如此則與後句「傲岸泉石」相抵牾。因爲「傲岸泉石」所心儀的正是一種傾心於大自然的境界。「傲岸」者，謂不趨附於世俗的利祿榮達；「泉石」者，代表超然世俗之外、傾心於大自然的生活態度。《晉書‧郭璞傳》：「傲岸榮悴之際，頡頏龍魚之間。」其中世俗榮辱與自然境界對擧；南朝劉宋詩人鮑照《鮑氏集》卷七《代挽歌》：「傲岸平生中，不爲物所累。」其中作爲「傲岸」對象的「物」特指世俗的利祿榮達方面，因此兩句中才將「傲岸」與「物累」對擧。據此，由劉勰上文「傲岸泉石」之意反觀其前面「逐物實難，憑心良易」兩句，則其中「物」字當是特指世俗的利祿榮達，而不包括山水自然之境。此兩句意思當爲：追逐世俗的利祿榮達是困難的，聽憑內心情志而爲則是容易的。這裏「逐物」之「物」的所指，在《文心雕龍》中唯此一例，然而卻堪稱最爲重要。

　　「逐物實難」，但是劉勰爲什麼不知難而進呢？事實上《文心雕龍》的創作也是十分艱難的，劉勰費時十年才終於完成；《序志》篇說：「言不盡意，聖人所難」，那麼對於並非「聖人」的劉勰來說，創作《文心雕龍》就更是困難的了；《程器》篇又曰：「將相

以位隆特達，文士以職卑多誚」，社會地位低下的劉勰在此過程中所經歷的寫作以外的甘苦也由此可見一斑。可見「逐物」是難的，「憑心」創作也是難的。劉勰爲什麼稱「逐物實難」，而於並非沒有難度的「憑心」創作方面卻稱「良易」呢？關鍵在於他所立志追求的目標。《序志》篇中劉勰明白道出自己的志向：「君子處世，樹德建言」；《諸子》篇也有曰：「太上立德，其次立言」，「君子處世，疾名德之不章」，此亦可視爲劉勰的夫子自道。相對於這個「建言」或「立言」的志向而言，途徑顯然只能是一個，即《序志》篇所謂「騰聲飛實，製作而已」；通過追求世俗利祿的「逐物」途徑以謀求「樹德建言」不僅是困難的，甚至是南轅北轍了。由此可見，「逐物實難，憑心良易」兩句是相對於一定的價值目標而言。此兩句與其說是事實判斷，毋寧說是價值判斷：前句是貶斥的，後句則有褒揚之意。

　　「逐物實難」的貶義還可以從《文心雕龍》「逐」字的其他用例中得到印證。《文心雕龍》它篇使用「逐」字凡五見，而皆有貶義。《情采》篇：「體情之制日疏，逐文之篇愈盛。……真宰弗存。」劉勰顯然反對導致「真宰」（謂真情）喪失的「逐文」（謂片面追求文采）；《聲律》篇認爲詩歌聲律貴在合乎「內聽」（即心靈感覺），這種境界「可以數求，難以辭逐。」這裏的「辭逐」謂追逐形式技巧，「逐」也顯然有貶義；《聲律》篇：「吃文爲患，生於好詭；逐新趣異，故喉唇糾紛。」「逐新」又被視爲導致聲律之「患」的原因。《詮賦》篇：「然逐末之儔，蔑棄其本；雖讀千賦，愈惑體要」，《定勢》篇：「新學之說，則逐奇而失正」，其中「逐」字亦貶意顯然。以上五例「逐」字句皆包含貶意，那麼以「逐物實難」表達貶斥之義就是十分自然的了。

　　再從古漢語「物」字的相關義例觀之。古代經籍中「物」字可

特指財物用品，如《周禮・小司徒》：「辨其物，以歲時入其數」，注曰：「物，家中之財。」又《禮記・樂記》：「物以群分」，注曰：「物謂殖生者也。」「殖生者」即謀生的財物用品。值得特別注意的是經籍中「物」字又有權勢之意，如《左傳》昭公七年：「用物精多」，句注曰：「物，權勢也。」後人因以「物競」形容人與人互相爲權勢利益而鬥爭，如《宋書・順帝紀》升明元年記曰：「聖王既沒，淳風已衰，……德刑相擾，世淪物競，道疲人諼。」句中「物競」即指爭權奪利。「物」字因此又可代表事物相對于精神的低賤品位，《莊子・在宥》：「賤而不可不任者，物也。」古漢語中因此又有以「物累」、「物役」表示對利祿榮達之類世俗追求的鄙視，《莊子・天道》：「知天樂者，無物累」；《荀子・正名》：「乘軒戴冕，其與無足無以異。夫此之謂以己爲物役矣。」與此相反互文，古漢語以「物物」、「物外」指謂某種超越世俗利祿榮達計較的精神境界，《莊子・山木》：「物物而不物於物，則胡可得而累邪」；《晉書・單道開傳》讚揚主人公「獨處茅茨，蕭然物外，年百餘歲，卒於山舍。」由此可見，不僅《文心雕龍》章句，而且古代經籍中「物」字的義例，都足以支援筆者上面的解釋。

2005 年 8 月 12 日修訂

# 「莊老告退、而山水方滋」

## ── 淝水之戰的文化史意義 ──

日本　九州大學名譽教授

## 岡 村 繁

## 一、東晉宋初的政局推移和詩文變遷

| 西曆 | 王朝 | 帝 | 年號 | 政治史 | 文學史 |
|---|---|---|---|---|---|
| 317 | | 元帝 | 建武元 | 晉室南渡。東晉時代（~420） | 劉琨（270~317）郭璞（277~324） |
| | | 明 | | | |
| 334<br>339 | | 成帝 | 咸和9<br>咸康5 | 陶侃、平定蘇峻叛亂。陶侃死去。庾亮、統帥西府。王導（267~339）死去。 | |
| | | 廣 | | | |
| 345<br>353 | | | 永和元<br>九 | 桓溫、統帥西府。 | 玄言詩<br>許詢（323？~352？）<br>王羲之「蘭亭序」（353）<br>孫綽（306~363） |
| | 東晉 | 哀帝 | | | |
| | | 魔帝 | | | |
| 373 | | 漢文帝 | 寧康元 | 桓溫死去。謝安等、輔政。 | |
| 383<br>385<br>388<br>392 | | 孝武帝 | 太元8<br>太元21<br>太元13<br>太元17 | 淝水之戰<br>謝安（320~402）<br>謝玄死去。謝石死去。<br>殷仲堪、統帥西府。 | 王羲之（321~379）歿 |
| 399<br><br>412<br>412 | | 安帝 | 隆安3<br><br>隆安4<br>元興元 | 孫恩の亂（599~402）<br>桓玄、殺殷仲堪、而掌握西府。劉牢之・劉裕、討孫恩。<br>孫恩自殺。<br>桓玄、東下攻略建康。殺司馬 | |

| 413 | | 元興 2 | 道子‧劉牢之等。<br>桓玄‧受禪。建楚國。（永始元年） | |
| 414 | | 元興 3 | 劉裕‧起兵討玄、斬玄於江陵。安帝復位。 | 殷仲文（？~407）<br>謝混（368？~412）‧謝裕（370~416） |
| 417 | | 義熙 13 | 劉裕、陷長安、滅後秦。 | |
| 418 | 恭 | 義熙 14 | 劉裕、宋公。殺安帝、立恭帝。 | |
| 420 | 武 | 永初元 | 劉裕、受禪。即帝位（武帝）。<br>東晉滅亡、宋國成立。 | 山水詩 |
| 422 | 少 | 永初 3 | 武帝死去，少帝即位。徐羨之、專權。 | |
| 426 | 宋 | 元嘉 3 | 誅徐羨之。滅江陵謝晦。 | 陶淵明（365~427） |
| 427 | | 元嘉 4 | | 謝靈運（385~433） |
| 433 | 文帝 | 元嘉 10 | | 顏延之（384~456）‧鮑 |
| 436 | | 元嘉 13 | 功臣、檀道濟、被殺。 | 照（405~466） |

## 二、西晉末至劉宋初的詩風推移

### （一）宋‧永嘉太守檀道鸞『續晉陽秋』：

自司馬相如‧王褒‧楊雄諸賢，世尚賦頌，皆體則詩騷，傍綜百家之言。及至建安，而詩章大盛；逮乎西朝之末，潘陸之徒，雖時有質文，而宗歸不異也。正始中，王弼‧何晏，好莊老玄勝之談，而世遂貴焉。至過江佛理尤盛；故郭璞五言，始會合道家之言而韻之。詢及太原孫綽，轉相祖尚。又加以釋氏三世之辭，而詩騷之體盡矣。詢‧綽並爲一時文宗，自此作者悉體之。至義熙中，謝混始改。（「世說新語」文學篇注引）

### （二）梁‧鍾嶸（？~五一八？）『詩品』序：

永嘉時，貴老莊，稍尚虛談，于時篇什，理過其辭，淡乎寡味。爰及江表，微波尚傳。孫綽‧許詢、桓（溫）‧庾（亮）諸公詩，皆平典似道德論，建安風力盡矣。先是郭景純璞用雋上之才，變創其體；劉越石琨仗清剛之氣，贊成厥美。然彼眾我寡，未能動俗。逮義熙中，謝益壽<sub>謝混字叔源<br>小字益壽</sub>斐然繼作。元嘉中，有謝靈運。才高詞盛，

富豔難蹤，固已含跨劉‧郭；淩轢潘‧左。

　　（三）梁‧劉勰（四六五？～五二○？）「文心雕龍」明詩篇：

　　江左篇製，溺乎玄風，嗤笑徇務之志，崇盛亡機之談，袁孫已下，雖各有雕采而辭趣一揆，莫與爭雄，所以景純仙篇，挺拔而爲俊矣，宋初文詠，體有因革，莊老告退而山水方滋，儷采百字之偶，爭價一句之奇，情必極貌以寫物，辭必窮力而追新，此近世之所競也。

　（1）王士禎（一六三四～一七一一）『漁洋山人文略』卷二「雙紅唱
　　　　和集序」：

　　漢魏間詩人之作，亦與山水了不相及。迨元嘉間謝康樂出，始創爲刻畫山水之詞，務窮幽極渺，抉山谷水泉之情狀。昔人所云『莊老告退，而山水方滋』者也。宋齊以下，率以康樂爲宗。

　（2）沈德潛（一六七三～一七六九）『說詩晬語』：

　　劉勰云：『老莊告退，而山水方滋。』遊山水詩，應以康樂爲開先也。

　（3）章炳麟（一八六八～一九三六）『國故論衡』辨詩：

　　玄言之，語及田舍。田舍之隆，旁及山川雲物，則謝靈運爲之主。

## 三、謝靈運的山水詩

　　（一）「過始寧墅」永初三年（四二二）、三十八歲作。（文選
　　　　卷二十六‧行旅）

| | |
|---|---|
| 束髮懷耿介 | 楚辭曰。獨耿介而不隨兮。願互先聖之遺教。 |
| 逐物遂推遷 | 莊子曰。專施之才。逐萬物而不反。尚書。王曰。惟民生厚。因物有遷。 |
| 違志似如昨 | |
| 二紀及茲年 | |
| 淄磷謝清曠 | 論語。子曰。不曰堅乎。磨而不磷。不曰白乎。 |

涅而不穎。

疲爾慭貞堅　莊子曰。憖然疲而不知所錯。司馬彪曰。硪貌也。

扭疾相倚薄

還得靜者便　論語曰。智者動。仁者靜。

剖竹守滄海　漢書曰。初興郡守爲竹使符。說文曰。符信。
　　　　　　漢制以竹。分而相合。

枉帆過舊山

山行窮登頓

水涉盡洄沿

巖峭嶺稠疊

洲縈渚連綿

白雲袍幽石

綠篠媚清漣　毛詩曰。河水清且漣猗。

葺宇臨廻江　潘等賦曰。遇江流川。而漑其山。

築觀基曾巔　春秋連斗樞曰。山者地基也。

揮手告鄉曲　劉越石扶風厥曰。揮手長橋謝。說文曰。揮　也。
　　　　　　三載其締旋

且爲樹枌檟　左氏傳曰。初季孫爲己樹六檟於藩園。東門之
　　　　　　外。杜預曰。檟。欲自爲櫬也。

無令孤願言」

**（二）「於南山往北山經湖中瞻眺」**（文選卷二十二・漣賢）

朝旦發陽崖　尙書大傳曰。相與觀于南山之陽。

景落憩陰峰

舍舟眺迴渚

停策倚茂松

側逕既窈窕　暫擾贈石潤州　曰。　軻石行雖。窈窕山道深。

| 環洲亦玲瓏 | 甘泉賦曰。和氏玲瓏。晉灼曰。明說。 |
| 俛視喬木杪 | 毛詩曰。南有喬木。 |
| 仰聆大壑瀁 | 楚辭曰。聽大　之波聲。 |
| 石橫水分流 | |
| 林密蹊絕蹤 | |
| 解作竟何感 | 周易曰。天地解而雷雨作。雷雨作而百果草木皆甲坼。爾雅曰。感動也。 |
| 升長皆丰容 | 周易曰。地中生木升。 |
| 初篁苞綠籜 | |
| 新蒲含紫茸 | |
| 海鷗戲春岸 | |
| 天雞弄和風 | |
| 撫化心無厭 | 郭象莊子注曰。聖人避於變化之塗。萬物萬化。亦與之萬化。 |
| 覽物眷彌重 | 歎逝賦曰。覽前物而懷之。 |
| 不惜去人遠 | |
| 但恨莫與同 | 言獨在山中。無人共遊。人謂古人也。 |
| 孤遊非情歎 | |
| 賞廢理誰通 | 言己孤遊。非情所歎。而賞心若廢。茲理誰為通乎。 |

## 四、淝水之戰及新興軍閥政權的撬頭

### （一）肥水之戰

大元八年，苻堅大舉入寇堅先使苻朗守青州又以裴元略為西夷校尉、巴西、梓潼二郡大守，令與王撫備舟師於蜀。已又下書：悉發諸州公私馬。人十丁遣一。兵門在灼然者，為崇文義從。良家子

年二十已下，武藝驍勇，富室材雄者，皆拜羽林郎。遣苻融、張蚝、苻方、梁成、慕容暐、慕容垂率步騎二十五萬爲前鋒。堅發長安，戎卒六十餘萬騎二十七萬。前後千里，旌鼓相望。堅至項城，見第三章第三節。涼州之兵，始達咸陽，苻秦郡，今陝西涇陽縣。蜀漢之軍，順流而下；幽冀之眾，至於彭城；東西萬里，水陸齊進。融等攻陷壽春。見第三章第三節。垂攻陷項城。梁成與其梁州刺史王顯，戈陽大守王詠等，率眾五萬，屯於洛　　，在安徽懷遠縣西南。柵淮以遏東軍。晉以謝石爲征討都督，與謝玄桓伊、謝琰等，水陸七萬，相繼距融，去洛　二十五里。龍驤將軍胡彬，先保硤石，在安徽鳳臺縣西南，淮水經其中。爲融所逼，糧盡，潛遣使告石等曰：「賊盛糧盡，恐不復見大軍。」融軍人獲而送之。融乃馳使白堅，曰：「賊少易俘，但懼其越逸。宜速進眾軍，犄禽賊帥。」堅大稅，舍大軍於項城，以輕騎八千，兼道赴之。令軍人曰：「敢言吾至壽春者拔舌」故石等弗知。劉牢之率勁卒五千，夜襲梁成壘，克之，斬成及王顯、王詠等十將，士卒死者萬五千。謝石等以既敗梁成，水陸繼進。堅與苻融，登城而望王師。見部陳齊整，將士精銳。又望八公山上草木，皆類人形。八公山，在鳳臺縣東南。顧謂融曰：「此亦勁敵也，何謂少乎？」憮然有懼色。堅遣朱序說石等以眾盛，欲脅而降之。序謂石曰：「若秦百萬之眾皆至，則莫可敵也。及其眾軍未集，宜在速戰。若挫其前鋒，可以得志。」石聞堅在壽春，懼，謀不戰以疲之。謝琰勸從序言。遣使請戰，許之。時張蚝敗謝石於肥南，謝玄、謝琰勒卒數萬，陳以待對之，蚝乃退。堅列陳逼肥水，王師不得渡。玄遣使謂融曰：「君縣軍深入，置陳逼水，此持久之計，豈欲戰者乎？若小退師，令將士周旋，僕與君公，緩轡而觀之，不亦美乎？」堅眾皆曰：「宜阻肥水，莫令得上。我眾彼寡，勢必萬全。」堅曰：「但卻軍令得過，而我以鐵騎數十萬，向水逼而殺之。」融亦以爲然。遂麾使卻陳。眾

因亂，不能止。玄與琰、伊等，以精銳八千，涉渡肥水。石軍距張蚝，小退。琰玄仍進。決戰肥水南。堅中流矢。臨陳斬融。**此據謝玄傳。堅載記云：融馬騎略陳，馬倒被殺。**堅眾奔潰。自相蹈藉，投水死者，不可勝計，肥水爲之不流。餘眾棄甲宵遁，聞風聲鶴唳，皆以爲王師已至，草行露宿，重以飢凍，死者十七八。堅遁歸淮北。時十月也。

（呂思勉「兩晉南北朝」（一九四八年、上海
開明書店刊）、第六章「東晉中葉形勢下」）

## （二）謝氏一族的無能無策和優柔虛榮

陳郡謝氏世系圖

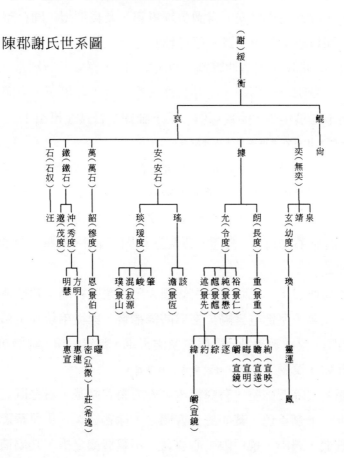

（1）時苻堅強盛，疆場多虞，諸將敗退相繼。安遣弟石及兄子玄等應機征討，所在克。……堅後率眾，號百萬，次于淮肥，京師震恐。加安征討大都督。玄入問計，安夷然無懼色，簽曰：「已別有旨。」既而寂然。玄不敢復言，乃令張玄重請。安遂命駕出山墅，親朋畢集，方與玄圍棋賭別墅。安常棋劣於玄，是日玄懼，便為敵手而又不勝。安顧謂其甥羊曇曰：「以墅乞汝。」安遂游涉，至夜乃還。（『晉書』謝安傳）

（2）續晉陽秋曰：「桓沖本以將相異宜，才用不同，忖己德量不及謝安，故解揚州以安。自謂少經軍鎮，及為荊州，聞苻堅自出淮、淝，深以根本為慮，遣其隨身精兵三千人赴京師。時安已遣諸軍，且欲外示閒暇，因令沖軍還。沖大驚曰：『謝安乃有廟堂之量，柔將略；吾量賊必破襄陽，而并力淮、淝。今大敵果至，方遊談示暇，遣諸不經事年少，而實寡弱，天下誰知？吾其左袒矣！』（『世說新語』尤悔篇注引劉宋檀道鸞『續晉陽秋』）

（3）謝公與人圍棋，俄而謝玄淮，看書竟，默然無言，徐向局。客問淮上利害？答曰：「小兒輩大破賊。」意色舉止，不異於常。

續晉陽秋曰：「初，苻堅南寇，京師大震。謝安無懼色，方命駕出墅，與兄子玄圍棋。夜還，乃處分，少日皆辦。破賊又無喜容。其高量如此。」

謝車騎傳曰：「氐賊苻堅，傾國大出，眾號百萬；朝廷遣諸軍距之，凡八萬。堅進屯壽陽，玄為前鋒都督，與從弟琰等選精銳決戰。射傷堅，俘獲數萬計，得偽輦及雲母車，寶器山積，錦罽萬端，牛馬驢騾駝十萬頭。」（『世說新語』雅量篇）

（謝）玄等既破堅，有驛書至，安方對客圍棋，看書既竟，便攝放牀上，了無喜色，棋如故。客問之，徐答云：「小兒輩遂已破賊。」既罷，還內，選戶限，心喜甚，不覺屐齒之折，其矯情鎮物

如此。（『晉書』謝安傳）

## （三）東晉末期的新興軍權擡頭

北府軍團

　　劉牢之（？－四〇二）

　　　　**孫恩之亂**（三九九－四〇二）

　　劉　裕（三五六－四二二）

　　　　**桓玄篡逆**（四〇三－四〇四）

　　　　**盧循之亂**（四一〇－四一四）

　　　　**譙縱之亂**（四〇五－四一三）

　　　　劉藩・謝混・劉毅（四一二）

　（北伐）南燕＝慕容超（四〇九－四一〇）

　　　　後秦＝姚　泓（四一六－四一七）

「世說新語」容止篇：

　　石頭事故，朝廷傾覆。溫忠武（溫嶠）與庾文康（庾亮）投陶公（陶侃）求救。陶公云：「蕭祖顧命不見及，且蘇峻作亂，釁由諸庾，誅其兄弟，不足以謝天下！」于時庾在溫船後，聞之，怖無計。

　　別日，溫勸庾見陶，庾猶豫未能往。溫曰：「溪狗我所悉，卿但見之，必無憂也！」庾風姿神貌，陶一見便改觀；談宴竟日，愛重頓至。

## 五、謝靈運的性格和他的貴族特權意識

　（1）謝靈運，陳郡陽夏人也。祖玄，晉車騎將車。父，生而不慧，爲祕書郎，蚤亡。

　　靈運幼便穎悟，玄甚異之，謂親知曰：「我乃生，那得生靈運！」

　　靈運少好學，博覽群書，文章之美，江左莫逮。從叔混特知愛之。襲封康樂公，食邑二千戶。……性奢豪，車服鮮麗，衣裳器物，多改舊制，世共宗之，咸稱謝康樂也。（「宋書」謝靈運伝）

　　（2）靈運爲性褊激，多愆禮度，朝廷唯以文義處之，不以應實相許。自謂才能宜參權要，既不見知，常懷憤憤。……少帝即位，權在大臣，靈運構扇異同，非毀執政，司徒徐羨之等患之，出爲永嘉太守。郡有名山水，靈運素所愛好，出守既不得志，遂肆意游遨，徧歷諸縣，動踰旬朔，民間聽訟，不復關懷。所至爲詩詠，以致其意焉。在郡一周，稱疾去職，從弟晦・曜・弘微等並與書止之，不從。（同上）

　　（3）既自以名輩，才能應參時政，初被召，便以此自許，既至，文帝唯以文義見接，每侍上宴，談賞而已。王曇首・王華・殷景仁等，名位素不踰之，並見任遇，靈運意不平，多稱疾不朝直。穿池植援，種竹樹菫，驅課公役，無復期度。出郭游行，或一日百六七十里，經旬不歸，既要聞，又不請急，上不欲傷大臣，諷旨令自解。靈運乃上表陳疾，上賜假東歸。（同上）

　　（4）靈運因父祖之資，生業甚厚。奴僮既眾，義故門生數百，鑿山浚湖，功役無已。尋山陟嶺，必造幽峻，巖嶂千重，莫不備盡。登躡常著木履，上山則去前齒，下山去其後齒。嘗自始寧南山伐木開逕，直至臨海，從者數百人。臨海太守王琇驚駭，謂爲山賊，徐知是靈運乃安。（同上）

　　（5）會稽東郭有回踵，又求始寧岯崲湖爲田，顗又固執。靈運謂顗非存利民，正慮決湖多害生命，言論毀傷之，與顗遂構讎隙。因靈運橫恣，百姓驚擾，乃表其異志，發兵自防，露板上言。（同上）

　　（6）太祖知其見誣，不罪也。不欲使東歸，以爲臨川內史，加秩中二千石，在郡遊放，不異永嘉，爲有司所糾。司徒遣使隨州從

事鄭望生收靈運，靈運執錄望生，興叛逸，遂有逆志。……有司又奏依法收治，太祖詔於廣州行棄市刑。臨死作詩曰：「龔勝無餘生，李業有終盡。嵇公理既迫，霍生命亦殞。悽悽凌霜葉，網網衝風菌。邂逅竟幾何，修短非所愍。送心自覺前，斯痛久已忍。恨我君子志，不獲巖上泯。」……時元嘉十年，年四十九。（同上）

　　唐、李延壽『南史』謝靈運伝論：靈運才名，江左獨振；而猖獗不已，自致覆亡。

　　宋、司馬光『資治通鑑』宋紀四（文帝元嘉十年）：靈運恃才放逸，多所陵忽，故及於禍。

## 六、廣大清雅的莊園和貴族才學的夸耀「對山水文學的傾注」

　　（1）謝太傅（謝安）寒雪日內集，與兒女講論文義；俄而雪驟，公欣然曰：「白雪紛紛何所似？」兄子胡兒（謝朗小字）曰：「撒鹽空中差可擬。」兄女曰：「未若柳絮因風起。」公大笑樂。即公大兄無奕（謝奕）女，左將軍王凝之妻（謝道蘊）也。（『世說新語』言語篇）

　　（2）續晉陽秋曰：「……自司馬相如、王襃、楊雄諸賢，世尚賦頌，皆體則詩騷，傍綜百家之言。及至建安，而詩章大盛；逮乎西朝之末，潘陸之徒，雖時有質文，而宗歸不異也。正始中，王弼、何晏，好莊老玄勝之談，而世遂貴焉。至過江，佛理尤盛；故郭璞五言，始會合道家之言而韻之。（許）詢及太原孫綽，轉相祖尚。又加以釋氏三世之辭，而詩騷之體盡矣。詢、綽並為一時文宗，自此作者悉體之。至義熙中，謝混始改。」（『世說新語』文學篇注引）

　　（3）靈運父祖並葬始寧縣，并有故宅及墅，遂移籍會稽，修營別業，傍山帶江，盡幽居之美。與隱士王弘之・孔淳之等縱放為娛，有終焉之志。每有一詩至都邑，貴賤莫不競寫，宿昔之間，士庶皆

徧，遠近欽慕，名動京師。

作山居賦并自注，以言其事。曰：

> 古巢居穴處曰巖棲，棟宇居山曰山居，在林野曰丘園，在郊
> 郭曰城傍，四者不同，可以理推。言心也，黃屋實不殊於汾
> 陽。即事也，山居良有異乎市廛。抱疾就閒，順從性情，敢
> 率所樂，而以作賦。揚子雲云：「詩人之賦麗以則。」文體
> 宜兼，以成其美。今所賦既非京都宮觀遊獵聲色之盛，而敘
> 山野草木水石穀稼之事，才乏昔人，心放俗外，詠於文則可
> 勉而就之，求麗，邈以遠矣。覽者廢張、左之艷辭，尋臺、
> 皓之深意；去飾取素，儻值其心耳。意實言表，而書不盡，
> 遺跡索意；託之有賞。其辭曰：……（『宋書』謝靈運伝）

（參考）

陶潛字淵明，或云淵明字元亮，尋陽柴桑人也。曾祖侃，晉大
司馬。……

爲彭澤令。公田悉令吏種秫稻，妻子固請種秔，乃使二頃五十
畝種秫，五十畝種秔。

郡遣督郵至，縣吏白應束帶見之，潛歎曰我不能爲五斗米折腰
向鄉里小人。」即日解印綬去職。賦歸去來，其詞曰：……（『宋
書』隱逸伝（陶潛）

乃瞻衡宇，載欣載奔。僮僕歡迎，稚子候門。三徑就荒，松菊
猶存。攜幼入室，有酒盈尊。引壺觴而自酌，眄庭柯以怡顏。倚南
窗而寄傲，審容膝之易安。園日涉而成趣，門雖設而常關。策扶老
以流憩，時矯首而觀。雲無心以出岫，鳥勌飛而知還。景翳翳其將
入，撫孤松以盤桓。

歸去來兮，請息交而絕遊。世與我以相遺，復駕言兮焉求。說
親戚之情話，樂琴書以消憂。農人告余以上春，將有事于西疇。或

命巾車，或棹扁舟。既窈窕以窮壑，亦崎嶇而經丘。木欣欣以向榮，泉涓涓而始流。歎萬物之得時，感吾生之行休。

〔餘論〕

羲之雅好服食養性，不樂在京師，初渡浙江，便有終焉之志。會稽有佳山水，名士多居之，謝安未仕時亦居焉。孫綽・李充・許詢・支遁等皆以文義冠世，並築室東土，與羲之同好。

嘗與同志宴集於會稽山陰之蘭亭，羲之自爲之序以申其志，曰：……（『晉書』王羲之傳）

# 論謝靈運及其山水詩

## ── 兼論「莊、老告退，而山水方滋」

中國　北京大學中文系
### 汪 春 泓

## 一、晉宋之際謝氏家族和謝靈運的處境

　　由於受謝安等前輩的影響，陳郡謝氏堪稱文學望族。作爲心靈世界的流露，詩歌最能夠體現作者的現實境遇，謝靈運最突出的文學成就在於其山水詩，而山水詩到謝氏手裏，開啓出一種詩體，雖然其間存在著多種機緣，但是謝氏身處環境的轉變，當產生了更主要的作用。

　　按《宋書·謝靈運傳》說：「謝靈運，陳郡陽夏人也。祖玄，晉車騎將軍。父瑍靈運少好學，博覽群書，文章之美，江左莫逮。從叔混特知愛之，襲封康樂公，食邑三千戶。」[1]宋武帝永初元年（420 年），劉裕即皇帝位，標誌著晉朝滅亡、宋朝建立，下詔曰：「可降始興公封始興縣公，廬陵公封柴桑縣公，各千戶；始安公封荔浦縣侯，長沙公封醴陵縣侯，康樂公可即封縣侯，各五百戶：以奉晉故丞相王導、太傅謝安、大將軍溫嶠、大司馬陶侃、車騎將軍謝玄之祀。」可知此年，謝靈運從「康樂公」降爲「縣侯」，而特別欣賞他的族叔謝混，已在

---

1 《宋書·羊欣傳》記述謝靈運在族叔謝混處，相與清談。《宋書·謝弘微傳》說：
　「（謝）混風格高峻，少所交納，唯與族子靈運、瞻、曜、弘微並以文義賞會。」

晉義熙八年九月（412），因歸心於劉毅，被劉裕投於獄中賜死。

　　按照田余慶先生《東晉門閥政治》的闡釋，認爲門閥政治僅存在於東晉一朝[2]。然而這樣的政治特徵，自晉入宋之後，不可能戛然而止，它在宋代仍然餘波蕩漾。東晉陳郡謝氏因謝安、謝玄在淝水之戰中的功績，後來居上，迅速成爲強宗大族，琅邪王氏等著姓亦受其壓制，這樣的局面直到東晉末年才有所改變。

　　晉宋之際高門士族大抵均泯滅了君臣大義，其向背忠叛，亦唯以是否有助保全自己家族、家庭的權益，來作出趨避的選擇。謝氏家族成員的投靠對象亦並不一致。如謝混就與劉毅「並深相結」，最終被劉裕處死；而謝靈運從弟謝晦卻效忠於劉裕，深得劉裕的信任。然而，作爲整體的陳郡謝氏的權勢，自入宋以後，與東晉時相比，已大不如前。在東晉政壇上，值簡文、孝武之際，出自太原王氏的王文度被時人與謝安並舉，《世說新語·任誕》第38條載劉遺民問：「謝安、王文度並佳不？」連高尙隱逸之士也知道謝、王是並列的人物，在桓溫主政當中，他們與出自高平郗氏的郗超一起參與謀劃朝中大事。《世說新語·賞譽》第126條說：「諺曰：『揚州獨步王文度，後來出人郗嘉賓。』」注引《續晉陽秋》曰：「時人爲一代盛譽者語曰：『大才槃槃謝家安，江東獨步王文度，盛德日新郗嘉賓。』」可見在當時的門第排列中，謝、王、郗三氏炙手可熱。而作爲東晉的老牌名門，琅邪王氏卻顯得文雖盛而武不足，其地位已不及謝氏，然而，高門著姓對於權勢的爭鬥永遠不會停歇，琅邪王氏自然不甘心於自己的衰落。

　　沈約《宋書自序》說：「臣以謹更創立，製成新史，始自義熙肇號，終於升明三年……吳隱、謝混、郗僧施，義止前朝，不宜濫

---

2 田餘慶《東晉門伐政治》，北京：北京大學出版社1989年版。

入宋典。劉毅、何無忌、魏詠之、檀憑之、孟昶、諸葛長民，志在興復，情非造宋，今並刊除，歸之晉籍。」雖然陳郡謝氏也有效忠劉裕者，譬如謝景仁、謝方明等，然而，謝混的地位更高、影響更大，陳郡謝混和高平郗僧施的政治傾向是左袒晉室，至入宋之後，難免不會影響到其家族在新朝的利益分配。

按《宋書·王弘傳》說：「王弘字休元，琅邪臨沂人也曾祖導，晉丞相。」他奏彈謝靈運「罔顧憲軌，忿殺自由」，「請以事見免靈運所居官，上臺削爵土，收付大理治罪」，琅邪王氏與陳郡謝氏在東晉時曾有姻戚之誼，但是高門聯姻，都是出於功利的目的，並無情義可言。王弘奏彈謝靈運，時在「宋國初建」，並稱謝靈運爲「康樂縣公」，謝靈運在入宋後降「公」爲「侯」，所以此時應該在義熙十四年（418）至永初元年（420）之前，王弘意在乘機削弱陳郡謝氏的勢力，這反映了高門大族暗中的角力，爭鬥的一方善於捕捉機會，可謂無孔不入。而建議「上臺削爵土」，是頗有深意的，無論「康樂公」或者「康樂縣公」，都是其祖先余蔭的象徵，意味著陳郡謝氏先輩人物謝安和謝玄之餘勢尚存[3]，可與故丞相王導的地位鼎足而立，如果剝奪了謝靈運的封號，則可以打擊謝氏的影響力，從而在門第的較量中，可以有效地制約謝氏勢力的重振和擴張，從而一舒琅邪王氏在東晉後期所遭受的壓抑感。

謝靈運之於宋朝，至多作爲一個已往著姓家族在文化上的代表人物，僅可以用作新朝的點綴。《宋書·謝靈運傳》說劉裕登基之後，謝靈運「降公爵爲侯起爲散騎常侍，轉太子左衛率」，謝靈運不遵守「禮度」，具有文士的「褊激」性格，「朝廷唯以文義處之，

---

3　《宋書·謝景仁傳》說宋高祖對謝景仁頗有好感，「常謂景仁是太傅安孫。及京邑平，入鎮石頭，景仁與百僚同見高祖，高祖目之曰：『此名公孫也。』」可見高祖對謝安十分敬重。

不以應實相許。自謂才能宜參權要，既不見知，常懷憤憤」。至劉
裕死後，少帝繼位，謝靈運不滿徐羨之等執政者，「構扇異同，非
毀執政」，可見謝氏非常熱衷於仕途。然而朝廷用人，對於失勢著
姓、僅有「文義」特長的人絕不會委以重任[4]。

　　而謝晦因參與廢弒少帝，在元嘉三年被文帝所殺，謝氏在宋初
最擁有實權的一位人物凋零。在此誅徐羨之、傅亮以及平謝晦過程
中，文帝依靠琅邪王曇首及王華出謀獻策。事平之後，由王弘為首
的琅邪王氏人物掌權，陳郡謝氏在朝廷中的份量隨之更加衰落，故
在宋文帝一朝，謝靈運絕無出頭之日。

　　《宋書》本傳說在少帝即位時（423 年），謝靈運「出為永嘉
太守。郡有名山水，靈運素所愛好，出守既不得志，遂肆意遊遨，
遍歷諸縣，動逾旬朔，民間聽訟，不復關懷。所至輒為詩詠，以致
其意焉」。被迫離開政治中心，這與謝氏的人生願望相悖，他不得
已地走進了山水之間，憑藉寫作山水詩以抒發憂愁和牢騷，而身為
高門後裔，當被排擠入山林皋壤，激起其精神層面的強烈反彈，亦
自然是不可避免的。

## 二、謝氏與山水之間的關係

　　謝靈運與山水之間的關係，一則因江南固有的明山麗水，為其
平復落寞的內心提供了調適、休憩的場所，亦為他寫作山水詩提供
了描寫對象；另則其父祖遺留給他可觀的產業，為其徜徉山水、吟
詠其間，具備了充裕的物質條件。「靈運父祖並葬始寧縣，並有故

---

4　此從謝氏與廬陵王義真的交往中可以略知其政治前程，《宋書·武三王傳》說：「（劉）
　義真聰明愛文義，而輕動無德業。與陳郡謝靈運、琅邪顏延之、慧琳道人並周旋異
　常，云得志之日，以靈運、延之為宰相，慧琳為西豫州都督。徐羨之等嫌義真與靈
　運、延之暱狎過甚，故使范晏從容戒之，義真曰：『靈運空疏，延之隘薄，魏文帝
　云鮮能以名節自立者。但性情所得，未能忘言於悟賞，故與之遊耳。』」劉氏父子
　對像謝靈運這樣的人確是「知人善用」的。

宅及墅」，謝氏遷徙到會稽居住，營造別業，傍山帶江，盡幽居之美，他與眾隱士「縱放爲娛」。每寫一首詩傳至都邑，貴賤競相傳抄，可謂名動京師。所以其山水詩的寫作，實迥別於一般文士，絕不能僅僅視作抒發一己性靈以自娛自樂，由於文名藉甚，謝氏的作品具有廣大的傳播效應，可以激起社會反響，故其詩賦寄託著宣明心志的初衷。

謝氏作于景平元年（423 年）的〈山居賦〉，篇幅宏大，集中地表現了他被摒棄于新政之外的複雜心境。謝氏明確提示：「求麗，邈以遠矣。覽者廢張、左之豔辭，尋台、皓之深意，去飾取素，儻值其心耳。」這表明此賦不是遊戲之作，讀者須舍「麗」以求「則」，其意在宣洩作爲在野者對於在朝者的一種憤慨情緒，而這種情緒中所包含的對峙的心理因素，只有在瞭解宋初政局以及謝氏家族處境之餘，才能夠真切地認識得到。此賦臚列了山中各個方位所有的水草、藥物、竹子、樹木、魚類、飛鳥、走獸等物，可謂極大賦鋪張揚厲之能事。劉勰《文心雕龍・詮賦》篇說：「原夫登高之旨，蓋睹物興情。情以物興，故義必明雅；物以情睹，故詞必巧麗……然逐末之儔，蔑棄其本；雖讀千賦，愈惑體要。遂使繁華損枝，膏腴害骨；無貴風軌，莫益勸戒。」雖然謝靈運標榜其〈山居賦〉重則輕麗，然而其所表達的「則」，卻絲毫沒有「風諭」與「勸戒」之意，指出唯有「選自然之神麗」，才能夠真正安頓身心。作者鋪敍山居四時節物之繁富自足，顯示其「高棲」有別於以往苦節隱逸之士，以張揚其精神上的優越感，意在與排斥他的朝廷分庭抗禮，從而平復由政治失勢所帶來的心理失衡。〈山居賦〉自注曰：「謂少好文章，及山棲以來，別緣既闌，尋慮文詠，以盡暇日之適。便可得通神會性，以永終朝。」此節文字中「箴銘誄頌，咸各有倫」，說明謝氏深知文體的分別，亦恪守文體的規範，但是「賦以敷陳」，

承襲著西晉陸機〈文賦〉「賦體物而瀏亮」的觀念，古來賦體「風諭之義」，在新的時勢下，已徹底泯失了。謝氏這篇作品，就文體而言，就應該看作是賦體的變異，而文體的變異，在根本上與作者的寫作心態有著直接的關聯。謝氏借用了大賦的文體，表現其因家族及個人權勢喪失之後的憤怒心情，這與漢代大賦作家的寫作心理大不相同；而所謂「別緣既闌，尋慮文詠」，正說明其「文詠」是在仕途被堵塞之後，不得已而為之，此決定了他必將身世之感融入到山水詩、賦的寫作之中。

〈山居賦〉還凸現在具有較多的義理闡發和內心獨白，謝靈運把山中別業與景色均佛教化了，他要在人間虛擬出一片佛國的西方淨土，其目的是進一步撫平其失落的心靈。他在山居中營造出一種佛教的氛圍，「法音晨聽，放生夕歸。研書賞理，敷文奏懷山中兮清寂，群紛兮自絕。周聽兮匪多，得理兮俱悅」，一旦參透佛理，則心中充滿了禪悅，似可獲得片刻的慰藉。而在大賦中寄託「佛理」，並且其自注有受當時佛教「合本子注」影響之痕跡[5]，這都堪稱賦體的創格。

《宋書》本傳說：「太祖登祚，誅徐羨之等，征為秘書監。」太祖令靈運撰《晉書》，此書未能完稿[6]。隨即升遷侍中，雖然太祖對於謝靈運詩書亦十分讚賞，然而「文帝唯以文義見接」，王曇首、王華、殷景仁等，卻更受文帝的重用，謝靈運於是「多稱疾不朝直上不欲傷大臣，諷旨令自解。靈運乃上表陳疾，上賜假東歸」。將

---

5 陳寅恪〈讀洛陽伽藍記書後〉，《陳寅恪文集・金明館叢稿二編》，北京：三聯書店，2001 年版。

6 《梁書・止足傳》說：「漢世張良功成身退，病臥卻粒，比於樂毅、范蠡至乎顛狽，斯為優矣。其後薛廣德及二疏等，去就以禮，有可稱善。魚豢《魏略・知足傳》，方田、徐于管、胡，則其道本異。謝靈運《晉書・止足傳》，先論晉世文士之避亂者，殆非其人；唯阮思曠遺榮好遁，遠殆辱矣。《宋書・止足傳》有羊欣、王微，咸其流亞。」可證謝氏《晉書》雖未完成，但亦有單篇流傳者。

行，上書勸伐河北，此書提到「但長安違律，潼關失守，用緩天誅，假延歲月，日來至今，十有二載，是謂一紀，曩有前言。」此按《宋書自序》說是在「義熙十四年（418）正月十五日」，在高祖劉裕軍北伐奪取長安之後，因沈田子與王鎮惡內訌，劉義真又殺王修。最終導致長安、潼關失守，以此後推十二年，似不應早於元嘉六年，但是《宋書》卻說時在元嘉五年，復按所謂「懼在觸置，蒙賜恩假，暫違禁省，消渴十年」，蓋指義熙十四年時，宋國初建，謝靈運「仍除宋國黃門侍郎，遷相國從事中郎，世子左衛率。坐輒殺門生，免官」，至元嘉五年，恰好十年，故謝氏所謂的「十有二載」大概是虛數。謝氏上此書，一則身爲文士，他於軍政事務並無較深的涉獵，上此書並非說明他有一統區宇、大張宋威的心志，而是借助「北伐」這個題目，來緬懷自己軍功卓著的謝氏先祖，也寄寓自己政治生命幾乎終結的憤激之情；另則果真朝廷大興軍事，則政治可能會出現變數甚或重新 「洗牌」的機率，自己或陳郡謝氏亦或有機會東山再起，因此，當在政治中再度「出局」之餘，謝氏吐露出其掙扎的心聲。《宋書》本傳又記述：「靈運以疾東歸，而遊娛宴集，以夜續晝靈運既東還，與族弟惠連、東海何長瑜、潁川荀雍、泰山羊璿之，以文章賞會，共爲山澤之遊，時人謂之四友。」從中亦略可窺見，一定要有迥異于常人的舉動才可稍稍撫平其不平靜的心理。

謝靈運信奉佛教，擁有淨土信仰，他尤其喜好《維摩詰經》[7]，在謝靈運詩文裏密集出現關乎「疾病」的語詞，其實與《維摩詰經》存在著關聯。唐王勃〈越州秋日宴山亭序〉說：「是以東山可望，林泉生謝客之文。」[8]已經注意到「東山」、「林泉」與謝氏詩文之

---

7　謝靈運著有〈維摩經十譬贊〉；其〈山居賦〉自注云：「鎧王、香積，事出《維摩經》《維摩詰經》（椋）樹園。」

8　王勃《王子安集注》卷六，蔣清翊注，上海：上海古籍出版社 1995 年版。

間密切的關係。謝氏從現實政治之名利場退守至「東山」、「林泉」，常常好以「臥疾」來示人。其〈山居賦〉有所謂「抱疾就閑，順從性情」、「謝子臥疾山頂」、「年與疾而偕來」云云；《宋書》本傳載其上書勸伐河北曰：「臣卑賤側陋，竄景岩穴，實仰希太平之道，傾覬岱宗之封，雖乏相如之筆，庶免史談之憤，以此謝病京師，萬無恨矣。」其〈詣闕自理表〉說：「臣自抱疾歸山。」其〈辨宗論〉說：「余枕疾務寡。」其〈曇隆法師誄〉說：「余時謝病東山。」其〈登池上樓詩〉曰：「臥痾對空林。」其〈石門新營所住四面高山廻溪石瀨茂林修竹詩〉說：「躋險築幽居，披雲臥石門。」其〈齋中讀書詩〉說：「臥疾豐暇豫。」其〈命學士講書詩〉說：「臥病同淮陽。」其〈北亭與吏民別詩〉說：「矧乃臥沈屙。」其〈初去郡詩〉說：「無庸方周任，有疾像長卿。」其〈田南樹園激流植楥詩〉說：「養痾亦園中。」其〈初至都詩〉曰：「臥病雲高心。」其〈還舊園作見顏范二中書詩〉曰：「辭滿豈多秩，謝病不待年。偶與張邴合，久欲還東山。」其〈酬從弟惠連詩〉說：「寢瘵謝人徒，滅跡入雲峰。」而事實上謝氏經常率隨從者「尋山涉嶺」，此非體健者所不能辦到，所謂「臥疾」乃托詞耳。

　　上已述及，宋初以來，謝靈運的境遇每況愈下，而王弘等對於謝氏的排擠，似乎隱含著琅邪王氏對陳郡謝氏的夙敵情結，陳郡謝氏在宋朝大勢已去，謝靈運詩文中密集出現的「臥疾」一詞，真實地反映出他對於政治深感無奈的心態。若分析「臥疾」一詞的內涵，首先第一層意思，結合其「維摩詰」信仰來看，其所謂「臥病」、「養痾」等，出自《維摩詰所說經》之〈文殊師利問疾品〉，謝氏好以維摩詰自況。維摩詰是一個世俗化的菩薩形象，也是居士佛的始祖，他為中土佛教徒既可不遵循清規戒律、心安理得地享受塵世的快樂，又擁有涅槃成佛的希冀，提供了理據。謝靈運「因父祖之

資，生業甚厚」，東晉石季倫之金谷別廬，擁有山川林木池沼水碓
的富豪莊園生活，謝靈運對此十分認同，這在其〈山居賦〉裏可以
得到印證。這說明謝氏雖信奉佛教，而塵世的享受，則絕不肯放棄，
維摩詰的處世方式最能夠獲得其認同；更主要者在於，維摩詰神通
廣大，法力無邊，謝氏顯然以此來指代自己的才能卓絕，仍然流露
出作爲高門世族的不可一世，他掙扎於出世的孤傲與入世的躁競之
間，而維摩詰恰好可以隴括其出世與在俗心理之兩端；第二層意思，
所謂「東山」最能表現其先祖謝安、謝玄的名士風流，在他們退隱
的表像之下，入世進取的激情卻在蓄勢待發。謝安曾高臥東山，《世
說新語·排調》第 26 條載時人有「安石不肯出，將如蒼生何」的呼
聲。謝靈運之「謝病東山」，在表面的寧靜超然之下，同樣潛藏著
奔湧的情緒，所以其「東山」意象頗有矯情的特徵，表像與本質自
相矛盾。因此，「東山」既是隱逸避世的象徵，更有待機察變的潛
臺詞，在此靜與動的結合點上，謝靈運標舉謝安、謝玄曾經高蹈的
「東山」，正提醒世人不忘其先祖使「中華免乎左袵」的功績[9]。而
謝氏當下正時運不濟，是否能夠再次「東山再起」呢？謝氏是懷有
幻想的。即使幻想落空，謝氏也要借「東山」以建構起江湖與朝廷
之間尖銳的對立，在此對立之中，挑戰朝政，發洩一己高門特權被
剝奪的憤慨，這就造成了其詩歌表層意象與內心深處的矛盾和衝
突。維摩詰無可無不可，盡可游走八方，謝靈運也深受《莊子》「適
性」說的影響，但是，作爲高門接受「維摩詰」思想，亦必定會受
其身份的約束，他決不肯放下身份，混同流俗，所以非危峭「東山」，
非特立獨行，不足以顯示其落勢高門的不同凡響。如〈山居賦〉講
士人的隱逸方式：「言心也，黃屋實不殊於汾陽；即事也，山居良

---

9 謝靈運〈撰征賦〉。

有異乎市廛。」固守山林，其意在藐視當政，因此，當遭劉宋政權拋棄之後，其筆下的「維摩詰」也就是其本人，面對「朝廷」和「山林」之間，就難以調和二者，這將他本人置於「當途」者的對立面了，這有悖於《維摩經》的圓融周至，而這恰是謝氏高門世族的心態使然，他非故作怪異，不足於表現其優越感。故此，「謝病東山」表現在謝氏詩文中，從中正可以體會到其內心的暗流洶湧。

謝氏雖寄情山水，卻絕不肯安於山水之間，故其蹤跡所至，就做出了許多騷擾當地的事情，最後被朝廷作爲藉口，在元嘉十年，謝氏死於非命，這是由其堅持對峙朝廷的態度所決定的[10]。《宋書‧檀道濟傳》說元嘉十三年春，宋文帝要殺害檀道濟，所下詔書中有曰：「謝靈運志凶辭醜，不臣顯著，納受邪說，每相容隱。」可見文帝解讀靈運詩文，看出了其中的「不臣」之心，這倒並非完全是冤枉，還是有跡可尋的。

## 三、謝氏山水詩寫作理念與佛學影響

晉宋之際，佛教興盛，形成玄釋交融的局面，當翻譯和闡釋佛教義理時，運用所謂的「格義」也就成爲不可或缺的的方法，但是這種方法卻逐漸受到質疑。東晉支道林〈大小品對比要抄序〉認爲必須「無物於物」、「無智于智」，方能達到「至無空豁」之境界，雖然借用《老子》的「玄之又玄」，而其實質思想卻截然不同[11]。支道林〈詠懷詩五首〉曰：

> 傲兀乘屍素，日往復月旋。
>
> 弱喪困風波，流浪逐物遷。
>
> 中路高韻益，窈窕欽重玄，

---

10 《宋書‧謝瞻傳》說：「靈運好臧否人物。」這是謝氏一貫的習性。
11 僧祐《出三藏記集》卷八，北京：中華書局1995年版。

重玄在何許。采真遊理間。

苟簡為我養，逍遙使我閑。

寥亮心神瑩，含虛映自然。

豐豐沈情去，彩彩沖懷鮮。

踟躕觀象物，未始見牛全。

毛鱗有所貴，所貴在忘荃。

……

涉老咍雙玄，披莊玩太初。

詠發清風集，觸思皆恬愉。

俯欣質文蔚，仰悲二匠徂。

蕭蕭柱下迴，寂寂蒙邑虛，

廓矣千載事，消液歸空無。

……

支道林借助老莊以會通佛理，雖然處處可見其引用《老》《莊》語
詞，但是其所謂「重玄」或「雙玄」，則體現出企圖超越《老》《莊》
的意向，將《老》《莊》僅僅視作得意之後必須棄置的言荃，當思
辨提升到《莊子》「忘」的層次之後，仍然不能止歇，更要直抵「忘
忘」的境界，即支氏「寥亮心神瑩，含虛映自然」和「廓矣千載事，
消液歸空無」之謂也。而在以支遁為代表的佛學思想侵襲之下，中
土固有的思想觀念頓受佛教籠罩。

　　慧皎《高僧傳》卷第六〈義解三〉之〈晉廬山釋慧遠〉說慧遠
「故少為諸生，博綜六經，尤善《莊》《老》」，然而在拜道安為
師之後，豁然而悟，乃歎曰：「儒道九流，皆糠秕耳。」[12]釋慧遠
作〈大智論抄序〉[13]提倡突破「常訓」和「名教」，以向著過去不

12 慧皎《高僧傳》，北京：中華書局 1996 年版。
13 僧祐《出三藏記集》卷第十。

曾涉足的精神空間作無窮的昇華[14]。宗炳是慧遠的弟子，其〈明佛
論〉（一名〈神不滅論〉）說：「彼佛經也，包五典之德，深加遠
大之實；含老莊之虛，而重增皆空之盡。」老莊玄學與佛學術雖有
重疊部分，但是佛學卻並非老莊一端可以盡之矣；又說：「若老子
莊周之道，松喬列真之術，信可以洗心養身，而亦皆無取於六經，
而學者唯守救粗之闕文，以書禮爲限斷，聞窮神積劫之遠化，炫目
前而永忽，不亦悲乎！」[15]即使對於老莊和「五典」、「六經」，
宗炳尚且有親疏之別，然而相對於佛經而言，它們盡屬無甚高論的
學說，其地位必定驟然下降。佛教徒逐漸認識到「格義」對於正確
理解佛學存在著障礙，因此必須否定「格義」之功，然則否定「格
義」，顯然就不再承認中土思想作爲嫁接佛學本枝的作用，導致世
人日益藐視中土固有的文化傳統。

　　這使得當時的思想和學術界處於一段非常特殊的時期，以往所
尊奉的精神偶像和聖賢經典的基礎均遭動搖，當佛教因其龐雜，且
新說迭出，士人談論接受亦處在朦朧和困惑之中，它尚未能作爲一
個完整清晰的體系在中土紮根，此時晉宋之際的思想和學術界幾乎
出現了一段空白。而這種空白狀態恰恰對於中土固有思想觀念產生
巨大的「淨化」作用[16]，以往的天經地義和玄談風流頓然失色，就
《莊》《老》而言，它們在津梁佛教之後，遭遇到「過河拆橋」的

---

14 慧遠〈大智論抄序〉又說：「故游其樊者。心不待慮，智無所緣，不滅相而寂，不
　修定而閑，非神遇以斯通，焉識空空之爲玄。斯其至也，斯其極也，過此以往，莫
　之或知。」其「空空之爲玄」則與《莊》《老》玄學有實質的不同。
15 僧祐《弘明集》卷第二，上海：上海古籍出版社 1994 年版。
16 僧祐《出三藏記集》卷第十一載僧睿法師〈十二門論序〉說：「《十二門論》者，
　蓋是實相之折中，道場之要軌也……是以龍樹菩薩開出者之由路，作十二門以正
　之。正之以十二，則有無兼暢，事無不盡。事盡於有無，則忘功於造化；理極於虛
　位，則喪我於二際。然則喪我在乎落筌，筌忘存乎遺寄，筌我兼忘，始可以幾乎實
　矣。幾乎實矣，則虛實兩冥，得失無際。冥而無際，則能忘造次於兩玄，泯顛沛於
　一致，整歸駕於道場，畢趣心於佛地。恢恢焉，真可謂運虛刃於無間。奏希聲於宇
　內，濟溺喪於玄津，出有無於域外者矣。」

命運，經常受到佛教徒的鄙薄。在詩歌之中，儒家的微言大義固然難以入詩，而已經興起的以莊老為主旨的玄言詩亦成明日黃花，即使王弼之《老》《易》之學，以及向、郭之《莊》旨，在佛學面前，亦不能躋身於第一義，思想宗主挪移，而佛學又往往「言語道斷，心行處滅」，此時惟有自然景物才能夠暫時安頓士人的心靈，士人投注情感于山林皋壤，於是所謂「山水詩」的出現亦勢所必然。

慧皎《高僧傳》卷第五〈義解二〉之〈晉吳虎丘東山寺竺道壹（帛道猷、道寶）〉說：「時若耶山有帛道猷者，本姓馮，山陰人，少以篇牘著稱。性率素，好丘壑，一吟一詠，有濠上之風。與道壹經有講筵之遇，後與壹書云：『始得優遊山林之下，縱心孔釋之書，觸興為詩，陵峰采藥，服餌蠲疴，樂有餘也。但不與足下同日，以此為恨耳。因有詩曰：連峰數千里，修林帶平津，雲過遠山翳，風至梗荒榛。茅茨隱不見，雞鳴知有人。閒步踐其逕，處處見遺薪。始知百代下，故有上皇民。』壹既得書，有契心抱，乃東適耶溪，與道猷相會，定于林下。於是縱情塵外，以經書自娛。」所謂「觸興為詩」、「縱情塵外」，應該聯繫劉勰《文心雕龍・比興》篇所謂「毛公述傳，獨標『興』體」來理解，帛道猷對於世情本來就比較淡漠，一旦投身林間，其詩歌愈益擺脫了社會意識的羈絆，刊落俗世的負累，於是能夠親近自然，寫出了山居生活的真實見聞和感受，此在某種程度上堪稱向著《詩經》寫作傳統的一次回歸，於是一個「興」字將人生從觀念集結的社會轉向了率真自由之自然，而此對於理解謝靈運山水詩頗有啟發意義。

沈約《宋書・謝靈運傳》指責「有晉中興，玄風獨振，為學窮於柱下，博物止乎七篇，馳騁文辭，義單乎此……爰逮宋氏，顏、謝騰聲。靈運之興會標舉，延年之體裁明密，並方軌前秀，垂範後昆。」特指謝氏的出現，是在殷仲文和謝叔源的基礎上，進一步革

新玄言詩風；又鍾嶸《詩品》上之「宋臨川太守謝靈運條」說：「……
嶸謂：若人興多才高，寓目輒書，內無乏思，外無遺物，其繁富，
宜哉！然名章迥句，處處間起；麗典新聲，絡繹奔發。譬猶青松之
拔灌木，白玉之映塵沙，未足貶其高潔也。」兩者均肯定謝氏的「興
會標舉」和「興多才高」，他們均出於有感謝氏反撥概念化、抽象
性的詩風而下這樣的斷語。按沈約〈休沐寄懷詩〉說：

> 雖雲萬重嶺，所玩終一丘。
> 階壩幸自足，安事遠遨遊。
> 臨池清溽暑，開幌望高秋。
> 園禽與時變，蘭根應節抽。
> 憑軒搴木末，垂堂對水周。
> 紫籜開綠篠，白鳥映青疇。
> 艾葉彌南浦，荷花繞北樓。
> 送日隱層閣，引月入輕幬。
> 饗熟寒蔬剪，賓來春蟻浮。
> 來往既雲勌，光景為誰留[17]。

沈約既爲謝氏立傳，自當熟悉謝氏的詩歌特點，此詩所謂「園禽與
時變，蘭根應節抽」，即從謝氏〈登池上樓詩〉之「池塘生春草，
園柳變鳴禽」脫胎而來，故而此幾乎是謝詩的仿作，在沈約的理解
中，謝詩則代表著一種脫離喧囂、優遊於山水之間的人生情趣，其
詩中理應彙集自然界種種清雅美好的景物，雖然沈約並不完全認同
謝氏的處世態度，但是聯繫其所讚賞謝氏「興會標舉」，這首詩正
可以起到注腳的作用。沈約體會到謝詩比較徹底地擺脫了現世種種
觀念意識的纏繞，其詩意獨與自然交流，顯得比較純淨，而這恰是

---

17 逯欽立輯校《先秦漢魏晉南北朝詩》之《梁詩》卷六，北京：中華書局 1983 年版。

謝氏被逐出政治主流的遭際使然；而鍾嶸《詩品》評價五言詩人，用到「興」字者，除了謝靈運之外，計有張華、陶淵明和謝莊，鍾嶸稱晉司空張華「……其體華豔，興托不奇，巧用文字，務爲妍冶」。評宋征士陶潛曰：「……篤意真古，詞興婉愜。」又論宋光祿謝莊曰：「……然興屬閑長，良無鄙促也。」[18]後二者的詩風都體現「興」的特徵，蓋指此輩抒情有所假借，景物描寫構成了其詩歌重要的組成部分，而張華則「兒女情多」，故「興托不奇」。按鍾嶸〈詩品序〉說：「故詩有三義焉：一曰興，二曰比，三曰賦。文已盡而義有餘，興也……若專用比興，則患在意深，意深則詞躓。若但用賦體，則患在意浮，意浮則文散，嬉成流移，文無止泊，有蕪蔓之累矣。」鍾嶸定義「興」爲「文已盡而義有餘」，乃指詩歌借助有限的物象或意象，傳遞無窮的旨意。據此可以印證陶潛、謝莊二氏既已不同程度地祛除了思辯的玄言習氣，又戒除了直接抒情的弊病，而惟獨謝靈運被置於上品，其在「興會標舉」和「興多才高」方面，應是南朝人心目中的楷模。

　　而詩歌發展到謝靈運爲何會產生這樣的變化，這是值得探究的。就謝氏本身來看，謝氏因其獨特的身世，他與山水之間的關係，非「止足」求存的一般士人可比，尤其其詩學理念與佛學存在著不解之緣，這對於形成其山水詩風貌有著極大的影響。謝氏後裔唐釋皎然《詩式》卷一〈文章宗旨〉說：「評曰：康樂公早歲能文，性穎神徹，及通內典，心地更精，故所作詩，發皆造極，得非空王之道助邪？」[19]所謂「及通內典，心地更精」意指佛教對於謝靈運的詩學思想產生了根本性的啓迪，皎然還隱約指出謝靈運之接受佛學，有一漸進的過程。如謝靈運〈山居賦〉作者自己加注曰：「……

18　曹旭《詩品集注》，上海：上海古籍出版社1994年版。
19　《詩式校注》，李壯鷹校注，北京：人民文學出版社2003年版。

柱下，老子；濠上，莊子。二、七是篇數也。云此二書最有理，過此以往，皆是聖人之教，獨往者所棄。」這表明謝氏認爲老莊高於聖人之教，其評價不低。但是相對於佛教卻相形見絀，無甚可觀。釋慧皎《高僧傳‧釋慧嚴傳》載元嘉時，宋文帝談到：「范泰、謝靈運常言六經典文，本在濟俗爲治，必求靈性真奧，豈得不以佛經爲指南耶？」顯然此說中謝氏將「六經典文」和「佛經」視作兩種不同層次的學術資源，並且兩者之間幾乎存在著不可逾越的鴻溝，這與當時佛教信徒爲佛教張目的思潮完全一致；謝氏〈山居賦〉說：「伊昔齠齔，實愛斯文，援紙握管，會性通神」，而在謝氏眼裏，詩歌當以追求「會性通神」爲能事，此與「靈性真奧」義近，自然應以佛經爲旨歸；同傳又說慧嚴與慧觀、謝靈運一起改編了《大涅槃經》[20]，此經內容極其繁富，被稱爲「眾經之淵鏡」，釋道朗撰〈大涅槃經序〉突出了其「任運而動，見機而赴」的特點[21]，謝靈運《金剛般若經注》曰：「諸法性空，理無乖異，謂之爲如，會如解故，名如來。」[22]啓發於詩歌敍述，則弱化了玄言詩所凸現的敍事主體，大凡一般的玄言詩作者，大多以玄機深通之智者的姿態現身說法，莊老語辭奔趨筆端，全詩從結構形式到題旨內容，都呈現出程式套路化的特徵，整體上是一封閉的形態，缺乏令讀者想像的空間；而佛教之般若意趣，與之不同者在於，它雖有更高智慧的自信，但是表現於詩歌，卻不落言筌，力戒涉乎主觀之理路，敍述者的身影在詩歌裏較爲隱蔽。

關於謝氏的佛學修養，慧遠和宗炳是重要的參照[23]，釋慧遠〈阿

---

20 具體情形可參看王邦維〈謝靈運《十四音訓敍》輯考〉，北京大學傳統文化研究中心編《國學研究》第 3 卷，北京：北京大學出版社 1995 年版。

21 僧祐《出三藏記集》卷第八。

22 見李善注《文選》卷五十九〈碑文〉之〈頭陀寺碑文〉之李善注之引文，北京：中華書局 1983 年版。

23 慧皎《高僧傳》卷第六〈義解三〉之〈晉廬山釋慧遠〉說：「陳郡謝靈運負才傲俗，

毗曇心序〉說：「……其頌聲也，擬象天樂，若雲籥自發，儀形群品，觸物有寄。若乃一吟一詠，狀鳥步獸行也；一弄一引，類乎物情也。情與類遷，則聲隨九變而成歌；氣與數合，則音協律呂而俱作。拊之金石，則百獸率舞。奏之管弦，則人神同感。斯乃窮音聲之妙會，極自然之眾趣，不可勝言者矣。」[24]這裏講「頌聲」，蓋指佛教音樂，指其聽覺效果，「極自然之眾趣」，令聽者聯想到自然的各種意趣，而至於「類乎物情」和「情與類遷」則將紋述或演奏者主體的主觀情感擱置起來，以表現所擬客觀對象之情感。據說是慧遠所撰〈廬山諸道人游石門詩序〉說：「……其中則有石台石池，宮館之象，觸類之形，致可樂也。清泉分流而合注，綠淵鏡淨于天池，文石發彩，煥若披面，櫸松芳草，蔚然光目，其為神麗，亦已備矣！……乃其將登，則翔禽拂翮，鳴猿厲響，歸雲迴駕。想羽人之來儀，哀聲相和，若玄音之有寄，雖彷彿猶聞，而神以之暢。雖樂不期歡，而欣以永日。當其沖豫自得，信有味焉，而未易言也。退而尋之，夫崖谷之間，會物無主，應不以情而開興，引人致深若此！豈不以虛明朗其照，閑邃篤其情耶？並三復斯談，猶昧然未盡。俄而太陽告夕，所存已往，乃悟幽人之玄覽，達恒物之大情，其為神趣，豈山水而已哉！」其詩曰：「超興非有本，理感興自生，忽聞石門遊，奇唱發幽情……神仙同物化，未若兩俱冥。」此節文字中，所謂「應不以情而開興，引人致深若此！豈不以虛明朗其照，閑邃篤其情耶」？還有「超興非有本，理感興自生，忽聞石門遊，奇唱發幽情」，尤其值得玩味，這道出了在佛教觀照之下，如何欣

少所推崇。及一相見，肅然心服。」謝靈運曾見慧遠于匡廬，肅然心服，並撰有〈廬山慧遠法師誄〉。《宋書·武三王傳》說：「九年……（江夏文獻王）義恭上表曰：『竊見南陽宗炳，操履閑遠，思業貞純，砥節丘園，息賓盛世，貧約而苦，內無改情，軒冕屢招，確爾不拔。若以蒲帛之聘，感以大倫之美，庶投竿釋褐，翻然來儀，必能毗燮九官，宣贊百揆……』」可見宗炳亦已著名當世。

24 僧祐《出三藏記集》卷第十。

賞山水之美的態度。此間「理」與「情」兩個範疇的關係，完全出
自佛學的思想[25]，此理屬於佛理，而「應不以情」之「情」則指停
滯在主觀俗情的階段，山水詩的寫作，應該是佛理的感發，以達成
自然「神麗」之再現，慧遠之「其為神麗，亦已備矣」，即謝氏「選
自然之神麗」之所本。故而作者起興，則必須虛靜其心，使得一切
的俗世概念和意識徹底清除，由此而呈現的心靈與詩境才能直抵「靈
性真奧」，亦才能「會性通神」，而此非將道教的神仙說和道家的
物化說得以淨化之後，方能辦到。而在此前提之下，所感悟之「情」，
則屬於「理感」之「幽情」，其境界與「俗情」絕不可同日而語，
玄言詩因此而被改造，對於山水詩的寫作，在創作論上，慧遠這番
議論可謂有發軔之功。

　　慧遠在〈廬山東林雜詩〉曰：

　　　崇岩吐清氣，幽岫棲神跡。

　　　希聲奏群籟，響出山溜滴。

　　　有客獨冥遊，徑然忘所適。

　　　揮手撫雲門，靈關安足闢。

　　　流心叩玄扃，感至理弗隔。

　　　孰是騰九霄，不奮沖天翮，

　　　妙同趣自均，一悟超三益。

此詩中有「有客獨冥遊，徑然忘所適」句，可以體會到玄言詩內主
體強勢性的特徵不復存在了，由此作者才能夠將眼光轉投到山水景
物，寫出了「崇岩吐清氣，幽岫棲神跡。希聲奏群籟，響出山溜滴」
這樣比較清新的詩句，尤其應該注意到，此四句詩中所用「吐」、

---

25　參見《宋書・隱逸傳》載雷次宗「少入廬山，事沙門釋慧遠」，他與子侄書以言所
　　守，曰：「爰有山水之好，悟言之歡，實足以通理輔性，成夫亹亹之業，樂以忘憂，
　　不知朝日之晏矣。」可見借助欣賞山水，以「通理輔性」，此輩均受到慧遠的影響。

「棲」、「奏」和「出」四個動詞，賦予了山水景物以擬人化的效果，雖然此仍然出自創作主體的觀照，但萬物彷彿皆有自主性，慧遠顯然已將其佛學思想運用到山水詩的寫作之中。

謝氏友人宗炳〈明佛論〉也恰可與之相印證，宗炳說：「夫生之起也，皆由情兆，令男女構精萬物化生者，皆精由情構矣。情構於已而則百眾神受，身大似知，情為生本矣。若五帝三後，雖超情窮神，然無理不類，苟昔緣所會，亦必循俯入精化，相與順生而敷萬族矣。況今以情貫神，一身死壞安得不復受一身生死無量乎？識能澄不滅之本，稟日損之學，損之又損，必至無為無欲，欲情唯神獨照，則無當於生矣，無生則無身，無身而有神，法身之謂也……人之神理有類於此，偽有累神成精麤之識，識附於神，故雖死不滅，漸之以空，必將瞀漸至盡而窮本神矣，泥洹之謂也。」他認為「以情貫神」或「識附於神」造成了眾生的孽障，如何改鑄法身，必須去情去識以固神，亦如《世說新語・文學》有曰：「佛經以為袪練神明，則聖人可致。」由於義理堆砌，會將詩歌幾乎等同於哲理思辯，這非但於佛學落為第二義，並且於詩學而言，也由哲學本體排斥了文學本體[26]。因此，人於佛理的觀照，心行處滅，憑藉語言，則言不盡意，於是他在其〈畫山水序〉中標舉「聖人含道應物，賢者澄懷味象」之一途；在其〈明佛論〉中則說：「彼佛經也，包五典之德，深加遠大之實；含老莊之虛，而重增皆空之盡。」而所謂「澄懷味象」與「皆空之盡」，則弱化了創作主體在觀照對象面前的顯現，相對地為自然意象的充分呈現留有更大的空間，近人王國維《人間詞話》拈出「有我之境」與「無我之境」的分別，謝氏山

---

26　《弘明集》卷第三載宗炳〈答何承天書〉說：「佛經所謂現在不住矣，誠能明之，則物我常虛，豈非理之奧耶？蓋悟之者寡，故不以為教本耳，支公所謂未與佛同也。」同書卷第四宗炳〈又答何衡陽書〉說：「靈化超于玄極之表，」佛理遠高於中土玄學。

水詩較之玄言詩，顯然更接近後者。這於山水畫、詩創作是至關重要的。雖然藝術中的自然皆屬於人化自然，絕無純客觀的自然，謝氏之詩，宗炳之畫，概不例外，但作爲敍述方法，「澄懷味象」卻是這一派共通的原則。

　　而這樣的佛學思想作用於謝靈運的詩歌寫作，會對謝氏產生深刻的影響，謝氏所謂「理來情無存」[27]，〈山居賦〉說「選自然之神麗」，按其〈從遊京口北固應詔詩〉說：「事爲名教用，道以神理超」，可知其所謂「理」具有佛理的內涵，而這樣的「理」以遣蕩世俗之情爲指歸。佛學又使他領會到，佛教原來並非僅僅依靠抽象義理來作宣講，它可以借助自然眾趣，令人有更形象更深刻的悟入。如釋慧遠〈大智論抄序〉說：「其人以《般若經》爲靈府妙門宗一之道，……故敍夫體統，辨其深致，若意在文外，而理蘊於辭，」聯繫謝靈運〈辯宗論〉所謂「並業心神道，求解言外」，涉及到意與文、理與辭關係問題，就般若學而言，最忌諱直露地宣講。這顯然與詩歌的意境理論相通，移植於詩歌創作，即爲詩歌禪趣之萌芽。

　　而謝靈運則是在慧遠和宗炳的基礎上進一步發展，終於形成了比較成熟的山水詩，按其〈從斤竹澗越嶺溪行詩〉曰：

猿鳴誠知曙。谷幽光未顯。

岩下雲方合。花上露猶泫。

逶迤傍隈隩。迢遞陟陘峴。

過澗既屬急。登棧亦陵緬。

川渚屢徑複。乘流玩回轉。

蘋萍泛沉深。菰蒲冒清淺。

企石挹飛泉。攀林摘葉卷。

---

27　〈石門新營所住四面高山廻溪石瀨茂林修竹詩〉。

　　想見山阿人。薜蘿若在眼。

　　握蘭勤徒結。折麻心莫展。

　　情用賞為美。事昧竟誰辨。

　　觀此遺物慮。一悟得所遣。

按皎然《詩式》卷一〈文章宗旨〉談及「曩者嘗與諸公論康樂，為文真於情性，尚於作用，不顧詞彩而風流自然」云云，所謂「真於情性」，蓋指謝靈運因接受佛學而「淨化」了內心世界，雖然其高門的自負一貫耿耿於懷，但是卻超越了玄學和儒學的思維慣性，使得其情性不致於過多地受後天思想觀念的縈繞或侵擾，這在同屬釋家的皎然看來，就是「真於情性」。而表現在這一首詩裏，謝氏幾乎忘我地敍述山行過程中所見的各種物象，進一步消減慧遠詩中談理的成分，而最後「觀此遺物慮，一悟得所遣」，他有意將作者主體的情思損之又損，如鍾嶸所謂「寓目輒書」，使得外界景物不受主觀意志和成心的干擾，因此而得以比較充分和真切的呈現。譬如其《石門岩上宿詩》說：「鳥鳴識夜棲，木落知風發，異音同至聽，殊響俱清越。」自然的聲響，猶如天籟，善於欣賞者惟在於摒除雜念，悉心聆聽；〈過始寧墅詩〉說：「白雲抱幽石，綠篠媚清漣。」〈登池上樓〉曰：「池塘生春草，園柳變鳴禽。」〈登江中孤嶼詩〉曰：「亂流趨孤嶼，孤嶼媚中川。」觀這些詩句中，譬如「抱」、「媚」、「生」、「變」、「趨」和「媚」諸動詞，似乎其動作主體都各有生命和靈性，而這種生命和靈性又並非詩人直接武斷地賦予所描寫的客體之上，而是屬於客體在主體觀照之下所呈現出的生命狀態，這就與玄言詩存在著明顯的差異。

　　《文心雕龍‧神思》篇說：「贊曰：神用象通，情變所孕。物以貌求，心以理應。刻鏤聲律，萌芽比興。結慮司契，垂帷制勝。」其實指出了詩歌一類文體寫作的基本原則，神必須通過物象來傳遞

其靈光，心以理應，亦道出了主觀應遵循的限度，而在此之間，情感的變化亦包孕於其中了，所以切忌作者直截地抒情，據此可證劉勰也深受慧遠和宗炳等人的影響，而在將景物擬人化方面，謝氏對於慧遠和宗炳的詩歌、繪畫理念更有直接的繼承。「山水詩」亦應運而生，這在謝氏一邊，正是其因佛學置換莊老之後，其詩作出現的新的現象，這樣的作品之中，作者的主觀情志缺乏鮮明的表露，無怪乎梁蕭子顯《南齊書・文學傳論》對於謝靈運一系的詩歌，從其新變派的角度，亦即從世俗情感的角度，給予「酷不入情」的批評[28]。

## 四、劉勰所論「莊老」與「山水詩」的關係

關於山水詩的出現，最經典的敍述和概括者當推劉勰，其《文心雕龍・明詩》篇說：「宋初文詠，體有因革。莊、老告退，而山水方滋。」鍾嶸〈詩品序〉有「謝客山泉」之謂，「山水詩」確實為謝氏所專，但是，若要準確地理解劉勰這句話的原意，卻一直遇到眾說紛紜的困擾，而當澄清謝氏山水詩產生的關鍵因素之後，劉勰的本意也就不難領會了。反之，如果僅僅止於理論層面上來進行辨析，未能細緻入微地探討謝詩的特質，獲取的一些結論往往有不得要領之嫌。

僧祐和劉勰身處晉宋以來佛學發展的潮流之中，亦是此一潮流的認同者，所以他們關於莊老和佛學的態度，與這一思潮是基本一致的。僧祐和劉勰繼承了道安、慧遠和宗炳等人的佛學思想，僧祐

---

28　按《南齊書・武陵昭王曄傳》記載蕭道成第五子蕭曄學謝靈運體，蕭道成評價說：「見汝二十字，諸兒作中最為優者。但康樂放蕩，作體不辨有首尾，安仁、士衡深可宗尚，顏延之抑其次也。」意指謝詩詩句情感、意思不夠集中和連貫，甚至首句可作尾句，尾句亦可置換成首句，這恰是由其過於關注「模山擬水」而忽略了抒情所致。

所編輯《出三藏記集》卷十五有〈慧遠法師傳〉，同時他所編《弘明集》收慧遠文七篇，《弘明集》又收有宗炳兩篇重要文章，可見僧祐對於這兩位佛學前輩的重視。關於編撰《弘明集》的主旨，《四庫全書·子部·釋家類》之《宏明集》（應作《弘明集》）十四卷之提要說：「梁釋僧祐編……其大旨則主于抑周孔，排黃老，而獨伸釋氏之法。」[29]此評價頗能提綱挈領，僧祐確實在此書中貫徹了這樣的編撰目的，按其〈弘明集序〉說：「自大法東漸，歲幾五百，緣各信否，運亦崇替。正見者敷贊，邪惑者謗訕。至於守文曲儒，則拒爲異教；巧言左道，則引爲同法。拒有拔本之迷，引有朱紫之亂。遂令詭論稍繁，訛辭孔熾。」[30]僧祐〈世界記目錄序〉說：「但世宗周孔，雅伏經書，然辯括宇宙，臆度不了。《易》稱天玄，蓋取幽深之名，《莊》說蒼蒼，近在遠望之色。於是野人信明，謂旻青如碧，儒士據典，謂乾黑如漆。青黑誠異，乖體是同，儒野雖殊，不知一也。」[31]經裏有一更爲宏闊的莊嚴世界，在時空維度上，陵轢中土，使得莊老玄學等自慚形穢；《弘明集》卷第六載明僧紹〈正二教論〉說：「佛明其宗，老全其生。守生者蔽，明宗者通。」劉勰的見解與僧祐如出一轍，《弘明集》卷八收劉勰〈滅惑論〉，也貶低道家，爲佛教張目，其詞曰：「案道家立法，厥品有三，上標老子，次述神仙，下襲張陵，太上爲宗，尋柱史嘉遯，實唯大賢，著書論道，貴在無爲，理歸靜一，化本虛柔。然而三世弗紀，慧業靡聞，斯乃導俗之良書，非出世之妙經也。」直言指陳《老子》意思淺俗，將道家、道教宗旨視如村夫子言語。劉勰《文心雕龍·論說》篇獨贊「動極神源，其般若之絕境乎」？總之，承襲前代，在

---

29 永瑢等撰《四庫全書總目》，北京：中華書局 1987 年版。
30 僧祐《弘明集》卷第一。
31 僧祐《出三藏記集》卷第十二。

齊梁時期，思想界發生了更大的逆轉，僧祐所編《弘明集》十分明確地表明，發端於漢末的中土玄學，至南朝，它雖然發揮了津梁佛學的功用，佛教卻「得魚忘筌」，要與之分道揚鑣[32]。

在如此思想史背景之下，劉勰論述「莊、老告退，而山水方滋」，其實就不曾懷有對於莊老十分尊重的感情，在面對「莊、老告退」這一思想嬗變時，亦不會有惋惜之情，僅僅是如實敍述了佛學後來者居上，以至於置換了莊老的地位，從而導致山水詩產生這麼一個文學史事實而已。徐復觀先生所謂老莊思想在人生上落實與否的思考，則並不符合山水詩產生的歷史語境[33]。

---

32 齊梁時期雖也常見關於《老》、《莊》的注疏等文字，但大都是以佛學注老莊，體現以佛教統領儒道的時代特點，其本質還是「超孔越老」。
33 徐復觀《中國藝術精神》第四章〈魏晉玄學與山水畫的興起〉之第二節〈水與文學〉，瀋陽：春風文藝出版社 1987 年版。

# 淺談《文心雕龍》文體
# 分類學的價值和影響

韓國　啓明大學校中國語文學科

## 諸　海　星

## 一

　　《文心雕龍》是中國學術上的一部重要典籍，尤其在中國文學理論批評史上，具有非常獨特的地位。這部書總結了先秦以至魏晉南朝宋齊時期的文學創作和批評的豐富經驗，論述廣泛，體系完整，結構嚴密，見解精闢，爲一部「體大慮周」、「籠罩群言」的中國古典文學理論的寶典。劉勰著《文心雕龍》，在十卷五十篇裏，用了二十篇來集中分析研究中國古代的文體。這二十篇占全書篇幅的五分之二，可見劉勰對這一部分重視的程度爲如何了。但過去一些學者，在討論中國傳統文體論的時侯，曾針對《文心雕龍》這一部分的價值，表示過否定的見解。關於《文心雕龍》文體論的缺陷，他們一般認爲有如下幾點：一、在文體分類上繁瑣雜亂，把當時的應用文分得極細（周振甫著《文心雕龍今譯》），分類標準、角度不統一（蔡鍾翔等著《中國文學理論史》）；二、文學觀念落後於時代，對文學與非文學的界線不很明確（蔡鍾翔等著《中國文學理論史》，陸侃如、牟世金著《文心雕龍譯注》）；三、以訓詁的方法「釋名以章義」，有時流於牽強附會（蔡鍾翔等著《中國文學理論史》，陸侃如、牟世金著《文心雕龍譯注》，

趙仲邑著《文心雕龍譯注》）；四、囿於宗經思想而選文不當、褒貶失宜者不乏其例，並導致有的論述不妥，以及不設小說專論、忽視民間文學等（蔡鍾翔等著《中國文學理論史》，陸侃如、牟世金著《文心雕龍譯注》，周振甫著《文心雕龍今譯》）。

　　無論這些學者的立論依據或觀點基準如何，對當今研究《文心雕龍》文學理論批評的人而言，他們的這種說法，不可能全部被肯定的。儘管劉勰對中國古代文體的論述時有牽強附會之處，然而他對先秦以至魏晉南朝的中國古代文學史確實作了精心的分析研究，對各種文體的源流演變、文學風尚、作家和作品以及寫作特點等，都進行了精闢的分析，其論述所及，不乏精深獨到的見解。它不僅對於現在研究先秦以至魏晉南朝的文學史具有非常重要的參考價值，同時也開創了從文體分類來作文學理論批評研究的先河。

　　爲了探討《文心雕龍》文體分類學的價值和影響，首先需要對於《文心雕龍》文體分類學的整體內容方面稍微總結一下。

　　文體是文學作品思想內容的外部表現形態，構成文學作品的一種形式方面的要素，由文體分類，可以進一步認識文學作品內部組織規律的方法，歷代文學作品的累積非常可觀，不僅文學作品的數量多、形式上的體裁各有不同，而且實際的內容差異更大。在中國文學的發生、發展和流變過程中，一定涉及文學體裁的產生和演變，於是中國文學的體類研究，爲不可或缺的一環。中國古代文人、學者早已注意到不同文體的不同特點，並根據這些特點對文學作品進行了分體分類的觀察和研究，於是產生了文學理論中的一個重要分支─文體論。至於文體論的名稱，現在從事於中國文學研究的學者們，站在中國文學理論的立場，大多稱之爲「文學體裁論」，或簡稱「文體論」，假使我們換另一個角度，從作者本身對各種文學作品進行分體分類的立場來看，也可以稱之爲「文體分類學」。

　　中國古代文章的各類體裁到了東漢時期開始複雜，於是自然出現了歸類、辨析的需要。「文」、「筆」問題的提出，即文體歸類、辨析的進一步發展。「文」、「筆」問題的產生，是從兩漢時期「文學」、「文章」之分再作進一步的分析而來的。在南朝，除了普遍文體辨析之外，還有「文」、「筆」兩大類的一種分類法。「文筆」一詞的使用，最早見於漢代。在王充的《論衡‧超奇》中有「文筆不足類也」一句。到了魏晉六朝，「文學」概念獨立後，作品的體裁和性質，接著便成了作家們的關注的焦點。因而從形式上，很自然地就發現了「文」、「筆」的不同特徵。自魏晉至六朝，在很多史傳中，可以發現「文筆」一詞的出現。這裏所謂的「文筆」，專指文學作品，並不包括學術著作。所以，魏晉六朝時期的，文筆」只限定在文學範圍之內，即將作家的文學作品用「文筆」加以概括。

　　然則，最早將「文」與「筆」對舉而又說明它的區別，是始於南朝的。《南史‧顏延之傳》說：「帝嘗問以諸子才能，延之曰：竣得臣筆，測得臣文。」宋文帝問顏延之的諸子才能時，顏延之則以「文」、「筆」兩類回答。這是「文筆」二字對立分用的開始。這裏所對立分用的「文」與「筆」有何區別，劉勰在《文心雕龍‧總術》中，對「文」與「筆」作了較為詳盡的解釋，他說：「今之常言，有文有筆，以為無韻者筆也，有韻者文也。」這是以有韻、無韻作區別「文」、「筆」的標準，而且從「今之常言」一句看來，劉勰的這種說法，可視為當時比較普遍的看法。劉勰在《文心雕龍‧序志》中，明確地指出「論文敘筆，則囿別區分」的基本立場。由此可知，劉在《文心雕龍》中歸類、辨析文體時就以「有韻」、「無韻」為標準，先論有韻之文（包括自〈明詩〉至〈諧讔〉十篇），後敘無韻之筆（包括自〈史傳〉至〈書記〉十篇）。

　　劉勰的《文心雕龍》對當時流行的文體不僅作了清楚的歸類、

辨析，還對各種文體作了成熟的理論闡述。《文心雕龍》五十篇，其中文體論部分從〈明詩〉到〈書記〉占二十篇，詳論文體三十三類，即詩、樂府、賦、頌、贊、祝、盟、銘、箴、誄、碑、哀、弔、雜文、諧、讔、史傳、諸子、論、說、詔、策、檄、移、封禪、章、表、奏、啓、議、對、書、記。劉勰在《文心雕龍·定勢》中提出了「因情立體，即體成勢」的文章體裁原則，就是依照作者的情思來建立文章的體裁，並就著體裁以構成行文姿態的。要適應不同的思想內容來選擇文體形式，同時，要適應不同的文體形式來確定文章的風格特徵。正因爲「因情立體，即體成勢」，所以才形成了「章表奏議，則準的乎典雅；賦頌歌詩，則羽儀乎清麗；符檄書移，則楷式於明斷；史論序注，則師範於覈要；箴銘碑誄，則體制於宏深；連珠七辭，則從事於巧豔」的不同體裁特點。由此可知，劉勰的觀點與前代的曹丕、陸機相比，不僅是一脈相通，同時也有新的發展。

　　關於《文心雕龍》文體分類學包括哪些篇目大致有兩種說法：一、包括自〈明詩〉至〈書記〉二十篇；二、包括自〈辨騷〉至〈書記〉二十一篇。《文心雕龍》卷二至卷五的二十篇，的確是文體分類的重點所在。按照〈序志〉篇上的說明，這是以「論文敘筆」的方式，去「圃別區分」的。自〈明詩〉至〈諧讔〉十篇，屬於「有韻之文」；自〈史傳〉至〈書記〉十篇，屬於「無韻之筆」。然而過去研究《文心雕龍》的有些學者（如范文瀾、郭紹虞、劉大杰、朱東潤、王瑤、陸侃如、牟世金、趙仲邑、繆俊傑等），將〈辨騷〉篇列入了文體論的範圍。結果，《文心雕龍》全書五十篇中有關劉勰文體分類學的篇幅，擴大成爲二十一篇。關於〈辨騷〉篇在《文心雕龍》全書的位置，劉師培、黃侃、劉永濟、周振甫、王元化、王運熙、詹鍈、王更生、張少康、蔡鍾翔等著名學者都認爲〈辨騷〉篇應屬於文原論，因爲〈序志〉篇所謂的「文之樞紐，亦云極矣」，

就曾經特別強調「變乎騷」。劉勰也自敘「變乎騷」爲「文之樞紐」及文體論諸篇體例和格式，說明〈辨騷〉篇並非文體論。王運熙教授在《劉勰爲何把〈辨騷〉列入「文之樞紐」》一文中更明確地說明：將〈辨騷〉篇列入「文之樞紐」是劉勰在〈序志〉篇中講明的，不容隨意改動。劉勰之所以這樣做，一方面是出於對《楚辭》的歷史地位的尊重，另一方面反映了他本人一個重要的文學觀念，那就是創作固然要以儒家典爲準則，但還須吸取《楚辭》辭彩華茂的奇變文風的優點；在吸取的時候，要對後人「逐奇失正」的不良傾向加以批判、做到「執正馭奇」、「正未歸本」。劉勰的這個重要觀點貫穿於《文心雕龍》全書，爲了表示重視起見，故在總論中作開明義的論述。

　　《文心雕龍》的文體分類學，產生於齊梁之際，自有其一定的產生背景和思想淵源。研究文體的分類及其特點，在劉勰以前的中國文學理論批評史上，其歷史淵源是並不長久的。國中歷史上先秦時期許多優秀的學術著作已陸續出現，如《尚書》、《周禮》等已經包含了多種文體。這是因爲當時社會生活的需要，文人、學者在繼承前人的基礎上創造出來的。各種文體形成之後，必然隨著社會生活而發展演變，到了兩漢以後，由於文學及其它文章的發展，促使文人、學者注意到對各種文體的研究，於就產生了文體論。要對各種文體的分類及其特點進行系統論述，其先決條件是各體文章的大量累積。各體文章數量的大爲增加，是從東漢時期開始的。在各體文章的大量累積的基礎上，到了建安以至魏晉時期，才對各體文章的源流發展、體裁特點、寫作方法等進行辨析和分類的研究。曹丕在《典論·論文》裏將一切作品分成四科八體（奏議、書論、銘誄、詩賦），並指出各種文章的體裁特點及表達效果，曹丕以後，魏末桓範的《世要論》中，論述文體的有〈贊象〉、〈銘誄〉、〈序

作〉三篇。魏末晉初，傅玄對某些文體也有所論述。他的〈七謨序〉論述「七」體的作家和作品；〈連珠序〉論述「連珠」體的特點和寫作方法，並對「連珠」體的作家作品作了簡略的評論。西晉陸機的《文賦》不僅將曹丕的四科八體擴大爲十類（詩、賦、碑、誄、銘、箴、頌、論、奏、說），同時也從文章體裁的內容和表現形式兩方面論述了每種文體的不同特點。之後，摯虞《文章流別論》及李充《翰林論》也對各種文體作了區分，並論述其各自的特點，但是因爲他們的論著大部分都已亡佚，所以我們看不到這兩部書的全部研究成果。根據嚴可均的《全晉文》等輯佚所得，《文章流別論》論述的文體至少有頌、賦、詩、七、箴、銘、誄、哀辭、哀策、雜文（如解嘲）、碑、圖讖等十二類；李充《翰林論》論述的文體，現存有奏、議、書論、詩、賦、讚、表、駁、盟、檄、誡、誥等十三類。自曹丕《典論・論文》、陸機《文賦》至摯虞《文章流別論》、李充《翰林論》等對文體辨析和分類的研究，不僅都與劉勰《文心雕龍》之間有了歷史和思想的淵源關係，而且也都給劉提供了最佳的研究資料。劉勰的文體分類學正是在前人研究成果的基礎上，集其大成，提出了更系統而詳盡的辨析和分類。

　　關於《文心雕龍》文體分類學的基本內容及其組織結構，一般都認爲按「原始以表末，釋名以章義，選文以定篇，敷理以舉統」（〈序志〉）的四大綱領來安排的。劉勰的二十篇「論文敘筆」分別論述到的文體有三十三種。這三十三種文體之中，子類繁多，共一百七十多類。相當細緻。這是中國古代文體分類學史上初次出現的比較完整的文體分類，在當時可以說是無所不包括的。劉勰對這三十三種文體的專門論述，都放在自己安排的四大綱領上。「原始以表末」所論述的是各種文體的源流和變遷；「釋名以章義」就是說明各種文體命名的涵義及由來；「選文以定篇」是對各個時期各種

文體中的代表作家和作品進行了評論;「敷理以舉統」是總結各種文體的寫作方法和特點。劉勰的「選文以定篇」內容經常與「原始以表末」合併敘述。「原始以表末」側重在探討各種文體的發展變遷,而「選文以定篇」主要是對各種文體的代表作家和作品進行評論。從而反映出各種文體的創作在歷代所取得的成就。這部分既可以當做以文體分類的文學史來看,也是劉勰作家作品論的一個重要組成部分。

　　總之,從劉勰文體分類學的基本架構和論述體例內容來看,可以證明他在「論文敘筆」二十篇中,始終採取一貫的行文方法,形成了《文心雕龍》文體分類學的創見。他對於一個歷史階段的文體,首先從「原始以表末」的要求,著重於縱的發展來論述各種文體的源流和演變,使後世能清晰地看到各種文體在產生和演變的歷史發展規律。而後從「選文以定篇」的要求,著重於橫的剖析來評論各個時期代表作家和作品的風格特徵,為後世提供文學創作和批評的豐富經驗。

## 二

　　關於《文心雕龍》文體論的價值,海峽兩岸學者一致從多方面給予了肯定。一是肯定它為集前代文體論之大成、體系嚴整的文體論專著(郭紹虞著《中國文學批評史》,羅根澤著《中國文學批評史》,蔡鍾翔等著《中國文學理論史》,王更生著《文心雕龍研究》等)。二是肯定它為中國最早的一部分體文學史(包括詩歌、樂府、辭賦文學史等),對許多重要作家和作品作了全面性的評論(復旦大學古典文學教研室編《中國文學批評史》,蔡鍾翔等著《中國文學理論史》,諶兆麟著《中國古代文論概要》等)。三是肯定它總結了齊梁以前各種文體的寫作經驗,是劉勰文學理論的基石(陸侃如、牟世金著《文心雕龍譯注》,蔡鍾翔等著《中國文學理論史》,

諶兆麟著《中國古代文論要》等）。四是肯定它對各種文體的寫作原則和要領的概括及對各種文體演變過程中的不良創作傾向的批評在當時文風浮靡、文體訛濫的情況下的救弊的意義（周振甫著《文心雕龍今譯》，諶兆麟著《中國古代文論概要》等）。

　　此外，關於《文心雕龍》文體論的價值和影響，臺灣師大劉渼教授在她的博士論文《劉勰〈文心雕龍〉文體論研究》一書中曾經作過詳盡而全面的論述，其結論爲：價值方面，「劉勰《文心雕龍》文體論，具有時代的精神、理論的價值、文學史的意義、典範的作用、美學的內涵、實用的功能、雖然此書傳世已千有四百多年，如實事求是的加以看待，他確實具有歷久彌新的價值。」；影響方面，「劉勰文體論不僅對文論、史論產生影響，對當代以及後世的總集編纂與序說，亦發揮了指導的作用，首先是梁蕭統《昭明文選》，由二人的關係、《文選·序》對文體的闡釋、區分文體以及所選佳篇，在在足以證明其深受劉勰文體論的影響。明代吳訥《文章辨體》與徐師曾《文體明辨》，由於二家大量直引或化用劉說，故其影響顯而易見。至於清代姚鼐《古文辭類纂》與曾國藩《經史百家雜鈔》，其影響則可由其序說及選文中窺見。」

　　除了上述的這些價值和影響外，《文心雕龍》文體分類學還在中國文學理論批評和古代文章學理論體系的樹立方面獲得了不少成就。

　　中國文學作品，確實是浩如煙海，不僅形式上的體類繁雜，而且實質上的內容差異更大。文學作品的體裁形式與實質內容方面的探討和批評，或內容差異的比較研究，都屬於文學理論批評研究的範疇。在中國文學的發展、演變過程中，一定涉及各種文學體裁的產生和演變，於是中國文學的體類，也成爲中國文學理論批評研究的主要環節。中國文體分類學成爲中國文學理論批評的一環，也是經過許多文學理論批評家對文體的特點、分類及其源流和變遷，作

出專門的探討和研究，取得了豐富的成果。從曹丕的《典論‧論文》
分文體爲四科八體以後，陸機的《文賦》分文體爲十類，並兩者均
將各種文體所需要的表現方法和風格特點可以辨析、概括。雖然其
分體分類較爲簡約，而且概括它們的特點也不夠詳細，但主要劃分
之點，已講得極爲清晰，這就爲研究文體分類與文學批評者奠定了
一個初步基礎。從文體分類學在中國文學理批評上的成就而言，劉
勰的《文心雕龍》是最爲深刻完備的。它在曹丕《典論‧論文》、
陸機《文賦》和摯虞《文章流別論》及李充《翰林論》對文體辨析
和分類的研究成果的基礎上，集其大成，提供了更系統而詳盡的文
體辨析和分類。它還對各種文體的相關問題（包括區別、關係、共
同淵源、附論、時代文風等）進一步作了相當深入的探討和研究。
因此，《文心雕龍》的文體分類學，不僅對各種文體的源流和變遷
的論述，使後世能清晰地看到各種文體產生和發展、演變的歷史規
律，同時也對各個時期代表作家和作品的風格特徵之評論，爲後世
提供文學創作和批評的豐富經驗，終於開創了從文體分類來作文學
理論批評研究的先河。由此可以看出《文心雕龍》文體分類學在中
國文學理論批評上的價值程度爲如何了。

　　《文心雕龍》文體分類學，不僅與中國文學理論批評有著密切
關係，即對中國古代文章學的研究，也同樣是一個主要環節。所謂
「文章學」，是研究語言規律的一門學問，它比文學的範疇更廣，
包括一切有關寫作的理論和各種文學體裁的知識。文章與語言，是
有密切關係的。文章應正確的運用語言體系，而語言爲交際的工具，
在交際的工具，在交際過程中，有不同的交際目的，所以形成了記
敘、敘述、說明、議論、描寫、抒情等複雜的語言體裁。文章體裁
的分類，可說是「文章學」的一個骨幹，也是「文章學」研究的主
要對象之一。文章學體系的發展進步，首先是以文體分類爲前導的。

在前面已說，中國古代各體文章的大爲增加，是從東漢開始的。東漢時期能文之士甚多，而且文章體裁大致具備。在作家和作品的數量大量增多的基礎上，出現了較爲完整的有關文體的論述。如蔡邕的〈銘論〉、《獨斷》都論及到各種文章體裁的性質和寫作方法。特別是《獨斷》對漢代朝廷公文（包括策書、制書、詔書、戒書、章、奏、表、駁議等八類文章）的分類、功用、作法、格式等，有較詳備的論述。到了曹丕，在《典論・論文》中就提出：「夫文本同而末異，蓋奏議宜雅，書論宜理，銘誄尙實，詩賦欲麗。」他按各種文章體裁不同的表達效果分文章爲四科八體，「體」也有了雅、理、實、麗表現形式的規定。從此中國古代文章學理論體系的基本架構初步樹立起來，奠定了文章學理論的銀好的基礎。陸機的《文賦》在曹丕《典論・論文》的基礎上，按各種文章體裁的內容和表現形式特點，分文章爲詩、賦、碑、誄、銘、箴、頌、論、奏、說十類。《文賦》作爲第一篇較系統的文章理論著作，除了文學創作過程中的一系列理論問題和藝術技巧的論述外，還有它對當時流行的各種體裁的特點與他們之間的差別的論述和概括。摯虞的《文章流別論》，從現存佚文片段的內容來看，已含有頌、賦、詩、七、箴、銘、誄、哀辭、哀策、雜文、碑、嚴議十二類文體，可以推見全書文體分類相當詳密。它在概括前人文體分類學的基礎上，對各種文章體裁作了更爲詳盡的分類和研究。它對各種文體的名稱、性質、寫作特點的論述，以及溯其源流、考其正變、辨明古今異同、品評各家作品的得失，大體確立了古代文章學的範圍。它與陸機《文賦》的創作理論合起來，可說是中國古代文章學與文章理論的內容基本具備。

　　劉勰的《文心雕龍》正是在這樣的一個基礎上，總結了前人的文學創作與批評的豐富經驗，並完成了中國古代文章學理論體系的

定型。劉勰用了二十篇的篇幅來詳細論述各類文章的特點，說明他對文章分類是重視的。他注重文章流別的劃分；劃分的根據主要是文章的用途；對文章寫作的要求也是從各自不同的用途出發。《文心雕龍》的文體分類學二十篇對各種文章體裁的論述，從內容上說大致包括考察源流和變遷、說明命名的涵義及由來、提出寫作方法和特點、評論歷來代表作家的成敗與著名作品的得失等方面。這就體現了他的文章學理論體系的性質，也反映了中國古代文章內部的必然要求。（參見蔣寅〈關於中國古代文章學理論體系 —— 從《文心雕龍》談起〉）。

　　綜上所述，可以看出文體分類學在中國古代文章學理論體系的形成上占有重要的價值。至於文體分類本身代功用和價值部分，臺灣師大王更生教授在〈論我國古今散文體類分合之價值原則及方法〉一文中，曾針對這一問題作過全面的研究，並加以總結，他認為：文體分類的價值有「滿足政治需求」、「了解文體源流」、「指導閱讀寫作」、「有助國文教學」四方面。由此可以窺見文體分類學的價值在中國學術上具有實用的功能。

　　不僅如此，劉勰《文心雕龍》文體分類學對後世的影響也是深遠的。根據蔣伯潛《文體論纂要》中的說法，中國古代文體分類的流派可總括為「駢散兼宗派」、「駢文派」和「散文派」。《文心雕龍》文體分類學不僅成為中國「駢散兼宗派」文體分類的開山巨著，而且還對於後世文體分類學方面的著作具有一定的啟示作用。如明代文體選集的代表著作吳訥《文章辨體》和徐師曾《文體明辨》，在二書的各種文體的〈序說〉中，吳、徐兩氏就廣泛地引用過劉勰論述各種文體的精髓，由此可知它深遠影響之一斑。清代學者章學誠曾在《文史通義·詩話》中盛讚《文心雕龍》說「體大慮周」、「籠罩群言」。不由這句評語可以證明它真不愧為中國文學理論批評遺產中的瑰寶。

# 漢代賦學與《文心雕龍》的淵源關係

中國　人民文學出版社

## 劉 文 忠

　　內容提要：漢代的賦學，由兩個板塊組成。一是漢代學者對以屈原為代表作家的「楚辭」的評論與研究，淮南王劉安、司馬遷、班固、王逸等人，均對屈賦發表了許多評論，並且有過針鋒相對的論爭。一是漢代學者對漢賦的評論。司馬相如、揚雄、司馬遷、班固等人均有所論述。在概括漢代賦學的基礎上，本文以《文心雕龍》的〈辨騷〉、〈詮賦〉為中心，詳細論述了劉勰對漢代賦學的繼承與發展，同時也聯繫到《文心雕龍》其他各篇受漢代賦學的影響和啓迪之處。進而論述了劉勰「依經立義」的宗經思想，「執正馭奇」、「酌奇而不失其貞，玩華而不墜其實」、「誇而有節，飾而不誣」等創作原則，均與漢代賦學有密切的淵源關係。總之，劉勰既對漢代賦學及其爭論做了歷史總結，又創造性地發展了漢代賦學的積極成果，運用漢代賦學構造出自己的理論體系。

　　**關鍵字**：漢代賦學、楚辭、辨騷、詮賦

# 一、漢代圍繞屈原《離騷》的一場爭論

我們所說的漢代賦學，是由兩個板塊組成，一個板塊是漢代學者對楚辭的評論，一個板塊是他們對漢賦的評論。比起漢代的詩學來，漢代的賦學有兩個特點：一是漢代的詩學，基本上就是《詩經》學，對漢代文人創作的四言詩、五言詩，未見有什麼評論。漢代雖有「繼軌周人」（《文心雕龍‧明詩》）的四言詩，但終漢之世，卻不見有人評論漢代的四言詩或五言詩。西漢就設有樂府機關，也採集到不少樂府詩，但兩漢時代也很少有人評論過樂府詩。儘管《漢書‧禮樂志》和《漢書‧藝文志》都提到過樂府詩，可以稱得上評論的，不過是《漢書‧藝文志》所說的「皆感於哀樂，緣事而發；亦可以觀風俗，知薄厚雲。」

漢代的賦學就與詩學有所不同了，漢代學者圍繞屈原的《離騷》有過一場熱烈的爭論，評價分歧很大。此其一。其二是，漢代的辭賦問世幾十年後，便有評論發表。司馬遷（約前 145～前 87）與司馬相如（前 179～前 117）二人的生卒年相差不過三十年左右，而且都活動在漢武帝時代，但《史記‧司馬相如列傳》對司馬相如的辭賦已有評論，而且出現了賦家評賦的現象。

漢代圍繞屈原《離騷》的一場論爭，發難者是班固。其《離騷序》云：

> 昔在漢武，博覽古文，淮南王安序《離騷傳》，以《國風》好色而不淫，《小雅》怨誹而不亂，若《離騷》者，可謂兼之。蟬蛻濁穢之中，浮游塵埃之外，皭然泥而不滓，推其志，雖與日月爭光可也。斯論似過其實。……今若屈原，露才揚己，競乎危國群小之間，以離讒賊。然數責懷王，怨惡椒、蘭，愁神苦思，強非其人，忿懟不容，沉江而死，亦貶絜狂

　　狷景行之士，多稱昆侖、冥婚、宓妃、虛無之語，皆非法度
　　之政，經義所載。謂之兼《詩》《風》《雅》，而與日月爭
　　光，過矣！然其文弘博麗雅，為辭賦宗，後世莫不斟酌其英
　　華，則象其從容。

班固的《離騷序》是針對劉安的《離騷傳》而發，班固所引的《離
騷傳》並非全文，全文已逸。司馬遷在《史記·屈原賈生列傳》中
有一段文字，范文瀾認為是劉安《離騷傳》的序文[1]，茲引錄於下：

　　《國風》好色而不淫，《小雅》怨誹而不亂，若《離騷》者，
　　可謂兼之矣。上稱帝嚳，下道齊桓，中述湯、武，以刺世事。
　　明道德之廣崇，治亂之條貫，靡不畢見。其文約，其辭微，
　　其志絜，其行廉，其稱文小而其指極大，舉類邇而見義遠。
　　其志絜，故其稱物芳。其行廉，故死而不容。自疏濯淖污泥
　　之中，蟬蛻於濁穢，以浮游塵埃之外，不獲世之滋垢，皦然
　　泥而不滓者也。推其志也，雖與日月爭光可也。

司馬遷的這段話還有上文：「屈平疾王聽之不聰也，讒諂之蔽明也，
邪曲之害公也，方正之不容也，故憂愁幽思而作《離騷》。離騷者，
猶離憂也。夫天者，人之始也；父母者，人之本也。人窮則反本，
故勞苦倦極，未嘗不呼天也；疾痛慘怛，未嘗不呼父母也。屈平正
道直行，竭忠盡智以事其君，讒人間之，可謂窮矣。信而見疑，忠
而被謗，能無怨乎？屈平之作《離騷》，蓋自怨生也。」這段話是
否也出自劉安，遽難斷定。司馬遷的這一大段文字，非常完整，很
可能就是劉安《離騷傳》的序文，至少有一部分是劉安的話。司馬
遷的《史記》，引用過《左傳》、《國語》的很多文字，大多不說
出處，這是他的習慣。

---

1　範文瀾《文心雕龍注》第 50 頁注四，人民文學出版社 1987 年版。

　　班固的《離騷贊序》與上引《史記》的一段文字大同小異，都是從屈原的遭遇出發，論述《離騷》的寫作動因的。其認識的一致之處是，他們都認爲「屈原以忠信見疑，憂愁幽思，而作《離騷》」。只是對《離騷》之「離」字的解釋，遷、固有所不同，司馬遷認爲，「《離騷》者，猶離憂也。」班固訓「離」爲遭，他說：「離猶遭也，騷憂也，明己遭憂作辭也。」

　　東漢的王逸，針對班固對屈原「露才揚己，顯露君過」的指責，發表了與班固針鋒相對的意見，他在《楚辭章句敘》中說：

> 且人臣之義，以忠正為高，以伏節為賢。故有危言以存國，殺身以成仁。是以伍子胥不恨于浮江，比干不悔於剖心，然後忠立而行成，榮顯而名著。若夫懷道以迷國，詳（佯）愚而不言，顛則不能扶，危則不能安，婉娩以順上，逡巡以避患，雖保黃耇，終壽百年，蓋志士之所恥，愚夫之所賤也。今若屈原，膺忠貞之質，體清潔之性，直若砥矢，言若丹青，進不隱其謀，退不顧其命，此誠絕世之行，俊彥之英也。而班固謂之「露才揚己」，「競於群小之中，怨恨懷王，譏刺椒、蘭，苟欲求進，強非其人，不見容納，忿恚自沉」，是虧其高明，而損其清潔者也。昔伯夷、叔齊讓國守分，不食周粟，，遂餓而死，豈可複謂有求於世而怨望哉。且《詩》人怨主刺上，曰：「嗚呼小子，未知臧否，……匪面命之，言提其耳。」風諫之語，於斯為切。然仲尼論之，以為大雅。引此比彼，屈原之詞，優遊婉順，寧以其君不智之故，欲提攜其耳乎！而論者以為「露才揚己」，「怨刺其上」，「強非其人」，殆失厥中矣。

對屈原沉江自殺的行爲如何評價，班固與王逸的看法是全然不同的，班固從「明哲保身」的哲學觀點出發，指責屈原的自殺是偏激

的行為，「責數懷王，怨惡椒、蘭」是「露才揚己」「強非其人」。
王逸認為，如此評價屈原是貶低了屈原的人格，他認為屈原是有「絕
世之行」的「俊彥之英」。大加讚揚屈原的人格美。對於能否「怨
主刺上」的問題，班固與王逸的態度截然不同。王逸對此持肯定態
度，他論證的方法是「依經立意」，並以《詩經・大雅・抑》中的
「言提其耳」為例，來說明「怨主刺上」的合理性。《詩小序》說：
「《抑》，衛武公刺幽王，亦以自警也。」是大臣諷刺君主的詩，
而且言辭激烈，但孔子仍然把它置於《大雅》之列，得到聖人的認
可，為什麼屈原不可已這樣做呢？這是班、王爭論的一個焦點。另
外，班固認為《離騷》「多稱昆侖、冥婚、宓妃、虛無之語，皆非
法度之政，經義所載。」王逸對此，頗不以為然。他指出：「夫《離
騷》之文，依託《五經》以立意焉：『帝高陽之苗裔』，則『厥初
生民，時惟姜嫄』也；『紉秋蘭以為佩』，則『將翱將翔，佩玉瓊
琚』也；『夕攬洲之宿莽』，則《易》『潛龍毋用』也；『駟玉虬
而乘鷖』，則『時乘六龍以禦天』也；『就重華而陳詞』，則《尚
書》咎繇之謀謨也；『登昆侖而涉流沙』，則《禹貢》之敷土也。
故智彌盛者其言博，才益多者其識遠。」這是班、王爭論的另一個
焦點。前一焦點，王逸的觀點是正確的。後一焦點，王逸的看法有
些牽強。這就留待劉勰來做總結了。

## 二、《文心雕龍・辨騷》篇對漢代賦學的繼承與發展

《辨騷》篇開篇第一段云：

> 自《風》、《雅》寢聲，莫或抽緒，奇文鬱起，其《離騷》
> 哉！固已軒翥詩人之後，奮飛辭家之前，豈去聖之未遠，而
> 楚人之多才乎！昔漢武愛《騷》，而淮南作《傳》，以為《國
> 風》好色而不淫，《小雅》怨誹而不亂，若《離騷》者，可

謂兼之。蟬蛻穢濁之中，浮游塵埃之外，皭然涅而不緇，雖
與日月爭光可也。班固以為露才揚己，忿懟沉江；羿澆二姚，
與左氏不合；崑崙懸圃，非經義所載；然其文辭麗雅，為詞
賦之宗，雖非明哲，可謂妙才。王逸以為詩人提耳，屈原婉
順，《離騷》之文，依經立義，駟虬乘鷖，則時乘六龍；崑
崙流沙，則禹貢敷土；名儒辭賦，莫不擬其儀表，所謂金相
玉質，百世無匹者也。及漢宣嗟歎，以為皆合經傳。揚雄諷
味，亦言體同詩雅。四家舉以方經，而孟堅謂不合傳，褒貶
任聲，抑揚過實，可謂鑒而弗精，翫而未核者也。

這一段文字，除了開頭與結尾，中間的大段文字，是概述漢代各家
對《楚辭》（主要是《離騷》）的評論。他引了五家之說，上文已引劉
安、班固、王逸三家之說，漢宣帝對《楚辭》的評論，范文瀾注引
《漢書·王褒傳》：「宣帝時，修武帝故事，講論六藝群書，博盡
奇異之好；征能為《楚辭》九江被公，召見誦讀。……」所幸宮館，
輒為歌頌，第其高下，以差賜帛。議者多以為淫靡不急。上曰：「不
有博弈者乎？為之猶賢乎已。『辭賦大者與古詩同義，小者辯麗可
喜。辟如女工有綺縠，音樂有鄭衛，今世俗猶皆以為虞說耳目，辭
賦比之，尚有仁義風諭，鳥獸草木多聞之觀，賢於倡優博弈遠矣。』」
中間節去了 1123 字，所引的前段文字在《傳》首，後段文字在接近
《傳》尾之處，使人容易誤會宣帝的話是針對《楚辭》而言的，有
的研究者也做了這樣的理解，認為「『辭賦之大者與古詩同義』，
這裏的『大者』指屈原的作品，『古詩』指《詩經》。」[2]周振甫先
生的《文心雕龍注釋》亦引《漢書·王褒傳》作注[3]，這是值得商榷
的。筆者認為，《王褒傳》篇末所引漢宣帝的話，是指漢代創作的

---

2 見陸侃如、牟世金先生《文心雕龍譯注》，齊魯書社 1981 年版，第 46 頁注 31。
3 見周振甫《文心雕龍注釋》，人民文學出版社 1981 年版，第 39 頁注 11。

辭賦而言，不是對《楚辭》的評價。《王褒傳》記漢宣帝徵召善頌
《楚辭》的被公，敘事有頭無尾，但我們從劉歆《七略》的逸文中，
找到一個較完全的答案。《北堂書鈔》卷 114 引《七略》佚文云：
「孝宣皇帝詔征被公，見誦《楚辭》。被公羊裘，母老，每一誦，
輒與粥。」後文所敘的「第其高下，以差賜帛」，與被公無涉。范
注引《王褒傳》的文字，在「所幸宮館，輒爲歌頌」之前，節去了
幾句很關鍵的話，即「上令褒與張子僑等並待詔，數從褒等放獵，
所幸宮館，輒爲歌頌，第其高下，以差賜帛。」不難理解，王褒、
張子僑等人所歌頌的就是他們自己所創作的辭賦，不是誦讀《楚
辭》，若誦讀《楚辭》，只能像被公那樣，被賜予一點粥米，或者
給碗粥喝，是得不到賜帛的。《王褒傳》結尾，有一段文字，可爲
我們作一佐證：「其後太子體不安，苦忽忽善忘，不樂。詔使褒等
皆之太子宮虞侍太子，朝夕誦讀奇文及所自造作。疾平復，乃歸。
太子喜褒所爲《甘泉》及《洞簫賦》，令後宮貴人左右皆誦讀之。」
可見「所幸宮館，輒爲歌頌」云云，就是誦讀《甘泉賦》之類的作
品。至於所誦「奇文」，也可能包括《離騷》之類的作品，也可能
另有所指，因語焉不詳，也就難以得知了。所以漢宣帝的話，不是
評價《楚辭》，而是評價的漢賦（辭賦）。《辨騷》篇提到的宣帝
與揚雄對《楚辭》的評論，我們只能說出處不詳了。

　　劉勰對漢代五家有關《楚辭》的爭論，把焦點集中在「舉以方
經」和「謂不合傳」兩個對立的方面，他對這兩種對立的意見他均
不完全同意，認爲他們是「褒貶任聲，抑揚過實，可謂鑒而弗精，
翫而未核者也。」《辯騷》篇的第二段文章，便是用「依經立義」
的方法，具體考察《離騷》哪些是「同于風雅者」，哪些是「異乎
經典者」，以期辨別是非，得出正確的結論。劉勰指出《離騷》有
「同于風雅」的四個方面，即「典誥之體」、「規諷之旨」、「比

興之義」、忠怨之辭。也有「異乎經典」的四個方面，即「詭異之辭」、「譎怪之談」、「狷狹之志」、「荒淫之意」。劉勰使用的方法或衡量標準與王逸是相同的，都公開打出了「依經立義」的旗號，劉勰僅把王逸的「依託《五經》以立意」改爲「依經立義」，二者的意思是相同的。但他們得出的結論卻不同。劉勰的結論，既不同于班固，也不同于王逸，而是折衷于班、王之間。他的結論比班、王二人具體而全面，在這方面可以說劉勰是源於漢儒而又高於漢儒。「依經立義」是「宗經」思想的派生物，自漢武帝罷黜百家，獨尊儒術之後，儒家的五經獲得尊崇的地位，宗經思想由此產生，劉勰的宗經也可以說是淵源於漢代。班固、王逸都有宗經思想，班固似乎更加嚴重。劉勰並沒有擺脫漢人的宗經窠臼。這就給他的《辨騷》帶來了局限，使他對《離騷》的「異乎經典」的四個方面，不但不能理解，反而加以排斥和貶低。劉勰不能理解《離騷》的浪漫主義的藝術特色我們不能苛責，但是他對淮南王劉安對《離騷》所作的高度評價（司馬遷是接受了這個評價的）不能基本上接受，這不能不說是劉勰宗經思想的局限所造成的。劉安有濃厚的道家思想，司馬遷也有黃老思想的影響，劉安能夠如此高的評價《離騷》，司馬遷又完全同意劉安的觀點，這可能與他們較少受宗經思想的束縛有關。

　　劉勰在分析、比較了《離騷》與經典的異同之後，也得出了自己的結論，他說：

> 故論其典誥則如彼，語其誇誕則如此，固知《楚辭》者，體憲於三代，而風雜於戰國，乃《雅》、《頌》之博徒，而詞賦之英傑也。觀其骨鯁所樹，肌膚所附，雖取熔經意，亦自鑄偉辭。故《騷經》、《九章》，朗麗以哀志；《九歌》、《九辯》，綺靡以傷情；《遠遊》、《天問》，瓌詭而慧巧；

> 《招魂》、《大招》，豔耀而采華；《卜居》標放言之致，
> 《漁父》寄獨往之才。故能氣往轢古，辭來切今，驚采絕豔，
> 難與並能矣。[4]

這段話代表了劉勰對《楚辭》的評價，他把《楚辭》的地位，定位在《詩經》與漢賦之間，所謂「博徒」，就是博弈之徒，漢宣帝曾引《論語‧陽貨》「不有博弈者乎？為之猶賢乎已。」認為創作或誦讀辭賦比玩博弈高一等。劉勰可能受此啟發，認為楚辭比起被尊為經典的《詩經》，當然要次一等。這也是源於漢儒的看法。班固《兩都賦序》云：「賦者古詩之流也。」又說：「抑亦古詩之亞也。」把賦當作《詩經》之流亞，與劉勰把《楚辭》視為「《雅》《頌》之博徒」，其含義是相似的。所謂「詞賦之英傑」，是說《楚辭》比漢賦要高一等，這就是劉勰對《楚辭》的定位，比起漢儒來，並沒有太多的創造性。但後文對《楚辭》的一段評價，指出《楚辭》「雖取鎔經意，亦自鑄偉辭」，並對《楚辭》中的重要篇章的思想和藝術特色加以概括，在後段有從四個方面對起藝術描寫加以讚美：「故其敘情怨，則郁伊而易感；述離居，則愴怏而難懷；論山水，則循聲而得貌；言節候，則披文而見時。是以枚、賈追風以入麗，馬、揚沿波而得奇，其衣被詞人，非一代也。」不僅對《楚辭》做了藝術的審美觀照和精闢的鑒賞，而且指出其影響是巨大的，這卻是自出機杼的，發揚光大了漢代的賦學。

　　《辨騷》篇最大的理論貢獻還在於最後一段文字：「若能憑軾以倚雅、頌，懸轡以馭楚篇，酌奇而不失其真（唐寫本作「貞」），翫華而不墜其實，則顧盼可以驅辭力，欬唾可以窮文致，亦不復乞靈於長卿，假寵於子淵矣。」劉勰雖然指出《離騷》有誇誕不經之

---

4 此段引文用敦煌寫本校改了三字，「憲」原作「慢」。「雜」原作「雅」。「采華」，原作「深華」。

處，但他首先認爲它是在戰國末期鬱然而起的「奇文」，「酌奇」二句，在《文心雕龍》一書中，是發出熠熠光彩的精闢之論，是《文心雕龍》創作論的精髓，「貞」者，正也。「酌奇而不失其貞，翫華而不墜其實」，宣導的是「奇」、「正」結合，「華」、「實」結合，這是劉勰對創作的理想要求，也是他的美學理想的核心。由此生發，「奇正」成爲《文心雕龍》的具有豐富內涵的美學範疇之一，並貫穿在《文心雕龍》的許多篇章之中。在《定勢》篇中，劉勰認爲「奇正雖反，必兼解以俱通」，並主張「執正以馭奇」，反對「逐奇而失正。」在《知音》篇中，他把「觀奇正」作爲「六觀」之一，在其他許多篇章中，把奇正擴展到「意」的奇正，「事」的奇正，「辭彩」的奇正，風格的奇正等諸多方面，這不能不說是劉勰的創造性發展。

## 三、劉勰對漢賦的評論及其與漢代學者的淵源關係

　　漢代賦學的第二個板塊是漢代學者對漢賦的評論。對漢人來說，評論漢賦就是評論當代的作品。有不少是賦家評賦，或者是評論他人的作品，或者對寫賦進行反思。漢代的學者和賦家對漢賦的評價分歧也是很大的。分歧主要有兩點，一是對漢賦的社會作用有不同的看法，一是對漢賦的虛詞濫說有不同的認識。司馬遷與班固是肯定漢賦的社會作用的，揚雄後期則對漢賦的社會作用表示懷疑甚至否定。司馬遷評司馬相如的賦說：「相如雖多虛詞濫說，然其要歸引之節儉，此與《詩》之風諫何異。」（《史記‧司馬相如列傳》）揚雄早年曾醉心於辭賦，對司馬相如的賦十分折服，「每作賦，常擬之以爲式。」（《漢書‧揚雄傳》）但後來他對賦的看法有了根本的轉變，對賦採取否定的態度。最典型的言論是《法言‧吾子》篇的幾段話：

或問：「吾子少而好賦？」曰：「然。童子雕蟲篆刻。」俄
而曰：「壯夫不為。」或曰：「賦可以諷乎？」曰：「諷乎！
諷則已，不已，吾恐不免於勸也。」

或曰：「霧縠之組麗。」曰：「女工之蠹矣。」

或問：「景差、唐勒、宋玉、枚乘之賦也，益乎？」曰：「必
也淫。」曰：「淫，則奈何」曰：「詩人之賦麗以則，辭人
之賦麗以淫。如孔氏之門用賦也，則賈誼升堂，相如入室矣。
如其不用何？」

揚雄的這種認識，是從他多年作賦的親身教訓中獲得的。揚雄寫賦
本有諷諫的意旨，他在《甘泉》、《羽獵》、《長楊》等賦的序言
中都明確地提出是為諷諫而作。但他終於發現運用賦來諷諫是達不
到預期的效果的。「往時武帝好神仙，相如上《大人賦》欲以諷，
帝反縹縹有凌雲之志。由是言之，賦勸而不止明矣。」（《漢書·揚
雄傳》）這種「勸百諷一」、「曲終奏雅」的辭賦，只能沒其諷諭之
義，賦家不過是皇帝的文學侍從之臣，類同俳優。揚雄的追悔，是
有道理的。揚雄的反思和覺醒，頗有認識價值，但看法是帶有片面
性的。

　　班固對辭賦的評價與司馬遷相近而與揚雄不同，其《二都賦序》
云：

或曰：「賦者，古詩之流也。」昔成、康沒而《頌》聲寢，
王澤竭而《詩》不作。大漢初定，日不暇給。至於武、宣之
世，乃崇禮樂，考文章，內設金馬石渠之署，外興樂府協律
之事，以興廢繼絕，潤色鴻業。是以眾庶悅豫，福應尤盛。……
故言語侍從之臣，若司馬相如、虞丘壽王、東方朔，枚皋、
王褒、劉向之屬，朝夕論思，日月獻納。……或以書下情以
通諷諭，或以宣上德而盡忠孝，雍容揄揚，著於後嗣，抑亦

> 雅頌之亞也。故孝成之世，論而錄之，蓋奏禦者千有餘篇，
>
> 而後大漢之文章，炳焉與三代同風。

班固對漢賦給予了全盤的肯定，他認爲漢賦繼承了《雅》《頌》傳統，並且有兩個方面的社會作用，一是「抒下情以通諷諭」，一是「宣上德而盡忠孝」，這兩個方面就是《毛詩序》所說的美與刺的作用，漢儒論詩，多從美刺兩端立論，班固論辭賦也是如此。把爲主上歌功頌德與忠孝聯繫起來，是漢代君權被神化以後的反映，具有明顯的局限性，但卻也符合當時賦作家的心理。班固說辭賦有「潤色鴻業」的作用，這倒是班固的創造，漢賦的確反映了漢帝國的國力富強和帝國強大的腳步聲。

　　班固在評論司馬相如辭賦的成就時，對揚雄的「勸百諷一」、「文麗用寡」等觀點表示異議。他在《漢書・司馬相如傳贊》中說：「司馬遷稱『……相如雖多虛詞濫說，然其要歸引之節儉，此與《詩》之風諫何異。』揚雄以爲靡麗之賦，勸百而風一，猶騁鄭衛之聲，曲終而奏雅，不亦戲乎！」對漢賦的評價，揚雄與班固處於對立的兩極。我們且看劉勰是如何處理這場爭論的。

　　《文心雕龍・詮賦》篇的寫法與《辨騷》篇不同，《辨騷》爲「文之樞紐」，《詮賦》爲文體論。劉勰在《序志》篇中，對文體論各篇的寫作，界定了四個方面的寫作宗旨，即「原始以表末，釋名以章義，選文以定篇，敷理以舉統。」《詮賦》篇開篇云：

> 詩有六義，其二曰賦。賦者，鋪也，鋪采摛文，體物寫志也。昔邵公稱：「公卿獻詩，師箴，瞍賦」。傳云：「登高能賦，可為大夫」。詩序則同義，傳說則異體，總其歸塗，實相枝幹。故劉向明（云）：「不歌而頌」，班固稱：「古詩之流也」。
>
> 至如鄭莊之賦「大隧」，士蔿之賦「狐裘」，結言短韻，詞

自己作，雖合賦體，明而未融。及靈均唱《騷》，始廣聲貌。
然則賦也者，受命於詩人，而拓宇於《楚辭》也。於是荀況
《禮》、《智》，宋玉《風》、《釣》，爰錫名號，與詩畫
境，六義附庸，蔚成大國。述客主以首引，極聲貌以窮文。
斯蓋別詩之原始，命賦之厥初也。

上引的第一段文字，就是對賦的「釋名章義」，可以說是全盤繼承
了漢儒的說法。「六義」用《毛詩序》的說法，即所謂「風、賦、
比、興、雅、頌」。居於「六義」之二的賦，只是一種表現手法，
還不能成爲一種文體，由一種表現手法衍爲一種文體，首先與這種
手法的特點有關，所以下文說：「賦者，鋪也，鋪采摛文，體物寫
志也。」這幾句話與漢儒鄭玄《周禮・春官・大師》「教六詩」句
下的注有一定的淵源關係。鄭注云：「賦之言鋪，直鋪陳今之政教
善惡。」劉勰由鄭注加以發展，把鄭注概括得不夠全面的「直鋪陳
今之政教善惡」一句刪去，加上自己概括出來的「鋪采摛文，體物
寫志」八個字，就可以說是源于鄭注又高於鄭注了。李詳《黃注補
正》云：「案彥和『鋪采』二句，特指詞人之賦而言，非六義之本
源也。」此說沒有多少道理。《詮賦》首言「詩有六義，其二曰賦」。
又訓賦爲鋪，正是從六義溯源流。但是他面對的賦已經不是「大隱
之中，其樂也融融」的賦，而是「與詩畫境，蔚成大國」的賦，是
經過從戰國到魏晉六朝近一千年歷史發展的賦，所以僅從六義溯源
流而裹足不前是不夠的。另外，「鋪采摛文，體物寫志」，也非僅
指詞人之賦而言，詩人之賦與詞人之賦的分法是揚雄提出的，它們
的區別就是「麗以則」和「麗以淫」的問題。所謂「麗以則」就是
文辭華麗而又合乎規矩法度。所謂「麗以淫」，就是過分的華麗，就
是「淫麗濫繁」。但揚雄並未指出哪些人的賦是「詩人之賦」，哪
些人的賦是「詞人之賦」，如果從對揚雄提問的話中推測，詞人之

賦指的是景差、唐勒、宋玉、枚乘之賦，這也很難理解其所以然。按照劉勰的說法，「宋發誇談，實始淫麗」，辭賦的淫麗之風，是從宋玉開始的，以後應當是愈演愈烈，當以司馬相如、揚雄為登峰造極，班固的《漢書‧藝文志》就持這種看法，他說：「大儒荀卿及楚臣屈原，離讒憂國，皆作賦以風，咸有惻隱古詩之義。其後宋玉、唐勒，漢興枚乘、司馬相如，下及揚子雲，競為侈麗閎衍之詞，沒其風諭之義。是以揚子悔之，曰：『詩人之賦麗以則，詞人之賦麗以淫。』……」至於說到「如孔氏之門用賦也，則賈誼升堂，相如入室矣。」揚雄對司馬相如的評價是高於賈誼的。如果從「麗則」、「麗淫」的角度來評價賈誼與相如的賦，我們自會得出賈誼的賦是「麗以則」的，相如的賦是「麗以淫」的，為什麼會是賈誼升堂，相如入室呢？這不顯然存在著矛盾嗎？劉勰看到了這個矛盾，所以他在《詮賦》中沒有吸取揚雄「詩人之賦」與「詞人之賦」的說法，這從《詮賦》對漢代十位賦家的評論中可以看出。他說：「枚乘《兔園》，舉要以會新；相如《上林》，繁類以成豔；賈誼《鵬鳥》，致辨於情理；子淵《洞簫》，窮變於聲貌；孟堅《兩都》，明絢以雅贍；張衡《二京》，迅拔以宏富；子雲《甘泉》，構深偉之風；延壽《靈光》，含飛動之勢；凡此十家，並辭賦之英傑也。」劉勰沒有用揚雄「麗則」、「麗淫」的概念來衡量漢賦作家，他對漢代有代表性的十位賦家都是肯定的。說司馬相如的賦「繁類以成豔」並無貶義。在《詮賦》篇中使用與「麗淫」意思相近的詞語來評論賦家的有一處，即「宋發巧（唐寫本作誇）談，實始淫麗」。他認為賦的「淫麗」是從宋玉開始的。但並未說宋玉之賦是「詞人之賦」。筆者認為劉勰是有意將揚雄的「詩人之賦」與「詞人之賦」的說法屏棄而不用的。

　　劉勰在追溯賦的發展史時，由先秦到魏晉，劉勰把賦的發展分

爲四個階段，第一個階段是「明而未融」的階段，舉出的例證其一是鄭莊公與其母姜氏在隧道中相見時的賦詩。「公入而賦『大隧之中，其樂也融融』。姜出而賦『大隧之中，其樂也洩洩』。（《左傳‧隱西元年》）其二是晉大夫士蒍看到晉獻公寵信驪姬，驪姬和諸公子將發生內訌，「士蒍退而賦曰：」狐裘尨茸，一國三公，吾誰適從。『」（《左傳‧僖公五年》）這種賦與當時的賦詩言志並沒有什麼區別，充其量不過是賦的萌芽。因爲《左傳》稱其爲賦，劉勰不過是因襲經傳之說，未免有些牽強。但劉勰此說也受了漢儒把賦視爲「古詩之流」的影響。賦的發展的第二階段是以屈原的《離騷》爲標誌，即《詮賦》所云「靈均唱《騷》，始廣聲貌」者也。由此，劉勰得出了一個結論：賦是「受命于詩人，拓宇于楚辭」的。這個結論比起班固的論述前進了一步。班固只看到了賦與《雅》《頌》的關係，而忽視了屈原的「拓宇」作用。屈原的作品沒有以賦名篇的，以賦名篇者始于荀況與宋玉，所以劉勰說荀、宋二人「爰錫名號，與詩畫境」。這是實事求是的評論。到了「與詩畫境」的地步，賦已經成爲一種獨立的文學樣式，從「《詩》有六義，其二曰賦」的「六義附庸」，而「蔚成大國」。賦的第三發展階段是漢代的大賦（辭賦）。劉勰在論述其發展時云：

> 漢初詞人，循流而作，陸賈扣其端，賈誼振其緒，枚馬播其風，王揚騁其勢，皋朔已下，品物畢圖。繁積於宣時，校閱於成世，進御之賦，千有餘首，討其源流，信興楚而盛漢矣。

對漢代（主要是西漢）在賦的創作上有貢獻的作家，劉勰提到了陸賈、賈誼、枚乘、司馬相如、王褒、揚雄等八人，有的起了扣端、振緒的作用，有的在漢賦的發展上有所開拓，起了播風、騁勢的推波助瀾作用。西漢的高祖、惠、文三帝，還無暇顧及辭賦。漢景帝不喜歡辭賦，武帝和宣帝，都是比較喜歡辭賦的人，說辭賦「繁積

於宣時，校閱於成世，進御之賦，千有餘首」，劉勰用的是上引班固《兩都賦序》「故孝成之世，論而錄之，蓋進御者千有餘篇。」和《漢書・藝文志》的說法。《藝文志》曾說：「至成帝時，以書頗散亡，使謁者陳農求遺書於天下。詔光祿大夫劉向校經傳諸子詩賦，……每一書已，向輒條其篇目，撮其指意，錄而奏之。」這些僅限於資料的使用，並沒有觀點的繼承。在論及辭賦的源流時，劉勰得出「興楚而盛漢」的結論，其結論是正確的。

　　《詮賦》最能體現劉勰的美學理想，繼承了漢代的賦學成果而又發揚光大了漢代賦學的還是後一段文字：

> 原夫登高之旨，蓋睹物興情。情以物興，故義必明雅；物以情觀，故詞必巧麗。麗詞雅義，符采相勝，如組織之品朱紫，畫繪之著玄黃，文雖雜而有質，色雖糅而有本，此立賦之大體也。然逐末之儔，蔑棄其本。雖讀千賦，愈惑體要，遂使繁華損枝，膏腴害骨，無貴（實）風軌，莫益勸戒，此揚子所以追悔於雕蟲，貽誚於霧縠者也。

劉勰從「登高能賦」的本意出發，把「睹物興情」視爲必然，又從情與物的關係，概括出作品的內容應當明確雅正，而文辭應當巧妙華麗，他要求華麗的文辭要和雅正的內容相結合，並把這種結合比作美玉與花紋相稱，絲織品有了朱紫之色，繪畫上有了玄黃等不同的色彩。班固論賦，只看中了辭賦的「或以書下情以通諷諭，或以宣上德而盡忠孝」的作用，把文學作品的社會作用局限在帶有御用色彩的狹小的範圍之內，無視其審美作用，劉勰克服了班固的局限，對辭賦提出了更高的美學要求，並把這些當作「立賦之大體」，這是具有劃時代意義的。難能可貴的是，劉勰在標舉「立賦之大體」的同時，還批判了辭賦創作中的不良傾向，即棄本逐末的傾向，指責他們「繁華損枝，膏腴害骨」，寫出賦來，既沒有教育作用，對

於勸戒也毫無益處。在這裏，劉勰又一次吸收了漢儒的觀點，揚雄在上引《法言・吾子》篇中追悔自己的「少而好賦」為「童子雕蟲篆刻」，把「霧縠之組麗。」視為「女工之蠹」。同時也隱約地吸收了《漢書・藝文志》批評一些賦家「競為侈麗閎衍之詞，沒其風諭之義」的觀點。

　　《詮賦》篇不僅僅是對漢代賦學的總結與繼承，更多的是劉勰自抒機杼的創造。他雖然是文體論，但其理論價值遠遠超出文體論的範圍，其思想內涵相當豐富。它是從先秦到魏晉的賦史概要，又是自成體系史、論結合的賦學論文，圍繞賦學的創作論、批評論、作家論等內容，無不涵蓋其中。

　　劉勰對賦的評論不僅見於《詮賦》，還表現在《誇飾》篇中。他在此篇說：

> 自宋玉、景差，誇飾始盛。相如憑風，詭濫愈甚。故上林之館，奔星與宛虹入軒；從禽之盛，飛廉與焦明俱獲。及揚雄《甘泉》，酌其餘波，語瑰奇，則假珍於玉樹；言峻極，則顛墜於鬼神。至東都之比目，西京之海若，驗理則理無可驗，窮飾則飾猶未窮矣。又子雲《羽獵》，鞭宓妃以餉屈原；張衡《羽獵》，困玄冥於朔野。變彼洛神，既非魑魅，惟此水師，亦非魍魎；而虛用濫形，不其疏乎！此欲誇飾其威，而忘其事義睽剌也。至如氣貌山海，體勢宮殿，嵯峨揭業，熠熠焜煌之狀，光采煒煒而欲然，聲貌岌岌其將動矣。莫不因誇以成狀，沿飾而得奇也。

劉勰對司馬相如、揚雄、張衡等人之賦因誇飾過分而造成的「詭濫」和「虛用濫形」，用舉實例的方式給予了批評與指責。漢代如此具體的對這種不良現象進行指責的還未見其人。司馬遷在《史記・司馬相如列傳》中雖曾指出其賦「多虛辭濫說」，與劉勰所說的「虛

用濫形」十分相近，但卻語焉不詳。揚雄批評「詞人之賦麗以淫」也沒有如此具體，而且側重點與此不同。按照班固《漢書·藝文志》的說法，揚雄此言是針對辭賦的「競爲侈麗閎衍之詞，沒其風諭之義」而發。王充是「疾虛妄」的大家，《論衡》有「三增」（《語增》、《儒增》、《藝增》）「九虛」（《書虛》、《變虛》、《異虛》、《感虛》、《福虛》、《禍虛》、《龍虛》、《雷虛》、《道虛》）之篇，但卻無一句指責漢賦虛妄之言。但這些都可引發劉勰對辭賦誇飾過度的思考，在精神實質上還是有所繼承和借鑒的。第一個用實例舉證批評漢賦誇飾過分的是西晉的左思，其《三都賦序》云：

> 然而相如賦《上林》，而引「盧橘夏熟」；揚雄賦《甘泉》，而陳「玉樹青蔥」；班固賦《西都》，而歎以「出比目」；張衡賦《西京》，而述以「遊海若」。假稱珍怪，以為潤色。若斯之類，匪啻於茲。考之果木，則生非其壤；校之神物，則出非其所。于辭則易為藻飾，於義則虛而無征。

此與劉勰所論，十分相似。可以說與劉勰有一定的淵源關係。因左思所論，不屬於漢代的賦學，此不多置論。

上引《誇飾》篇的一段文字，劉勰所舉漢賦的例證有正反兩面，有些誇飾的描寫，他認爲是合理的，所以加以肯定。並贊許它們「莫不因誇以成狀，沿飾而得奇。」他總結了正反兩方面的經驗與教訓，給誇飾界定了一個總的原則，即「誇而有節，飾而不誣。」這是精闢之見。漢人與左思均無法企及。漢人論賦多從功效出發，重其「風諭之義」，其所反對之「淫麗」，也是因其「沒其風諭之義」。王充是個不懂得藝術誇張的人，他即使接觸到這個問題，也不可能解決得如劉勰這樣完美。劉勰在這方面作出了前無古人的貢獻。不當之處，請諸位專家指正。

2005 年 1 月 25 日於北京

# 《文心雕龍》的藝術標準

中國　復旦大學

## 王 運 熙

　　內容提要：《文心雕龍》一書的藝術標準，就其大者而言，約有三點。一、執正馭奇　就是以儒家經典的雅正文風為基幹。駕馭、運用楚辭以來奇變豔麗的文采。逐奇失正的文風，主要來自楚辭、漢賦和劉宋的山水文學，其藝術特點是文辭淫麗，追求夸張的描寫與顛倒字句。為了糾正失正之病，必須宗法經書。在藝術上取法其風清、體約、文麗等優點，同時也酌情吸取楚辭以後作品的奇辭異采。二、文質彬彬　文質指文華與質樸，在文論中是指文章的風貌以及作家的總體風貌特徵。劉勰認為文章應如經書那樣，有文有質，文質彬彬，不過文過質。其另一種提法是風骨（偏於質）與采二者兼備。為挽救當時文章過文之病，他大力提倡風骨；但對文采又很重視，對聲律、駢偶等多種修辭手法，各有專篇論述。他對注意吸取經書營養的東漢文章，評價很高。三、遵循各體文章的基本規格各種體裁文章，各有其正常的體制規格，必須遵守。對某些違反常規的作品和議論，劉勰舉例加以批評。

　　**關鍵詞**：正、奇、質、文、綱領之要

　　《文心雕龍》一書談到了不少文學理論批評問題，談得還頗有系統，並時有精采見解，因此可以視爲一部文學理論書籍。但其寫作本意，則在於指導寫作，全書內容重點，也着重在寫作原則和寫作方法方面，因而關於作品的藝術標準、藝術形式和技巧的問題，談得最多。本文擬就該書談藝術標準問題，分三個主要方面進行分析。

## 一、主張執正馭奇，反對逐奇失正

　　正，指文風雅正；奇，指文風奇特。劉勰並不籠統地反對奇，他肯定優良的奇麗、奇偉等文風，但批評奇詭的不正文風。他主張作文應堅持雅正的原則，以它爲基幹，駕馭運用奇辭異采，反對片面地追求新奇而喪失雅正。在〈序志〉篇中，劉勰表明寫作《文心雕龍》一書，宗旨在於闡明寫作之道，所謂「夫文心者，言爲文之用心也。」而其寫作緣由則是當時文風不正，〈序志〉篇曰：「去聖久遠，文體解散，辭人愛奇，言貴浮詭，飾羽尚畫，文繡鞶帨，離本彌甚，將遂訛濫。」對於當時（指南朝宋、齊時期）文人片面追求文辭豔麗而形成的奇詭文風，深致不滿，因而企圖寫作《文心雕龍》一書來闡明寫作正道，挽救時弊。

　　逐奇失正的現象，在藝術上突出地表現爲追求夸張的描寫，文辭淫麗煩濫。〈情采〉篇曰：「諸子之徒（指辭賦作者），心非鬱陶，苟馳夸飾，鬻聲釣世，此爲文而造情也。故爲情者要約而寫真，爲文者淫麗而煩濫。」即是此意。其次，又表現爲違背常規，故意顛倒詞句。〈定勢〉篇曰：「自近代辭人，率好詭巧，原其爲體，訛勢所變，厭黷舊式，故穿鑿取新。察其訛意，似難而實無他術也，反正而已。故文反正爲乏，辭反正爲奇。效奇之法，必顛倒文句，上字而抑下，中辭而出外，回互不常，則新色耳。」

劉勰認爲，文學作品的逐奇失正，來自兩個歷史時期。一是來自楚辭、漢賦，形成文辭的繁冗淫麗，他說：

> 是以詩人（指詩三百篇作者）感物，……並以少總多，情貌無遺矣。……及〈離騷〉代興，觸類而長，物貌難盡，故重沓舒狀，於是嵯峨之類聚，葳蕤之群積矣。及長卿之徒，詭勢瓌聲，模山範水，字必魚貫，所謂詩人麗則而約言，辭人麗淫而繁句也。（〈物色〉篇）

> 自宋玉、景差，夸飾始盛。相如憑風，詭濫愈甚。故上林之館，奔星與宛虹入軒；從禽之盛，飛廉與焦明俱獲。……（舉〈甘泉賦〉、〈東都賦〉、〈西京賦〉等例），驗理則理無可驗，窮飾則飾猶未窮矣。（〈夸飾〉篇。此例兼及內容、藝術兩方面。）

這種繁冗淫麗的現象，至魏晉南朝沿襲不衰。如陸機的詩文，詞句繁冗，劉勰常加以指摘。又如以謝靈運爲主的劉宋初期的山水詩，〈明詩〉篇評曰：「儷采百字之偶，爭價一句之奇，情必極貌以寫物，辭必窮力而追新，此近世之所競也。」對其繁富新奇，在敍述中也寓有貶意。對此，〈宗經〉篇曾慨歎「楚艷漢侈，流弊不還」。實際文學作品的描寫，大抵日趨細緻，後來居上，〈物色〉篇以《詩經》的簡約描寫爲極則，對楚辭、漢賦以來的富艷描寫多加指摘，是片面而保守的。

二是來自劉宋初期以謝靈運、鮑照爲代表的奇詭文風。〈通變〉篇曰：「楚漢侈而艷，魏晉淺而綺，宋初訛而新。」楚辭、漢賦的侈艷，已如上述。下面再略說訛而新。〈序志〉篇所謂「辭人愛奇，言貴浮詭」，與〈通變〉篇意思相通。謝靈運山水詩句有云：「白雲抱幽石，綠篠媚清漣」（〈過始寧墅〉）；「春晚綠野秀，巖高白雲屯」（〈入彭蠡湖口〉），句中抱、媚、屯諸字，均表現出「極貌寫物」、「窮力追新」的特色。至於〈定勢〉篇所謂「顛倒文句」之病，近

人孫德謙在其《六朝麗指》一書中曾舉出例子：鮑照〈石帆銘〉的「君子彼想」，恐是「想彼君子」；江淹〈恨賦〉中的「孤臣危涕，孽子墜心」，危、墜兩字當互易位置。〈體性〉篇曰：「新奇者，擯古競今，危側趣詭者也。」也是批評劉宋初年以來的奇詭文風，「今」指宋、齊近代。又〈通變〉篇曰：「今才穎之士，刻意學文，多略漢篇，師範宋集。」還指出因而形成「競今疏古」、「近附而遠疎」的創作風氣。這裏所謂「宋集」，指劉宋名家鮑照等人的文集，所謂「漢篇」，指〈體性〉篇所提到的漢代賈誼、揚雄、劉向、班固等名家篇什，而非指以司馬相如、王褒为代表的漢賦侈豔文風。

　　爲了糾正上述兩種不正文風，劉勰提出作文必須宗法儒家經典（指《五經》）的主張。他認爲如能宗經，則文章可以獲得「六義」之美，則「一則情深而不詭，二則風清而不雜，三則事信而不誕，四則義貞而不回，五則體約而不蕪，六則文麗而不淫」。此處情深、事信、義貞三項，屬思想內容方面，非本文論述範圍，姑置不論。風清、體約、文麗，指風貌清明、體制要約、文辭雅麗，三者屬藝術形式方面，是雅正文風在藝術上的主要表現，是儒家經典文風的主要藝術特徵，應作爲師法的主要對象。而與風清等相對立的雜亂、繁蕪、淫濫等則是逐奇失正的文風，是上述不正文風的主要表現，應予以擯棄。劉勰對《五經》以後發展起來的文學作品的奇辭異采，也很重視並主張吸取，因而提出了宗經酌騷、執正馭奇的主張。〈辨騷〉篇通過分析，指出楚辭有同於風雅的典誥一面，又有異乎經典的夸誕一面，因而主張酌取楚辭奇麗而不失雅正的一面。〈辨騷〉篇末曰：「若能憑軾以倚雅頌，懸轡以馭楚篇，酌奇而不失其貞，翫華而不墜其實，則顧盼可以驅辭力，欬唾可以窮文致。」這裏以《詩經》的雅頌代表儒家經典，認爲作文取法古代作品，應以《五經》爲倚靠的基幹，以楚辭爲駕馭酌取的對象。

劉勰很重視文采。他不但主張充份吸取楚辭的奇辭異采，而且主張對楚辭以後文學所表現出來的並不失正的文采，也應當分別酌量吸取。〈正緯〉認為緯書「事豐奇偉，辭富膏腴，無益經典而有助文章」。〈夸飾〉贊美漢代以來辭賦的夸張手法曰：「至如氣貌山海，體勢宮殿，嵯峨揭業、熠燿焜煌之狀，光采煒煒而欲然，聲貌岌岌其將動矣。莫不因夸以成狀，沿飾而得奇也。」〈物色〉贊美劉宋以來的山水文學曰：「自近代以來，文貴形似，窺情風景之上，鑽貌草木之中。吟詠所發，志惟深遠，體物為妙，功在密附。故巧言切狀，如印之印泥，不加雕削，而曲寫毫芥。故能瞻言而見貌，即字而知時也。」表明他對緯書、辭賦、山水詩文的文辭和藝術技巧都有所肯定，這是符合他執正馭奇的原則的。

## 二、主張有文有質，文質彬彬

劉勰主張文章在語言運用、風貌展示方面，既有文采，又有質樸，文質結合，達到文質彬彬的境界。

文質並提，最早見於《論語・雍也》：「子曰：質勝文則野，文勝質則史。文質彬彬，然後君子。」何晏《論語集解》解釋道：「包咸曰：野，如野人，言鄙略也。史者，文多而質少。彬彬，文質相半之貌。」邢昺《疏》：「彬彬，文質相半之貌，言文華質樸相半彬彬然，然後可為君子也。」包咸、何晏、邢昺都把文質理解為文華和質樸，文與質都是指一個人的文化修養、禮儀節文、言談舉止等而言。孔子認為一個人如果缺少文化修養，言辭樸拙，不講禮儀，便如同草野之人；相反，如果過份文飾言辭，講究繁文縟禮，就如同那些掌管文辭禮儀的史官，多虛浮不實之語。文與質相半，不過份偏向一方，那才是既有文化修養，又不虛浮不實的君子。後來魏晉南北朝以至唐代的文論，常常借用《論語》這段話來評論文

學，指文章的文華與質樸，指以語言爲基礎的文與質兩種不同文章風貌以及作家的總體風貌特徵。劉勰亦是如此。文與質，在南朝以至唐代的文論中，均指文學的藝術風貌特徵，至於以質指作品的思想內容的，那只是個別場合。

　　劉勰竭力主張文章應有文有質，文質兼備。他認爲儒家《五經》文風的首要特徵便是文質兼備。〈徵聖〉篇曰：「然則聖文之雅麗，固銜華而佩實者也。」此處「銜華佩實」，即指有文有質。上文提到，〈宗經〉篇認爲文章如能宗法經書，便能做到「風淸而不雜，體約而不蕪，文麗而不淫」。「文麗而不淫」，指文辭具有文采但不過份，而風貌淸明、體制要約，是指文章寫得明朗扼要而不蕪雜，它是質樸文風的體現。〈通變〉篇論自上古至劉宋歷代文風的大勢曰：「黃唐淳而質，虞夏質而辨，商周麗而雅，楚漢侈而豔，魏晉淺而綺，宋初訛而新。」指出商周兩代（《五經》的主要產生年代）文風既美麗又雅正，有文有質，最爲理想；其前之文風過質，其後之文風過文，各有偏向。這裏通過縱向比較，闡明了作文必須宗經的理由，而其衡量標準則是文質彬彬。

　　劉勰大力提倡文章應有風骨。〈風骨〉篇指出，風骨的特色是「明以健」，「風淸骨峻」，即文風明朗剛健。又認爲雉鳥羽毛鮮豔但飛翔不能高遠，是由於「肌豐而力沈」；鷹隼羽毛缺乏文采却能翱翔高空，是由於「骨勁而氣猛」。這裏以雉鳥比喻文采豔麗但缺乏風骨的作品，以鷹隼比喻飽含風骨但缺乏文采的作品。可見風骨作爲文風，偏於質樸。劉勰大力提倡風骨，是爲挽救南朝文章文有餘而質不足的弊病。他理想的文風則是風骨、文采二者兼備，有質有文。以禽鳥相比，則應如鳳凰那樣，既羽毛藻耀，又能高翔。〈通變〉篇指出，魏晉以迄宋初的文章，「風末氣衰」，即風力不振，接着認爲要矯正「魏晉淺而綺，宋初訛而新」的弊病，還應宗

法經書，如此方能「斟酌乎質文之間」，做到有文有質，更顯示出劉勰提倡宗經以挽救時弊、追求文質彬彬文風的苦心。

　　劉勰主張文質兼備，因此他不但提倡風骨，也重視文采。《文心雕龍》下半部〈聲律〉以下八篇集中討論文采（修辭手段），其中〈麗辭〉篇講對偶，〈聲律〉篇講聲韻，〈事類〉篇講用典，此外〈比興〉、〈夸飾〉、〈練字〉、〈隱秀〉諸篇則大致上是講辭藻。它們都是討論作品的語言之美。駢體文章所講求的諸種語言美現象，劉勰不但分別作了專門系統的論述，而且都加以肯定，認爲這是文章所必需的，還往往指出諸種修辭手段在經書中已經出現，到後代又有所發展。在劉勰看來，提倡文必宗經和肯定駢體文學是可以統一而不是矛盾的，因爲駢體文學也淵源於經書。在〈聲律〉諸篇之前，劉勰安排了〈情采〉一篇，指出文采是爲表現情性服務，不能爲文而造情，形成文辭「淫麗而煩濫」的現象。這裏表明在詳細論述文采之前，他提醒人們不應當片面追求文辭的豔麗。

　　從《文心雕龍》全書，可見劉勰對東漢文學評價甚高。〈才略〉篇列舉東漢著名作家作品，篇幅超過西漢。〈時序〉篇曰：「中興之後，群才稍改前轍，華實所附，斟酌經辭，蓋歷政講聚，故漸靡儒風者也。」這裏指出東漢文風的主要特色是有華有實，文質兼備，而此種文風得力於能吸取儒家經書文辭的營養，並糾正了西漢賦家枚乘、司馬相如、王褒等作品文辭淫侈的偏向。又〈事類〉篇指出東漢著名作家崔駰、班固、張衡、蔡邕等，其作品能「捃摭經史，華實布濩，因書立功，皆後人之範式也」，說明東漢大文豪班固等因爲能夠吸取經書、史書的營養，因而能有華有實，即文質兼備。〈才略〉篇評馬融曰：「馬融鴻儒，思洽識高，吐納經範，華實相扶。」指出大學問家馬融的文章能充份吸收經書典範性的成就，因而做到「華實相扶」，即文質結合。經書文辭的一大特色是典雅，

劉勰常用「雅」字評東漢名家的作品。如評張衡〈應間〉曰：「密而兼雅。」（〈雜文〉）評蔡邕爲「精雅」（〈才略〉），其碑文「綴采也雅而澤」（〈誄碑〉）。對班固，更是屢以「雅」字予以贊美。〈詮賦〉有曰：「孟堅〈兩都〉，明絢以雅贍。」〈封禪〉肯定其〈典引〉「雅有懿采」。〈史傳〉評《漢書》有曰：「其十志該富，贊序弘麗，儒雅彬彬，信有遺味。」我們細讀《文心雕龍》，不難發現其文辭淵雅而有文采，多四字句，從容不迫，其風格與班固、蔡邕的文風頗爲接近，無怪對班固、蔡邕等要大力贊揚了。由此也可見，劉勰的寫作實踐和理論批評是一致的。

　　奇正、文質都是一對矛盾，劉勰主張執正馭奇、文質彬彬，都主張二者的統一，表明他具有辯證眼光。但奇正、文質兩對術語既有聯繫又有區別。奇正涵蓋思想和藝術而言，是大前提，所以在全書總綱中加以強調。文質著重就文辭風格而言，因全書重點研討藝術，故在評論中屢屢指出。《五經》以前的黃唐虞夏之文偏於質，但還是正的；楚漢以至劉宋之文，往往文采過份，其中有逐奇失正的一面，但也有可資采擇的一面，這就是「馭奇」。作品應有文采，但文采過份而流於淫麗煩濫，那就是失正而走入邪路。〈征聖〉篇曰：「《易》稱『辯物正言，斷辭則備』；《書》云『辭尚體要，不惟好異』。故知正言所以立辯，體要所以成辭。」此處引《周易》強調「正言」，引《尚書》強調「體要」，是劉勰評論文章的兩大原則。前者是執正棄邪主張的概括。後者強調體要，要求文章寫得精要而不繁冗蕪雜，寓有反對文辭淫麗之意，與文質兼備、文質彬彬的主張相通。可見上述主張執正馭奇、文質彬彬二者，確是劉勰文學觀念的核心所在。[1]

---

1 參考拙作《〈文心雕龍·序志〉「先哲之誥」解》，收入拙著《文心雕龍探索》，上海古籍出版社 1986 年版。

## 三、主張遵循各體文章的基本規格進行寫作

　　《文心雕龍》上半部自〈明詩〉至〈書記〉二十篇，分別論述各體文章的名義、淵源沿革、著名作家作品、寫作規格等，其中以「敷理以舉統」項論寫作規格一項爲核心。〈明詩〉「敷理以舉統」項開頭說：「故鋪觀列代，而情變之數可監；撮舉同異，而綱領之要可明矣。」所謂「鋪觀列代」、「撮舉同異」，是指「原始以表末」、「選文以定篇」兩項中對歷代作家作品的評論。這說明劉勰論述這兩項，其最終目的是使人們明瞭、掌握綱領之要，即文章的體制。〈通變〉曰：「是以規略文統，宜宏大體。先博覽以精閱，總綱紀而攝契。」文統，即「敷理以舉統」之「統」；大體，即體制；博覽精閱，是「原始」、「選文」兩項引導讀者閱覽各體作品；綱紀，即綱領之要。這四句話可說是對「敷理以舉統」一項重要性和做法的簡括說明，也是對通過「原始」、「選文」兩項促進讀者明瞭、掌握大體的旁證。

　　劉勰把體制稱爲大體、體、大要、綱領之要等等，如：

　　夫盟之大體，必序危機，獎忠孝，……感激以立誠，切至以敷辭。（〈祝盟〉）

　　原夫哀辭大體，情主於痛傷，而辭窮乎愛惜。（〈哀吊〉）

　　原夫茲文之設，乃發憤以表志。……此立體之大要也。（〈雜文〉）

〈通變〉篇說：「凡詩賦書記，名理相因，此有常之體也；文辭氣力，通變則久，此無方之數也。名理有常，體必資於故實；通變無方，數必酌於新聲。」這裏指出，詩、賦、書、記等各種不同體裁，因其內容形式各有其特點，決定了它們具有不同的體制規格。所謂「名理相因」，「名」指詩、賦等文體名目，「理」即指「敷理以

舉統」之理，指各種文章的寫作要求和規格；名理相因，是說依據文章的體裁而確定其體制。劉勰認爲，文章的體裁及其體制，都是有常規的，必須徵取故實，參照過去的各類有關作品作爲規範，它們不像用詞造句那樣可以變化多端。氣力，即氣骨、風骨，文辭氣力，即指文章中文采、風骨的運用情況。劉勰認爲，文章中文采、風骨的運用、結合情況（即文質結合情況）是可以變化多端的。文章必須文質兼備，文質彬彬，但文質的具體運用與變化，則是沒有常規的。〈通變〉篇即着重論述這方面的問題。

在〈明詩〉以下二十篇的「敷理以舉統」部份，劉勰除正面闡明各體文章的體制規格外，有時還指出它們不應採用的寫法。如〈哀吊〉篇曰：

> 夫吊雖古義，而華辭未造，華過韻緩，則化而爲賦。固宜正
> 義以繩理，昭德而塞違，割析褒貶，哀而有正，則無奪倫矣。

指出吊文不宜過多運用華辭，使之流爲賦體。〈論說〉曰：

> 凡說之樞要，必使時利而義貞，進有契于成務，退無阻於榮
> 身。自非譎敵，則唯忠與信。披肝膽以獻主，飛文敏以濟辭
> （按這裏涉及內容文辭兩方面），此說之本也。而陸氏直稱
> 「說煒曄以譎誑」，何哉？

這裏說明說辭正常情況應當重視內容忠信，思路敏捷而辭鋒銳利，批評陸機〈文賦〉對說辭特點闡釋不正確。劉勰還對過去作家的某些作品在體制方面有背於正規的現象提出批評。如〈頌贊〉篇曰：「至於班、傅之〈北征〉、〈西征〉，變爲序引，豈不褒過而謬體哉？」這是批評班固、傅毅所作的〈竇將軍北征頌〉、〈西征頌〉，褒美之辭過多，變爲序、引一類文體，和頌體的正常規格不合。〈誄碑〉篇曰：「至如崔駰誄趙，劉陶誄黃，並得憲章，工在簡要。陳思叨名，而體實繁緩，〈文皇誄〉末，百言自陳，其乖甚矣。」這

裏一面肯定崔駰、劉陶的誄文寫得簡要得體，一面批評曹植的〈魏文帝誄〉文體繁緩，用百來字自述哀思，有乖誄辭之體制。從上述正反兩方面情況可見劉勰對各體文章必須遵循正常的體制規格這一點，是十分重視的。

在〈序志〉篇中，劉勰慨歎當時「去聖久遠，文體解散」，所謂「文體解散」，當即指文章破壞了必須遵循的體制規格。〈序志〉下文又稱當時「辭人愛奇，言貴浮詭」，指責當時文風片面追求新奇，文辭浮豔詭異。不遵循各體文章的正常體制規格，使文體解散，是一種失正的現象，而其形成原因，又與當時文人用詞造句追求浮詭（即文采過於新豔、文勝於質）有密切關係。可見作文應遵循各體文章的基本規格與前述第一、二兩項執正馭奇、文質彬彬有着緊密的聯繫。

《文心雕龍》全書可分四個部份。〈原道〉以下五篇爲第一部份，爲全書總綱，以執正馭奇爲指導思想。〈明詩〉以下二十篇爲第二部份，分論各體文章，以論體制規格爲核心，故以遵循各體文章的基本規格爲指導思想。〈神思〉以下十九篇爲第三部份，論用詞造句、篇章結構、體貌風格等，重點論文章藝術，以文質彬彬爲指導思想。（執正馭奇、文質彬彬二者，實際也是全書的指導思想，但在書的第一、三部份表現尤爲鮮明突出。）〈時序〉以下五篇爲雜論，涉及面較廣，沒有一個統一的指導思想。最後一篇爲〈序志〉，是自序。故我認爲本文所述三項，可以視爲全書最重要的藝術標準。

# 試論《文心雕龍》文章作法理論中的
# 徵聖・宗經主義

日本　福岡大學人文學部
甲斐勝二

　　內容提要：《文心雕龍》很重視五經和儒家聖人，這誰也不會否定的。除了在冒頭三篇裡以「原道」「徵聖」「崇經」而主張重視聖人經典以外，《文心》各篇裡面也經常能看到主張以經典文章爲模範寫作文章的句子。所以，很多研究家都認爲撰者劉勰以儒家經典放在最高的地位構建他的文學理論。對於劉勰崇經的觀點，有位先生以南朝當時尊敬儒學現象的歷史背景來說明[1]。這種解釋自然沒有錯誤。可是劉勰爲什麼如此重視經典呢？經典的文章和當時流行的騈文文體比較起來，有那麼模範性的文體嗎？這個問題，我覺得還值得研究。

一

　　研究《文心雕龍》的人都知道，劉勰雖然主張根據經典寫文章，可是他並不否定當時騈文富有技巧性的風格，而積極地講解當時流

---

1 參考《文心雕龍探索》（王運熙・上海古籍出版社 1986）所收《〈文心雕龍〉產生的歷史條件》。

行的文章技巧，在理論方面也積極承認駢文的存在理由。不過，把經典文章和駢文文章比較來看，還是不得不承認它們兩種文章風格是兩樣的[2]。劉勰重視經典文章，這是無可懷疑的。問題是他爲甚麼要一邊重視經典另一邊重視駢文？對於這個問題，我們可以說，這是劉勰個人思想回路的問題，所以不用考慮，他認爲應該這樣，那麼我們不得不順著他的思想回路來研究。可是，這個問題一直在我腦海裡。因爲，理論家主張自己的理論時，一般要依靠當時的認識基準來建設自己的理論。這樣才能帶有合理性，說服別人。如果有人主張一點兒也不依靠當時現實情況的理論，那就是荒唐無稽的空想，誰也不會理解。所以，劉勰主張徵聖‧崇經主義的文學理論的時候，當時的思想世界一定是要求知識分子如此這麼重視經典，而且對於當時來，那很可能是一般常識。

於是，我以前根據上面的情況寫文章，提出過我對這個問題的看法[3]。我的看法是這樣：當時儒學‧玄學‧佛學三學鼎立，儒家地位沒有東漢時代那麼高，可是一般思想上還有重視經典的情況。在當時的貴族門閥時代裡，寒士劉勰爲了確保當時寒門文章家的用文之地，把當時流行文體駢文聯繫到經典權威，給他們文章家的地位賦予了正當性，所以《文心雕龍》的理論一邊重視經典，另一邊重視當時文人經常用的修辭技巧。這個觀點基於寒門文士劉勰內面心理。

不過，我最近想到還有一個應該考慮的原因。那就是屬於當時

---

2 例如《中古文論十講‧3 南朝文人最重視駢體文學‧貳劉勰對漢魏六朝駢體文學的評價》（王運熙，復旦大學出版社 2004）：「爲了糾正後代的不良文風，劉勰認爲必須宗經。……問題是《五經》之文，在藝術上是否真如劉勰所說，是『麗而雅』『文麗而不淫』？我們知道，儒家經書中，只有《詩經》、《春秋左傳》堪稱文學作品，稱得上具有文采之麗。其他的經文，語言都是很質樸或者比較質樸，裡面僅有少數語句較有文采。劉勰把它們一概稱之爲麗，是誇大了它們的文學性的。」
3 參考《〈文心雕龍〉的基本特徵其二》《其三》（《中國文學論集》第 18 號 1989‧19 號 1990 九州大學中國文學會編‧原文日語）。

的語言環境方面的問題。

## 二

　　《文心雕龍‧序志》曰：「去聖久遠，文體解散，辭人愛奇，言貴浮詭，文繡鞶帨，離本彌甚，將遂訛濫。蓋周書論辭，貴乎體要，尼父陳訓，惡乎異端，辭訓之異，宜體要。於是搦筆和墨，乃始論文。」從這裡我們可以說作者劉勰為了糾正當時的不良文風，特別是為了解決「文體解散」「將遂訛濫」的情況，撰寫了《文心》。的確，《文心》上篇的文體論都針對各種各樣的文章體裁提出了各個文體的正當的文體概念和創作方法，我們能看出劉勰努力糾正當時的不良文風的具體情況。不過，劉勰注視的不只是文章體裁方面，而且針對語言表現方面和語法方面也是非常注意的。例如，《章句》曰：「夫人之立言，因字而生句，積句而成章，積章而成篇。篇之彪炳，章無疵也，章之明靡，句無玷也，句之清英，字不妄也。振本而末從，知一而萬畢矣。」所以應該注意辭句的安排。再則，「若辭失其朋，則羈旅而無友，事乖其次，則飄寓而不安。是以搜句忌於顛倒，裁章貴於順次，斯固情趣之指歸，文筆之同致也（《章句》）」。這些句子和《定勢》的句子：「文反正為乏，辭反正為奇。效奇之法，必顛倒文句，上字而抑下，中辭而出外，回互不常，則新色耳」相互對應。漢語原來沒有格變化，所以怎樣排列詞語是很重要的。分析語法的時候也分為五個因素，是「語素‧詞‧短語‧句子‧句群」[4]，裡面包含著「句群」的理由是有整個句群的理解才能理解一條句子的意思的緣故。我想劉勰講「勢」的時候，裡面還包含著語法上面的觀點。另外，劉勰對助詞方面也很注意：「詩人以兮字入

---

4　參考《現代漢語‧第四章語法‧第一節、語法概說‧三、五種語法單位》（華東師範大學出版社 1990）。

於句限，楚辭用之，字出於句外。尋兮字成句，乃語助餘聲。……
至於夫惟蓋故者，發端之首唱，之而於以者，乃劄句之舊體，乎哉
矣也者，亦末之常科。據事似閑，在用實切。巧者回運，彌縫文體，
將令數句之外，得一字之助矣。外字難謬，況章句哉。」在此劉勰
以助詞爲「外字」，沒有甚麼具體的語法說明，可是看「據事似閑，
在用實切。巧者回運，彌縫文體，將令數句之外，得一字之助矣。
外字難謬，況章句哉。」的句子，我們就知道劉勰對助詞的作用也
並不忽視。寫文章的人用助詞作句子的時候，誰也不得不注意其語
法上的作用。如果用錯了，那麼其句子就難懂了，有時候產生誤解，
有時候不成爲完整的句子，只是排列一些辭罷了。所以，劉勰曰：
「據事似閑，在用實切」，「外字難謬，況章句哉」的時候，我推
測，他的心裡除了字數問題以外，還有語法上用辭的問題。語法和
修辭技巧的關係，對漢語那種詞語的排列決定句子的意思的孤立語
言來說，原來是很密切的。劉勰當時還沒太注意語法上的問題，並
且《文心》不是語法論，而是文章作法論，所以劉勰在語法方面沒
太詳細地講罷了[5]。

　　在此，或許有位先生會認爲：我們誰也能講語言，其語言自有
其語法規律，所以我們才聽得懂語言，也能寫文章。如果沒有這些
規律，就不能互相了解，寫文章的人應該依據這些共同語言語規律
上寫文章，劉勰也一定是在這個前提上寫《文心》的，重視語法問
題是理所當然的，我們不用特別注意這樣的事情。是的，可是對我
來說，這個現象很有意思。因爲，他們怎樣地獲得這些文章語法規
律，這爲了理解《文心》徵聖‧崇經主義，成爲很重要的線索。

---

[5] 《魏晉南北朝文學批評史‧第二編‧第三章劉勰〈文心雕龍〉第二節〈文心雕龍〉
的宗旨和結構》（王運熙‧楊明上海古籍出版社 1989）曰：「從劉勰寫作此書的宗
旨看，從全書的結構安排和重點所在看，它原來卻是一部寫作指導或文章作法。」

## 三

　　我剛才提到：「寫文章的人應該依據這些共同語言語規律上寫文章」，不過，作家日用談話的母語同寫作語言不都是一致的，而經常不一致。只限日本的情況來看，雖然很多人會說我們所謂「國語」的日語，可是各地方的日語不完全是一樣。除了發音和詞彙的問題以外，語法上也有差別，例如，九州方言裡面有「當代國語」已經沒有了的動詞進行態。山陰方言的格助詞的用法也有和所謂「國語」的用法不對應的地方。一兩世紀以前的江戶時代的情況更是如此。所以明治政府為了統一，國家選擇關東某地方的方言作為標準語而叫「國語」，讓國民說這個「國語」。我們當代日本人差不多都會談話交流，可以說虧有簡從小時候開始學習這箇「國語」的緣故。從口語方面來講，如果用方言談的話，外地人不容易聽得懂，可是如果用國語談的話，假使口音很重，只要慢慢地說，就差不多能理解他要說的意思。從寫作方面來講，如果用方言寫的話，不知那種方言的人就不容易理解該當文章。不過，國語裡面的口語和書面語之間也有差別。很多人以為把口語直接寫下來就成為文章，可是這樣的文章一般不太好，難懂而看不下去。口語性比較強的句子要在書籍上發表的時候，經常修改為帶有書面語風格的文章，這樣才能看得下去。因為口語有口語的詞語和風格，而這些詞語和風格由說話環境培育出來；文章語言有它獨有的詞語和風格，而它的詞語和風格是由文章傳統培育出來的。並且口語環境帶有當代性和地方性，而文章語言雖然跟口語有密切的關係，但它是超越地域、超越時間，經過儲蓄而來的，有自己的發展規律。特別是，用漢語漢字培養自己語言文化的地方，都有豐富的寫作歷史，大有這種傾向。因為，漢字不跟歐美拼音文字一樣，有從古以來一直使用下來的歷

史，用漢字寫文章的時候，不能隨便根據說話的發音排列諧音漢字，而必須考慮漢字的訓詁，字體，發音以及其用法。如果你要寫出比較好的文章的話，不得不看很多篇帶有典範性的文章，背很多篇，努力獲得豐富的詞彙和術語，熟悉比較複雜的語法，再鍛鍊寫句子、組成文章的技巧。這樣才能寫出說服別人、感動別人的文章。從我自己的經歷看，從上小學以後開始學習的「國語（當然是日語）」課，為了學好寫作方法，下了很大工夫，學校越上級越該學習寫文章。如果在學校不學「國語」的話，我一定不會寫作，只會說口語罷了，而我的口語呢，小時一起游玩的小朋友們經常說：「你說的話，聽不懂。」

　　上面所講的是日本的例子，下面提一下國外的例子。著名的《文心》學者，雲南大學的張文勳先生也是一個漢語文章家，詩詞家。而他不是漢族，是白族。他小時候在雲南白族地區長大，白族地區當然都用白語說話，而白語沒有文字。白語裡面多有從漢語輸入的詞彙，可是他剛剛上學的時候，完全不懂漢語。他上學開始學習《三字經》以後一直學習漢語，到現在，雖然他說漢語還帶有地方性的口音，可是文章方面已經成為代表雲南的古代漢語文學家了[6]。說起口音，中國各地的年老教師們的口音也比較重。我在上海留學的時候，有一次拜訪蘇州大學的老師，我以前拜讀過他的文章，可是見面的時候他好像用吳語講話，那時候我聽得懂的只是兩三句。這不只是因為我漢語能力不高，還有口語和書面語的性格不一樣的緣故。各地方的口語有各地方的發音，外地人不容易聽得懂，而寫文章的話，一般沒問題了。當代著名作家賈凹平曾經說過：「不會說普通話」，可是他能「留言」，能用筆寫下漢語文學作品，我們可

---

6 《張文勳文集第五卷‧一個白族農村的教育遍歷》（雲南人民出版社‧香港文化傳播所 2000）

以欣賞他的作品[7]。這是因爲漢語文章有漢語文章獨特的詞彙和規律的緣故。如果學好漢語詞彙和語法規律，不會說普通話也可以寫漢語文章。這也是海外華文文學發達的基礎。

　　傳統漢語詩文的平仄規律也是如此。詩文的平仄本來是根據美感基礎創造的。就是研究朗誦的時候，怎樣安排四聲的話，聽起來最美。可是實際上，各個地方有各個地方的方言，一個方言聲調和另一個方言聲調之間雖然有對應規則，而比較各地的聲調情況的話，我們知道聲調的高低內容也各地方不一樣，例如：長沙陰去（屬於仄聲）和廈門陰平（屬於平聲）聲調都是 55（高高），那麼我們聽的時候就覺得差不多一樣吧[8]。如果用韻書裡面的語言來朗誦根據平仄規律排列的詩文，那麼聽起來覺得很好聽，可是用別的地方的口音來朗誦的話，就不能保證聽起來很美了。日本江戶時代，漢學家喜歡作所謂「漢詩」，作詩時他們也很注意排列平仄，但當時鎖國的日本裡面學會漢語的漢學家自然不多，那麼體會漢語平仄的人也不多。雖然如此，作漢詩的漢學家也要參考韻書分類，用平仄規律寫作詩文，所以日本也出版過幾種介紹怎樣用平仄規律作詩的書。爲什麼呢？這是因爲傳統詩文裡面有傳統詩文的規律而這些規律是很有保守性的。

　　總而言之，假使會說其語言，而不學寫文章的方法，那麼不容易寫作，尤其在口語和書面語之間相差較遠的語言環境當中。

## 四

　　上面所說的情況，在《文心》出現的六朝時代也差不多一樣。

---

7　《說話》：《美文》（周佩紅著‧上海古籍出版社 1999 ）所收。原載《新現象隨筆：當代名家最新隨筆精華》中央編譯出版社 1994。
8　參考「中國方言聲調對照表」（《現代漢語》華東師範大學出版社 1990）

　　劉勰長大的江南地區的口語，和洛陽地區不一樣，因爲南京‧鎮江當時還屬於吳語地區。所以南朝官場上雖然採用「官話」，可是談話的時候也有可能用吳語。例如：《南齊書‧王敬則傳》曰：「（王）敬則名位雖達，不以富貴自遇，危拱傍徨，略不嘗坐，接士庶吳語，而殷勤周悉。」《世說新語‧排調》曰：「劉真長始見王丞相（王導），時盛暑之月，丞相以服熨彈棋局，曰：『何乃淘。』劉既出，人問：『見王公云何？』劉曰：『未見他異，唯聞作吳語耳』」，當時有陳寅恪所謂：「江左士族操北語，而庶人操吳語」的情況，可是，這種北語也「蓋不純北，亦不純南，自成爲一種健康語耳」[9]。口語方面存在幾種方言的情況，有時候出現對這些方言好惡問題。例如，《南史‧儒林傳》引用陸陲的信曰：「凡聖賢所講之書，必以周官立義，則周官一書，實爲群經原本。此學不傳，多歷年世。北人孫詳、蔣顯亦經聽習，而音革楚夏，故學徒不至。」「音革楚夏」是離標準音很遠的意思。

　　對此，從寫作方面來講，跟國都在洛陽的後漢末期的文章相比，雖然文體風格上有些變化，可是其語法和基本詞彙差不多一樣，寫作方面已經有了寫文章的共同語法規律和基本詞彙。寫作世界一般帶有保守性，而且學文章的時候，不得不學習許多篇過去典範性的文章。當時史傳裡面經常看到「能屬文」「能屬文辭」的句子，這是根據這些文章語言的規律能寫文章的意思。這種文章語言就是現在我們所謂「文言文」，或者書面語[10]。

---

9　參考《世說新語箋疏‧排調》（余嘉錫撰　中華書局 1983）
10　實際上，文章語言詞彙和語法也有歷史變化的情況。可是在此，讓我在當時已經成立有共同規律的文章語言世界的假定上講下去。我以爲這個推測基本上沒有很大的錯誤。王力《古代漢語常識‧第一章甚麼是古代漢語》（人民教育出版社 1979）：「研究古代漢語部分時代，大致地說，也還是可以的。封建社會的文人們喜歡仿古，漢代以前的文章成爲他們學習的典範。中古和近代的文人都學著運用上古的詞彙和語法，他們所寫的文章脫離了當事的口語，盡可能做到古人的文章一樣……我們通常所謂古代漢語就是指的這種『文言文』。照原則說，文言文是不變的，所以我們

如果這樣，他們應該怎樣地學習而獲得到這種文章語言的詞彙和規律呢？《中國古代語文教育史》[11]介紹漢代閱讀教學教材曰：

一、《孝經》《論語》。這是漢代學童在「學書」之後，進一步學習的必讀書。……二、《五經》。即《易》《書》《詩》《禮》《春秋》。……三、諸《子》及其他。……武帝以後，雖說儒術定於一尊，學者讀《五經》外，也還有讀其他書的。（P 95-8）

對南朝閱讀教學的教材曰：

魏晉南北朝時期的閱讀教學，一般是在學童學完識字寫字教材，已經會認為寫一部分漢字之後開始的。這是沿用漢代的辦法。誦讀教材有一下一些。一，《孝經》‧《論語》。這是誦讀教學的必讀教材。從漢代以來就是如此。……二，《五經》。學童讀完《孝經》《論語》之後，一般接著就讀《五經》。……《五經》有的人全讀，有的人只讀一二經。有些人讀得快，很早就把《五經》讀懂了。當然，更多的人沒有讀完、或者讀不懂的。……三、《老子》《莊子》。這個時期學童讀《老》《莊》的大大增多，這是漢代所沒有的。……《莊》《老》在這時是顯學，所以許多學童很早要讀它。……四、詩賦文章。因為詩賦押韻、好讀，所以也常被選用為學童初學誦讀的教材。……「這些古詩和詞賦，有的人在讀了《孝經》《論語》以後讀，有的人將它和《孝經》《論語》同時讀。這時，文章也作教材，所以有《文章流別集》《昭明文選》等書的產生。五、史書。要求學童讀歷史書籍，大概因為考慮日後的需要。大致是和閱讀教學同步進行的。……」（p157-60）

從上面引文來看，雖然到了南北朝開始學《老子》《莊子》和詩賦文章等書籍，可是從漢代以來他們學文章的初步是《孝經》《論

---

可以部分時代研究古代漢語。」

11 《中國古代語文教育史》（張隆華‧曾仲珊著　四川教育出版社第二版 2000）

語》，學好了兩種書，然後才開始學習《五經》。那麼可以說學童通過學習經典的文章而獲得文章的基本規律。《五經》裡面沒有包含《孝經》和《論語》，可是《漢書·藝文志》把兩種書和小學書都收在《六藝略》，可以算為六藝的一部分。有意思的是《六藝略》孝經家裡面排列著《爾雅》《小爾雅》的小學書。對這個現象，李學勤先生從思想角度來說[12]：

> 《爾雅》、《小爾雅》何以歸入孝經家，王先謙也作了令人信服的說明。他引鄭玄《六藝論》：「孔子以六藝題目不同，指意殊別，恐道離散，莫知根源，故作孝經以總會之」又《駁五經異義》：「爾雅者，孔子門人所釋六藝之文，言蓋不誤也。」指出「爾雅與孝經同為釋經總會之書，故列入孝經家」。我們看《六藝略》孝經家還有《五經雜議》、《古今字》等書，可知漢代人的看法確是這樣。

《六藝略》裡面包含著小學書籍和《孝經》的情況，也可以從語文教育的觀點來解釋。我推測，當時學語文、學文字就是為了學經典，所以小學屬於《六藝略》。而《孝經》被算為學《五經》以前應該讀的入門書。學識字課本學好了一些漢字以後，開始專門學習經典文章，所以學習《孝經》的時候必要的字書也包含在孝經家裡面，用《爾雅》《小爾雅》學好《孝經》後，再開始學習《論語》《五經》[13]。如果這樣，《六藝略》裡面的排列法，反映著當時學經典的方法，很有意思。

到了南朝，學語文情況差不多一樣。熊承滌先生曰[14]：「這一時期，玄學、佛教和道教雖然盛行，但是統治者還需要儒學來進行

---

12 參考《小爾雅匯校集釋·序》（黃懷信撰 三秦出版社 2003）
13 如果這樣，我們要調查《爾雅》《小爾雅》和《孝經》的文章的關係。這是我以後的研究課題。
14 參考《中國古代學校教材研究》（人民教育出版社 1996）123 頁。

統治，儒家的經術仍然被重視，經學仍然在政治上起著重要作用。
學校的教學教材內容和取士授官主要是儒家經學。」漢代以來國家
經常建立國學以《五經》教授的現象說明《五經》跟國家的政治思
想有很大的關係，也說明他們學習文章的時候一直以《孝經》《論
語》和《五經》等經典文章爲他們的最基本典範文章的實際情況。
到了魏晉南北朝時代，不能只學經典寫文章，還需要學習幾種技巧
而適合當時必要的文章風格[15]，因爲當時流行的駢文的文章風格和
古老的經典不一樣。所以他們另外要學習《文章流別集》《昭明文
選》等文章教材學習對偶、典故等文章技巧。

　　在上面的學習語文的情況下，如果有人編輯文章作法論的話，
大概有三種創作論。第一是：最重視經典，以《孝經》《論語》《五
經》等經學的文章風格爲目標的創作論。這時候讓學生們學習的就
是經典。第二是：最重視當時流行文章，以當代流行的文章風格爲
目標的創作論。這時候讓學生學習的就是《文章流別集》《昭明文
選》等歷代詩文集裡面的文章。第三是折衷，根據當時學語文的實
際情況，首先學習經典的文章，然後再學當代文章技巧。這時候讓
學生首先學習經典文章作基礎，然後學習當代文章風格，就是要求
在經典文章基礎上作當代建築物，所以他們的課本是經典和歷代文
章。我以爲劉勰的《文心雕龍》就是站在第三的立場上構成他的創
作理論的。漢代先識字後學《孝經》《論語》然後再學五經的學習
方法成立以後，士人們差不多一直按著這個方法順次獲得學問、獲
得寫文章的方法。並且他們的學習方法，重視背誦和抄書[16]。《梁
書‧王筠傳》曰：「幼年讀五經，皆七八十遍。愛《左氏春秋》，

---

15 參考《中國古代語文教育史‧第四章魏晉南北朝的語文教育‧第六‧七節文章新變
　　與寫作訓練》
16 參考《魏晉南北朝教育制度史資料》（程舜英北京師範大學出版社 1988）179 頁。

吟諷常爲口實，廣略去取，凡三過五抄。余經及《周官》《儀禮》《國語》《爾雅》《山海經》《本草》並再抄。子史諸集皆一遍。未嘗倩人假手，並躬自抄錄，大小百餘卷」。

　　總而言之，我們可以說六朝的士人們首先以經典內容爲共同的基本教養而掌握，然後學習別門學問的情況了。劉勰一邊根據當時的士人教養，一邊參考當時的修辭技巧和當時文章風格，構成他獨特的文章作法論，這也沒有甚麼不合理的主張。跟劉勰一樣主張依據經典寫文章的裴子野的創作論《雕蟲論》可以說是站在第一的立場上而構成的。

## 結　語

　　如果我上面所提到的看法有一點道理的話，我們容易理解劉勰以經典爲基本構成其創作理論的緣故。這個理論是根據從漢代傳下來的學文章的基本階段而說的。劉勰認爲當時的人寫文章寫得很亂的原因是他們不學經典的基礎文體，而只學習楚漢以後的詩文文體，所以當代文章脫離應該帶有的共同規律、共同風格、共同思想越來越遠，其結果出現了「文體解散」「將遂訛濫」的情況。

　　對於學文章寫作法的學生來說，識字以後最初學習《孝經》《論語》，然後再學五經的時候，他們的心裡容易會發生以經典文章爲典範的心裡，產生以孔子爲聖人而崇拜的觀點。並且當時很多人學過經典的文章，那麼對他們來說，經典成爲基本文章表現的典範，他們寫文章的時候如果用經典文章的語法和詞彙的話，就能夠順利地表現自己要說的意思。可以說經典文章的影響或許在表面上不容易發現，可是給當時的文章家在意識方面賦予了很大的影響。然則，出現一邊崇拜儒家聖人而以經典爲典範，一邊參考當時文章技巧的文章作法論也難怪。因爲這個方法完全依據於當時學文章的基本順

次，用這個方法讓文士回歸於學習基本文章規律的階段，再確認基本文章風格的話，對矯正當時文章「將遂訛濫」的現象會很有效果。

南朝的貴族社會，跟漢代社會不太一樣，當時的貴族社會貴族子弟，連《詩經》《論語》也沒學過的情況往往有之，甚至只會寫自己的名字而缺少基本教養的子弟也出現[17]。當時的寫作世界，除了「飾羽尚畫，文繡鞶帨」的情況以外，寫作基礎上面有可能已經出現了「將遂訛濫」的情況。然則，當時出現像劉勰那樣回歸於經典重新學習文章的徵聖和崇敬主義的文學論也是理所當然的。

---

17 參考《顏氏家訓‧勉學篇》。《顏氏家訓》裡面有些跟《文心雕龍》類似的理論，可能有《文心雕龍》的影響。而當時學文章的一般情況來說，顏之訓講經典的重要性，也不難理解的。從漢代以來已經成立了的學寫文章的方法的觀點來說，經典有基本文章典範的地位，所以不得不重視經典。

# 《文心雕龍》中「情」的範疇研究

台灣　中興大學中文系
## 尤　雅　姿

　　內容提要：本論文旨在從「情」的關鍵地位盱衡劉勰所構築的「情」概念，及其與《文心雕龍》文論體系的伺應關係。「情」在《文心雕龍》的文學理論體系中，居於內部重心之地位，劉勰認為它既是人類的天性，也是創作的媒體，更是文學作品的內核，因而普遍且深入地闡述「情」的性質、作用及審美價值。除了專設〈情采〉一篇立論外，劉勰尚在《文心雕龍》其他一百多處討論到「情」，這些為數可觀的「情」字彙，是由多種語義層面所交織匯集而成的，包含性情、情志、情感、情緒、情理、情態、情實等，在這個辭義寬廣的概念範疇上，「情」，此一古典文學術語既可有其特定義，亦可與其他字結合成另種語詞含義。於是乎，劉勰遂得以在這個他精心所闢建的範疇上，逐層循序地闡發「情」在文學活動歷時過程中的性質與作用。由人類先天生具的性情而得與物色相召，繼而由物我交感喚起內在的情志，在觸發審美感興後展開了藝術神思，當情志轉譯於文本形式後，完成了文學創作活動。除縱向論述外，劉勰亦從並時結構上，關注「情」與文學審美要素，如采、風骨、勢、比興、物色等的有機協作。因此，「情」是啓開文學創作活動之金鑰，若能周全而確實地釐清「情」的概念範疇，既能見樹又見林地掌握不同語境中的「情」語義，又能據以搭建「情」和《文心雕龍》

文論系統的連結網絡。

　　**關鍵字**：文心雕龍、情、劉勰、情志、文學理論

## 一、緒　論

　　「情」在《文心雕龍》的文學理論體系中，是一個關鍵術語，也是一個重要命題。劉勰認爲文學審美活動的核心基質就是「情」，因爲「情」是有心之器的人類與生俱來的主體性情[1]，它可以指人類普遍具有的一般本性，也可以指某個特定對象的獨特性情；通過「情」的主觀條件，人得以在俯仰天地的生活經驗中，與物色相召相應，進而觸發了審美感興，刺激了藝術想像，啓動了文學創作工程，將情感、思想、物色凝鑄於文本形式之中。所以，「情」在《文心雕龍》的文論體系中，是職司文學活動開闔行止的樞機。

　　援生命體爲喻，劉勰將文章蘊含的情志比喻爲「猶形之包氣」（〈風骨〉）的神明血氣，它和「如體之樹骸」的文本形式表裡相生，其關係一如靈之與肉，相互依存，彼此共濟。因此，「情」遍透於《文心雕龍》的文論體系中，既貫通於一系列的文學活動進程，從創作零期、前期、中期、到完成期[2]，也輻射至各個文學的構成要素中，如體性、通變、定勢、情采、風骨、鎔裁、附會、物色…等。因此，翔實爬梳「情」的概念範疇，逐層辨析其語義層面所對應的語境，考察它和文學審美實踐歷程的往來聯繫，應能盱衡「情」在

---

1　《禮記·禮運》：「何爲人情？喜怒哀懼愛惡欲，七者弗學而能」《荀子·儒效》：「生之所以然者謂之性，性之好惡喜怒哀樂謂之情」《文心雕龍·明詩》：「人稟七情，應物斯感，感物吟志，莫非自然。」

2　指由未應物感發之前的本然性情狀態，到應感後動，有自覺意識的「在心爲志」，再由「志思蓄憤」後形成欲「爲情而造文」的創作意圖」，暨而展開神思以構意象，臨篇綴慮之際，情感、意象與文學積極磨合，最後發言爲詩，落筆成文。

《文心雕龍》文論網絡中的地位與作用，同時也可廓清「情」的義解，不至於寬泛的以情感，內容來作解釋。

　　關於「情」的論題探討，龍學先進亦多所著力，如王元化在《釋〈情采篇〉情志說》提到：「《文心雕龍》幾乎沒有一篇不涉及「情」的概念……照劉勰看來，作家的創作活動隨時隨地都取決於「情」，隨時隨地都需要「情」的參與，因此，他在〈情采篇〉提出了一句總括的話說：『情者文之經』。」[3]王師更生在《文心雕龍總論》談及劉勰「情采並重」的文學觀時說：「作品不外兩大元素的結合，一是內容，一是形式。內容指思想、情感；形式指文辭、藻采。無內容不足以充實形式，無形式不足以表達內容[4]。」又如劉永濟在《文心雕龍校釋》中注意到「情」的概念範疇，他說：「凡篇中所用「風」、「氣」、「情」、「思」、「意」、「義」、「力」諸名，屬「三準」之「情」，而大要不出情、志二者。」[5]其餘學者或從「物情言」之關係立論[6]，或針對「情志」一辭的辨析進行言志說與緣情說的創作觀討論[7]，或就「六觀」而論《文心雕龍》全書文論體系的文情之意[8]，或作〈情采篇〉之句法解說[9]。前賢的研究各有所獲，但尚未逐層分級地為「情」的概念作一立體圓觀的說明。因此，本論文的研究義旨擬在前賢的基礎上，更進一步地觀照「情」在《文心雕龍》理論網絡中的對應。

3 參王元化著：《文心雕龍講疏》，台北：書林出版社，1993 年出版。第 183-184 頁。
4 參王師更生著：《文心雕龍讀本》，台北：文史哲出版社，1984 年出版，第 28 頁。
5 轉引自周振甫主編：《文心雕龍辭典》北京：中華書局，2004 年出版，第 592-593 頁。又可參劉永濟：〈釋劉勰的「三準」論〉，收錄於甫之，涂光社主編：《文心雕龍研究論文選》濟南：齊魯書社，1987 年出版，第 731-739 頁。
6 詳參牟世金：〈文心雕龍的總論及其理論體系〉《中國社會科學》1981 年二期。
7 王元化：〈釋《情采篇》情志說 —— 關於情志：思想與感情的互相滲透〉收錄於氏著：《文心雕龍講疏》，第 183-187 頁。
8 參張炳煊：〈文情說發微三題〉，《武漢大學學報》，1993 年 3 期。
9 參黃春貴：〈文心雕龍·情采篇句子分析〉，收錄於《文心雕龍國際學術研討會論文集》台北：文史哲出版社，2000 年出版，第 467-489 頁。

在理論方法的應用上，本文將參照現象美學派文論家米・杜夫海納（Mikel Dufrene）關於「情感範疇」的學說和符號學派美學家蘇珊・朗格（Sussane K.Langer）的「情感符號」說。這兩位在二十世紀卓有聲譽的藝術理論家，前者主張情感是一種認識的特徵，它是經驗的先驗條件，是一種現實的源泉，透過情感，現實才屬於主體，藝術才有構成的根據。因此，通過符號，直接賦予意義的，正是情感特質。後者主張文學作為一種審美符號類型，具有強烈的情感表現性。很明顯的，他們的觀點和一千五百年前的劉勰有英雄所見略同之處，[10]本文希望透過古今中外的文論交流，能新闢一個古典文論與當代文藝思潮的對話空間。

## 二、「情」的範疇

《文心雕龍》全書出現「情」字之處計有四十篇一百四十五處，這些為數可觀的「情」字經常與其他文字構成詞組或搭配為雙音節的辭彙，不論在涵義上，或是辭彙形式上，都相當豐富。劉勰配組的「情」字辭彙約三十種，包括情性、性情、情理、情變、情偽、事情、文情、世情、俗情、情術、情數、才情、情貌、風情以及情怨、傷情、哀情、情志和情源、情本、情華、情致、情韻、情位、情趣、辭情等，它們以「情」作為「性質」解的「情」語義為內核，在劉勰的系統思維及邏輯概念的指揮下[11]，發展成三層類聚以貫的

---

10 參〔法〕米・杜夫海納著、韓樹站譯：《審美經驗現象學》北京：文化藝術公司，1996 年出版。以及〔美〕蘇珊・朗格著、劉大基等譯：《情感與形式》台北：商鼎文化出版社，1991 年出版。

11 一般認為劉勰的《文心雕龍》受限於駢文審美規範的制約，而有講究形式，將就意義的現象。以上述數十個「情」詞組來看，它們經常被認定是一群相近的詞義，其所以有單字上的差異，應當只是劉勰為避重出而採用的遣詞手法所造成，以故學界多寬泛含糊地將它們訓詁為「文章的內容」。然而，我們不能忽略在文學層面之後有一套嚴密的邏輯思維、概念思維，它是劉勰推展其文學理論的犀利策略，劉勰將「情」的各種概念一網打盡地集合起來，使之類聚為一個範疇，在「情」的範疇內，不同的「情」概念從本然屬性到變異狀態，從內部原理到外部現象，既有其差異性，

語義層面，第一層指的是萬物的本然性質及依此本性所發展形成的狀態。「情性」、「性情」、「情理」、「事情」、「文情」、「世情」、「情貌」等屬之。第二層指的是人類總體的心靈活動，包含直覺、想像、記憶、感官知覺、理性活動、感性活動、生命意識、歷史情懷、道德情操、終極關懷等皆是。「情怨」、「情傷」、「哀情」、「情志」等屬之。第三層指的是文學的內容總稱。凡是澆鑄於文本形式的意蘊，包括第一層及第二層涵義的「情」，不論是萬物的原理、世間的現象、物色的容態或作家個人的情感體驗、智性思辨、人生懷抱等皆屬之，劉勰凡是使用單詞「情」，或是「情本」、「情志」、「情源」、「情理」、「情華」、「情致」、「辭情」、「風情」、「情數」…等多從屬於這個意義範疇。[12]以下依這三類語義闡明「情」的指涉概念：

## （一）、性　質

《荀子・正名》說：「生之所以然者謂之性。」根據劉勰的形上思想體系，「情」指的正是萬物「生之所以然」的本性，它是源自於「道」的「德」分化成萬物各自的本然屬性，是萬事萬物所據以形生勢成的本質。人有人性，事有事情，物有物理，每一具體顯現的客觀存在物，不論是它的發展狀況，或是外觀上的樣貌、狀態，包含人自身，以及社會界、自然界的存在現象，一律遵循各個事物的內部屬性、結構原理而形成。這是最廣義的概念。[13]

---

也有其統一性。若由這個線索觀察，將有利於審辨「情」的概念體系。在〈原道〉，劉勰曾秉持其一貫的概念思維，成功地布建了「文」的範疇。可參尤雅姿：〈文心雕龍的形上思想及其在文學理論上的布建與轉化〉，收錄於《第五屆魏晉南北朝文學與思想學術研討會論文集》台北：里仁書局，2004 年出版，第 5-6 頁。

12 蔣凡、羊列榮在〈劉勰《文心雕龍》與理性主義的理論思辨〉一文中指出劉勰具有思辨性強的概念思維，能將豐富而具體的理論內容歸納為某一範疇，文說：「劉勰的文學理論已初步呈現範疇體系之規模，即以範疇為綱去展開理論的具體內容。我們要特別指出這一點，是因為在古典的理論著作中，是極少有這種體例的。」收錄於《文心雕龍國際學術研討會論文集》，第 95-97 頁。

13 〔美〕宇文所安說：「『情』指一個主體的主體性或主體的本性，在這個意義上，

　　劉勰在《情采》曾舉五種物體爲喻，說明「情」的內在屬性主導著物體的外觀狀態，它們是水、木本植物、虎豹文獸、犀兕革甲和麗質天生的佳人，《情采》：「夫水性虛而淪漪結，木體實而花萼振，文附質也。虎豹無文，則鞹同犬羊，犀兕有皮，而色資丹漆，質待文也……夫鉛黛所以飾容，而盼倩生於淑姿；文采所以飾容，而辯麗本於情性。」

　　「情」的形上概念既已給定後，劉勰就爲文學創作理論覓得了活水源頭，從體性論、風骨論、情采論、才略說、物色說、感物說……劉勰都可以據此制高點進行論證，例如他在《通變》談及「設文之體有常，變文之數無方」就舉植物的通性與別性爲喻：「論文之方，譬諸草木，根幹麗土而同性，臭味晞陽而異品矣。」其餘亦然。

　　由於文學活動的主體是「人」，所以，劉勰著重於人的性情探討，包括著普遍客觀的人類天性和具體主觀的作家才性。就人性稟賦而言，劉勰認爲人是三才之一，是性靈所鍾、五行之秀的有心之器，他是具有智慧、生命意識、敏銳的知覺、能創造文明的萬物之靈，《序志》有言：「夫人肖貌天地，稟性五才，擬耳目於日月，方聲氣乎風雷，其超出萬物，亦已靈矣！」人由於與生俱來的性情使然，因而能以一個有著靈性的血肉之軀和世界交涉，既能憑藉耳目感官知覺去體驗這個時空物色，也能思考、反省、判斷、詮釋、表述這些人生活動經驗，因此，人的性情，是文學實踐的根源動力，是創作的先驗條件。[14]《明詩》說：「人稟七情，應物斯感，感物

---

　　「情」與「性」十分接近，二者在詞源上有關係。因此，「情」既指特定情況下的「主體狀態」，也指某個人的主體性情。」見氏著王柏華、陶慶梅譯：《中國文論：英譯與評論》上海：上海社會科學院，2003 年出版，第 656 頁。吳林伯在《文心雕龍義疏》中說：「……古人心中的「情」，或者狹義地指喜、怒、好、惡，或者廣義的指客觀存在。」武漢：《武漢大學出版社》，2002 年出版，第 368 頁。

14 這層含義的「性情」相當於杜夫海納的「情感先驗」，杜夫海納認爲「情感先驗」是一個世界能被感覺的條件，作爲一個具體主體的人，他之所以能體驗、能思維、能感覺，能和世界進行活生生的聯繫，並把這些經驗納入審美世界，構成形式，賦

言志，莫非自然。」闡明文學創作活動的進程是由性情而感物，由感物而言志，《體性》說：「夫情動而言形，理發而文見，蓋沿隱以至顯，因內而符外者也。」《情采》也談到：「立文之道，其理有三：一曰形文，五色是也。二曰聲文，五音是也。三曰情文，五性是也。五色雜而成黼黻，五音比而成韶夏，五情發而爲辭章，神理之數也。」因知「性情」是劉勰認定的藝術創作前提，就閱聽活動而言亦然。「性情」作此語義解釋的文本有：《原道》：「雕琢性情」、《徵聖》：「陶鑄性情」、《宗經》：「義既埏乎性情」、《明詩》：「持人情性」、《體性》：「情性所鑠」、《情采》：「吟詠情性」。

　　以上是就「性情」之客觀共相而言，從主觀殊相來看，人心不同、各師其面。每位作家的才氣稟賦各有限定，其身處之環境與所遭逢之人生際遇，亦千差萬別，因此，其所陶鑄成的「性情」就有具體且獨特的精神面貌。這層含義的「性情」指的是作家主體的天資個性，劉勰認爲它是經由才、氣、學、習等條件所融冶而成，《體性》說：「才有庸俊、氣有剛柔、學有淺深、習有雅鄭、並情性所鑠，陶染所凝。是以筆區雲譎，文苑波詭著也。」作家個人的主體性情在藝術創作過程中，具有無可取代的作用，它決定著心靈感知的方向，主導著經驗的體會、審美價值的判斷，執行著文學活動的創作進程，職是之故，作品的情志、風格、事類、辭采等構成因素，先天必然地與作家的才氣性情互通。《體性》說：「若夫八體屢遷，功以學成，才力居中，肇自血氣，氣以實志，志以定言，吐納英華，

---

予意義，其所根據的先驗條件正是情感特質，他說：「審美經驗運用的是真正的情感先驗，這種先驗與康德所說的感性先驗和知性先驗的意義相同。康德的先驗是一個對象被給予、被思維的條件。同樣，情感先驗是一個世界能被感覺的條件。」見氏著：《審美經驗現象學》北京：文化藝術出版社，1996 年出版，第 477 頁。

莫非情性。」[15]

在《文心雕龍》的文本中，凡涉及作家主體性情的語境，劉勰偏重於遣用「才」、「氣」的字彙以突顯所指。《程器》說：「人稟五材，修短殊用。」所以要「因性以練才」，方能達到「才情之嘉會」。故知「才」偏重於能力，而「氣」則偏重於個性。以「氣」來說，「血氣」、「才氣」、「體氣」、「志氣」、「意氣」、「志氣」等，皆指作家的個性。《風骨》云：「魏文稱文以氣爲主，氣之清濁有體，不可力強而致；故其論孔融，則云體氣高妙；論徐幹，則云時有齊氣；論劉楨，則云有逸氣；公幹亦云，孔氏卓卓，信含異氣，筆墨之性，殆不可勝，並重氣之旨也。」所以《風骨》云：「情與氣偕」。因此，「氣」所著重的是作家主觀面的氣質殊相，是其先天根柢才分與後天學殖習染所鎔鑄而成的個別主體性，它和先驗的人性天賦有關，但不能混爲一談，「氣」也和「志」、「風」、「才」存有密切的親緣關係，但仍各有所指，「志」是由氣所凝定而成的自覺意識，有著明確的心靈指歸，而「風」則是作家形諸於文本的情感表現力，具有審美的價值，至於「才」則是作家的才華能力。《才略》曾說：「荀況學宗而象物名賦，文質相稱，固巨儒之情也。」

## （二）、情志

情志指個人內在於心靈的情懷、志向和感情狀態。情志是就經驗層面而言，指作家內在的總體心靈活動，兼有思辨性的理智反省，

---

15 杜夫海納認爲就真正的作品而言，作品與作者的關係是同體性的關係，作家創造作品，作品表明作者這個見解和劉勰的「體性論」相契合，杜夫海納說：「情感先驗是獨特的，來自主體的直覺…這種先驗關係是一種獨特本質藉以肯定自己、顯示自己的根本行爲，是所有特殊行爲的源泉，是一種內在性－的必然外在化。在這種先驗關係中包含的不是一個需要認識的世界，一個能成爲一種普遍有效的經驗的對象的世界。…這個世界與主體的聯繫如此緊密，以至作爲它的基礎的情感先驗就是主體：莫札特就是明朗，貝多芬就是悲愴激烈。」見氏著：《審美經驗現象學》第487-488頁。

也有經驗性的情感反應內容，它是蘊藏於血肉形軀之內的直覺、知覺、感覺、理解、判斷、體悟、情緒反應、價值觀、生命情操、終極關懷等等的感知活動內容總彙[16]，它的發生條件是以人之所以爲人的身心存在及其能力爲主體因素，與物之所以爲物的存在樣態及變化現象爲客體因素。當性情與外物相接，由於萬物皆源出於道的前提已被確認，因此，人與物遂有相召相感的可能，氣化物，物感人，人動心，觸緒牽情的人生體驗就在「目既往還，心亦吐納」的進程中聯類無窮，徘徊於眉間與心頭[17]。劉勰在《物色》曾論及人自身與萬象物色之間的情感互滲，他說：

> 春秋代序，陰陽慘舒，物色之動，心亦搖焉。蓋陽氣萌而玄駒步，陰陽凝而丹鳥羞，微蟲猶或入感，四時之動物深矣。若夫珪璋挺其惠心，英華秀其清氣，物色相召，人誰獲安！是以獻歲發春，悅豫之情暢；滔滔孟夏，鬱陶之心凝；天高氣清，陰沉之志遠；霰雪無垠，矜肅之慮深。歲有其物，物有其容；情以物遷，辭以情發。一葉且或迎意，蟲聲有足引心。況清風與明月同夜，白日與春林共朝哉！是以詩人感物，

---

16　杜夫海納的見識值得重視，他說：「任何完整的感知都要把握一種意義。正因爲如此，感知使我們進行思考或者採取行動。它就是這樣與我們的一生結合在一起。感知不是消極地紀錄一些本身無意義的外觀，而是在外觀之中或之外去認識亦即發現外觀只向善於辨認它的人交付的一種意義，是從這一認識中得出符合於指導我們這種行爲的意圖結果。那麼如何辨認這個意義呢？如何從符號走向所指呢？如果說要通過判斷，這或許就是訴諸智力，把智力當作一種神力而不說明它是如何出現的，就是先假設有一個已經給予這種智力的對象存在。」杜氏的說法可以補充說明劉勰關於性情之本源、情感與智性，以及「物以貌求，心以理應」的看法。見杜氏著：《審美經驗現象學》第 372 頁。

17　「物我相召」的感應原理可參劉長林：《中國系統思維的三種模式》。劉長林認爲「五行學說」、「八卦理論」、「有機系統的原始控制理論」是中國古代的思維方式，他說：「自然界和人世間的一切，按照五行的類分，在同行中發生著『同類相召；同氣相求』的相應聯繫；而在不同行之間，又處於相勝相生的網路結構之中。於是宇宙呈現爲一個有嚴格秩序的循環超大系統，這個超大系統的核心和基本架構是時間和空間的統一。萬事萬物隨四時的運轉發生變化，互相關聯，構成一個不可分割的有組織的整體。」見收於楊儒賓、黃俊傑主編：《中國古代思維方式探索》台北：正中書局，1996 年出版，第 335 頁。

　　聯類不窮。流連萬象之際，沉吟視聽之區；寫氣圖貌，既隨

　　物以宛轉，屬采附聲，亦與心而徘徊。

劉勰從四季更迭的物候變遷與奼紫嫣紅的繽紛景色談及審美感興的
源起，它們不但是作家情緒的導體，誘發他蘊蓄於內心的種種思緒，
同時也是作家在作品中所表現的寫作對象，由於這些自然物色都是
有情人眼中的有情世界，因此它們出現於本文時，已浸淫著作家鮮
明而獨特的情懷。艷耀明燦的桃花、跳躍的草蟲、喁啾喈喈的鳥鳴、
風中款擺的依依柳絲、漫天飄舞的飛雪、苦旱下刺眼的烈日、浮游
的塵埃、河邊的秋蘭、萎絕零落的草木、天際徘徊的雲霞、靜夜的
星空、皓月……一一負載著人自身的情志，它們是對人生幸福的憧
憬、對愛人的殷切思念、對青春歲月的追慕，或是對現實不滿的怨
怒、對理想的執著之苦，也或許是征夫懷鄉的愁腸、慈親牽掛遊子
的心情。

　　在物色的感召下，處於特定情境的人自身，某種蟄伏的思慮獲
得了喚醒，他的情感因為自我意識的注目而有了焦點，在此情感氛
圍的環抱下，人自身的視覺目光、聽覺耳力、膚觸體驗…都受到情
志萌興的影響，顯得強烈而深刻，且高度地主觀化[18]，透過情志的
中間傳導，詩人與外部世界建立了一種立體的對話關係，他一方面
自我開發，自我建構；另一方面他與大千世界雙向交流，意圖辨識
其中的意義；最後他必須落實於文字世界的建構，才能體現這個情

---

18 人自身是統攝感知的主體，因此，他以自我的血肉形軀去感覺，自我的情志去體察
　　這個世界；就文學而言，這是「情以物興，物以情睹」（〈詮賦〉）的審美感興之道；
　　就文化而言，這是中國傳統的思維模式。吳光明在〈古代儒家思維模式試論－中國
　　文化詮釋學的觀點〉中的論述可以補充說明「情志」的作用，他說：「『我』的心
　　感受到『我』的感覺，藉此統合了『我』的感覺經驗，整個經驗外物的過程都是自
　　覺的。感官感知實在，心智感官統攝知覺。藉由心的統攝，自我才能發揮肯定作用，
　　亦即將感知到的實存整合成為一個景象，再確證此景象作為世界實存景象的感知連
　　結。因此，我用感官來感知，用心智感官來統攝，並藉肯定作用來肯定和確證意義、
　　概念，我們用它們來描述某一情境。」收錄於楊儒賓、黃俊傑編：《中國古代思維
　　方式探索》，第43頁。

感經驗，蘊藏好其中的意義訊息。因此，匹夫庶婦謳吟桑麻而成樂府歌謠，屈原離居懷國，敘情怨，抒壯志而成《楚辭》，潘岳因傷愛兒凋零而作哀辭，君子鑒戒自慎而作箴銘傷志，黎民懷怨惡政而有怨詩諸文之作……凡此，皆足以說明人心的「情志」經驗是日常世界與文本世界的傳介，雖然它們與文本世界的「情志」在形式上有別，一個流動於意識域，一個凝聚於作品中，但是兩者之間的親緣關係昭然可辯。

## （三）、意蘊

這層含意的「情」指的是作家凝聚於本文形式之內的情志及其所傳達的萬物情實。情志涵蓋作家的才略、懷抱、情感經驗；兼有思辨性的理智範疇，和直覺性的情感範疇。萬物情實則包含作家透過文字形式所示現的事物，既有其外在的景致現象，也有其內在的道理。這些形形色色的文學內容可以統稱為「意蘊」[19]，它是《文心雕龍》「情」範疇中的心臟地區，最為緊要的命脈所在。

「情」遍佈於各種文體：詩的「情必極貌以寫物」、賦的「致辨於情理」、頌贊的「約舉以盡情」、誄碑的「序述哀情」、諧讔的「怨怒之情」、諸子的「情辨以澤」、論說的「敷述昭情」、議對的「事切而情舉」、書記的「陳列事情」……真可謂源泉滾滾，潤澤文府。「情」也與文學的構成要素相互恊作，在風骨的表現上，

---

19 劉安海、孫文憲主編的《文學理論》對於意蘊的說明值得參考：「『意蘊』的德文是 das Bedeutende，意即『有所指』或『含有用意』的東西，近於漢語的『言之有物』的『物』。黑格爾在其《美學》中通常把它叫做『內容』（Gehalt），並用希爾特的『特性說』和哥德的『意蘊說』來印證自己的『美是理念的感性顯現說』，認為『意蘊』是由藝術作品的『外在形狀』所顯現出的『一種內在的生氣，情感，靈魂，風骨和精神』，剛好對應著『美』的兩種要素：一種是內在的，即內容，另一種是外在的，即內容借以現出意蘊和特性的東西。顯然，藝術作品的意韻是一種以美為核心的內容，亦即審美意識，它『灌注生氣於外在形式』而得以顯現自身。因此，我們認為，文學本身的意蘊層作為一種審美的內容必然與其賴以安身立命的形象體系密不可分，可以說是一種滲透、充溢在藝術形象的審美情思。」見其《文學理論》武漢：華中師範大學出版社，2000 年出版，第 124 頁。

述情要怊悵駿爽，並與靈活穩健的文骨相互搭配，作品才有生命力。在通變的關節上，要「憑情以會通，負氣以適變」，作品才能「騁無窮之路，飲不竭之源」。在體勢的運遣上，要「因情立體，即體成勢」，作品的風格才會道地有本色。

劉勰又設《情采》專篇闡述作爲意蘊的「情」必須與文學形式的審美質素「采」體用相濟，才能在辯麗芬芳的審美形象下實踐「情」的傳達化感之功能。因此，自《情采》以下，任何的修辭手段都必須「以情志爲神明」；而各式各樣的「情」也都需要「采」來充足實現其意蘊。如《鎔裁》在於「不離辭情」，《聲律》應「標情務遠」，在章句上也要「控引情理」，使「明情者總義以包體」，在比興手法的操作上，更要以「起情」爲前提。

整體而言，「情」與「采」的結構法則爲「必以情志爲神明，事義爲骨髓，辭采爲肌膚，宮商爲聲氣，然後品藻玄黃，摛振金玉，獻可替否，以裁厥中。」（《附會》）

對於文本形式中的「情」，劉勰也提出了幾項審美原則，如「情欲信」、「情深而不詭」、「物色盡而情有餘」、「爲情者要約而寫真」、「理融而情暢」、「述情必顯」等，概括而言，即真實性、深厚性、單純性和明朗性。

## 三、結　論

在中國文學批評發展史上，概念會因歷史長流的湧動而有變化，有些意義被遮蔽，有些意義被縮減或被擴張，這就表示：我們需要理清其概念的源頭及發展譜系，才能準確論述它的範疇。這正是本文的研究原委。

觀照整部《文心雕龍》「情」的範疇及其與文學活動的伺應關係，約可獲得如下的結論：

從生之所以然的「人稟七情」，落實到個別作家剛柔殊異、庸俊不同的「才情」，創作主體因「睹物興情」而「情以物遷，物以情觀」，於是「志思序憤」，欲敘情怨，吟詠其情性。此時，「辭以情發」的寫作活動於焉開始。他準備「為情而造文」。

創作構思之際，他的情意鼓蕩於胸次，「登山則情滿於山，觀海則意溢於海，我才之多少，將與風雲而並驅矣！」然而，神思方運之時，情饒歧路，萬塗競萌，再加上文學的本色不離意象與文字，因而他可能勞情竭思地捕捉著那撲朔迷離的意象和神出鬼沒的文辭。劉勰建議，此時創作者宜從容率情，不必劬勞於辭情，以免神困志傷，精氣內銷。作者要率志委和，虛靜以應，才能理融而情暢，因為「此性情之數也。」

臨篇綴文，創作者應控引情源，必令情志為其命脈關鍵，然後設情以位體，順情以入機，使文辭能盡情，情與氣相偕，如此，必能情發而理昭，怊悵入人情，不但作者所欲表現之對象情貌無遺，而且物色盡猶情有餘，整個作品的情采呈現芬芳自凝的理想狀態。

文成以後，知音者既可以披文以入情，亦可以從「六觀」剖情析采，作出適當而公允的審閱，至於終極的文學標的，不論是就情動而辭發的綴文者而言，或是就披文以入情的觀文者而言，兩者皆發於情、致於情、該於情、達於情，而能中和調節人的壅滯心情，因為文學的社會價值是性情的陶鑄，這一直是劉勰信守的人本精神。

劉勰論述「情」在文學世界及創作活動中的地位與作用，依俗情來看，似乎不必如此大費周章地從化外之境談起，也無須佈下天羅地網地把所有的「情」一網打盡，他可以實事求是，直接鎖定文學的內容和人的七情六慾來談，然而，這正是他文論體系博大精深的勝境。劉勰秉持著他一貫的有機系統思維和思辨性極強的邏輯模

式[20]，爲《文心雕龍》中的「情」闢建了一個層次分明、類聚有貫，且又統一協作的範疇，如此一來，「情」就既有其形上思想的根據，也有其形下世界的體現，文學世界的「情」遂有了源頭活水，而相關的文情審美規範，才有穩當的理論根據，由此出發，他確立文學的創作準則是「情者，文之經；辭者，理之緯；經正而後緯成，理定而後辭暢，此立文之本源也。」（《情采》），除此，他還主張文學的情致意蘊須和文本的審美形式靈肉相濟，而文學的體式、辭理、風趣、事義也必然與作家的性情才略表裡相符；從文學的根本內容來看，「情」納須彌於毫芥，在白紙黑字的文本世界中，它吸納了人情世事、自然物色，因而得與大千世界聲氣相通。由是而知，劉勰對「情」的範疇設定，使得物 ── 情 ── 言；天 ── 地 ── 人，盡在這個廣闊的情網之中呼吸偃仰。「體大思精」的歷史讚揚洵非虛譽。

當代西方美學家杜夫海納在其《審美經驗現象學》一書中的第四編《審美經驗批判》，曾從情感先驗的觀念說明它是人類認識世界的條件與特性，也指出情感特質既內在於創作者，也內在於作品，是作品的思想、靈魂，從情感範疇來說，杜夫海納認爲它正是人性的範疇，在被審美化的對象中，作爲主體的人向世界自我開放，作爲另一主體的世界也向人透露意義，兩者二元合流，閃耀著人性情感特質的輝光，審美價值及精神生命的價值在情感範疇之中獲得了

---

20 有機系統理論是借鏡於生命體的結構啓示所開創的社會科學方法，由奧地利生物學家貝塔・朗非率先提出。其所揭櫫的原則是：整體性、結構性、層次性、最優性。在文學範疇中，有機系統理論亦有極性的操作性。我們可以將作品理解爲是由部分與部分，依序逐層且分級地相互協作所構成，各層級有其專司之職能而又須與其他層級聲氣相通，彼此合作，以達到一個最優的狀態。不獨文學作品，文學理論體系之建構原則亦可如是觀察。可參尤雅姿：〈文心雕龍在生命機體結構上的理論表現〉《第三屆通俗文學與雅正文學研討會論文集》台北：新文豐出版社，2002 年出版，第 459-502 頁。

建立[21]。這些卓然不凡的理論見地，使杜夫海納被喻爲當代現象美學家的巨擘。令人驚奇的是，劉勰在一千五百年前所闢建的「情采」理論，竟和杜夫海納的情感範疇理論若合符節。另一位符號美學家蘇珊朗格，她從符號學的立場建構藝術理論，認爲藝術是一種有表現力的形式，除了內容的情感結構外，藝術形式的審美外觀更是作品實現的物質基礎，兩者缺一不可[22]。朗格的學說明顯地與《文心雕龍》的「情采」、「風骨」相融會。

　　一千五百年餘前，劉勰殺青了《文心雕龍》，他對這部標心於萬古之上，送懷於千載之下的文藝哲學理論有著極深的期待，但也憂慮「茫茫往代，既沉予聞；眇眇來世，倘塵彼觀。」（《序志》）在滔滔的歷史洪波中，他擘肌分理的中國古典文學理論體系能否在嚴格的淘洗中歷久不衰？當代，和他素昧平生的美學理論者屢能和他的《文心雕龍》相呼應，看來，劉勰「一朝爲文，千年凝錦」的創作願景業已實現，銷解了他形同草木之脆的生命遺憾。

---

21 杜夫海納說：「用情感範疇來對這個世界加以確認表現的是一個接受的主體意識的絕對地位，即這個主體意識承擔的人類系數。」見氏著：《審美經驗現象學》第534頁。

22 蘇珊‧朗格認爲藝術是表現人類主觀情感的客觀符號形式。除了生命騷動的人類情感外，以一組物質材料創造出具有表現力的作品形式，也是藝術的構成要件。她說：「詩歌總要創造某種情感的符號，但不是依靠復現能引起這種情感的事物，而是依靠組織的詞語 —— 荷有意義即文學聯想的詞語，使其結構貼合這種情感的變化。」朗格的理論頗能映襯劉勰的「情采」、「風骨」之說。參氏著：《情感與形式》第267頁。

# 參考書目

文心雕龍註　〔梁〕·劉勰著　范文瀾注　台北：明倫出版社　1971 年出版

中國文學理論　劉若愚著　杜國清譯　台北：聯經出版社　1981 年出版

中國古代文學創作論　張少康著　北京：北京大學出版社　1983 年出版

文心雕龍讀本　〔梁〕·劉勰著　王師更生註譯　台北：文史哲出版社　1983 年出版

文心雕龍新探　張少康著　濟南：齊魯書社　1987 年出版

情感與形式　〔美〕·蘇珊·朗格著　劉大基等譯　台北：商鼎文化出版社　1991 年出版

文心雕龍講疏　王元化著　台北：書林出版社　1993 年出版

審美經驗現象學　〔法〕·米·杜夫海納著　韓樹站譯　北京：文化藝術出版社　1996 年出版

藝術創造工程　余秋雨著　台北：允晨出版社　1996 年出版

文心雕龍義疏　吳林柏著　武漢：武漢大學出版社　2002 年出版

中國文論：英譯與評論　〔美〕·宇文所安著　王柏華　陶慶梅譯　上海：上海社會科學院出版社　2003 年出版

文心雕龍辭典　周振甫主編　北京：中華書局　2004 年出版

# 《文心雕龍》論「學習」

台灣師範大學國文系
## 呂　武　志

　　內容提要：劉勰〈體性〉論文章風格的四種成因，所謂「才有庸儁，氣有剛柔，學有淺深，習有雅鄭。」其「才」、「氣」，來之於作者先天的稟賦而難以移易；至於「學」、「習」，則繫乎作者後天的努力而勤勉可得，故篇中強調「八體屢遷，功以學成」、「才由天資，學慎始習」，蓋側重學習而言。

　　衡之《文心雕龍》全書，如〈宗經〉説經典能「開學養正，昭明有融」，〈雜文〉稱「偉矣前修，學堅才飽」，〈神思〉重視「積學以儲寶」、〈風骨〉批評「習華隨侈，流遁忘返」，至於〈事類〉舉揚雄為例，説「夫以子雲之才而自奏不學；及觀書石室，乃成鴻采。」皆可證才氣不可獨恃，賴學習以相輔相成。

　　本論文基於上述認知，探析《文心雕龍》原典，加以闡發，以突顯劉勰對「學習」的重視。

　　**關鍵詞**：劉勰、文心雕龍、才氣、學習、風格、體性、事類、
　　　　　定勢

# 一、前　言

一部《論語》，以「學而時習之，不亦說乎！」[1]導出孔子的人生妙諦[2]；至於《荀子》一書，也用〈勸學〉開篇，指引學者自我敦勵；兩位聖哲都是劉勰推尊的對象[3]，對《文心雕龍》的「學習」觀必大有影響[4]。《禮記‧經解》云：「孔子曰：『入其國，其教可知也。其爲人也，溫柔敦厚，《詩》教也；疏通知遠，《書》教也；廣博易良，《樂》教也；絜靜精微，《易》教也；恭儉莊敬，《禮》教也；屬辭比事，《春秋》教也。』」可見《六經》風格既異，君上持以化下，下民習染其教，而所得之性也有別。吾人以此逆推，《六經》作者也必然具備「溫柔敦厚」、「疏通知遠」、「廣博易良」、「絜靜精微」、「恭儉莊敬」、「屬辭比事」之「性」與「習」，然後能述作《六經》，成爲風貌不同的文學典範，而各極其教化功效。此關乎作家本身的創作條件與作品風格的聯繫，如曹丕《典論‧論文》提出「文以氣爲主」，其所謂「氣」，乃指作家天生稟賦的氣質，「雖在父兄，不能以移子弟。」陸機〈文賦〉則講：「夸目者尙奢，愜心者貴當，言窮者無隘，論達者唯曠。」蓋因作家好尙，習染不同，作品風格隨之而更易。另外，葛洪《抱朴子‧辭義》也說：「夫才有清濁，思有修短，雖並屬文，參差萬品。」三論雖有辨析，都偏於一偏，明而未融；必待劉勰《文心雕龍》出，才對作

---

1　見《論語‧學而》。
2　孔子重學之論，其見諸《論語》者，不勝枚舉，如〈爲政〉：「吾十有五而志於學」、「學而不思則罔，思而不學則殆。」〈衛靈公〉：「吾嘗終日不食，終夜不寢，以思，無益，不如學也。」〈述而〉：「默而識之，學而不厭，誨人不倦，何有於我哉？」〈憲問〉：「下學而上達，知我者其天乎！」
3　《文心雕龍‧徵聖》：「徵之周孔，則文有師矣！」又〈才略〉云：「荀況學宗，而象物名賦，文質相稱，固巨儒之情也。」可見劉勰對孔子、荀卿的推崇。
4　張少康認爲：「天賦才氣只是一個客觀的基本條件，究竟如何才能形成作家特殊的創作個性，還要看作家在天賦才氣的基礎上如何學習。……劉勰這種觀點很可能是受荀子思想影響的結果。」見《中國古代文學創作論》，頁三五二，文史哲出版社。

家創作條件與文學風格的關係做全面性的探討。〈體性〉云:「夫
情動而言形,理發而文見,蓋沿隱以至顯,因內而符外者也。」所
謂「內」、「隱」,指作家內蘊的「情」、「理」;「外」、「顯」,
指作品外呈的風格;有諸內,必形諸外,兩者符采相應。劉勰進一
步探述,復拈出「才」、「氣」、「學」、「習」四個因素,其中
「學習」之論,如〈事類〉、〈定勢〉等篇,多次言及,本文特加
勾稽,以突顯《文心雕龍》對「學習」的重視。

## 二、學習是決定風格的重要因素

《文心雕龍·體性》逆溯作品風格的成因有四:

> 才有庸儁,氣有剛柔,學有淺深,習有雅鄭;並情性所鑠,
> 陶染所凝,是以筆區雲譎,文苑波詭者矣!故辭理庸儁,莫
> 能翻其才;風趣剛柔,寧或改其氣;事義淺深,未聞乖其學;
> 體式雅鄭,鮮有反其習;各師成心,其異如面。

劉勰認為人面有別,各因其心;同樣的,作品風格之不同,決定於
作家才、氣、學、習之殊異。才,指作家的才能,有的儁秀,有的
平庸;氣,指作家的氣質,有的剛強,有的柔弱;學,指作家的學
養,有的淺薄,有的精深;習,指作家的習染,有的高雅,有的低
俗。這四個因素當中,又可分為兩類,一類是才、氣,屬於作家先
天的稟賦,所謂「情性所鑠」者是也;另一類是學、習,屬於作家
後天的教育,所謂「陶染所凝」者是也。由於作家才、氣、學、習
之差異,反映在作品上,便有「辭理庸儁」、「風趣剛柔」、「事
義淺深」、「體式雅鄭」的不同樣貌;兩者表裏相副,決不會背道
而馳。這種看法,比曹丕和陸機把風格片面地歸諸作家氣質才性,
更加深刻得多。

才、氣、學、習,何者對作品風格的形成最為重要?劉勰似未

加軒輊，其實有輕重之意存焉。關於這一點，時人品評也有分歧，如袁濟喜認爲：「劉勰強調的是前兩種先天要素在創作中的作用。」[5]張少康則稱：「劉勰實際上是把後天的學和習放在比先天的才和氣更爲重要的地位上。」[6]二說孰是孰非？其實前賢已經講得很清楚。針對〈體性〉末段，紀曉嵐評云：「歸到愼其先入，指出實地功夫。蓋才難勉強，而學可自爲，故篇內並衡，而結穴側注。」[7]黃侃亦云：「自此已下，言性非可力致，而爲學則在人。雖才性有偏，可用學習以相補救。如令所習紕繆，亦足以賊其天性。」[8]劉永濟也講：「末段即申言才氣固由天資，而學習可以輔相，仍側重在學習。」[9]從該篇一再強調「八體屢遷，功以學成」，「才由天資，學愼始習」等語，可證劉勰既不忽略作家先天才、氣對作品風格的影響，且更重視後天學習此關鍵性因素。孔子言：「性相近也，習相遠也。」[10]劉勰重視學習之論，蓋奉之而不違。

　　有關文學風格類型，〈體性〉歸納爲八體：

> 典雅者，鎔式經誥，方軌儒門者也。遠奧者，複采曲文，經理玄宗者也。精約者，覈字省句，剖析毫釐者也。顯附者，辭直義暢，切理厭心者也。繁縟者，博喻釀采，煒燁枝派者也。壯麗者，高論宏裁，卓爍異采者也。新奇者，擯古競今，危側趣詭者也。輕靡者，浮文弱植，縹緲附俗者也。

郭紹虞說：

> 蓋劉氏所說的八體，可以歸納爲四類：雅與奇爲一組，奧與顯爲一組，繁與約爲一組，壯與輕爲一組。這四組就是所由

5　見《六朝美學》，頁二六一，北京大學出版社。
6　見《文心雕龍新探》，頁一〇八，齊魯書社。
7　見《紀曉嵐評文心雕龍》，頁二五九，江蘇廣陵古籍刻印社。
8　見《文心雕龍札記》，頁一〇一，文史哲出版社。
9　見《文心雕龍校釋》，頁一〇三，華正書局。
10　見《論語·陽貨》。

構成風格原因的四類。雅與奇指體式言，體式所以會形成這兩種不同的風格，就視其所習，所以說：「體式雅鄭，鮮有反其習。」奧與顯指事義言，事義所以會形成這兩種不同風格，又視其所學，所以說：「事義淺深，未聞乖其學。」繁與約指辭理言，構成之因視其才，所以說：「辭理庸儁，莫能翻其才。」壯與輕由風趣言，構成之因視其氣，所以說：「風趣剛柔，寧或改其氣。」在這裏，雅奇、奧顯、繁約、壯輕是兩種相等的不同的風格，雅鄭、淺深、庸儁、剛柔，又是兩種相對的表示優劣的評語，兩相配合，固然不能盡當，但是雅奇和習，奧顯和學，繁約和才，壯輕和氣，卻是很有關係的，所以我們還可以這樣比附。[11]

這種比附雖然新鮮，似言之成理；其實細加斟酌，未必切合劉勰本意。郭氏認為：「雅與奇指體式言」、「奧與顯指事義言」、「繁與約指辭理言」、「壯與輕由風趣言」，而「體式」、「事義」、「辭理」、「風趣」四者，又分別視乎作家的「習」、「學」、「才」、「氣」。我們將這「八體」，依劉勰「雅與奇反」、「奧與顯殊」、「繁與約舛」、「壯與輕乖」的說法分成四組，兩兩比對如下：

　　典雅者，鎔式經誥，方軌儒門者也。

　　新奇者，擯古競今，危側趣詭者也。

所謂「鎔式經誥」，既關乎作家學養，「危側趣詭」，時繫乎作家氣質；可見「雅與奇」者，決非郭氏所言：單視作家的習染、偏指作品的體式。

　　遠奧者，複采曲文，經理玄宗者也。

　　顯附者，辭直義暢，切理厭心者也。

11 見《中國文學批評新論》，頁六六，元山書局。

所謂「經理玄宗」，或關乎作家習染，「辭直義暢」，也涉乎作家氣質，可見「奧與顯」者，決非郭氏所言：單指作家的學養、偏指作品的事義。

　　繁縟者，博喻釀采，煒燁枝派者也。

　　精約者，覈字省句，剖析毫釐者也。

所謂「煒燁枝派」，且關乎作家氣質，「剖析毫釐」，或基於作家學養；可見「繁與約」者，決非郭氏所言：純粹作家的才華和作品的辭理，所能夠範疇。

　　壯麗者，高論宏裁，卓爍異采者也。

　　輕靡者，浮文弱植，縹緲附俗者也。

所謂「高論宏裁」，須奠於作家學養，「縹緲附俗」，亦不外乎作家習染，可見「壯與輕」者，決非郭氏所言：純指作家的氣質和作品的風趣。[12]

　　且郭氏所稱：「雅與奇」指作品「體式雅鄭」，「壯與輕」，指作品「風趣剛柔」，還不致於齟齬；講：「奧與顯」指「事義淺深」，「繁與約」指「辭理庸儁」，則「顯附」風格歸因於作家學問的淺薄，乃絕對違背劉勰之意；「繁縟」及「精約」風格，前者屬之作家才華的儁秀，後者必歸諸平庸，此必和劉勰立說相矛盾。可證郭氏這種比附膠柱鼓瑟，容易誤導學者[13]，黃侃云：「八體之

---

12　張少康曾有類似看法，拙見與之互有同異；其云：「一般說，這八種基本風格的每一種與才、氣、學、習都是不能分開的，然而也往往有其更為突出的一面。比如『壯麗』之『高論宏裁，卓爍異采』，與作家的才智有密切關係；『遠奧』之『複采曲文，經理玄宗』，則是與作家氣質有明顯關係；『典雅』之『鎔式經誥，方軌儒門』，顯然是作家勤學之結果；『輕靡』之『浮文弱質，縹緲附俗』，則是和作家受時俗習氣之影響分不開的。」見《文心雕龍新探》，頁一一四，齊魯書社。

13　穆克宏云：「從劉勰的解釋看，典雅與新奇是對『體式』說的，遠奧與顯附是對『事義』說的；繁縟與精約是對『辭理』說的；壯麗與輕靡是對『風趣』說的。」其論承沿郭氏而未當。見〈劉勰的風格論芻議〉，收在《文心雕龍研究論文選‧1949-1982》，頁五七五，齊魯書社。

成，兼因性習，不可指若者屬辭理，若者屬風趣也。」[14]是爲達旨。
通觀作品「八體」的形成，還是綜合了作家才、氣、學、習四個因
素，不宜分別對舉照應。

## 三、學養可以輔佐作家的才華

文章與作家才、學的關係，劉勰〈事類〉也有精闢的論述：

> 夫薑桂因地，辛在本性；文章由學，能在天資，才自內發，
> 學以外成。有學飽而才餒，有才富而學貧。學貧者，迍邅於
> 事義；才餒者，劬勞於辭情；此內外之殊分也。是以屬意立
> 文，心與筆謀，才爲盟主，學爲輔佐，主佐合德，文采必霸；
> 才學褊狹，雖美少功。

紀曉嵐評：「此一段言學欲博。」又云：「才稟天授，非人力
所能爲，故以下專論博學。」[15]蓋劉勰強調「才」、「學」二者，
爲作家所應兼備，只有「才富」、「學飽」，文章才能寫得好。

至於劉勰「才爲盟主，學爲輔佐」的論點，張文勳曾有正確的
推闡：

> 有人認為他把「才」放在盟主的地位，還是偏重在天才。其
> 實，這是誤解，因為他說的才和天資，都是先天性的一些條
> 件，也就是生理本能條件，薑和桂無論生長在什麼地方，它
> 們都有辛辣味，這就是其本性使然。……只有「因性以練才」，
> 才可能通過學而達到預期的目標。所以，從這個意義上說，
> 把「才」的因素看作是「盟主」也未嘗不可。說「學為輔佐」，
> 也並不意味著學居於次要地位，一切「才」的因素都是未成
> 為現實的或然率；只有靠學的實踐，才能使才轉化為現實的

---

14 同8，頁九八。
15 同7，頁三一八。

　　可能。因此說「學為輔佐」是說明它所起的作用，並不是表
　　示其地位的主次。只有「主佐合德」，才與學兩個條件互相
　　配合，互相促進，才能獲得創作上的光輝成就。[16]

又劉勰云：「學貧者，迍邅於事義」的「學」，到底何所指？論者
有不同的見解。詹瑛認為：

　　他所謂「學」，也不是指一般的學力，而純粹是書本知識，
　　他認為書本知識貧乏，就會在用典上發生困難(「學貧者，迍
　　邅於事義」)可見他之所以強調「學」在寫文章方面的「輔佐」
　　作用，還是從用典故方面考慮，沒有擺脫南朝文字的通常習
　　慣，並不是真正看到學力在寫作上所起的作用。他只是說書
　　本知識多了，寫起文章來就可以旁徵博引，寫的文章就顯得
　　深奧。書本知識少了，肚裏沒有典故，寫的文章就顯得膚淺。
　　所以〈體性〉篇說：「事義淺深，未聞乖其學」。實際上文
　　章的深淺應當從內容方面來考慮，是不能以用典故的多少為
　　標準的。[17]

這種看法，把「學」窄化為典故，並不妥當；因為劉勰所謂的「學」，
雖然包括「事義」，但絕不僅止於隸事用典的層面而已，乃是作家
整體學力的綜合展現。王師更生《文心雕龍新論》有一段清楚的辨
析：

　　「學」是一種功力，我們如從其他作品之研究，而得到構思
　　鑄辭的方法，便更能助長才氣，表現自己所要表現的內容。
　　所以古來由於作家們學養的差異，造成了彼此不同的風格。
　　如〈通變〉篇云：「今才穎之士，刻意學文，多略漢篇，師
　　範宋集，雖古今備閱，然近附而遠疎矣。」〈指瑕〉篇：「近

---

16　見《文心雕龍探祕》，頁八二，業強出版社。
17　見《文心雕龍的風格學》，頁一○六，木鐸出版社。

代辭人，率多猜忌，至乃比語求蚩，反音取瑕，雖不屑於古，而有擇於今焉。」所謂「近附遠疎」，「不屑於古，有擇於今」，皆背本趨末，不善於學的明徵，因此彥和在〈定勢〉篇曾說：「舊練之才，則執正以馭奇；新學之銳，則逐奇而失正；勢流不反，文體遂弊。」足徵文體之弊，由於逐奇失正之故。如今欲「矯訛翻淺」，「執正馭奇」，惟有鎔經鑄典。此何故？因為「經典沉深，載籍浩瀚，實群言之奧區，而才思之神皋也。」故事理之淺深，繫乎學力之程度，若學淺而欲出深義，徒弊精神，不可得已。所以我們要「鎔鑄經典之範，翔集子史之術」，才是「孚甲新意，雕畫奇辭」的有效途徑。彥和說的「事義淺深，未聞乖其學」，這正是他立言的確解。[18]

所以劉勰〈事類〉強調：「將贍才力，務在博見。」又說：「綜學在博」；可見學以贍才，才學兼資，才可能寫出好的作品。又〈神思〉為藥救「學淺而空遲」、「才疎而徒速」之輩，提出「積學以儲寶」等積極建議，張文勳認為：

> 劉勰在談到文思的培養、體性的陶冶時，更多的還是談學的重要性和應該注意的問題。關於陶鈞文思所需要的四個條件，無論是積學儲寶，還是酌理富才，也無論是研閱窮照，或是馴致繹辭，都屬於學的範疇。他提倡的「博見為饋貧之糧，貫一為拯亂之藥，博而能一，亦有助乎心力矣」，都屬於學的範圍。[19]

其卓見和王師桴鼓相應，都把「學」做廣義的詮釋，切合劉勰本旨。

關於學養的彰顯，主要表現在作品能否「據事以類義，援古以

---

18 見該書頁五六，文史哲出版社。
19 同 16，頁八三。

證今」？劉勰認爲：「明理引乎成辭，徵義舉乎人事，迺聖賢之鴻謨，經籍之通矩也。」從時代來看，或重「才」，或重「學」，也有兩種類型；〈事類〉舉兩漢辭賦家爲例：

> 唯賈誼〈鵩賦〉，始用鶡冠之說；相如〈上林〉，撮引李斯之書；此萬分之一會也。及揚雄〈百官箴〉，頗酌於《詩》、《書》；劉歆〈遂初賦〉，歷敘於紀傳；漸漸綜採矣。至於崔、班、張、蔡，遂捃摭經史，華實布濩，因書立功，皆後人之範式也。

可見西漢初年，綜採古代事義的風氣方興未艾；到成帝時，揚雄寫作才大量酌取詩書的教訓；及至東漢崔駰、班固、張衡、蔡邕等人，更樹立了大量用典的寫作功績，足爲後人表率。

這一方面，〈才略〉也講：「然自卿、淵已前，多役才而不課學；雄、向已後，頗引書以助文。」，這幾句話辨明了漢代前後期作家的不同傾向：司馬相如、王褒以前的作品多役乎才情，不講求學問；至於揚雄、劉向以後，才開始大量引用古書來增進文采。又〈事類〉引前人說：

> 故魏武稱：「張子之文為拙，然學問膚淺，所見不博，專拾掇崔、杜小文，所作不可悉難，難便不知所出。」斯則寡聞之病也。

因此劉勰推重博採經典的效益：

> 揚、班以下，莫不取資，任力耕耨，縱意漁獵，操刀能割，必裂膏腴。是以將贍才力，務在博見，狐腋非一皮能溫，雞蹠必數千而飽矣。

此即前述「才爲盟主，學爲輔佐」的進一步闡發。

另外，〈通變〉也引述前說：

> 桓君山云：「予見新進麗文，美而無採；及見劉、揚言辭，

　　常輒有得。」

因此，他提出「宗經」的主張，作家能「斟酌乎質文之間，而櫽括乎雅俗之際」，才配言「通變」之術。至於《文心雕龍》書中，劉勰也曾多次推重前賢的學養，如〈雜文〉讚：「偉矣前修，學堅才飽。」〈才略〉說：「馬融鴻儒，思洽識高，吐納經範，華實相扶。」「潘勗憑經以騁才，故絕羣於錫命。」「應瑒學優以得文。」〈事類〉更言：「夫以子雲之才，而自奏不學，及觀書石室，乃成鴻采。」可證大作家尚賴乎博學，才華絕不可獨恃。

## 四、習染足以影響作品的雅鄭

　　習者，習染也。學業之修習，往往與時代風尚和社會環境有關。故劉勰云：

　　「文變染乎世情，興廢繫乎時序。」[20]學者如不能擇善而從，必有奪朱亂雅之弊。故〈體性〉云：

　　　夫才由天資，學慎始習，斲梓染絲，功在初化，器成綵定，
　　　難可翻移。故童子雕琢，必先雅製。

劉勰強調：作家的才氣雖屬先天稟賦，無法任意改變，但後天的教育，仍可自我掌握；如若認真學習，方向正確，不但可彌補天資的不足，甚而改造才氣之所偏，創造出優越的寫作條件。反過來說，如所習差誤，適足以戕賊才性，不可不慎。故黃侃云：

　　　若習與性乖，則勤苦而罕效；性為習誤，則劬勞而鮮成。性
　　　習相資，不宜或廢；求其無弊，惟有專練雅文。此定習之正
　　　術，性雖異而可共宗者也。[21]

所謂「專練雅文」為「定習之正術」者，即劉勰說的：「必先雅製」。

---

20 見《文心雕龍‧時序》。
21 同8。

可見習染對作品雅俗具決定性的影響。因此，作家能否在童蒙時期便由經典入手？事關重大。〈附會〉云：「夫才童學文，宜正體製」是也。所以劉勰強調：「摹體以定習」、「習亦凝真，功沿漸靡。」「凝真」、「漸靡」二詞，即肯定了後天學習之功，足以扭轉先天才氣之偏，補其不足，或使其如虎添翼；所謂「主佐合德，文采必霸」是也[22]。范文瀾註解「真」字云：「真者，才氣之謂，言陶染學習之功，亦可凝積而補成才氣也。」[23]至於所摹體製雅正與否？檢閱《文心雕龍》全書，相關論調不少，如〈風骨〉批評後世作家「習華隨侈，流遁忘反。」如何拯救末流之弊呢？他說：「若能確乎正式，使文明以健，則風清骨峻，篇體光華。」「確乎正式」，指的就是取法經典子史優美的寫作內涵和技巧。又〈比興〉批評兩漢辭賦家「日用乎比，月忘乎興，習小而棄大，所以文謝於周人也。」所謂「習小而棄大」，即不能體察「興」體的重大功用而加以拋棄，單只熟悉「比」體之小技而迻用以爲常，此兩漢文學之所以不如周代也。

　　關於「體式雅鄭，鮮有反其習」之論，劉勰又在〈定勢〉加以推闡：

> 是以模《經》爲式者，自入典雅之懿；效〈騷〉命篇者，必歸豔逸之華；綜意淺切者，類乏醞藉；斷辭辨約者，率乖繁縟。

又說：

> 章、表、奏、議，則準的乎典雅；賦、頌、歌、詩，則羽儀乎清麗；符、檄、書、移，則楷式於明斷；史、論、序、注，則師範於覈要；箴、銘、碑、誄，則體制於弘深；連珠、七

22　見《文心雕龍・事類》。
23　見《文心雕龍註》，頁五一一。

辭，則從事於巧豔。

可見各種文體，各有其客觀的體勢要求，作家因其才、氣、學、習之主觀條件而從事寫作，自然依循文體而呈現不同的風貌。若能追摹經典作品，自然會有典雅之美。此說屢見，如〈宗經〉強調：「若稟經以製式，酌雅以富言，是即山而鑄銅，煮海而為鹽也。故文能宗經，體有六義。」又說經典：「洞性靈之奧區，極文章之骨髓者也。」「義即挺乎性情，辭亦匠於文理，故能開學養正，昭明有融。」〈夸飾〉也稱：「《詩》、《書》雅言，風格訓世。」

至於習染既異，而有不同之結果者，〈定勢〉稱引前人之說：

> 桓譚稱：「文家各所慕，或好浮華而不知實覈，或美眾多而不知要約。」陳思亦云：「世之作者，或好煩文博採，深沉其旨者；或好離言辨句，分析毫釐者；所習不同，所務各異。」言勢殊也。

作家習染有別，作品乃有不同之體勢，亦自然耳。因此劉勰提醒作家不可不辨，所謂：「若雅鄭而共篇，則總一之勢離，是楚人鬻矛楯，譽兩而難得而俱售也。」一位高明的作家，只有「總羣勢」，熟習各種文章的寫作要求，才能詮別體製，「隨變而立功」。

至於近代作家競新驚奇，習染偏頗之風，劉勰〈定勢〉也加以抨擊：

> 自近代辭人，率好詭巧，原其為體，訛勢所變，厭黷舊式，故穿鑿取新；察其訛意，似難而實無他術也，反正而已。故文反正為乏，辭反正為奇。效奇之法，必顛倒文句，上字而抑下，中辭而出外，回互不常，則新色耳。夫通衢夷坦，而多行捷徑者，趨近故也；正文明白，而常務反言者，適俗故也。然密會者以意新得巧，苟異者以失體成怪。

所謂「好詭巧」、「趨近」、「適俗」，反映作家習染之偏差，不

能就雅製而正焉。拯救文弊之方，劉勰還是呼籲：「矯訛翻淺，還宗經誥。」[24]

## 五、結 語

《文心雕龍》「體大慮周，籠罩群言」[25]，就其風格論來說，亦不例外。如孔子、荀卿、曹丕、陸機、葛洪之見，或關乎學、習，或涉乎才、氣，都被劉勰所融攝，而提出更全面性的觀點，即四者綜合，共同決定了作品風格，這比曹丕「文以氣為主，氣之清濁有體，不可力強而致」的天才決定論更切中肯綮。[26]他忠告學者「宜摹體以定習，因性以練才」[27]，又說「將瞻才力，務在博見」[28]、「才之能通，必資曉術」[29]，強調「積學以儲寶，酌理以富才」[30]，肯定優美的文學風格，除了靠才氣，更應該透過學習來培育和陶冶，否則就不可能「功以學成」[31]了！其觀點比之前人，向前邁進了一大步。

套用劉勰比較《尚書》、《春秋》行文風格迥異的話：或「覽文如詭，而尋理即暢」，或「觀辭立曉，而訪義方隱」[32]；我們在研讀《文心雕龍》之際，也有同感：有時格於六朝駢儷的句式，看似難懂，其實說穿了，道理十分簡單；有時劉勰行文本就明白曉暢，如不細加斟酌，反而容易忽略了其中的奧義，甚而曲解。像「八體」和才、氣、學、習有無個別對應的關係？「學貧者，迍邅於事義」

---

24 見《文心雕龍·通變》。
25 語見章學誠《文史通義·詩話篇》。
26 語見《典論·論文》。
27 見《文心雕龍·體性》。
28 同 22。
29 見《文心雕龍·總術》。
30 見《文心雕龍·神思》。
31 同 27。
32 見《文心雕龍·宗經》。

的「學」究何所指？都見仁見智。至於「才爲盟主，學爲輔佐」的才學輕重、主次問題，「體式雅鄭，鮮有反其習」的定習之道，均有待吾人辨明。諸如此類，都反映出「龍學」研究，還有很大的探討空間；「豈成篇之足深，患識照之自淺耳！」[33]爲了洞徹劉勰《文心》，探究《雕龍》奧義，我們應多方切磋，更加努力。

---

33 見《文心雕龍・知音》。

# 對《文心雕龍·原道》「文之爲德」的理解

中國　復旦大學

## 楊　明

論文提要《文心雕龍·原道》云：「文之為德也大矣！」學者們對這句話的解釋不一致。有的認為是指文的功用偉大，有的說是指文的屬性廣大，有的認為「德」指的是一事物存在並區別於其他事物的根據，即事物的特質所在。本文贊同最後一種說法，同時強調指出：在「某某之為德」的語詞格式中，重點在「某某」，而不在「德」；說「某某之為德」，與說「某某之為物」，或者單說「某某」，意思是差不多的。因此，「文之為德也大矣」，就是「文這種東西真了不起」、「文很偉大、很了不起」之意。

**關鍵字**：文之爲德、文德

對於「文之爲德也大矣」，《文心雕龍·原道篇》中開宗明義的這句話，學者們各有不同的理解。這裏涉及兩個問題：一是「德」的意思是什麼，二是如何看待「文之爲德」這樣的語詞格式。

范文瀾先生《文心雕龍注》引《易·小畜·象傳》「君子以懿文德」，云：「彥和稱文德本此。」現今學者多不贊成范說：或以爲從語詞格式上說，「文之爲德」不能簡化爲「文德」；或以爲「君子以懿文德」是言德教修養，而〈原道〉講的是道家理論，講「文」

是宇宙本體「道」的體現，二者不是一回事。

現今學界的解釋，大約主要有以下三種：

第一種認爲「文之爲德」的「德」是功能、作用之意。如馬宏山先生〈論《文心雕龍》的綱〉等文即持此意見[1]。又如楊明照先生曾擧《禮記‧中庸》「鬼神之爲德其盛矣乎」句，並援引朱熹《中庸章句》「爲德，猶言性情功效」之語，認爲「文之爲德」也就是說文之功用或功效[2]。詹鍈先生《文心雕龍義證》也擧〈中庸〉此語及朱熹注，其結論也是：「『文之爲德』，……就是文之功能、意義。」[3]按：說「某某之爲德」中的「德」字包含有「功效」之意，是可以的，（詳見下文）但並非所有情況下都該釋爲「功效」。〈中庸〉曰：「鬼神之爲德，其盛矣乎！視之而弗見，聽之而弗聞，體物而不可遺（形成萬物而無所遺漏）。」大約朱熹認爲「視之」二句是說其「性情」，而「體物」句是說其「功效」，所以說「猶言性情功效」。他的解釋並沒有錯，但那是就〈中庸〉這幾句話而釋其大意，不能理解爲凡「某某之爲德」都是「某某的性情功效」之意。如徐幹《中論‧虛道》：「人之爲德，其猶虛器歟？器虛則物注，滿則止焉。」意思是說：作爲一個人，他就好像一個空虛的器具一樣，謙虛則受益。這裏可謂言及人之「性情」，卻不涉及功用。又如《易‧乾‧文言》「潛龍勿用，下也」一節的王弼注：「龍之爲德，不爲妄者也。」是說龍這種東西，是應時而行、不輕擧妄動的。這裏也不涉及功用。就〈原道篇〉的「文之爲德」而言，在「文之爲德也大矣，與天地並生者，何哉」之下，即以大段文字論「文」

---

1　載《中國社會科學》1980 年第 4 期，又載《文心雕龍散論》，新疆人民出版社，1982年。

2　見楊先生文〈文心雕龍原道篇「文之爲德也大矣」句試解〉，載《文史》第三十二輯，中華書局 1988 年，又見楊著《文心雕龍校注拾遺補正》，江蘇古籍出版社 2001年。

3　《文心雕龍義證》，上海古籍出版社，1989 年。

之無所不在，而並未議論「文」之功效。因此，從上下文意體會，說「文之為德」的「為德」指功用，似乎是不妥的。

第二種認為這裏的「德」有「屬性」之意。如周振甫先生《文心雕龍注釋》說：「德，指功用或屬性。如就禮樂教化說，德指功用；就形文、聲文說，德指屬性。」[4]周先生認為這裏「德」既指功用，又指屬性，也許是受朱熹「為德，猶言性情功效」一語啓發：「性情（性質、情狀）」即「屬性」，「功效」即「功用」。後來周先生在《文心雕龍今譯》中似乎修正了自己的看法。《今譯》說：「德：文本身所具有的屬性，即文的形、聲、情。像天地的顏色形狀就是文。」其譯「文之為德也大矣」云：「文章的屬性是極普遍的。」[5]周先生之所以作出這樣的修正，揣測起來，大概正與「文之為德也大矣」以下的大段文字並不曾談論文的功用有關吧。寇效信先生〈《文心雕龍》的「文德」說〉一文也認為「德」指屬性，不過他說「文之作為德，意思是文章是天地、萬物和人類的一種『德』，而不是文章本身之『德』」，因此，他這樣解釋「文之為德也大矣」：「『文』，作為天地、萬物和人類的一種屬性，是很廣大的。」[6]他的觀點，與周振甫先生有所不同。「文」所具有的性質、品格，與「文」本身是一種性質、品格，這二者確乎不一樣。從語詞格式上說，寇先生將「文之為德」譯為「文之作為德」，是正確的，但是他說「『文』，作為天地、萬物和人類的一種屬性」，卻還有令人覺得未安之處：單就〈原道〉而言，這樣說是可以的，然而從「某某之為德」這一格式普遍地看，「A之為德」，是否都該理解成「A作為B的一種屬性」呢？「人之為德」，「龍之為德」，「鬼神之

4　人民文學出版社 1981 年。
5　中華書局 1988 年。
6　載寇效信《文心雕龍美學範疇研究》，陝西之民出版社 1997 年。

爲德」，就不能理解成人、龍、鬼神是另外某事物的屬性吧。

　　第三種有的學者從「德」與「道」的關係出發作出解釋。其中又有種種不同。筆者認爲馮春田先生〈《文心雕龍》釋義六題〉一文很值得注意[7]。該文舉出《管子・心術上》「德者道之舍，物得以生生」、《老子》「道生之，德畜之」以及王夫之《周易外傳》中的話作爲依據，指出：「『德』是『道』存留（實即存在、表現）的處所，是事物得以生存的東西。」「『德』指的是『道』在具體事物中的存在或體現，『德』表現出『道』在具體事物中的個性或特點，以此使不同性質的事物彼此之間區別開來。沒有這種德，事物之間便沒有區別；沒有區別或差異，自然也就無所謂事物，或者說事物也就不存在了。」在馮先生看來，「某某之爲德」這一格式中的「德」，指的就是「某某」本身，「某某」自己，指的是「某某」作爲一種個性的存在，或者說，是指「某某」的特質而言。

　　筆者認爲馮先生的說法值得重視。他是從「德者，得也」的故訓以及「德」與「道」的關係來加以說明的。具體事物的形成，也就是從宇宙本體「道」中「得到」某些東西。就是「道」的具體化：這確是古人一種較普遍的看法。我們還可以舉賈誼的〈道德說〉爲例。該文云：「德者，離無而之有。」「德者，變及物理之所出也。」又云：「道冰（凝結）而爲德。……道雖神，必載於德，而頌（容）乃有所因，以發動變化而爲變。變及諸生之理，皆道之化也，各有條理以載於德。德受道之化，而發之各不同狀。」總之，道 —— 德 —— 物是三個層次，「德」似乎是形而上的、一般的「道」與具體的、個別的「物」之間的中間環節，它雖然還比較抽象，但已經是「離無而之有」、屬於形而下的範疇了。這種觀念對於我們理解「某某之爲德」中的「德」，是有幫助的。不過，「某某之爲德」 的

---

7 該文爲作者研究生畢業論文的節選，1981 年，載山東大學《研究生學位論文集》，未正式發表，後作爲附錄收入作者《文心雕龍闡釋》，齊魯書社 2000 年。

格式是不是就是從這種很有哲學意味的觀點來的呢？卻又不敢肯
定。因爲「某某之爲德」的說法，至遲在《論語》時代已經有了，
（《論語‧雍也》說「中庸之爲德」）。而道——德——物的有觀點形成於
什麼時代呢？還不很清楚。這涉及《管子‧心術》等古籍的形成年
代問題。

　　以上第一、第二種解釋，剛才已經說了，筆者以爲都有不妥之
處。但另一方面，覺得也都有合理的因素。

　　第二種解釋將「德」與屬性、品性聯繫起來，還是有道理的，
與第三種解釋即釋「德」爲事物的特質有共同點。其區別在於第二
種解釋把「某某之爲德」說成某某的性質，或說成「某某作爲其他
事物的性質」，而第三種解釋則有「某某作爲一種性質而存在」之
意。其實我們可以就將「德」理解爲「性」，理解爲事物的「特性」。
《淮南子‧齊俗訓》云：「得其天性謂之德。」《尚書‧洪范》云
人有「三德」：「一曰正直，二曰剛克，三曰柔克。」僞孔傳：「三
者皆人之性也。」都把「德」與「性」相聯繫。上文所舉徐幹所謂
「人之爲德」，王弼所謂「龍之爲德」，其「德」也都具有「性」
的意思。《周易》諸卦各有自己的性質、特點，注家每每用「德」
字稱說之。如〈乾‧彖傳〉：「乃統天。」《九家易》釋曰：「乾
之爲德，乃統繼天道，與天合化也。」（《周易集解》卷一引）又〈井〉
卦辭：「改邑不改井。」王弼注：「井以不變爲德者也。」又〈離〉
卦辭：「畜牝牛，吉。」孔穎達疏：「言離之爲德，須內順外強，
而行此德則吉也。」此類例子頗多，不備舉。其卦「德」也就是卦
的特性之意。《文心雕龍‧原道》「文之爲德」也可理解爲「文作爲
一種特質、一種特性」。

　　至於第一種解釋，將「德」解釋爲功用，也自有其道理。所謂
「性」、「性質」，就是此物區別於他物之所在，其中自然也包括

了該事物獨特的作用、該事物對他事物的影響等等。〈中庸〉述說「鬼神之爲德」時便既說到其性狀（無形無聲），又說到其功用（形成萬物而無所遺）。二者都是「德」，都是「性」。再看《淮南子·原道訓》對水的描述：

> 天下之物，莫柔弱于水，然而大不可極，深不可測，修極於無窮，遠淪於無涯，息耗減益通於不訾，上天則為雨露，下地則為潤澤，萬物弗得不生，百事不得不成，大包群生而無好憎，澤及蚑蟯而不求報，富贍天下而不既，德施百姓而不費，行而不可得窮極也，微而不可得把握也，擊之無創，刺之不傷，斬之不斷，焚之不然，淖溺流遁，錯繆相紛而不可靡散，利貫金石，強濟天下，動溶無形之域，而翱翔忽區之上，邅回川谷之間，而滔騰大荒之野，有餘不足，與天地取與，授萬物而無所前後，是故無所私而無所公，靡濫振盪，與天地鴻洞，無所左而無所右，蟠委錯紾，與萬物始終，是謂至德。

細讀這一大段描述，便知不外乎述其性狀（或云性情）和作用、功效兩個方面。也就是說，最後的一句總結「是謂至德」的「德」包括這兩個方面。高誘注云：「言水之爲德最大，故曰至德也。」「水之爲德」，正如「鬼神之爲德」，可以套用朱熹的話，「猶言（水之）性情功效」。上文說〈原道〉「文之爲德」的「德」不包含功用之意，那只是就這一具體場合而言，並不是否認「德」中可以包含「功用」之義。當然，〈中庸〉和《淮南子》的作者在描述鬼神和水的時候，未必清楚地意識到從性狀、功用兩方面去說吧，他們只是籠統地寫出鬼神和水的特性而已。大約後世學者分析的意識比較強了，才像朱熹那樣，從「性情、功效」兩方面去說。

　　「德」的含義略如上述，還有兩點應該說明：

　　首先，既然「德」是指此一事物區別於其他事物的特性、特質，是指事物作爲特性之存在，那麼，在不少情況下，「某某之爲德」與古書中經常見到的「某某之爲物」的意思也就差不多。要說區別的話，大概只是「物」字給人的感覺比較實在、具體，「德」字略顯抽象而已。如果借用古代哲學「體用」的概念，也許可以說，「之爲物」的「物」，相當於「體」；「之爲德」的「德」，相當於「用」（「用」不僅指功用，也包括性狀）。雖然從概念上說來體用有別，但都是指同一物。試舉二例：上文提到過的，《易‧乾‧文言》王注有「龍之爲德，不爲妄者也」之語，據孔穎達疏，「不爲妄」即「可潛則潛，可見則見」之意。晉人劉琬〈神龍賦〉亦云：「大哉龍之爲德，變化屈伸，隱則黃泉，出則升雲。」而南朝齊沈驎士有曰：「龍之爲物，能飛能潛。」（《周易集解》卷一引）相互比較，知「龍之爲德」與「龍之爲物」，二者之義略同。又如上文引《淮南子‧原道訓》高誘注云「水之爲德最大」，亦可與《孟子‧盡心上》「流水之爲物也，不盈科不行」相比較。從這個角度說，「文之爲德也大矣」，可以譯作「文這種品格、性質了不起啊」，也可以譯作「文這種事物了不起啊」，意思相差不遠。

其次，在「某某之爲德」這個格式中，「德」只是帶過的，「某某」才是著重要表述的成份。（詹鍈先生《文心雕龍義證》注「文之爲德」時說「重在『文』而不重在『德』」，大約就是此意。）因此《論語‧雍也》的「中庸之爲德也其至矣乎」，在《禮記‧中庸》中被引用時，就徑直說「中庸其至矣乎」[8]。不論「某某之爲德」的說法是否源於道 —— 德 —— 物的觀念 —— 即使是源於那種觀念吧，它既已成爲固定的語言形式，人們使用它時就如使用「某某之爲物」差不多，不再顧念其哲

---

8 也有的本子仍有「之爲德」三字，見《經典釋文》卷一四。但不論如何，可知有沒有這三個字關係不大。

學意蘊了。因此，〈原道〉中「文之爲德也大矣」，其實也就是「文，大矣哉」之意，若翻譯成白話，不過是說「文這種東西真了不起」而已。那麼，由這句話而對「文德」、「文之德」大加研討，從「爲德」二字上深入發掘其哲學意蘊，從這兩個字上去強調「文」是「道」的體現，便未必合乎劉勰說這句話時的原意。《文心雕龍·原道》是頗有哲學意味的，是將「道」視爲「文」的根源、將「文」視爲「道」的體現的，但這樣的觀念乃是通過下面的大段文字表述出來，並不是在「爲德」二字中就已深藏著的吧。從「德」與「道」的關係上解釋「德」字的意義，確實有助於理解，但不等於說「某某之爲德」的語詞格式就具有哲學的意蘊。

最後，不妨再回過頭來看看范文瀾先生所引的「君子以懿文德」這句話。其「文德」二字，正是重點在「文」字而不在「德」字。這句話的意思，就是說「君子修美其文」「君子提高自己文方面的修養」；「文德」就是文，就是「文這種品格」之意。這裏的「文德」可以理解爲指德教言，因此與〈原道〉的主旨不合。（〈原道〉的主旨在於論「文」源於宇宙本體「道」。）但從其含意爲「文這種品格」而言，卻與「文之爲德」相符。何況「文」的含義很寬泛，換一個場合，「文德」也可以不指德教。如《三國志·秦宓傳》載，有人譏宓以「文藻（寫作）」揚名，宓答曰：「夫虎生而文炳，鳳生而五色，豈以五彩自飾畫哉？天性自然也。蓋〈河〉〈洛〉由文興，六經由文起，君子懿文德，采藻其何傷！」他用的正是《易·小畜·象傳》的原話，卻主要是指寫作，而不是道德修養。因此，范注說「彥和稱文德本此」，並不是沒有道理的。

# 《文心雕龍》與《詩品》比較淺探

中國　南京師範大學

## 石 家 宜

　　內容提要：做好《文心雕龍》與《詩品》的比較，困難在於對各自體系的總體把握，從而找出關鍵所在並由要害處入手。本文突出了以下三點：（一）比較的質量來自對文本解讀的如實程度，必須回到已經逝去 1500 年的歷史時光，看那個時代所提出的問題和提供的思想養料，在準確認識理論産生的社會和文學背景的基礎上，科學把握各自理論的基本傾向，不虛美也不避短，保證比較的客觀性。（二）緊緊抓住「吟詠情性」這個基本路線和理論核心，站在文學思想的高度來看它們之間的異與同，重點關注《文心雕龍》由「情」與「體」兩個核心範疇及其相互關係構成的緣情理論體系，解開他文學思想複雜性的癥結，爲比較打下堅實的基礎。（三）比較的重點必須是《文心雕龍》與《詩品》對「吟詠情性」基本路線的不同尋常的理論突破，抓住各自最獨特的貢獻，比較才會是有深度和有意義的。由於以往的研究對《詩品》獨特之處的注意相對見少，因此本文於此着力較多，期以提高比較的質量。

　　**關鍵詞**：《文心雕龍》、《詩品》、比較、「吟詠情性」

一

在魏晉南北朝璀璨的文論星空中，《文心雕龍》與《詩品》是交互輝映的雙子座。魏晉南北朝的文學智慧不獨激發了創作實踐，文論家們對於創作繁榮所提出的各種層出不窮的新情況新問題，也都作出了廣泛而各有深度的回答。在這個文學達到輝煌發展的「自覺時代」，人們的文學意識同樣獲得了空前的解放和自覺，《文心雕龍》與《詩品》無疑是這種「自覺」的理論形態最爲傑出的代表。前者是以各種文體爲對象，集史、論、評於一身的一個精細探討「爲文用心」的綜合性文學學體系，後者則是專以探討流別規律、品賞詩作工拙爲宗旨的，一部用純文學眼光撰就的五言詩史和五言詩學，都對中國古代文學理論批評的發展產生了巨大而久遠的影響。這樣雙峰並峙的壯觀，在中國古代文學理論批評史上是無與倫比的。

後人對此都給予了前所未有的高度評價。最著名的就是爲大家經常徵引的章學誠的話：「《文心》體大而慮周，《詩品》思深而意遠；蓋《文心》籠罩群言，而《詩品》深從六藝溯流別也。」[1]《四庫總目提要》也在極贊《詩品》的「妙達文理」之後，謂其「可與《文心雕龍》並稱」。以往的比較，都是鳥瞰式地抓住它們最突出的特點，未加軒輊地褒揚和肯定了它們並駕齊驅的學術地位。

當然，所謂比較，並非讓千載之下的我們去簡單地臧否裁斷其高下優劣，而應把在特定歷史條件和文學背景下形成的、決定它們自身價值的基本文學主張和文學觀點，進行冷靜的鑒別比照，期以更爲充分地瞭解這一段文論發展黃金期在內容上的豐富性和複雜性，增進我們對其時文論發展以及文學思想演進規律的認識。自然

---

1　《文史通義‧詩話篇》

也可對產生於大致同時的這兩部各具創見和體制殊異的鉅著，在一系列重大理論認識上的相同、相類以及差異、碰撞的實際情況，獲得比較全面和客觀的知識，從而把我們的比較奠定在可信的根基上。

　　比較，是一種科學的認識方法，可以把比較雙方的特點、特質以及它們的理性品格在對比中揭示得更爲清晰。比較的質量首先取決於我們對文本解讀的如實程度，科學的解讀應當確保對文本初質的還原。因此，我們必須回到已經逝去 1500 年的歷史時光，看看那個時代的文學發展究竟向理論家們提出了怎樣的問題？那個時代究竟又爲理論家們的回答提供了怎樣的思想滋養和思考空間？而我們的理論家們究竟沿着怎樣的思維軌道來謀劃了自己的答案？進而，這種種不同的回答又怎樣錯綜複雜地構成了文學思想鬥爭的交響？

## 二

　　魯迅先生稱「曹丕的一個時代」爲「文學的自覺時代」，又說曹丕的文學見解屬於「爲藝術而藝術一派」[2]。他是說，這個時代的文學已經從長期被經學控制的附庸地位中獨立出來了，文學不再是政治教化與道德修養的工具手段，人們從此可以把文學僅僅當作文學，可以按文學自身的特點和規律去進行創作和運行了。所謂「爲藝術而藝術」，也是說，從此以後文學創作就可以自覺地遵從不同於其他意識形態的藝術自身的規律和特點，大膽冲決儒家觀點的束縛而自覺關注藝術的審美價值和形式美創造。這在過去是不可想像的。先秦文論重點闡明文學的政教功能，漢代主要是繼承了儒家的傳統思想，《詩大序》雖然揭示了詩的情感因素，把「志」和「情」同樣作爲詩的不可缺少的要素，但最終還是強調「發乎情，止乎禮

2　《魏晉風度及文章與藥及酒之關係》《魯迅全集》第二卷人民文學出版社 1981 年版。

義」，「詠情」仍以「彰教」爲歸宿。而漢賦因襲的是楚辭的形式卻捨棄了屈賦的靈魂，從抒情爲主轉向體物爲工，重摹擬，輕創造，並不需要在作品中展現作家獨特的藝術風貌。抒情小賦尤其是五言詩的興起，才使文壇出現了新的風氣。顧炎武說：「東漢之末，節義衰而文章盛」[3]，恰如其分地反映了儒家道德觀念與文學觀念的尖銳對立。「節義」不衰，便不會有「文章」之盛；同樣的，「節義」不衰，也不可能産生人們文學觀念的根本轉變。

　　而這種文學觀念的根本轉變，其標誌就是陸機《文賦》的問世。陸機第一次提出了「詩緣情而綺靡」的理論命題：詩是緣情而發的，因此也決定了詩在藝術表現上必須是綺麗華美的。這是一種與「言志」傳統迥異的新質。朱自清先生對此有很中肯的評價：「緣情的五言詩發達了，言志以外迫切的需要一個新的標目，於是陸機第一次鑄成了『詩緣情而綺靡』這個新語。」「詩本是『言志』的，陸機卻說『詩緣情而綺靡』。『言志』其實就是『載道』，與『緣情』大不相同。陸機實在是用了新的尺度。」[4]後來裴子野恰恰嚴厲指摘了六朝人做詩的「罔不擯落六藝，吟詠情性。」[5]而我們在《文賦》中，看到儒家道德原則和教義真的被徹底擯除了。「吟詠情性」確實是《文賦》的靈魂、核心，是它的出發點和歸宿。我們可以毫不誇張地說，「吟詠情性」成了這種「自覺」的純文學的綱領、宣言和理論基石。

　　當然，緣情文學的發展不是一帆風順的，六朝文壇充滿了變數和紛爭，這必然引起文學思想上的論戰。周勛初教授認爲梁代文壇存在着守舊、趨新和折中三派[6]，蔡鍾翔先生等也持「大體上分爲三

---

3　《日知錄》卷十三《日知錄集釋》上海古籍出版社。
4　《詩言志辨序》《詩言志辨》古籍出版社 1956 年版。
5　《雕蟲論》《全梁文》卷五十三。
6　見《梁代三派文論述要》《中華文史論叢》第五輯。

派」的看法：「一派是守舊派，可以裴子野為代表。……一派是趨新派，可以蕭綱為代表。……介乎這兩派之間的是折中派，可以劉勰、蕭統、鍾嶸為代表。」他們還認為，「這一派既反對形式主義，也反對復古主義，持論折中平和，居主流地位。」[7] 這些看法鮮明地反映了當時文學發展和文學思想鬥爭的實情，但他們剖解三派的分野，都是從三派對待文學變化的態度和應變主張出發的，然而他們主「變」的動因、實質內容和理論依據是什麼呢？如果我們不緊緊抓住「吟詠情性」這個理論核心，就不可能找到他們變化觀分歧的真正原因。

　　有一點是很清楚的：這一時期文學發展和文學思想鬥爭的基本態勢是，緣情文學的主流位置受到了來自兩個方面的挑戰。裴子野他們對趨新派背離傳統的浮靡文風，是堅持批判不留情面的，但守舊派因此而主張回到儒家傳統的老路上去，其鋒芒卻是直指緣情文學的，他們認定「吟詠情性」與恪守「六藝」傳統是不可兩立的。而趨新派的緣情論調又走得太遠了。蕭繹在作文筆之辨時說，「吟詠風謠，流連哀思者，謂之文」，甚至稱「至如文者，惟須綺縠紛披，宮徵靡曼，唇吻遒會，情靈搖蕩」。[8] 在他看來，「文」不僅要有華麗的藻飾、動人的音律，更須毫無拘束地一任感情的激揚宣泄。原來，這些生活極度優裕、糜爛的貴族文人終之于一頭紮進香豔宮體中去，是有來由的，「流連哀思」而至無節制地放縱於男女歡情，就難免為時人和後世所詬病。由此看來，趨新派所求的「情靈搖蕩」，從本質上說，與主流派的「吟詠情性」觀是有原則區別的，只能稱作「吟詠情性」文學主調的變態和逆動。

　　守舊派與趨新派或頑固地要把生機勃勃的緣情文學拉向倒退，

---

7　《中國文學理論史》（一）第二編概述，北京出版社 1987 年版。
8　《金樓子‧立言篇》《百子全書》第五冊，浙江人民出版社 1984 年版。

或衝破束縛大膽言情卻失去自製，以至走向另一極端，同都阻礙了緣情文學的健康發展。在這種情勢下，折中派理論家就必須是橫着站的，他們在與復古主義及形式主義唯美主義思潮這兩端的對抗中，形成了比較正確的思想路線和理論主張，真正維護和推動了緣情文學健康持續的發展。

三

　　劉勰與守舊派及趨新派抗衡的武器自然是「宗經」，而「宗經」終須落實到「文」。劉勰處於文學的自覺時代，在探討「爲文之用心」時不可能不把「情」放在最突出的位置，並以「情深風清」爲文學的首義，而且他「宗經」的目的說到底是爲了弘揚「文」的需要，「情」才成爲他「商榷文術」的中心。他沐浴新潮，主「情真」，主「感物吟志」的清新自然，更以「爲情而造文」貶斥「爲文而造情」，「情真」成爲一切有價值文學作品的根本標誌。從創作過程看，他把「設情以位體」放在首位，文學批評也是先看這一條。尤其是深入到想象構思、孕育形象和表現形象的創作過程時，他用「神用象通，情變所孕」這樣一個嶄新的美學命題，揭示了在「神與物遊」的過程中，由外部的「物象」與主體的「志」「意」相結合的基礎上，升華出「意象」來，而這種「以少總多，情貌無遺」（《物色》）的「意象」的產生，恰恰是由「情變所孕」，作家的情感因素成了「神用象通」的酵母。由此可以看出，他的「感物吟志，莫非自然」的文學反映論在創作各個領域的理論探討都取得了突破。劉勰對緣情文學本質特徵的探討和認識所達到的深度，是超越了傳統的言志說和單純的緣情論的。

　　但是，我們不能不看到，在劉勰內心深處又是很矛盾的，因爲「情」也有「濫」有「假」的時候，形式主義唯美主義文學頹風造

成了「文體解散」的惡果，就是從情變進入誤區而開始的，劉勰汲取了趨新派情濫成怪的教訓，無時不在謀求對至關重要的「情」進行防範。在他看來，把「情」防範好，主要是處理好「情」與「體」的關係。《序志》篇說「唯文章之用，實經典枝條」，但六朝淫靡文風卻「去聖久遠，文體解散。辭人愛奇，言貴浮詭，飾羽尚畫，文繡鞶帨，離本彌盛，將遂訛濫。」《定勢》篇也說「自近代辭人，率好詭巧，原其爲體，訛勢所變，厭黷舊式，故穿鑿取新，……然密會者以意新得巧，苟異者以失體成怪。舊練之才，則執正以馭奇；新學之銳，則逐奇而失正。勢流不返，則文體遂弊。」這幾近于嚴辭聲討「近代辭人」訛濫文風的檄文了。這種頹風最根本的危害就是「文體解散」「文體遂弊」，劉勰斥之爲「失體成怪」「離本彌盛」。一切文體的正統，即源於經典的各種文體的自身規定性已被破壞殆盡，因此他在《宗經》篇說：「楚豔漢侈，流弊不還，正末歸本，不其懿歟。」這「正末歸本」恰恰就是劉勰憤起「言爲文之用心」的根本任務和宗旨。「末」顯然指當世形式主義的文學「末流」，他亟欲返歸之「本」，就是指恢復傳統的各種文體的根本體制體式，這「正體」二字正是《文心雕龍》的命脈所在。

劉勰竭力反對當世淫靡文風自然是有積極意義的，而且他和後來李諤、王通之全盤否定齊梁文學不同，決不會聳人聽聞地認爲「文筆日繁，其政遂亂」[9]。他力主「宗經」也與王通之仿《論語》體制而作《中說》不同，反對齊梁形式主義文風決不能把文學重新拉回經學附庸的地位。劉勰對六朝文學之重視審美特徵、追求藝術形式的美也持熱情肯定和認真進行系統理論總結的正確態度。在這方面他的見解甚至有高出鍾嶸之處。當然，僅僅從「文體」演變來解釋

---

9　《上隋高祖革文華書》《隋書》卷第六十六。

文風的蛻變，不能不說是一種形而上學的觀點。《體性》篇有兩句作爲「文之司南」的話：「摹體以定習，因性以練才」，劉勰明明知道千姿百態、雲譎波詭的創作萬花筒本是被作家豐富的創作個性、作家的才性所決定，但他仍把發揮作家才性納入「摹體」的軌道。他在探討「爲文用心」時確實把「情」擺到了最突出的位置，但他又始終把「體」放在首位，所以他主張以「體」制「情」，以「學」制「才」，以客體的規定性制主體的創造性。在他看來，「經」才是各種文體之本、之母，抒情美文一旦納入「經」本體的軌道，就可以一勞永逸地最終擺脫「文體解散」的厄境而到達「正末歸本」的「衢路」了。

　　毫無疑問，劉勰是深諳文心的，他對文學本質、特點、規律的認識和把握有着同時代理論家難以企及的功力和深度。當然，也由於文學思想深處存在着保守的一面，使他對緣情文學「吟詠情性」的本質認定，因或多或少的疑慮而產生了令人惋惜的不徹底性。說到底，這依然是他哲學根柢的致命缺陷。他之所以把「經」視爲「恒久之至道，不刊之鴻教」，就是因爲他堅定的儒家信仰使他時時確信有一個永恒不變的形而上本體原則高懸着，不過這個形而上的根本大道已經被「妙極生知，睿哲惟宰」的聖人寫到五經裏去了。

　　高擎「吟詠情性」的大旗，是不是一定要以「體」制「情」才能防止緣情文學的蛻變和墮落呢？鍾嶸就不這麼看。從具體評論到理論主張，鍾嶸對「吟詠情性」這一緣情文學新傳統的捍衛，也是不遺餘力，是相當充分而有深度的。

## 四

　　現在我們就來看看鍾嶸的「吟詠情性」觀，究竟有哪些獨特的發揮和理論創造。依次談以下三個突出的問題，並與傳統觀念和劉

勰的相關主張作出初步的比較：

　　一、鍾嶸的「吟詠情性」觀與他品詩的首要標準。這種品詩標準的獨特性是什麼呢？「吟詠情性」之說本於《詩大序》，這與裴子野批判緣情詩歌「擯落六藝」的「吟詠情性」已有明顯的不同。《詩品序》開宗明義稱「氣之動物，物之感人，故搖蕩性情，形諸舞詠」。而引起詩人「搖蕩性情」的首先是自然景物，所以說「若乃春風春雨，秋月秋蟬，夏雲暑雨，冬月祁寒，斯四侯之感諸詩者也」。這和《文心雕龍・物色》篇所說「春秋代序，陰陽慘舒，物色之動，心亦搖焉」一樣。但鍾嶸更強調「物」的社會內容，所以接着就說「至於楚臣去境，漢妾辭宮；或骨橫朔野，魂逐飛蓬；或負戈外戍，殺氣雄邊；塞客衣單，孀閨淚盡；文士有解佩出朝，一去忘反；女有揚娥入寵，再盼傾國；凡斯種種，感蕩心靈，非陳詩何以展其義，非長歌何以騁其情？」一般來說，認識到自然景物激發詩人的「吟詠情性」，是比較直觀就能看出來的，陸機早就說過「遵四時以歎逝，瞻萬物而思紛」[10]；而展現社會現象如何激蕩詩人心靈就要困難一些。何休認為《詩三百》是出於「男女有所怨恨，相從而歌。饑者歌其食，勞者歌其事」[11]；司馬遷通過對屈賦的分析，得出了「發憤」著書的結論[12]，都是很有理論深度之見。

　　劉勰對各個時代不同文體的眾多作家和作品進行了十分系統詳密的評析，從他超人的學識才華和抱負終難施展的身世看，劉勰對「吟詠情性」與作家社會遭遇的內在聯繫，肯定會有異乎常人的體察。他對文學與社會、時代關係的深刻見解，人們至今仍以經典視之。但除了在《程器》篇中多少流露出他「金剛怒目」的一面外，

---

10　《文賦》《四部叢刊》影宋六臣注《文選》卷十七。
11　《春秋公羊傳・宣公十五年解詁》《十三經註疏》本卷十六，中華書局 1980 年版。
12　《史記・太史公自序》有「發憤之所為作」語。

我們不大容易看出他的政治傾向性，劉勰也不可能接受太史公「發憤」的進步觀點。

鍾嶸卻不。「位末名卑」[13]的他對當時居統治地位的門閥士族的腐朽性及其在文學上的表現，是深致不滿並持明確批判態度的，而他的文學批判的鋒芒實際上是指向了傳統的儒家文學觀。比如他對「興、觀、群、怨」的傳統定見就硬生生地砍去一半，不提興、觀，只提「詩可以群，可以怨」，實際突出的又在於「怨」。這就是劉勰爲什麼不肯接受太史公的觀點而鍾嶸卻能引以爲同道的內在原因。

由注重「吟詠情性」的社會內容到關注作家的社會遭遇，直至突出「詩可以怨」，我們終於找到了鍾嶸詩論不同凡響之所在：他所堅持的首要標準就是一個「怨」字。何以見得？

上品十二家，可以說個個有「怨」，有的雖沒有直接用「怨」，也是用了它的近義詞。評《古詩》云「意悲而遠」，「多哀怨」；評李陵云「文多悽愴，怨者之流」；評班婕妤（姬）云「怨深文綺」；評陳思王云「情兼雅怨」（這是最高評價）。評王粲云「發愀愴之詞」，雖未直論「怨」，但鍾嶸認爲王粲的詩是「源出於李陵」的，李陵是「怨者之流」，而且鍾嶸認爲李陵詩「源出於楚辭」。劉楨雖然「氣過其文，雕潤恨少」，但仍列爲上品，除了他「真骨凌霜，高風跨俗」受到鍾嶸讚賞外，更主要是他也「源出於古詩」，而且是「自陳思以下，楨稱獨步」。鍾嶸又認爲論古詩和陳思皆源于國風，國風基本上就是怨詩。評阮籍則云「源出於小雅」，「會于風雅」，爲什麼源於小雅也列於上品呢？原來傳統的看法是「國風好色而不淫，小雅怨誹而不亂」，鍾嶸看重的仍是一個「怨」字。至

---

13　《南史·鍾嶸傳》引顧凱語《南史》卷七十二，中華書局 1975 年版。

如陸機是「源出於陳思」的，潘岳則「源出於仲宣」，以及張協之「源出於王粲」，左思之「源出於公幹」，謝客兒之「源出於陳思」，都是同樣的道理。上品無一不「怨」，到了中品，也有一些說到「怨」的，如評秦嘉、徐淑之「文亦淒怨」；評魏文云「源出於李陵，頗有仲宣之體」；嵇康詩雖「過於峻切，訐直露才」，但也「頗似魏文」；而「風雲氣少」的張華也是「源出於王粲」的；應璩的詩，「得詩人譏刺之旨」，是「雅意深篤」的，而且「祖襲魏文」；劉琨不僅「源出於王粲」，且「善爲淒戾之詞」（《文心雕龍・才略》篇稱劉琨「雅壯而多風」，劉熙載則稱其爲「兼悲壯者」）；郭璞是「憲章潘岳」的，是「辭多慷慨」，是「坎壈詠懷」；郭泰機是「孤怨宜恨」；陶潛則「源出於應璩，又協左思風力」；連沈約的詩也被稱「長於清怨」。當然，同列中品，鍾嶸對他們又有不同的對待。而至下品諸家，就無一可言「怨」了，故而品位不高，評曹操詩「甚有悲涼之句」，但這和「怨」相距尚遠。

　　鍾仲偉的品第妥否，另當別論，但我們明明白白看到了，他品詩是十分注重詩人的政治背景和社會遭遇的。《古詩》是逐臣怨婦之作，生離死別之歌，符合「怨」的標準；李陵是邊防線上的將軍，有《與蘇武詩》三首，鍾嶸說「使陵不遭辛苦，其文亦何能至此」，他的「辛苦」當然是深重的；班姬系被棄之婦；陳思雖位高爲王，但遭遇之悲慘爲人所共知；劉楨雖爲曹家所看重，但終因「平視」而獲罪，僅免於被殺頭；王粲處於東漢末年之亂世，一生也不得志；阮籍是有名的竹林七賢；陸機也在吳爲晉滅後被殺于晉統治者的內部爭鬥；潘岳被趙王親信孫秀所殺；張協則是託病回家；謝靈運雖爲謝玄之孫，襲康樂公，但仍未免被遷被殺；只有左思算是比較平安，但畢竟出身寒門，也不甚得志。而在中品中，當權者僅魏文一人，餘多失意，被殺者眾。下品中卻集中了四帝（魏武帝、魏明帝、

宋孝武帝、齊高帝）三王（魏白馬王彪、宋南平王鑠、宋建平王宏），還有很多達官貴人。—— 我們且不論鍾嶸品詩的政治意味，就以突出「怨」這一點看，我們也不能不佩服他大膽突破傳統的勇氣。本來，在六經中《春秋》是講褒貶的，《詩經》講美刺，刺也就是怨，不過在孔門詩教中，興在首而怨居末。因爲鍾嶸所處的時代不同於春秋，那是奴隸社會後期封建社會初期，而六朝處於長期的封建割據之中，特別是六朝後期，政治鬥爭更爲複雜，鍾嶸才如此強調詩歌創作的社會背景，特別關注詩人的遭遇，認爲這是他們創作的活水。可以說，從緣情文學表現社會內容的角度看，他把「吟詠情性」的理論路線已經發揮得相當淋漓盡至了。

　　二、我們再看鍾嶸的「吟詠情性」觀對六朝形式主義文風的批判。鍾嶸堅持的藝術標準，大致包括大家熟知的三個方面，即品序中所謂「指事造形，窮情寫物」之務求「詳切」；「弘斯三義，酌而用之」；「幹之以風力，潤之以丹采，使味之者無極，聞之者動心」。應當說，就看重藝術這一點而言，鍾嶸與劉勰是一致的；對批判六朝淫靡文風而言，二人目標也是一致的；從他們高倡建安風力和推許的榜樣來看，也無多大區別。這些就決定了他們在「吟詠情性」的藝術觀上，大體可以說是志同道合的。不同在哪里呢？劉勰對六朝形式主義唯美主義文風深惡痛絕，但卻依然對其藝術形式美的創造給予了高度重視，全面總結了六朝文學（包括齊梁文學）在聲律、對偶、用事、比興手法運用等諸多方面的成功經驗，表現了一個大理論家的睿智和與眾不同的眼光。而鍾嶸在這個問題的破立處理上，似不如劉勰之深謀遠慮。但在「吟詠情性」的大方向下，總結六朝緣情文學的藝術經驗和規律，各自探討的重心和思維軌道卻是不必盡同。那麽，鍾嶸是不是也有其獨特的創造呢？

　　我們來分析一下他反談玄、反用事和反聲律的藝術主張。（一）

先看反談玄。品序說「永嘉時，貴黃老，稍尙虛談；於時篇什，理過其辭，淡乎寡味。爰及江表，……詩皆平典似道德論，建安風力盡矣」。《文心雕龍》也看出了這個問題，《明詩》篇稱「江左篇制，溺于玄風」，《時序》篇云「自中朝貴玄，江左稱盛，……詩必柱下之旨歸，賦乃漆園之義疏」。其實，早在西晉已有談玄之風，《文選》就說「太康以來，天下共尙無為」[14]，魯迅先生認為還要早，談玄應從何晏算起。[15]到鍾嶸的時代，玄言詩已經淡出，他是從藝術角度明確反對它的「理過其辭，淡乎寡味」，他的詩味說不僅有極強的針對性，其理論深意的影響更遠遠超出了他那個時代。

（二）次看反用事。這個主張同樣有極強的針對性和理論創新價值。品序云「至於吟詠情性，亦何貴於用事？『思君如流水』，既是即目；『高臺多悲風』，亦惟所見；『清晨登隴首』，羌無故實；『明月照積雪』，詎出經史。觀古今勝語，多非補假，皆由直尋」。鍾嶸認為「若乃經國文符，應資博古；撰德駁奏，宜窮往烈」，而「吟詠情性」的詩歌就不應以用事為貴了，但是「大明、泰始中，文章殆同書抄。近任昉、王元長等，辭不貴奇，競須新事。邇來作者，浸以成俗。遂乃句無虛語，語無虛字，拘攣補衲，蠹文已甚。但自然英旨，罕值其人」。他辛辣譏諷了南朝以來掉書袋的風氣。他對詩歌「吟詠情性」本質特性的認知，針對「補假」之風而倡「直尋」的主張以及對於「自然英旨」的向往和呼籲，都是極有見地，有進步意義的。自然，鍾嶸反對用事用典的態度比劉勰激進，也有不如劉勰立論平穩之處。劉勰主「吟詠情性」，同時他也專設了《事類》一章。從抒情詩來看，提倡「直尋」，寫出詩人直接的感受是要得的，但對敘事詩、詠史詩而言，就免不了用事。鍾嶸由於反對有失

---

14　《文選》，中華書局，1977 年版。
15　見《魏晉風度及文章與藥及酒之關係》，同前。

「自然英旨」而在用典問題上較之劉勰缺少一點具體分析，我們也不必過分苛求於他。（三）再看反聲病。平上去入，本無可反，是語言事實。鍾嶸認為古人不是不知道聲韻，只是現在詩樂分家了，不必再生拘束，永明體因此就把很多好詩都否定了，所以鍾嶸不以四聲八病為然。他說「余謂文制，本須諷讀，不可蹇礙，但令清濁通流，口吻調利，斯為足矣」。只要能讀來流利上口就可以了。他主張的是自然和諧的音律，不是反對詩歌自然音節美，在他看來，到了詩樂分家的時代再一味地追求聲律，反而使「文多拘忌，傷其真美」。「真美」就是反對八病的矯揉造作，他主「真美」與上述「自然英旨」、「直尋」的理論主張相通，都是從他「吟詠情性」的根本觀念生發出來的。當然，聲律論在詩歌發展和詩歌理論上都是有貢獻的，因此劉勰專門寫了《聲律》一章，他的眼光是深邃的。不過對聲律苛求過細，就會妨礙情感的自然抒發，也會反過來損壞了詩歌音節的自然之美，助長了形式主義的歪風。這樣看，鍾嶸之反對聲病又有其不可輕估的歷史功績。

　　三、看鍾嶸的「吟詠情性」觀與他的審美理想。鍾嶸在訴諸感情的審美領域反對玄風的浸透，着眼於「吟詠情性」文學的形象性，反對它的「理過其辭，淡乎寡味」，他又解「興」為「文已盡而意無窮」，這些都是極富創造性的美學命題，這「意無窮」帶來的「味」，正是出在他孜孜追求「自然英旨」的「真美」中，說白了，鍾嶸揭櫫的審美之「味」，就是一種「文已盡而意有餘」的自然之美、自然之趣。

　　在我們民族審美追求的歷史進程中，魏晉南北朝是一個很特殊的階段。李延壽曾經記載了一個有趣的故事：「（顏）延之與謝靈運俱以辭采齊名，而遲速懸絕。延之嘗問鮑照，己與靈運優劣，照曰『謝五言如初發芙蓉，自然可愛，君詩若鋪錦列繡，亦雕繪滿眼』。」

[16]鍾嶸《詩品》論顏延之詩云：「其源出於陸機，尚巧似，體裁綺密，情喻淵深，動無虛散，一字一句，皆致意焉。又喜用古事，彌見拘束。雖乖秀逸，是經綸文雅才。雅才減若人，則蹈於困躓矣。湯惠休曰『謝詩如芙蓉出水，顏如錯彩鏤金』，顏終身病之。」顏、謝是劉宋兩位最有代表性的大詩人，有趣的是他們各自擅長的風格卻表現着兩種完全不同的美。「初發芙蓉，自然可愛」與「鋪錦列繡，雕繪滿眼」都不失爲一種美，爲什麼顏延之因「錯彩鏤金」而「終身病之」呢？爲什麼鍾嶸把謝靈運列入上品而將顏延之歸於中品呢？這實際上反映了當時一種普遍的審美傾向。在我國古代，追求的正是一種「雕繪滿眼，鋪錦列繡」的美，這種鏤金錯彩的美占着主導位置；到了唐宋，「初發芙蓉」的美便占了上風。六朝正是一個過渡性的關鍵時期：鏤金錯彩的美還占着相當重要的位置，而初發芙蓉的美則是後來居上，逐漸被人們所接受。所以沈約在《宋書‧謝靈運傳論》裏寫道：「爰逮宋氏，顏謝騰聲，靈運之興會標舉，延年之體裁明密，並方軌前秀，垂範後昆。」[17]當然，在六朝這兩種審美追求常常是交互影響的，謝靈運的詩雖說如芙蓉出水，但雕繪滿眼的作品也不少，便是他的山水詩亦復如此。這說明謝詩雖然發展了自然清新的風格，但它與我國傳統的美學追求還是有着割不斷的承繼關係。同樣，陸機、顏延之雖然「體裁明密」，但這只能說明他們作品風格的細密，而密中自有其疏朗之處。沈約用「興會標舉」與「體裁明密」來概括他們不同的創作特色和審美追求是很精彩的。所謂「興會標舉」，重在作家主觀情思的發抒，重在情感的自然觸發，「池塘生春草」，看似不費功夫，實則平易天成；而「體裁明密」，則注重客體的組織，追求形式嚴謹的美，通過不

---

16　《南史‧顏延之傳》《南史》卷三十四，中華書局 1975 年版。
17　《宋書‧謝靈運傳》《宋書》卷六十七，中華書局 1974 年版。

斷的藝術錘煉，益求精美細密，這要求有更爲深厚的學力和訓練。二者不只有表現方法的差異，更主要是體現着對美的不同追求。

鍾嶸的詩歌理論是強調興會標舉，以自然爲宗的；劉勰主張清明，也表示了這種傾向，《定勢》篇云「賦頌歌詩，則羽儀乎清麗」，《明詩》篇更說「五言流調，以清麗居宗」。很顯然，這是由於五言詩的興起，詩的「緣情」本質越來越被人們認識和接受的結果。

不過，我們還是應當注意到劉、鍾二人對「自然」追求的同中有異。鍾嶸追求「自然」是率直無慮的，他不象劉勰有難言的內在矛盾。《文心雕龍》體系在根子上就有既超越自然又面向自然的二元性，從創作過程來看，劉勰一方面把「因情設體，即體成勢」視爲「自然之趣」（《定勢》），另一方面又把以「名理有常」、「名理相因」的原則去爲各種文體正名定位奉爲圭臬，那麼「自然」的實際內容已被「名理」冲淡；劉勰既主「以情位體」，又欲以「體」制「情」，這樣，「自然」就只能讓位給「名理」了。「自然」理想之始終沒有成爲《文心雕龍》支配思想和最高審美追求的原因就在於此。

# 五

談到「體」，我們必須進一步看看劉、鍾關於文體優劣的看法。劉勰認爲各種文體都是源於「經」，在他的風格八體說裏，稱「典雅」是「鎔式經誥，方軌儒門」的，自然是最好的風格，不用說指的是《詩經》。所以他說「四言正體，則雅潤爲本，五言流調，則清麗居宗」。明顯視「五言」爲等而下之的變體。這同他「正末歸本」、「確乎正式」，反對「厭黷舊式」「文體遂弊」的努力是分不開的。這也是受到了摯虞的影響，摯虞認爲「雅音之韻，四言爲

正」，五言就只能「於俳諧倡樂多用之」[18]，根本算不上真正的詩歌。劉勰以正體與流調分之，說明他對五言這種新興詩體意有所輕，他對於文學發展的眼光不全是朝前看的。

　　鍾嶸在這一點上倒是有點「反其道而行之」，他獨尊五言。品序中明明寫着「詩有六義焉」，緊接着下文卻只有「一曰興二曰比三曰賦」，《詩大序》的六義說也被他攔腰一刀，砍去了「風雅頌」，這只能說，他是故意冷落着四言詩的。鍾嶸為什麼如此大膽置傳統教義於不顧呢？這表明他的眼光不僅是向前看的，而且《詩品》的精神正是面向着當代，他認為詩歌批評的對象應該是當時最流行、最普遍、最有成的詩歌形式，那當然是五言詩了。不僅如此，他的大膽還表現在他認為五言詩是漢人的獨創，品序一開始便說，「推其文體，固是炎漢之制，非衰周之倡也」，而不認為它是直接繼承了《詩三百》的傳統，因此他斷然說了這樣一段話：「夫四言，文約意廣，取效風騷，便可多得，每苦文繁意少，故世罕習焉。五言居文詞之要，是眾作之有滋味者也，故云會於流俗。」

　　這段話有些費解。開頭說四言「文約意廣」，接着又說它「文繁意少」。現在通行的刊本都沒有懷疑「文約意廣」的可靠性。「意廣」與「意少」明顯是矛盾的。按鍾嶸的觀點當然認為四言詩是「文繁而意少」，不合時宜的。在曹旭先生的《詩品集注》裏，據王叔岷及車柱環先生的意見，改「意廣」為「易廣」，我覺得他們的意見是可以成理的。「文約意廣」是讚美之詞，仲偉在這裏比較四言與五言，旨在褒美五言而貶抑四言，曹旭先生在《集注》中採用他們的成果無疑是有眼光的。但他將「易廣」注釋為「容易普及流傳」[19]便又令人費解。如果認為仲偉「文約意廣」是指四言詩之「容易

---

18　《文章流別集》《藝文類聚》五十六。
19　曹旭《詩品集注》，上海古籍出版社，1998 年版。

普及流傳」，與仲偉下文指出當時人們崇尙五言，認爲五言這種詩體「會於流俗」，豈非齟齬難通？「會於流俗」才意近「容易普及流傳」。況且仲偉認爲當時人們「罕習」四言，是因其文繁而意少，它的藝術表現力和反映社會生活的容量越來越有限，而不是因爲四言「容易普及流傳」所致，否則就說不通了。

王叔岷在他的《疏證》裏曾指出，「四言每句僅四字，易廣其詞，故曰『文約易廣』也。」[20]我覺得這樣解釋深得仲偉本意。以《詩經》爲代表的四言詩，一句四字中往往表達實意的只有兩個字，其他兩個往往用虛字湊足。《詩經》也多用重言形狀詞。言其「文約易廣」，是說它用的實詞少，就容易推衍成句。況《詩經》又多用重章疊句，一首詩中各章之間僅僅更換一兩個字，當然容易推衍成篇。這種民間歌謠的形式與文人創作的詩歌大相徑庭，在五言詩中很少見，故仲偉極言其「文繁意少」。

還有一點費解之處：仲偉說四言「文約易廣」，接着說「取效風騷,便可多得」。曹旭先生在他的《集注》裏說，「騷指楚辭之『離騷』」。但是，《離騷》全文沒有四言，去掉「兮」字基本上是六言，怎麼說「取效風騷，便可多得」？實際上，「取效風騷」中的「騷」並非指《離騷》。在漢代凡屈原的作品統統稱爲離騷，或簡稱騷。如王逸《楚辭章句》就是標着「離騷經章句第一　離騷」，「九歌章句第二　離騷」，「天問章句第三　離騷」[21]……，屈原作品均以離騷稱之。後來朱熹《楚辭集注》也沿用此例。其實《文心雕龍·辨騷》篇裏的「騷」也是指屈原的全部作品而非單指「離騷」，仲偉的用法正與彦和相同。屈原作品中《天問》《橘頌》等篇是四言，仲偉這裏所指，當是屈原作品中的四言之作。這樣，「取效風

---

20　王叔岷《鍾嶸詩品疏證》，轉引自曹旭《詩品集注》。
21　王逸《楚辭章句》《四部叢刊》本。

騷，便可多得」方能講順，與前後文意才可貫通。

　　總之，劉、鍾對待四言與五言迥然不同的態度，不是孤立的文體評價問題，在實質上，是基於對「吟詠情性」認識路線同中有異的理解，而在文學發展觀上所產生的碰撞。社會生活日趨豐富和複雜，必然要求有新的藝術載體來適應和滿足它，以便擴展詩體表現社會生活的空間和容量。何況，就「吟詠情性」的要求而言，一句詩五個字，在表達情感的豐富和跌宕上，總比一句四字的餘地要大。五言勝四言本是一種進步的文學發展觀，也是隨着文學發展而使「吟詠情性」觀與時俱進日趨豐滿的體現。從文學史的角度看，自漢魏、六朝、隋以至唐代前半期，在詩歌史上可以說是五言詩的時代，鍾嶸就站在這個五言詩時代的中間，既總結了五言詩的新品格新成就，又預展了五言詩繼續輝煌的到來。雖然他在竭力推許和褒揚五言詩的同時，不適當的貶低了四言詩的成就是一種片面（不談《詩經》，不談風雅頌倒也罷了，而就在他那個時代許許多多優秀四言詩作，象曹操的曹植的，還有王粲、嵇康、郭璞、陶潛的，都是詩歌藝術中的精品）。儘管如此，誰又能不欽佩他在文學發展觀上的大膽和深刻呢？

## 六

　　最後，我們來比較一下大家注目的劉、鍾二人「奇」「正」觀的異同，就從他們的文變觀入手來看個究竟。對「奇」「正」辭義的辨析是比較容易的，具體到《文心雕龍》，《辨騷》篇起首便是驚人的讚歎：「自風雅寢聲，莫或抽緒，奇文鬱起，豈離騷哉？」稱「奇文」自然是褒。這與《史傳》篇裏直斥《史記》為「反經愛奇之尤」的貶義適成強烈對比。自然也有「馭奇」「酌奇」「奇正雖反，必兼解以俱通」，「辭奇而不黷」的話，辭義上似難分褒貶。

不過，劉勰最恨「近代辭人」的「厭黷舊武」「逐奇而失正」，是顯現于《文心》全書的，這樣來理解劉勰用「奇」的基本義大概較爲妥帖。

研究劉勰的文學史觀就可明白，他是把文學發展當作一個運動過程來看的，《通變》篇云：「榷而論之，則黃唐淳而質，虞夏質而辨，商周麗而雅，楚漢侈而豔，魏晉淺而綺，宋初訛而新。從質及訛，彌近彌淡。」在劉勰看來，歷代文學的演變，從黃帝到堯舜，到夏、商、周，是由淳質向雅麗發展，由簡樸走向完美，這是上坡；但由周而漢，而魏而晉而宋，乃至「近代辭人」，就從雅麗後退以至一步步轉向訛濫，從完美走向了畸形，便是下坡了。

劉勰寫作《文心雕龍》的目的本爲遏制每況愈下的形式主義新變文風，他並不反對文變，但他認爲必須通過探討文變規律去規範文變之道，把文變引導到他理想的軌道上去。因此，「軒翥詩人之後，奮飛辭家之前」的屈賦便成了他討論文變進而規範文變的主選對象。他的《辨騷》顯然是以《詩經》爲座標去「辨」離騷之變。他認爲屈原作品有變得正常的（是所謂「四同」），也有變得不正常的（是所謂「四異」），他甚至認爲六朝淫靡文風是受到了漢賦的影響，而漢賦的「麗以淫」又是直接受到離騷異變的影響。因此，劉勰提出了「憑軾以倚雅頌，懸轡以馭楚篇」的文變方針，確定了「酌奇而不失其貞，玩華而不墜其實」的文變規範。可見，他所謂「奇」的第一層意思是指屈賦不同於「經」的基本創作傾向和特色，劉勰雖未否定它卻又處處防範它；他的「奇」還有第二層意思，就是等而下之的辭人之「奇」，即形式主義淫靡文風的末流。劉勰說「酌奇」，實際上對屈賦有所酌用的只限於他的「華」，稱屈賦是「雅頌之博徒，而詞賦之英傑」，明顯是說它的優點不在「取鎔經意」而不過是「自鑄偉詞」。即使是對它的「華」也須嚴加防範，

使之力避「習華隨侈，流遁不反」（《風骨》）。蕭統的文變觀是讚賞「踵事增華」的，劉勰當然認識到了這個趨勢，但他多少有些憂心忡忡，認爲「華」過了頭就不可收拾。這樣一來，「酌奇」還有多大意義就要打上大大的問號，所以快快祭起「宗經」的法寶。這是劉勰內心深處的也是他「吟詠情性」觀的基本矛盾，他的文變觀始終在一個陰影的籠罩下。

綜述之，劉勰在與六朝淫靡文風的鬥爭中，亟主以「正」馭奇、以「正」統奇、以「正」制奇，在他看來，從離騷到近代辭人的奇，雖然程度不同，但確有千絲萬縷的聯繫。「奇與正反」，正是一條與傳統文學路線相悖的另類路線。

而鍾嶸《詩品》自始至終都不以雅正奇反觀爲然，他對「奇」簡直就是讚不絕口，這當然與他具有強烈創新意識的文學思想直接相關。

## 七

我們終於可以「吟詠情性」觀爲中心，對劉、鍾的理論進行總體的比較了：劉勰在竭力維護由《詩經》開創的文學傳統，推動緣情文學健康發展的同時，把「情」與「志」統一了起來，鑄成了「情志」新語，這是他「唯務折衷」的最大成果，也是他把緣情文學最終納入宗經軌道的良苦用心。和劉勰執著而濃烈的儒家信仰不同，「位末名卑」的鍾嶸的詩論卻完全沈浸在「自然」新潮的洗禮中，他的目光在「直尋」「自然英旨」中追求藝術的「真美」，他也把這種表現情感真實、「自然」的最高境界稱之爲「奇」，稱之爲「滋味」，這是他對緣情文學和緣情理論最爲獨到的貢獻。有的學者指出這和他的善習《周易》相關，大概不是憑空揣測，本傳上對鍾嶸如何喜學《周易》雖未見其詳，但他的詩論卻是明白透露着其中消

息的。

　　現在浮現在我們面前的，就是這樣兩位個性各異、真誠而執著的老人：劉勰是深沈的，長於思索的，面對咄咄逼人的新變「奇」潮，他沒有別的選擇；鍾嶸沒有劉勰那種對於傳統的執著信仰和因襲，這卻使他的理論時時閃爍着獨特的亮點。是的，有些地方，沒有重負、一向敢言的鍾嶸確實比劉勰的話說得更直率更單純也更武斷一些；有些地方也說得更深刻更尖銳一些，雖然其中不乏某些偏見。劉勰是成熟的，懂得世故而機鋒內斂的。他在辭世之前不久終於幡然出家，更是顯現其內心蓄憤之深。鍾嶸則直而機敏，少有避忌且往往深中肯綮。

　　但無論如何，他們文學理論的獨特光輝，都是推動着「吟詠情性」的緣情文學向前大大跨進了，他們的理論都是站在那個時代的顛峰。概言之，如果我們從文學思想的高度來梳理一下，可能會使得我們的比較在更高層次上落到實處：上面說到，陸機《文賦》通篇說的就是「吟詠情性」四個字，那麼，鍾嶸《詩品》除講了幾句詩可以使「窮賤易安，幽居靡悶」的場面話以外，其中心內容也就是一個「感蕩心靈」，「情」乃是《詩品》的核心範疇。鍾嶸的緣情詩論自然比陸賦遠爲豐富和深刻，畢竟文學發展又走過了一、二百年的路程。也由於鍾嶸詩論不象劉勰探討爲文用心那樣着意追求系統,更沒有想着要用什麼至高無上的本體原則去制約和規範「情」,所以,他的詩論更接近於「爲藝術而藝術」一派,從這一點說,鍾之詩論與陸賦靠得更緊。他的詩美追求和詩評精神,他的品詩標準和評論方法,對後世「爲藝術而藝術」一路詩論的影響更爲直接而巨大。劉勰雖然批評陸賦「巧而碎亂」，那是說陸賦的不夠系統，未作「尋根」「索源」之論，實際上劉勰以「情」爲中心探討創作規律，基本上還是依循着陸賦的認識路線，不過由於對六朝淫靡文風

深致不滿而欲嚴加防範，才不得不認「經」爲「宗」罷了，這是他
與陸、鍾詩論的同中之異。

# 守先待後，鎔舊鑄新

## ── 論黃叔琳《文心雕龍輯注》的學術性質與成就

台灣　花蓮教育大學中國語文教育學系

## 溫 光 華

內容提要：黃叔琳《文心雕龍輯注》是清代《文心雕龍》的重要校注，也是「龍學」史上不可忽視的一部學術專著，其上承明代校注成果，下啓民國以降學術新運，兩百年間，發揮了可觀的影響力。本文分從版本校勘學、注釋學、評點學等面向，探討其書的學術性質與成就，並歸結出黃注主要有「後世校注之墊石」、「推助研究風潮之功臣」、「普及至深化的前驅」、「瑕瑜互見的里程碑」等四項具體的學術意義。期能由清代《文心雕龍》研究傳承歷史脈絡的探究，爲黃叔琳《文心雕龍輯注》找到合理的定位。

關鍵字：文心雕龍、文心雕龍輯注、黃叔琳、校注、評點、清代考據學

## 一、前　言

在中國文學理論的發展史上，劉勰的《文心雕龍》可說是首屈一指的經典之作。其持論宏博賅富，早有「體大慮周」之譽，並且受到古今學者的一致肯定，時至今日，更已成爲蜚聲國際的漢學名著。然而「龍學」熱潮的形成，並非一蹴可幾，實由於學者的長期

墾拓，逐步積澱而成。劉勰《文心雕龍》成書後，流傳並不廣遠，
經隋歷唐，學者雖多所徵引、襲用或品評，然皆未見具體整理者，
更無論深入探索。直至宋代才有辛處信首開先聲，爲之作注，而其
書早已闕佚，影響力顯然有限。明代雖有王惟儉《文心雕龍訓故》、
梅慶生《文心雕龍音註》等具體整理成果，但其書疏略未周，流傳
亦不甚廣，對於《文心雕龍》研究之推助，作用亦未能彰顯。因此，
若要回眸檢視這股「龍學」研究的熱潮，則不能不從清代談起。

　　清代是中國傳統學術的總結時期。學者以考據的方法，整理國
故，以務實的態度，推陳出新，故能爲古籍帶來不少生機。考據學
風由經籍，擴及史子集諸部之書。而文辭精深，典實奧衍的《文心
雕龍》，也更受學界青睞，成了尋章摘句、補脫正訛的考據對象。
其中黃叔琳《文心雕龍輯注》正是此潮流中的一份子。

　　黃叔琳學宦背景皆相當豐厚，亦熱衷於學術文化事業。其《文
心雕龍輯注》能在成書後廣爲流傳，固屬時勢所趨；而躍居清代「龍
學」要籍，爲《文心雕龍》研究推波助瀾，則是學術發展機緣的造
就。此注上承明代校注成果，下啓民國以降學術新運，兩百年間，
確實發揮了可觀的影響力。楊明照謂黃注：

　　　刊誤正譌，徵事數典，皆優於王氏訓故、梅氏音註遠甚，清
　　　中葉以來最通行之本也。[1]

今日學術時勢丕變，治學方法日新月異，研究面貌也已遷貿，但其
守先待後，鎔舊鑄新的歷史地位，仍值得關注。故本文即著眼於此，
從版本、校勘、注釋、評點等面向，探討其書的學術性質與成就，
期能在清代《文心雕龍》研究的傳承脈絡中，爲黃叔琳《文心雕龍
輯注》找到合理的定位。

---

1　見楊明照：《增訂文心雕龍校注・下・版本第八》（北京：中華書局），頁 1027-1028。

## 二、黃注成書的學術背景與因緣

黃叔琳，字崑圃[2]，為清初三朝官場權臣，亦為士林重要學者，其勤讀好學[3]，著述頗豐，主要有《周禮節訓》、《夏小正傳註》、《硯北易鈔》、《詩統說》、《宋元周易解提要》、《宋元春秋解提要》（以上經部）；《太夫人事實錄》、《史通訓故補》、《西亭王公行狀》（以上史部）；《硯北叢錄》、《硯北雜錄》（以上子部）；《顏氏家訓節鈔》、《文心雕龍節鈔》、《文心雕龍輯注》、《養素堂詩文集》（以上集部）等[4]，其中《文心雕龍輯注》（以下簡稱黃注）一書，尤稱黃氏代表名作，是《文心雕龍》研究自清代以降極具影響力之校注。其書自成體系，集校、注、點、評於一身，為清代以降的《文心雕龍》研究，開啟了序幕，也樹立了深具時代意義的里程碑。

至於黃注何以應運而生？其成書之背景如何？當有必要先加以探求。故以下分從考據學風、評點時習及士人合力校訂等三項學術背景，考察黃注成書之因緣。

### （一）考據學風的實踐

考據工作本身在於求真，從漢代已來即是讀經通經之要道，但成為一種風氣，則是明代中期以後的事，直到清代，更普及為全面性的活動。[5]考據學成為清代學術的主流，一則是對晚明學者束書不

---

2 此據清顧鎮編：《清初黃崑圃先生叔琳年譜》（台北：商務印書館，1978 年 5 月）；另徐世昌《大清畿輔先哲傳》（台北：明文書局）則稱黃叔琳字宏獻，號崑圃。

3 清李元慶《清朝先正事略》謂：「公性嗜學，公餘時手一編，至耄耋不倦。」（台北：明文書局清代傳記叢刊 192），頁 382。

4 以上參據清顧鎮編：《清初黃崑圃先生叔琳年譜》、徐世昌：《大清畿輔書徵》（台北：廣文書局）、《北京圖書館古籍善本書目》（北京：書目文獻出版社）等書綜錄。

5 參見林慶彰：〈實證精神的尋求－明清考據學的發展〉，《中國文化新論學術篇──浩瀚的學海》（台北：聯經出版社，1994 年 5 月），頁 296。

觀，空談心性風氣的反動，故改倡言必有徵、事必探本的治學精神，
力求通經致用；再則與清初爲鞏固政權，對知識份子採取壓制政策
有關，文人爲明哲保身，漸遠離政治，韜光養晦，轉向名物訓詁；
另則因清代繼承歷代大量的文獻遺產，有覈校、訓解、辨僞、輯佚
與整理的迫切需要。於是自古由來已久的考據活動，在清代的學術
風氣中得到充分滋養，遂至於鼎盛。

　　黃叔琳出身於儒門，自幼即熟諳經書[6]。及長，從師問經，往復
論學，終身嗜讀不倦，由於政事文章俱爲通顯，時人推爲「北平黃
先生」[7]，可說是儒士之典型。黃氏身處考據學風將盛時代，公餘之
暇，累積了不少古籍整理的經驗[8]。他秉承儒士通經的傳統，校讀典
籍，深感前賢在《文心雕龍》校注方面的成果難愜人心，故重爲考
訂校勘，並在已有的基礎上繼續廣稽博考，徵引故實。他曾提到：

> 明代梅子庚（筆者按：應爲子庚）氏爲之疏通證明，什僅四
> 三耳，略而弗詳，
> 則創始之難也。又句字相沿既久，別風淮雨，往往有之。雖
> 子庚自謂校正之功
> 五倍於楊用修氏，然中間脫訛，故自不乏，似猶未得爲完善
> 之本。余生平雅好
> 是書，偶以暇日，承子庚（庚）之綿叢，旁稽博攷，益以友
> 朋見聞，兼用眾本比對，正其句字。[9]

---

6 唐鑑《國朝學案小識》謂黃氏「具夙慧，成童即通四書五經。」（台北：明文書局
　清代傳記叢刊 002），頁 602。
7 清李元慶《清朝先正事略》謂：「公以文學政事受知三朝，當代推爲鉅儒，天下士
　識與不識，皆曰北平黃先生。」（台北：明文書局清代傳記叢刊 192），頁 382。
8 據《清初黃崑圃先生叔琳年譜》載：康熙三十七年，公二十七歲，與修一統志及淵
　鑑類函等書；康熙四十九年，刻《漁洋詩話》；雍正二年，刻《顏氏家訓節鈔》；
　雍正五年，定《周禮節訓》；乾隆十年，刻《夏小正》；乾隆十二年，刻《史通訓
　故補》；乾隆十四年，重刻《漁洋詩話》、刻《五代詩話》。
9 見黃叔琳：《文心雕龍輯注·序》（台北：中華書局四部叢刊本）。

可見其整理典籍的動機及用心。

　　黃氏雖未居考據學家之列，亦非專注於考據工作的學者，但其治學尚篤實，運用傳統校注之法讀古書，實屬考據學風的延續與具體實踐。

## （二）評點時習的沾溉

　　評點是中國文學批評中極有特色的一項批評方式。關於評點的緣起，章學誠曾說：

> 自學者因陋就簡，即古人之詩文，而漫為點識批評，庶幾便於揣摩、誦習。[10]

可知評點本身與士人喜好在書的字裡行間，任意用丹黃抹畫、圈點的習慣有關。原本抹畫多施於文章關鍵處，後來也用於警策之句。施於關鍵處的是長畫，施於警策文句的是短畫，短畫逐漸變為點，點又變為圈。[11]抹畫圈點之外，評家甚至在眉端加上品藻褒貶用語，或從文章結構著眼，分析章法字法；或由鑑賞角度，評議作品工拙。這些評點符號與簡短語句，雖自出心裁，不成系統，卻頗有助於讀者心領神會。此風從唐形成，經宋、元發展，至明清兩代全盛，範圍也從詩文，擴及小說與戲曲。[12]就清初而言，頗見名家名評，如毛奇齡編有《唐七律選》、《唐人試帖》，其中皆經評點，並評點過《西廂記》；王士禎評點過杜詩、《聊齋誌異》；朱彝尊評杜詩、李商隱詩；趙執信評點過《李太白詩》、《唐詩鼓吹》；汪琬、邵長蘅也都評點過杜詩；張竹坡評點過《金瓶梅》；查慎行評點《瀛

---

10 見章學誠：《文史通義校注‧校讎通義‧宗劉第二》（台北：里仁書局，1984 年 5 月），頁 958。
11 以上參見鄭明娳：〈小說評點學初探〉，《古典小說藝術新探》（台北：時報文化出版，1987 年 12 月），頁 278-279。
12 參見孫琴安：《中國評點文學史》（上海：上海社會科學院出版社，1999 年 6 月），頁 3-5。

奎律髓》；儲欣評選《唐宋十大家全集錄》。[13]由此可見評點風氣
盛行之一斑。

就《文心雕龍》的評點而言，明代即有楊慎、曹學佺與鍾惺三
家。楊慎以五色筆評點，曹學佺有「參評」，後皆爲梅慶生《文心
雕龍音註》採入；鍾惺則曾將《文子》、《新論》、《鬼谷子》、
《公孫龍子》及《文心雕龍》等五書之評，合爲「合刻五家言本」，
[14]其中評《文心雕龍》部分計七十四條。此三家大抵著眼於《文心
雕龍》的文辭藻采，對於文論之精微，則較少闡發。[15]如黃注例言
提及楊氏評語大致意向：

　　　升庵批點，但標詞藻，而略其論文之大旨。

雖然三家評語流傳不廣，現已難親睹原貌，但在黃氏編訂《輯注》
時，不但將之視爲重要參據[16]，其評點批語的形式，對黃氏而言，
當不無影響。故黃注偶於書之眉端批註讀後心得，或於其書多篇中
施以三式圈點，關於圈點之體例，黃注例言云：

　　　今於其論文大旨處，提要鉤元用　　　，于其辭藻纖穠新雋處，
　　　或全句或連字用，於其區別名目處用△△，以志精擇。

可見黃注之評點，亦受當時學界評點時習影響，其與學風之關
聯，實不容漠視。

### （三）士人合力校訂的成果

《文心雕龍》經唐宋，歷元明，流傳至清，刊本並不多，注本
尤爲少見，在原典本身「使事遣言，紛綸葳蕤，罕能切究」[17]之研

---

13 同上，頁 233-240。
14 楊氏及曹氏評語，可見於梅慶生《文心雕龍音註》萬曆四十年復校本、天啓二年校
　訂後重修本及凌雲套印本。鍾惺評本則尤爲鮮見。詳參楊明照《增訂文心雕龍校注·
　下·版本第八》（北京：中華書局，2000 年 8 月），頁 1020-1030。
15 詳參祖保泉：〈試論楊、曹、鍾對文心的批點〉，載於《文心雕龍學刊》第四輯。
16 三家皆爲梅慶生《文心雕龍音註》「校讎姓氏」所列，後來黃注也襲用列入「元校
　姓氏」。
17 見黃叔琳：《文心雕龍輯注·序》（台北：中華書局四部叢刊本）。

讀困境下，精詳的校注益顯迫切。再加上「舊本流傳既久，《音注》多訛」[18]，因此黃叔琳於雍正九年（西元 1731 年）前後，在「暇日繙閱，隨手訓釋」[19]中，開始纂輯《文心雕龍輯注》，更歷多載，終於乾隆六年（西元 1741 年）正式刊行，期間長達十年有餘。由此可知，黃注並不成於一時；事實上也不成於一人之手，而是經過多人、多次參訂之後的成果。關於此點，可由顧鎮編《清初黃崑圃先生叔琳年譜》得知，黃注在付梓前，曾有多人參與論訂：

> 適吳趨文學顧尊光進來謁，因與共參訂焉。（雍正九年）
>
> 錢塘孝廉金雨叔來，……公知其學問素優，出所輯《文心雕龍註》，屬為校訂。（乾隆二年）
>
> 時陳祖范來署，因將校定雕龍本復與論訂。而雲間姚平山廷謙（筆者按：廷謙或為培謙之誤）適至，請付諸梓。（乾隆三年）

可知黃注一校於顧進（尊光），再校於金甡（雨叔），至乾隆三年，又與陳祖范論定，最後才交由姚培謙付梓。平山慎重其事，自謂「讃劣無能為役，又良工難得」[20]，故拖延至乾隆六年才完成刊行。黃氏在《輯注·例言》中亦謂：

> 其參攷注之得失，則顧子尊光、金子雨叔、張子實甫、陳子亦韓、姚子平山、王子延之、張子今涪及諸同學之力居多。

顧進、金甡、陳祖范（亦韓）、姚培謙等人均為黃氏門生，對此注成書出力尤大。書成之後，黃氏門人聶松巖曾指出：

> 此書校本實出先生，其注及評，則先生客某甲所為。

紀昀也謂：

18 見顧鎮編：《清初黃崑圃先生叔琳年譜》（台北：商務印書館），頁 55。
19 同上註。
20 見《文心雕龍輯注》養素堂刊本之姚培謙識語。

　　此注不出先生手，舊人皆知之。[21]

更明白點出該書不獨成於黃氏一人，也非出於一人之手的事實。至於「客某甲」究屬何人，由於文獻有限，仍難斷言。[22]但由黃氏「性好著書，隨時與所善商榷參校」[23]的著述背景，可確知黃注實是集合眾力，經過往復參訂而成的一部校注之作。

### 三、整合與因革：黃注版本校勘學的性質與成就

　　選擇版本是讀書治學的首要步驟，也是校讀典籍的基礎工作。底本不正，校勘勢必費功，而輕率爲訛誤之本作注，則不免誣解古人，甚至貽誤後學。而校勘學的主要任務，則在於廣徵各時代的諸多版本，從中判斷字句正誤，力圖還原典籍的原貌。故版本與校勘，兩者密切相關，互爲因果，甚至可說校勘學的成就其實得力於版本研究的基礎[24]。

　　《文心雕龍》的版本種類極夥，據楊明照先生《增訂文心雕龍校注》的統計，得以寓目者，計有寫本十一種，刻本三十七種（單刻本二十七種，叢書本十種），校本十九種。[25]異本紛呈，確實可觀。尤其清代時期的刊本，又「多由黃氏輯註本出」[26]，可見黃注在版本方面，有相當程度的權威性，故能成爲各本的基礎。然若進一步考察黃注版本與校勘學上的成就，則其參稽眾本，擇善而從，並傳承古本的整合性特質，以及對前代校勘成果的因革，最值得留

---

21 以上兩語見於〈文心雕龍輯注‧序〉後之跋語。
22 關於此問題之探討推測，可參見拙作：《文心雕龍黃注紀評研究》（台北：國立台灣師範大學國文研究所碩士論文，1997 年 6 月），第三章第二節〈黃注之成書與刊行〉，頁 20-25。
23 見清鍾儀吉：《碑傳集》（台北：明文書局清代傳記叢刊 110），卷 69，頁 36-37。
24 姚伯岳《版本學》云：「校勘工作必須以版本研究爲前提和基礎，必須借助于版本研究的成果。」見該書（北京：北京大學出版社），第一章，頁 17。
25 詳參楊明照：《增訂文心雕龍校注‧下‧版本第八》（北京：中華書局），頁 1009-1041。
26 見楊明照：《增訂文心雕龍校注‧下‧版本第八》，頁 1009。

意。

首先，就黃注的整合性說明。《文心雕龍》「句字相沿既久，別風淮雨，往往有之」，亟待整理。明代已有不少《文心雕龍》校刻本，其中流傳較廣，影響較大者，首推梅慶生《文心雕龍音註》。梅氏曾「取諸家所校眾本，參互攷訂，以改其誤，補其脫，刪其衍，視元本自謂五倍其功。」[27]書成之後，又先後經多次重修刊刻[28]，由此可略見其「愛好之篤，用力之勤」[29]。而從《音註》書前所列「文心雕龍讐校姓氏」及「音註校讐姓氏」更可確知，梅氏匯聚了當時楊慎、焦竑、朱謀㙔、曹學佺、謝兆申等三十二人的校勘心力，亦即《音註》可說是明代諸多版本的集大成之作[30]。而黃叔琳在版本的選擇上，便取梅慶生《音註》萬曆本為主要底本[31]。固然《音註》「中間脫訛，故自不乏，似猶未得為完善之本」，但卻是催生黃注的有力功臣。

在版本學上，多強調所謂「善本」，至於「善本」，歷來定義不同，如張之洞曾提出：「善本非紙白、版新之謂，謂其為前輩通人用古刻數本精校細勘，不謬不缺之本也。」又謂：「善本之義有三：一曰足本（無缺卷、未刪削），二曰精本（精校、精注），三曰舊本（舊刻、舊抄）。」（見《輶軒語·語學篇·讀書亦求善本》）可知

---

27 語見梅慶生：《文心雕龍音註·凡例》（明天啟二年本），現藏台北國家圖書館。
28 戶田浩曉謂《音註》「不同的板本即有五種，再加上未見的陳長卿本，即至少有六種板本存在。……刊行的時間上為萬曆三十七年，下為天啟六年，其間僅二十餘年，梅慶生等人對《文心雕龍》的關心熱愛，由此可以想見。」見〈文心雕龍梅慶生音註本的不同板本〉，收於《文心雕龍研究》（上海：上海古籍出版社，1992 年 6月），頁 165。
29 語見楊明照：《增訂文心雕龍校注·下·版本第八》，頁 1023。
30 汪春泓即謂：「梅慶生所作音註吸收了當時及其以前的龍學成果，可謂遍稽各種版本，除了自己獨得之見外，還根據眾家已有校注成果作取捨，……故在當時就既是集大成又是奠基性的著作。」參見《文心雕龍的傳播與影響》（北京：學苑出版社，2002 年 6 月），頁 86。
31 楊明照《增訂文心雕龍校注·上·諧讔第十五》校語云：「黃氏底本為萬曆梅本。」頁 200。

凡經「精校細勘」，且「不譌不缺」，符合「足本」、「精本」、「舊本」之條件者，得以稱爲善本。若依張之洞這定義來檢視黃注，其書當有可資稱道之處：一方面，黃氏雅愛《文心》，在編訂《輯注》之前，曾編有《文心》節鈔本，後又因考量到劉勰全書「難於裁節」、「未易去取」[32]，仍思探錄全文，故符合無缺卷、未刪削之「足本」條件。另一方面，底本梅注本身已爲多次重修勘訂之本，而黃注在刊梓前，亦經多人多次論訂，由此可謂爲精校細勘之「精本」。

雖然據說黃注成書後有「不暇推勘而遽刻之，尋自悔也」[33]的遺憾，但黃氏不墨守一家，並廣徵別本，鄭重其事，讓自己的校注趨近善本的用心，便值得肯定。

其次，再就黃注校勘的因革性說明。黃氏「承子庚之綿蕞」，以梅慶生《文心雕龍音註》爲底本，另又「旁稽博攷，益以友朋見聞，兼用眾本比對，正其句字」。其行間校語雖大半因襲自梅注[34]，但亦另有不少革新。以下進一步從方法及態度兩方面，突顯其書校勘之特色：

### （一）在方法方面

用今日較科學的眼光來看文獻的校勘方法，其中較重要者，有對校法、本校法、他校法及理校法等四種。[35]除本校法較少爲黃注運用外，其他諸法，則兼綜運用。黃氏在梅注的基礎上，運用「對校法」，旁稽「眾本」比對，以正其句字。如王惟儉《文心雕龍訓故》、汪本、何焯校本、馮舒校本等，均爲黃注常用來「對校」之

---

32 語出黃叔琳：《文心雕龍輯注·例言》（台北：中華書局四部叢刊本）。
33 語出紀昀評《文心雕龍輯注》吳蘭修之跋語。
34 楊明照云：「黃氏校語多沿用梅氏萬曆音註本，並非親覩元刊也。」見《增訂文心雕龍校注·下·序跋第七》，頁 985。
35 參見陳垣：《校勘學釋例》（台北：台灣學生書局，1971 年），卷六，第四十三「校法四例」，頁 144-149。

本，以下各舉數則校勘文例，以見其大略：

1・王惟儉《文心雕龍訓故》：

〈指瑕〉：「若『排』人美辭。」校云：「王本作掠。」

〈知音〉：「甂『澤』方美。」校云：「王作繹。」

2・汪本：黃注對「汪本」未有確指，或爲明汪一元本。

〈麗辭〉：「類此而思，理『自』自見也。」校云：「汪本作斯。」

〈事類〉：「操刀能割，必『列』膏腴。」校云：「汪作裂。」

3・馮舒校本：

〈原道〉：「唐虞文章，則煥乎『始』盛。」校云：「馮本作爲。」

〈諧讔〉：「尤『而』效之，蓋以百數。」校云：「一作相。」

按：梅注原即作「相」，黃注蓋從馮舒說改。楊明照《增訂文心雕龍校注・諧讔第十五》校語：「馮舒云：『相』當作『而』。」

4・何焯校本：黃注據何本者，皆未明言，今係據楊明照《增訂文心雕龍校注》校語得知。

〈宗經〉：「採摭『生』言。」校云：「疑作片。」

按：楊明照《增訂文心雕龍校注・宗經第三》校語云：「此襲何焯說。」

〈哀弔〉：「迷方『告』控。」校云：「一作失。」

按：楊明照《增訂文心雕龍校注・哀弔第十三》校語云：「何焯校作『失』。」

其次，是「他校法」，即取他書與底本覈驗，如黃注常據《太平御覽》作爲校改的主要參考：

〈原道〉：「原道心以敷章。」校云：「以敷，一作裁文，從御覽改。」

按：梅注、王注即作「裁文」，此處黃注另依《御覽》校改。

〈明詩〉：「若夫四言正體，則雅潤為本，五言流調，則清麗居宗。」校云：「兩則字從御覽增。」

〈史傳〉：「『昔者』夫子閔王道之缺。」校云：「二字從御覽增。」

〈史傳〉：「若司馬彪之詳實。」校云：「若字從御覽增。」

或者參考原典校改者，如：

〈徵聖〉：「顏闔以為仲尼飾羽而畫，『徒』事華辭。」校云：「莊子作從。」

按：黃注注釋引《莊子‧列禦寇》之原典，作為此處校改之根據。

〈比興〉：「王褒洞簫云：優柔溫潤，如慈父之『畜』子也。」

按：梅注、王注原作「愛」字，黃注卻據《文選‧洞簫賦》直接改正，唯未加校語。

最後，對於諸本未校出者，則採取「理校法」，逕依上下文意或己意校改，如：

〈頌讚〉：「咸墨為頌。」黃注「咸墨」條有校云：「墨應作黑。」

按：楊明照《增訂文心雕龍校注‧頌讚第九》校語云：「按作『咸黑』是。咸黑事見呂氏春秋古樂篇。」（頁112）。

〈封禪〉：「夷吾譎『陳』，距以怪物。」校云：「當作諫。」

按：楊明照《增訂文心雕龍校注‧封禪第二十一》校語云：「此襲馮舒、何焯說。」又云：「按諫字義勝。奏啟篇：『谷永之諫仙』，御覽引作『陳仙』，是『諫』、『陳』易誤之例。」黃注雖未明言校改依據，為順理而改之例。

〈才略〉：「議『愜』而賦清。」

　　按：梅注、王注原作「揠」（王注以框標疑，但未改），黃注此處逕改爲「愜」，是也，唯未加上校語。

　　諸例或改正前人所校，或由黃注依文理校出，均爲衡量黃注實際校勘貢獻的重要指標。

### （二）在態度方面

　　黃注之校勘工作，有其體例，如在卷首「例言」云：

> 諸本字句互有異同，擇其義之長者用之，仍於本句下注明「一作某」，或「元作某字，從某改」，或「元脫，從某補」。

此則例言中標出「一作某」（另存一說）、「元作某字，從某改」（校改訛誤）及「元脫，從某補」（增補脫文）時之校語。但若再稍加彙整，黃注所用校語尙不止於此[36]。表另存一說者，除「一作某」外，亦有「一作某，又作某」、「某本作（改）某」、「一本有（無）某」等，皆並列他說以備參考；表校改訛誤者，除「元作某字，從某改」外，又有「元作某」、「元作某，某改」、「元作某，某據（攷、按）改」、「元作某，按（原典）改」、「一作某，從某改」等例，多標出根據；表增補脫文者，除「元脫，從某補」外，亦有「元脫」、「元脫，某補」、「元脫，按某補」、「元脫，某按某補」、「某字從某增」；另外，對於衍文、倒文等情形，亦皆加註校語；至於心疑其非，然證據不足，難以斷定者，黃注則以「疑作某」、「疑誤」等校語，以示存疑而不妄改，如：

> 〈原道〉：「發『輝』事業。」校云：「疑作揮。」
>
> 〈徵聖〉：「妙極『機』神。」校云：「疑作幾。」
>
> 〈物色〉：「『印』字而知時。」校云：「疑作即。」

雖未云根據，但皆置疑而不任意改動。蓋理校之難在於定是非，

---

36 關於黃注之校勘條例，詳見拙作：《文心雕龍黃注紀評研究》（台北：國立台灣師範大學國文研究所碩士論文，1997年6月），第四章第一節，頁39-54。

故宜避免妄改而造成訛誤。此正可見其實事求是，對校勘的審慎態度。另有並存他本之說以備參（曰「某作某」或「一作某」）之例，如：

〈銘箴〉：「易入新『切』。」校云：「御覽作麗。」

〈史傳〉：「以審正『德』序。」校云：「御覽作明。」

〈聲律〉：「『識疏』闊略。」校云：「汪本作疏識。」

所備他說未必皆可採，然將他本異文保留，不獨尊己說，以俟來者取決，可謂相當謹慎的校勘態度。

## 四、博徵與客觀：黃注注釋學的性質與成就

劉勰嘗云：「注解爲書，所以明正事理。」（《文心雕龍·指瑕》）概括出注釋具有排除文意隔閡，增進閱讀理解的作用。《文心雕龍》取材宏博精富，行文語深意奧，注釋工作自然難以全備。宋代辛處信首開爲《文心雕龍》作注之先例，但其書僅留空目[37]，後世難睹全貌；明代梅慶生、王惟儉則在校勘工作之餘，也開始「討求故實」[38]，徵事取典，且略具規模。黃注「例言」云：

> 梅子庚（筆者按：應為子庚）《音注》流傳已久，而嫌其未備，後得王損仲本，援據更為詳核，因重加攷訂，增注什之五六，尚有闕疑數處，以俟博雅者更詳之。

黃叔琳踵繼梅氏《音註》、王氏《訓故》之業，後出轉精，詳考增注，舉凡經、史、子、集等各部群籍，皆廣徵博引，對於《文心雕龍》的爲文用心，頗有「明正事理」之功。《四庫全書》對黃注的成書梗概有提要云：

> 梅慶生復創為之注，不過粗具梗概；王惟儉踵之而作，援據

---

37 見《宋史·藝文志》著錄。
38 語見王惟儉：《文心雕龍訓故·凡例》（日藏明刊本）。

始稍稍加詳。叔琳此本，蓋因二家之注而增損之，徵引詮釋，頗為賅貫。……其疏通證明，大致純備，較之梅王二注，則宏贍多矣。[39]

綜觀黃與梅、王三家注本，其注釋的性質並不屬章句訓詁的疏解，而在於考證《文心雕龍》文中難以通曉的典故語源。而黃注一改梅注引文繁雜、詳略不均的缺點，另又博采周咨，力求簡明詳備，較之王注「增注什之五六」。從注釋數量上來看，上篇（〈原道〉至〈書記〉）部分，梅注共二二七條，王注共六〇八條，黃注則大幅增加至九六三條；下篇（〈神思〉至〈序志〉）部分，梅注僅六十五條，王注共二五七條，黃注則擴增至五一三條，可見黃注注釋數量已大幅增加[40]。另外，也值得注意的是，黃注為《文心雕龍》行文詞彙探求語源來歷的企圖心也更為明顯。[41]以下舉數則注釋說明：

〈諸子〉：「類聚而求，亦充箱照軫矣。」

黃注「充箱」條引《韓詩外傳》云：「成王之時，有三苗貫桑而生，同為一秀，大幾滿車，長幾充箱。」

「照軫」條引《史記·田敬仲完世家》云：「梁王曰：寡人國小，尚有徑　寸之珠，照車前後各十二乘者十枚。」

〈體性〉：「得其環中，則輻輳相成」

黃注「環中」條引《莊子·齊物論》云：「樞始得其環中，以應無窮。」

〈章句〉：「譬舞容回環，而有綴兆之位，歌聲靡曼，而有

---

39 見《四庫全書·集部九·詩文評類》「文心雕龍輯注提要」。

40 關於黃注在注釋質量的改進，詳見拙作：《文心雕龍黃注紀評研究》（台北：國立台灣師範大學國文研究所碩士論文，1997 年 6 月），第六章第一節，頁 137-142、173。

41 汪春泓謂：「梅、王顯然側重於歷史大事件、作家作品等顯性的典故，…而黃氏已經意識到《文心雕龍》語詞皆有其淵源的文體特徵，就更自覺地推敲每一語詞的出處。」參見《文心雕龍的傳播與影響》（北京：學苑出版社，2002 年 6 月），頁106。

抗墜之節也。」

黃注「綴兆」條引《禮記‧禮樂記》云：「行其綴兆，要其節奏，行列得正焉。」

「抗墜」條引《禮記‧禮樂記》云：「歌者上如抗，下如綴，曲如折，止如薰木。」

〈序志〉：「識在缾管，何能矩矱。」

黃注「缾管」條引《左傳‧昭公七年》云：「挈缾之智。注：喻小智也。」

又引《莊子‧秋水》云：「是直用管闚天。」

以上各例，梅、王兩家均未加注，而由黃注翻檢群經子史，首發其注，主要用意顯然在爲劉勰的用語查考淵源，以證明劉勰行文的確「苞羅群籍」[42]，無一字無來歷。注雖僅徵引出處，未費言解釋，但與原文對照，確能由典見意，發揮融通文義、促進理解的作用。綜觀黃注，徵典重於釋義，具有古代注釋傳統中博徵與客觀的特點。

另外，黃氏在注中加上按語，博引明徵，考證正文及前人校注疑義，故有辨正誤、明是非的作用。如〈明詩〉：「江左篇製，溺乎玄風，…袁孫以下，雖各有雕采。」黃注「孫」條引《晉書》之後，有按語云：

舊注引孫楚，楚卒於惠帝初，不得爲江左也。

梅注對此無注，王注則在引《晉書》孫綽後，又順帶提到：「《文選》又有晉孫楚詩」云云，黃注此語顯然對此而發。可見黃注並不一味因襲王注，並還重新查考，提出辨正。又〈樂府〉：「武帝崇禮，始立樂府。」黃注「始立樂府」條引《漢書‧禮樂志》後按語

---

42 語出黃叔琳：《文心雕龍輯注‧例言》（台北：中華書局四部叢刊本）。

云：

> 孝惠二年，夏侯寬已為樂府令，則樂府之立，未必始於武帝
> 也。

此對樂府始立於武帝之說，提出質疑。劉勰此說蓋本於《漢書‧禮樂志》：

> 至武帝定郊祀之禮，……乃立樂府，采詩夜誦，有趙、代、
> 秦、楚之謳。

關於此說，明吳訥曾提出：

> 後儒遂以樂府之名起於武帝，殊不知孝惠二年已命夏侯寬為
> 樂府令，豈武帝始為新聲不用舊辭也？[43]

清郝懿行便認同黃注之見，曾有批注云：

> 按高祖四年已作武德之舞，必樂府令司其事也。樂府之立，
> 不始於武帝。黃氏此注，良為有見。[44]

樂府之立，確有早於武帝的可能。黃注從史料中尋根溯源，提出己見，因而引發關注，足見劉勰之論，仍有可議。又〈諸子〉：「惠施對梁王，云蝸角有伏尸之戰。」黃注「蝸角」條引《莊子》後按云：

> 此係戴晉人語，今云惠施，誤也。

此典出於《莊子‧則陽》：

> 惠子聞之而見戴晉人，戴晉人曰：「有所謂蝸者，君知之乎？」
> 曰：「然。」「有國於蝸之左角者曰蝸氏。」

可知此事乃戴晉人對梁惠王之語，並非惠施，劉勰或有誤記，故黃注加上按語指出。又如〈時序〉：「太祖以聖武膺籙，高祖以睿文纂業，文帝以貳離含章，中宗以上哲興運。」黃注對此引《南齊書‧

---

43 見吳訥：《文章辨體序說》（台北：大安出版社，1998 年 6 月），頁 32。
44 引自楊明照：《增訂文心雕龍校注‧下‧攷訂第六》，頁 919。

高帝紀》及《南史》文後加按語云：

> 並無中宗、高祖。

指出劉勰恐有記載之誤。由黃注引文可知南齊一代有太祖高帝蕭道成、武帝世祖蕭賾、文帝世宗蕭長懋、明帝高宗蕭鸞等，並無中宗及高祖。後來范文瀾亦指出：

> 武帝廟號世祖，此云高祖，高是世之誤。南齊書文惠太子傳
> 『文惠太子長懋，世祖長子也。鬱林立，追尊為文帝。廟號
> 世宗。』中宗不知何帝。案明帝號高宗，豈中為高之誤歟？
> （注29，頁688）

凡此，皆可見黃注一絲不苟，不盲從附和，能在微處致疑的徵實精神。綜上所述，黃注以徵引典故為主，雖屬基礎工夫，但對於後續研究的推展而言，卻是不可或缺的助力。

## 五、指點與思辯：黃注評點學的性質與成就

評點本身下筆隨意，未必皆有嚴密周全的思考邏輯，但在會心有得，片言抉要之下，其間亦有不少智慧靈光閃現，兼具抒發心得與指點閱讀門徑的效果，可助於讀者領會幽微，甚至引發深層思考，故也具有相當程度的思辯性。黃注「例言」有云：

> 注釋例於每篇之末，偶有臆見，附於上方。

黃注之評語，約計六十六則，或詮解文論，揭示要旨；或旁引融通，隨抒己見；或對劉勰見解加以品賞讚許。從黃氏評語，可略窺其關注的取向。如強調文中要點，對〈風骨〉「若豐藻克贍，風骨不飛，則振采失鮮，負聲無力」，黃氏評云：

> 即後所云雉竄文囿也。

將文章前後觀點之關係予以連結，點出「采乏風骨」之病。同篇對於「若夫鎔鑄經典之範，翔集子史之術」評云：

風骨又必從經典子史中出。

從劉勰文必宗經的觀點著眼，扼要點出風骨當由經典子史中錘鍊而成的觀念。

如談文章理則，對〈封禪〉「樹骨於訓典之區，選言於宏富之路，使意古而不晦於深，文今而不墜於淺」評云：

能如此，自無格不美，豈惟封禪，封禪文固可不作也。

表示作品之理想格調大抵相同，未必侷限於封禪之文。對〈物色〉「莫不因方以借巧，即勢以會奇，善於適要，則雖舊彌新矣」評云：

化臭腐為神奇，秘妙盡此。

文章貴能獨出新意，若一味因循舊規，其風必趨臭腐。故若欲推陳出新，化臭腐為神奇，當把握「因方借巧」、「即勢會奇」之理則，故黃氏以為此論盡得秘妙。

如抒發對文人觀感，對〈情采〉「後之作者，採濫忽真，……故體情之製日疏，逐文之篇愈盛，故有志深軒冕而汎詠皋壤，心纏幾務而虛述人外」評云：

古今文人讀此不汗下者有幾？

對〈事類〉「綜學在博，取事貴約，校練務精，捃理須覈」評云：

徒博而校練不精，其取事捃理不能約覈，無當也，吾見其人也。

兩則對於文人常見的創作病徵，似乎感觸良深，故借文發揮，令讀者看來，亦頗有警醒的作用。

如間接抒發自身為文經驗或甘苦，對〈神思〉「方其搦翰，氣倍辭前，暨乎篇成，半折心始。何則？……意授於思，言授於意，密則無際，疏則千里。或理在方寸而求之域表，或義在咫尺而思隔山河」評云：

詞人所心苦而口不能言者，被君直指其所以然。

對〈物色〉「四序紛迴，而入興貴閑，物色雖繁，而析辭尚簡」評
云：

>　　天下事那件不從忙裡錯過，文亦然矣。

　　前者對劉勰分析執筆前後思與言之間落差的原因，甚表贊同，
有先得我心之感；後者則對爲文需「閑」，頗表會心。可見黃氏對
於爲文經驗已深有體會，故對劉勰之論頷首稱是。

　　黃氏也常在評中旁涉他人作品，並與之會通，如對於唐宋八大
家之詩文，更是屢屢述及。〈鎔裁〉「思贍者善敷，才覈者善刪」
評云：

>　　唐宋大家之文，兩句道盡。

〈夸飾〉「軒翥而欲奮飛，騰擲而羞蹦步」句評云：

>　　昌黎詩句多如此。

〈序志〉「形甚草木之脆，名踰金石之堅，是以君子處世，樹德建
言，豈好辯哉，不得 已也」句評云：

>　　讀歐陽修送徐無黨序，又爽然自失矣。

皆由劉勰之文，衍及唐宋八家詩文，想必深造有得，方有此如天外
飛來一筆的評語，可增加讀者體會的深廣度。其他所提及之文家如
〈隱秀〉評云：「陸平原云：『一篇之警策』，其秀之謂乎？」此
將陸機〈文賦〉所論與劉勰「秀」乃「篇中之獨拔」之論會通；又
〈知音〉評云：「不薄今人愛古人，老杜所以度越百家」，藉杜甫
詩句抒發文家不應賤同思古的心聲。

　　另亦有對劉勰之論表示存疑者，如〈祝盟〉「臧洪歃辭，氣截
雲蜺；劉琨鐵誓，精貫霏霜；而無補於晉漢，反爲仇讎，故知信不
由衷，盟無益也」評云：

>　　二盟義炳千古，不宜以成敗論之。

此對劉勰以成敗論定盟文價值之觀點，不全贊同，故提出此評質疑；

而紀昀對黃評所見，甚表同意曰：「北平先生譏之是也。」

　　黃氏所批註的評語，對於《文心雕龍》理論內涵的闡發，雖然未必有極大助益，但其隻字片語，正如文章的註腳，為劉勰之論點睛，不僅能發揮指點閱讀與引導思辯的作用，也透顯出黃氏一家之言的文學見識，頗值得反覆揣摩。

## 六、結論：黃注的學術意義

　　清代考據學風大盛，考據學者抱持「訓詁明則義理明」的信念，從事古籍文獻的整理，解決了不少疑難，也為近代傳統學術研究，奠定了堅實的基礎。所謂創業者難工，踵事者易密，黃叔琳《文心雕龍輯注》正是兼具創業與踵事性質的一部著作。而若要給予評價或合理定位，則應實事求是，將其書置於清代當時《文心雕龍》研究的時空背景來權衡，不宜單憑今日的研究方法或成果去責求，如此才能較為客觀找到其書的學術意義。

　　總觀黃注整體的學術意義及其定位，大致可歸結為以下四項：

　　首先，為後世校注之墊石。在明清兩代《文心雕龍》整體研究成果仍難以饜足人心之時，黃注應運而生，一切仍如披荊斬棘，不管在校勘或注釋方面，都得耗費不少工夫。黃注集明代校注成果之大成，力求精校細注，故成為《文心雕龍》清代以降最通行的本子。張文勳概括黃注的成就云：

> 黃注最大的特色就是對《文心雕龍》中所談到史實及所徵引的經籍文獻，一一予以考證，明其出處。引經據典，求資料之翔實，而不作任何解釋和臆測。因此，他提供了大量有關資料，以便讀者了解劉勰的理論及徵引材料的來歷。他的校注，為後人的校注打下了基礎；也是《文心雕龍》研究工作

　　的基礎。[45]

民國以來，《文心雕龍》以校注爲研究取向的名著頗多，其中仍可
常見黃注的身影。如范文瀾據黃注爲底本，並加重注，以「補苴昔
賢遺漏」[46]；王利器「以黃註養素堂原本爲底本而大大地有所改定」
[47]，致有《文心雕龍新書》、《文心雕龍校證》；楊明照以黃注養
素堂本爲底本[48]，再行校注，而成《文心雕龍校注》、《文心雕龍
校注拾遺》、《文心雕龍校注拾遺補正》、《增訂文心雕龍校注》
之系列；李曰剛以爲「自來《文心雕龍》板本，以清乾隆六年（一
七四一）姚刻黃叔琳注養素堂本爲最善，今即以此爲底本」[49]，遂
成《文心雕龍斠詮》二巨冊，凡此諸家，皆是以黃注爲底本，而後
出轉精，終能卓然成家者。由此可略見黃注已爲後世諸多校注奠定
良好的研究基礎，具有鋪墊的貢獻與影響。

　　其次，爲推助研究風潮之功臣。黃注刊行後，紀昀據以批點，
對於《文心雕龍》本身及黃注，提出不少評騭匡正的見解，兩者在
清道光年間合併刊梓，成爲一部頗便於研閱的善本。其後，學者以
此書爲研究底本，除在校注工作上廣事補正外，也針對黃注所衍伸
出的議題，展開多元的討論。如黃注在〈宗經〉謂：「《爾雅》本
以釋《詩》，無關《書》之訓詁」之說，紀評予以反駁：「爾雅釋
書者不一」，楊明照亦徵引群書指正黃說之謬[50]；如氣與風骨的關
係，黃氏謂「氣是風骨之本」，紀評駁曰：「氣即風骨，更無本末」，
黃侃則順承黃氏之說，進一步提出：「風即文意，骨即文辭」的觀

---

45 見〈中國文心雕龍研究的歷史回顧〉，《文心雕龍學綜覽》（上海:上海書店出版
　　社，1995 年 6 月），頁 7。
46 見范文瀾：《文心雕龍注·例言》（台北：宏業書局）。
47 見王利器：《文心雕龍新書·序錄》（台北：宏業書局），頁 22。
48 見楊明照：《增訂文心雕龍校注·前言》（北京：中華書局），頁 19。
49 見李曰剛：《文心雕龍斠詮·例略》（台北：國立編譯館中華叢書編審委員會，1982
　　年 5 月），頁 19。
50 詳見楊明照：《增訂文心雕龍校注·宗經第三》，頁 34。

點[51]，影響後世立論；又黃注從何義門校本所補〈隱秀〉四百字脫文，及對〈隱秀〉鈔補的來龍去脈，其說引起紀昀多次考探抉發，提出有力證據[52]，並幾已成爲定讞。以上黃氏所提諸論，未必皆是，其中或許有再予討論的空間，但在其後學者發凡啓疑的同時，也直接或間接刺激了《文心雕龍》的研究風氣，故可謂推波助瀾的功臣。

　　再者，是由普及至深化的前驅。學術工作如接力比賽，得靠長期不間斷的累積，才能有深厚的成果。《文心雕龍》流傳至清，雖已逾千年，學者士大夫仍多以讀經解經之法看待《文心》，研究也始終在考據、校勘的範圍中進行，對於劉勰文論體系思想，頗乏深入的闡發。黃注堅守考據傳統，續加墾拓，依舊未能超邁突破，但其書周備的體例，對劉勰之論發明有功，爲研究提供了極大的便利性，兼具普及與傳播學術的作用。如汪春泓以爲：

> 它做到了在明人基礎上更有所開拓，並且非常便於閱讀，所以流傳極廣，代表著清代龍學校勘、注釋的最高成就。[53]

　　因此黃氏自謂此書乃「魚兔之筌蹄」[54]，可定位爲發皇劉勰用心，彰顯爲文體要的工具。民國以來，學術研究方法與風貌丕變，《文心雕龍》的專著競出，異說紛呈，學者踏著清人研究的腳步，或考訂補正，或因襲採摭，或申說詮評，或商榷質疑，對於《文心雕龍》的研討，方法多變，議題多元，可謂已進入深度研究的時代。考察此由普及至深化的發展脈絡，可發現黃氏《輯注》的注評實績，其實正是理論闡釋的輔翼，故稱黃注爲深入研究的前驅，亦不爲過。

　　最後，是瑕瑜互見的里程碑。黃注與明代諸家（尤其梅、王兩

---

51 見黃侃：《文心雕龍札記》（台北：文史哲出版社），頁 101-103。

52 關於紀昀觀點，除在《輯注》眉端有評外，另亦見《四庫全書總目》卷一百九十五〈文心雕龍提要〉。

53 見汪春泓：《文心雕龍的傳播與影響》（北京：學苑出版社，2002 年 6 月），頁102。

54 語出黃叔琳：《文心雕龍輯注·序》。

人）的校注成果關係密切，或直接承襲，或間接取載，實難免有「攘其美以爲己有」[55]之嫌。此外，黃注刊行前雖經過多人多次的往復參訂，仍未能有實質性的突破。因此，後世對黃注提出批駁或指正者，不乏其人，如黃侃以爲黃注有「紕繆弘多」、「展轉取載，而不注其出處」[56]之病；李詳也指出黃注「所待勘者，尚不可悉舉」[57]；另有日人鈴木虎雄〈黃叔琳本文心雕龍校勘記〉、馬敘倫〈文心雕龍黃注補正〉[58]等，則針對黃注校注提出實際的補續。由此可見其書確實存在不少缺失與侷限，在此亦不必刻意爲賢者隱諱。但面對黃注成就固在，但缺失難掩的事實，若能採積極態度看待，正視其功績中的侷限以及侷限中的成果，從而取其精醇，去其糟粕，可發現黃注在當時，能在篳路藍縷中，爲來者拓墾出可行的路徑，建立了階段性的里程碑，其守先以待後，鎔舊而鑄新的學術特質與貢獻，使《文心雕龍》的研究端緒更爲明備，故能在「龍學」史上佔有一席之地，從這點來看，黃注仍是一部值得珍視的著作。

---

55 語出盧文弨〈文心雕龍輯注書後〉，《抱經堂文集》（北京：中華書局），卷十四。
56 見黃侃：《文心雕龍札記・題詞及略例》（台北：文史哲出版社），頁 5-6。
57 見李詳：〈文心雕龍黃注補正序〉，《李審言文集》（江蘇古籍出版社，1989 年 3 月），頁 215。
58 鈴木氏之文，載日本《支那學研究》第一卷，1928 年 10 月；馬氏之文，載清大《文學月刊》三卷一期，1932 年 5 月。唯兩文目前甚難親睹。

# 《文心雕龍》紀評的折中思維與接受

台灣　中山大學中文系

## 廖 宏 昌

**關鍵詞**：文心雕龍、通變、折中、劉勰、紀昀

　　紀昀在清代學術界卓有建樹，除總纂《四庫全書總目提要》外，尚有《玉臺新詠》、《玉溪生詩說》、《蘇文忠公詩集》、《瀛奎律髓》及《文心雕龍》諸評點，朱東潤認爲「自古論者對於批評用力之勤，蓋無過紀氏者」，[1]誠非虛美。然而大氣魄的批評成就，必然備具深厚根柢的批評目光，方能洞燭錙銖，言之有物。觀其立論，言屢稱劉勰，推重劉勰，[2]而《文心雕龍》之評點，更是「《文心》研究由一般的注釋考訂到理論分析轉向的標志」，[3]則《文心雕龍》必是其從事學術研究的重要依據，劉勰的理論思維亦必深植於紀昀文學批評體系之中。細繹劉、紀二氏理論體系建構中之折中思維，有極縝密之承傳關係，因擬以爲題，試從：一、痛陳時弊，反思時

---

1 朱東潤：《中國文學批評史大綱》（台北：台灣開明書店，1984 年 2 月），頁 354。
2 如《四庫全書總目提要》（石家莊：河北人民出版社，2000 年 3 月），卷首〈凡例〉即曰：「劉勰有言：意翻空而易奇，詞徵實而難巧。儒者說經論史，其理亦然。（頁 45）《文心雕龍》（清黃叔琳注、紀昀評，道光十三年兩廣節署本）。揚州：江蘇廣陵古籍刻印社，1997 年 7 月。以下引紀評皆依此本，〈原道〉紀評：自漢以來，論文者罕能及此，彥和以此發端，所見在六朝文士之上。」（頁 21）〈樂府〉紀評：「此乃析出本旨，其意爲當時宮體，競尙輕豔發也。觀《玉臺新詠》，乃知彥和識高一代。」（頁 71）
3 語見沙先一：〈論紀昀的《文心雕龍》研究〉，《徐州師範大學學報〈哲學社會科學版〉》，第 28 卷第 3 期，2002 年 9 月。

弊；二、文學演變規律認知與折中思維；三、理論體系的建立與折中思維，三方面論述之。

## 一、痛陳時弊，反思時弊

劉勰嘗對當代的文風變革論曰：

> 唯文章之用，實經典枝條，五禮資之以成，六典因之致用，君臣所以炳煥，軍國所以昭明。評其本源，莫非經典。而去聖久遠，文體解散，辭人愛奇，言貴浮詭，飾羽尚畫，文繡鞶悅，離本彌甚，將遂訛濫。蓋周書論辭，貴乎體要；尼父陳訓，惡乎異端，辭訓之奧，宜體於要。於是搦筆和墨，乃始論文。[4]

此蓋亦其《文心雕龍》撰述之一動機也。劉勰針對文風浮詭、藻飾淫麗之弊，故有卷六至卷九「文術」之說；針對文體解散、辭人愛奇之病，故有卷二至卷五「文體」之論。其體大思精的文學理論系統，就建立在反思當代文風的基礎之上。

魏晉南北朝無論在社會結構或文化思想，皆是變化自覺的時代，對於文學的演變，《隋書・李諤傳》即云：

> 自魏三祖，更尚文辭，忽人君之大道，好雕蟲之小藝，下之從上，有同影響。競逐文華，遂成風俗，江左齊梁，其弊彌甚。貴賤賢愚，惟務吟詠，遂復遺理存異，尋虛逐微。競一韻之奇，爭一字之巧。連篇累牘，不出月露之形；積案盈箱，唯是風雲之狀。[5]

說明魏晉至於齊梁之文風，其有極大的轉變，大約魏晉「緣情而綺

---

4 劉勰：《文心雕龍》（范文瀾註，香港：商務印書館，1986 年 7 月。以下引《文心雕龍》各篇正文皆依此本），卷 10〈序志〉第 50，頁 726。
5 引見劉勰：《文心雕龍》，卷 9〈時序〉第 45，〈范註・附錄〉，頁 690-691。

靡」，尚注重創作主體之個性，迄於齊梁，文采是尚，已踰越性情
之追求，劉勰「訛濫」之評，蓋有以也。紀昀評點《文心雕龍》，
對魏晉南北朝的文壇背景，及劉勰撰文之要旨，亦洞若觀火，從而
肯定《文心雕龍》在魏晉南北朝文學的現實批評意義。即如〈明詩〉
云：

> 宋初文詠，體有因革，莊老告退，而山水方滋。儷采百字之
> 偶，爭價一句之奇；情必極貌以寫物，辭必窮力而追新。此
> 近世之所競也。[6]

紀昀評云：

> 齊梁以後，此風又變，惟以塗飾相尚，側豔相矜，而詩弊極
> 焉。[7]

〈樂府〉紀評：

> 此乃析出本旨，其意為當時宮體競尚輕豔發也，觀《玉臺新
> 詠》乃知彥和識高一代。[8]

又指出：

> 「務塞淫濫」四字為一篇之綱領。[9]

於〈詮賦〉，紀昀評云：

> 篇末側注小賦一邊言之，救俗之意也。[10]

又云：

> 洞見癥結，針對當時以發藥。[11]

其評〈情采〉亦云：

> 因情以敷采，故曰情采。齊梁文勝而質亡，故彥和痛陳其弊。[12]

---

6　劉勰：《文心雕龍》，卷2〈明詩〉第6，頁67。
7　紀昀評：《文心雕龍》，卷2〈明詩〉第6，頁60-61。
8　紀昀評：《文心雕龍》，卷2〈樂府〉第7，頁71。
9　紀昀評：《文心雕龍》，卷2〈樂府〉第7，頁69。
10　紀昀評：《文心雕龍》，卷2〈詮賦〉第8，頁81。
11　紀昀評：《文心雕龍》，卷2〈詮賦〉第8，頁82。
12　紀昀評：《文心雕龍》，卷7〈情采〉第31，頁277。

紀評揭示齊梁文學之本質，示後人以劉勰痛陳時弊之用心，對《文心雕龍》整體研究之切入點，有其重要的意義。

再如〈原道〉，紀昀評曰：

> 文以載道，明其當然，文原於道，明其本然。識其本，乃不逐其末。首揭文體之尊，所以截斷眾流。[13]

其評〈詔策〉曰：

> 彥和之意，似以魏晉為盛軌，蓋習於當時之所尚，觀自斯以後二語，其旨可知。[14]

則緊貼著「文體解散」、體製放逸不羈而言。循「其旨可知」的語勢，不僅透露出紀昀深知齊梁文風的演變，也傳達了劉勰強調「文體之尊」和力挽文風訛濫的意圖。紀評對後人窺探劉勰「矯訛翻淺，還宗經誥」之基礎思想，實一大助益。

## 二、文學演變規律的認知與折中思維

鑒於齊梁文風的演變，劉勰論文反對片面追求新奇浮豔，〈定勢〉云：

> 自近代辭人，率好詭巧，原其為體，訛勢所變，厭黷舊式，故穿鑿取新。
>
> 察其訛意，似難而實無他術也，反正而已。故文反正為乏，辭反正為奇。
>
> 效奇之法，必顛倒文句，上字而抑下，中辭而出外，回互不常，則新色耳。[15]

此即針對時人片面追求新奇，適俗成怪者而發，其於〈體性〉，分文章風格為八體，有新奇者，曰：「新奇者，擯古競今，危側趣詭

---

13 紀昀評：《文心雕龍》，卷 1〈原道〉第 1，頁 21。
14 紀昀評：《文心雕龍》，卷 4〈詔策〉第 19，頁 185。
15 劉勰：《文心雕龍》，卷 6〈定勢〉第 30，頁 531。

者也。」[16]其病同似。至如〈情采〉云：

> 昔詩人什篇，為情而造文；辭人賦頌，為文而造情。何以明其然？蓋風雅之興，志思蓄憤，而吟詠情性，以諷其上，此為情而造文也。諸子之徒，心非鬱陶，苟馳夸飾，鬻聲釣世，此為文而造情也。故為情者要約而寫真，為文者淫麗而煩濫。而後之作者，採濫忽真，遠棄風雅，近師辭賦，故體情之製日疎，逐文之篇愈盛。[17]

則又針對時人片面追求淫麗之風而發。指出後人背離《詩三百》為情造文之優良傳統，沿襲楚辭、漢賦的侈豔文風，為文造情，以致於淫麗煩爛，其於〈宗經〉歎云：「楚豔漢侈，流弊不還」，[18]即就楚辭、漢賦對後世文風負面的影響而言。

　　面對流弊日滋，浮靡成風的文壇，劉勰欲矯時弊，於是痛下針砭，表現出極具鮮明的「宗經」立場，認為「文章之用，實經典枝條」，而經典源出於聖人，且「聖文之雅麗，固銜華而佩實者也」。[19]雖則如是，但劉勰置身於文學自覺的大時代中，自然也感受到文學發展演變的實際與成果，因此，在《文心雕龍》卷一即有〈辨騷〉之設，稱《離騷》「奇文鬱起」、「文辭麗雅」，甚至「氣往轢古，辭來切今；驚采絕豔，難與並能」，並進而認為為文應「憑軾以倚雅頌，懸轡以取楚篇；酌奇而不失其真，翫華而不墜其實」，[20]也即是主張酌取楚騷之奇辭華采，臻極所謂「執正馭奇」[21]的創作原則。

　　紀昀評〈辨騷〉乃曰：

16　劉勰：《文心雕龍》，卷6〈體性〉第27，頁505。
17　劉勰：《文心雕龍》，卷7〈情采〉第31，頁537。
18　劉勰：《文心雕龍》，卷1〈宗經〉第3，頁23。
19　劉勰：《文心雕龍》，卷1〈徵聖〉第2，頁16。
20　劉勰：《文心雕龍》，卷1〈辨騷〉第5，頁45-48。
21　劉勰：《文心雕龍》，卷6〈定勢〉第30，頁531。

　　詞賦之源出於騷，浮豔之根亦濫觴於騷，辨字極為分明。[22]
則數語道盡《離騷》在文學史上之雙重性，從文學發展演變之角度
言，《離騷》是詞賦之本原，是繼《詩三百》之後，讓文苑邁向多
元化的關鍵；就文學審美之角度言，《離騷》則是文風轉趨侈豔的
關鍵。無論在文學形象、詩體結構或創作手法，對後世皆有正、負
面之影響。正與劉勰之論，相互發明，而其服膺劉勰「執正馭奇」
之創作原則，也完全流露於字裡行間。

　　劉勰「執正馭奇」的創作原則，充分展現其對文學本原及演變
發展總體性的把握和認識，也充分顯示其不擯古、不競今的論文態
度。而對文風的演變及矯正時弊的思維，其〈通變〉則有更集中的
論述：

> 權而論之：則黃、唐淳而質；虞、夏質而辨；商、周麗而雅；
> 楚、漢侈而豔；魏晉淺而綺；宋初訛而新。從質及訛，彌近
> 彌澹。何則？競今疏古，風末氣衰也。[23]

又曰：

> 今才穎之士，刻意學文。多略漢篇，師範宋集，雖古今備閱，
> 然近附而遠疏矣。夫青生於藍，絳生於蒨，雖踰本色，不能
> 復化。……故練青濯絳，必歸藍蒨；矯訛翻淺，還宗經誥。
> 斯斟酌乎質文之間，而櫽括乎雅俗之際，可與言通變矣。[24]

其對質文、雅俗之斟酌櫽括，既強調宗經，又重視後代的華辭奇采，
也即是上述「執正馭奇」的文學創作原則，其立論實際上是一種揚
長去短的「折中」思維，〈序志〉所云「擘肌分理，唯務折衷」，[25]
即此之謂。

---

22 紀昀評：《文心雕龍》，卷1〈辨騷〉第5，頁47。
23 劉勰：《文心雕龍》，卷6〈通變〉第29，頁520。
24 劉勰：《文心雕龍》，卷6〈通變〉第29，頁520。
25 劉勰：《文心雕龍》，卷10〈序志〉第50，頁727。

　　紀昀評點《文心雕龍》，在評點過程中除了融會劉勰理論思維加以剖析外，甚而將其理論加以深化，轉換成個人的理論思維模式，且觀〈通變〉紀評曰：

> 齊梁間風氣綺靡，轉相神聖，文士所作，如出一手，故彥和以通變立論。然求新於俗尚之中，則小智師心，轉成纖仄，明之竟陵、公安，是其明徵，故挽其返而求之古。蓋當代之新聲，既非濫調，則古人之舊式，轉屬新聲。復古而名以通變，蓋以此爾。[26]

即將劉勰根植於齊梁浮靡文風的通變主張，援竟陵、公安以明徵之，事實上也就自然地抽換成個人將學理論系統建立的模式。試就三方面以明紀昀對劉勰理論思維的接受。

## （一）詩學發展動因的認知

　　紀昀嘗論及詩歌變化與發展規律的相關問題，以爲：

> 三古以來，文章日變，其間有氣運焉，有風尚焉。史莫善於班、馬，而班、馬不能為《尚書》、《春秋》；詩莫善於李、杜，而李、杜不能為《三百篇》，此關乎氣運者也。至風尚所趨，則人之心為之矣。其間異同得失，縷數難窮，大抵趨風尚者三途：一厭故喜新，一巧投時好，一循聲附和，隨波而浮沈。變風尚者三途：其一乘將變之勢，鬥巧爭長，其一則於積壞之餘挽狂瀾而反之正。若夫不沿頹敝之習，亦不欲黨同伐異，啟門戶之爭，孑然獨立，自為一家，以待後人之論定，則又於風尚之外，自為一途焉。[27]

其所謂「氣運」及「風尚」即是古來文章日變之兩大要件。「氣運」

---

26　紀昀評：《文心雕龍》，卷 6〈通變〉第 29，頁 265。
27　紀昀〈愛鼎堂遺集序〉，《紀文達公遺集》（嘉慶十七年刊本，台北：國立中央研究所傅斯年圖書館藏），卷 9。

不隨個人意志改變而改變，重在外在之時代環境。「風尚」乃「人之心爲之」，則是個人的審美趨尚；蓋無論語言、技巧、風格、結構，皆可能因個人之「趨風尚」或「變風尚」，逐漸蔚爲流行風潮，甚而形成詩歌自身的演變規律。因此，如果就詩歌發展的動因，也即是對「變」的認識，檢閱吾國傳統詩學，不外有自動論和被動論二者。被動論強調外在環境之影響，自動論則強調詩歌自身的發展流變。依此而言，「氣運」屬於被動論，「風尚」則是自動論。紀昀論詩文日變的動因，兼顧自動與被動，展現了詩學史觀宏通的視野，並進而直抉獨立於「風尚」外，卓然成家之理想。

　　對於不隨個人意志改變的被動論，及審美趨尚形成其自身演變規律之自動論，紀昀更進而論曰：

> 陽和陰慘。四序潛移，時鳥候蟲，聲隨以變。詩隨運會，亦莫知其然而然。論詩者不逆挽其弊則不足以止其衰，不節取其長則不足以盡其變。詩至五代駸駸乎入詞曲矣。然必一切繩以開寶之格，則由是以上，將執漢、魏以繩開寶，執《詩》、《騷》以繩漢、魏，而《三百》以下無詩矣。豈通論哉？就短取長而纖靡鄙野之習則去太去甚，庶幾酌中之制耳。[28]

劉勰嘗謂：「人稟七情，應物斯感，感物吟志，莫非自然。」[29]又曰：「春秋代序，陰陽慘舒，物色之動，心亦搖焉。……歲有其物，物有其容；情以物遷，辭以情發。」[30]自然與詩文創作之關係，不待言說可知其深矣，因此，〈原道〉即明白指出「心生而言立，言立而文明，自然之道也。」[31]闡述了詩文產生的客觀必然性。紀昀予此論高度評價，認爲：「純任自然，彥和之宗旨，即千古之定論。」

28 紀昀〈書韓致堯翰林集後二則〉，《紀文達公遺集》，卷 11。
29 劉勰：《文心雕龍》，卷 2〈明詩〉第 6，頁 65。
30 劉勰：《文心雕龍》，卷 10〈物色〉第 46，頁 693。
31 劉勰：《文心雕龍》，卷 1〈原道〉第 1，頁 1。

32又曰：「齊梁文藻日竸雕華，標自然以為宗，是彥和吃緊為人處。」
33指出了劉勰標舉「自然」以矯正齊梁徒尚形式、淫麗輕豔文風的
另一途徑。

　　紀昀推原陰陽四序，視劉勰之論，如出一轍，最能見自然對詩
文之影響。除此，紀昀也注意到詩歌自身的發展規律，以為：

　　　文章格律與世俱變者也，有一變必有一弊，弊極而變又生焉，
　　　互相激、互相救也。34

「文章格律」即著重包括詩歌在內之文章的演變規律而立說。前述
之「詩隨運會」，「運會」者當兼括其謂「氣運」及詩歌自身演變
之規律而言，一如葉燮即有「世運」、「文運」之語，35世運較近
於「氣運」，文運即紀昀所謂「文章氣格與世俱變」者，當近乎詩
歌自身演變之規律。綜述「運會」，即以統括自動論與被動論二者。

## （二）詩歌演變規律之探討及其針對性

　　紀昀不僅論述了詩歌變化的動因，還嘗就唐末至清初詩歌流派
演變之軌跡，36分析詩歌變化的規律及形式，歸結所謂「有一變必

---

32 紀昀評：《文心雕龍》，卷8〈隱秀〉第40，頁334。
33 紀昀評：《文心雕龍》，卷1〈原道〉第1，頁22。
34 紀昀：〈冶亭詩介序〉，《紀文達公遺集》，卷9。
35 葉燮〈百家唐詩序〉：「有世運，有文運。世運有治亂，文運有盛衰，二者各自為
　遷流。然世之治亂，雜出遞見，久速無一定之統。孟子謂：天下之生，一治一亂。
　其遠近不必同，前後不必異也。若夫文之為運，與世運異軌而自為途。」見《已畦
　文集》（民初夢篆樓刊郎園全書本，台北：國立中央研究院傅斯年圖書館藏），卷
　8。
36 紀昀〈冶亭詩介序〉曰：「唐末詩猥瑣，宋、楊、劉變而典麗，其弊也靡。歐、梅
　再變而平暢，其弊也率。蘇、黃三變而恣逸，其弊也肆。范、陸四變而工穩，其弊
　也襲。四靈五變理賈島、姚合之緒餘，刻畫纖微，至江湖末派，流為鄙野而弊極焉。
　元人變為幽豔，昌穀、飛卿遂為一代之圭臬，詩如詞矣。鐵崖矯枉過直，變為奇詭，
　無復中聲。明林子羽輩倡唐音，高青丘輩講古調，彬彬然始歸於正。三楊以後，臺
　閣體興，沿及正、嘉，善學者為李茶陵，不善學者遂千篇一律，塵飯土羹。北地、
　信陽挺然崛起，倡為復古之說，文必宗秦漢，詩必宗漢魏、盛唐，踔厲縱橫，鏗鏘
　震耀，風氣為之一變，未始非一代文章之盛也。久而至於後七子，剽襲摹myr，漸成
　窠臼。其間橫軼而出者，公安變以纖巧，竟陵變以冷峭，雲間變以繁縟，如涂涂附，
　無以相勝也。國初變而學北宋，漸趨板實，故漁洋以清空縹緲之音，易天下之耳目，
　其實亦仍從七子舊派神明運化而出之。趙秋谷掊擊百端，漁洋不怒，吳修齡目以清

有一弊，弊極而變又生」的變弊之道，其由變而弊，再由弊至變之
變弊循環，紀昀又簡約地概括爲「相激相救」理論模式，自是其創
見。而值得注意的是，他的變弊之道要在「逆挽其弊以止其衰」、
「節取其長以盡其變」，此即謂其相激相救的理論模式，就在循環
之中挽弊取長，節節上升。而此論亦遠邁袁宏道「法因於弊而成於
過」[37]的直線進化方式，與葉燮「衰旺相循」而又「節節相生」[38]的
「螺旋式上升」理論模式接軌，陳伯海先生認爲：「就其立論高度
而言，比之二十世紀俄國形式學派倡揚的『文學形式變革的辯證
法』，即『陌生化』與『自動化』相推移的理論，也並不遜色。」[39]
持論合宜中肯。

　　紀昀對詩歌螺旋上升理論模式的認識，在當時是有其針對性意
義的。先就詩學發展的內部關係言，其時有「趨風尙」及「變風尙」
二者。紀昀對趨風尙者，無慮「厭故喜新」、「巧投時好」或「循
聲附和」，冷筆一句「隨波而浮沈」，極其不屑；而對變風尙者，
於「乘將變之勢，鬥巧爭長」及「於積壞之餘，挽狂瀾而反之正」
二途，雖不置可否，但他明顯重在「於風尙之外自爲一途」之獨立
成家，讚許其「不沿頹敝之習，亦不黨同伐異，啓門戶之爭」，因
此對變風尙者其實是同表不滿的。紀昀重變，又何以對變風尙者有
所苛責？其原因要在鬥巧爭長者如「公安變以纖巧，竟陵變以冷

秀李于麟，則銜之終身，以一言中其隱微也。故七子之詩，雖不免附聲，而終爲正
規，吐其糟粕，咀其精英，可由是而盛唐而漢魏，惟襲其面貌，學步邯鄲，乃至如
馬首之絡，篇篇可移，如土偶之衣冠，雖繪畫而無生氣耳。」見《紀文達公遺集》，
卷9。

37　袁宏道：〈雪濤閣集序〉，《袁宏道集箋校》（袁宏道著，錢伯城箋校。上海：上
　　海古籍出版社，1981年1月），卷18。

38　葉燮云：「自《三百篇》而下，三千餘年之作者，其間節節相生，如環之不斷，如
　　四時之序，衰旺相循，而生物成物，息息不停，無可或間也。吾前言踵事增華，因
　　時遞變，此之謂也。」見葉燮《原詩》（《清詩集》本，台北：西南書局，1979
　　年1月），卷1內篇上。

39　陳伯海：《中國文學史之宏觀》（北京：中國社會科學出版社，1995年12月），
　　頁169。

峭」，唯其「求新於俗尚之中，則小智師心，轉成纖仄」，一味在俗尚之中求新求變，因而流於師心自用，冷峭纖巧，無以相勝。至如「於積壞之餘挽狂瀾而反之正」者，其謂「鐵崖矯枉過直，變為奇詭，無復中聲。明林子羽輩倡唐音，高青丘輩講古調，彬彬然始歸於正」，[40]因其「反正」，實較為紀昀所稱許，唯紀昀亦嘗「問青丘之體裁如何，則莫能舉也」，[41]鐵崖更是「怪怪奇奇，不能方物」，[42]同然嗤之以鼻。因此，在評〈欽定四書文〉有云：

> 有明二百餘年，自洪、永以迄化、治，風氣初開，文多簡樸。逮於正、嘉，號為極盛。隆、萬以機法為貴，漸趨恍巧，至於啟、禎，警僻奇杰之氣日盛，而駁雜不醇。猖狂自恣者，亦遂錯出於其間。於是啟橫議之風，長傾波之習，文體戾而士習彌壞，士習壞而國運亦隨之矣。[43]

明代文風轉變之大略，豈如是也，而所謂「文體戾而士習彌壞」，則同似劉勰〈序志〉：「文體解散，辭人愛奇」之云，唯其批評的對象仍是復古、新變之偏勝思潮。何以紀昀援明代偏勝思潮而有所批評？究其原由，實不外綜結經驗，防弊興利，試圖在前人基礎之上建立一己之詩學體系。

紀昀重變，要在獨立成家，唯其既不喜公安、竟陵之新變，又對青丘古調頗有微詞，其欲如何面對復古和新變？其實就在「學古而變出」，如其評李商隱〈送王十三校書分司〉即云：

---

40 紀昀：〈冶亭詩介序〉，《紀文達公遺集》，卷9；參閱本文註36引。
41 紀昀：〈鶴街詩稿序〉：「自漢魏以至今日，其源流正變、勝負得失，雖相競者非一日，而撮其大概，不過擬議、變化之兩途。從擬議之說，最著者無過青丘，仿漢魏似漢魏，仿六朝似六朝，仿唐似唐，仿宋似宋，而問青丘之體裁如何，則莫能舉也。從變化之說，最著者無過鐵崖，怪怪奇奇，不能方物，而卒不能解文妖之目，其亦勞而鮮功乎！」見《紀文達公遺集》，卷9。
42 紀昀：〈鶴街詩稿序〉，《紀文達公遺集》，卷9；參閱本文註41引。
43 紀昀評：〈欽定四書文〉，《四庫全書總目提要》，卷190集部43總集類5，頁5202。

神奇腐臭，轉易何常，故變而出之一言，為善學古人之金針
也。[44]

朱鶴齡也嘗曰：「義山之詩，乃風人之緒音，屈宋之遺響，蓋得子
美之深而變出之者也。」[45]即得紀昀之稱許，紀昀並附和之曰：

變出之三字，為千古揭出正法眼藏，知李之所以學杜，之所
以學李矣。若捪搡字句，株守格律，皆屬淺嘗。至於拾一二
尖薄語以自快，則下劣詩魔，不可藥救矣。[46]

可見其重變，更重在「學古而變出」，一味復古或新變，皆非成家
之正途。由此更可以深抉紀昀評《文心雕龍》〈通變〉篇之用心。

唯紀昀發「復古而名以通變」之宏論後，包括黃侃、范文瀾、
朱自清諸儒及近代學者多人，[47]都曾對劉勰或紀昀之說有所闡述或
批評。其中范文瀾指出「通變之術，要在『資故實，酌新聲』兩語，
缺一則疏矣」；[48]朱自清指出劉氏以復古為通變，「近於循環論」。
[49]蔡鍾翔更進而指出紀昀領悟劉勰理論內涵的事實，認為「通變的
通是屬於『變』的範疇，不是屬於『常』的範疇」，說明了文學「螺
旋形的上升」之發展走向。[50]至如王鎮遠有云：

《文心雕龍》所說的「通變」是直接受了《易傳》中的「通
變」思想的影響。《易·繫辭》說：「易窮則變，變則通，
通則久。」又說：「變通莫大乎四時。」就是說萬事萬物只
有變通才能永久，而變化的規律猶如四時的嬗遞，循環無窮。

---

44 紀昀：《玉溪生詩說》（《槐廬叢書》本，台北：藝文印書館，未著出版年月），
　　卷下。
45 朱鶴齡：〈箋註李義山詩集序〉，《玉溪生詩說》，卷首。
46 朱鶴齡：〈箋註李義山詩集序〉，《玉溪生詩說》，卷首夾註。
47 參閱高文強：〈通變·辨義〉，《文心雕龍研究》（北京：北京大學出版社，2003
　　年3月），第四輯，頁143至154。
48 劉勰：《文心雕龍》，卷6，〈通變〉第29，註3。
49 朱自清：《詩言志辨》（上海：華東師範大學出版社，1996年4月），頁166。
50 蔡鍾翔：〈釋〈通變〉〉，《文心雕龍研究》，第四輯，頁140。

> 劉勰以復古為「通變」，正體現了《易傳》循環發展的思想，
> 但劉勰在提出「矯訛翻淺，還宗經誥」的復古理論的同時，
> 還強調了「斟酌乎質文之間，而櫽括乎雅俗之際」，「數必
> 酌於新聲」可見他的「通變」並不是單純循環式的復古，而
> 是參以新變內容的復古。[51]

此論堪稱全面，不僅說明了劉勰對「通變」的用心，也似乎更能藉
以詮釋紀昀「復古而名以通變」的實質內涵。質言之，劉、紀二人
皆是用一種「折中」的思維來把握文學發展之方向。

　　次就詩學發展的外部關係言，紀昀在「文章格律與世俱變」的
基本態度上，針對明代復古思潮而發，反對「一切繩以開寶之格」，
如云：

> 詩日變而日新，……至嘉隆七子，變無可變，於是轉而言復
> 古。古體必漢魏，近體必盛唐，非如是不得入宗派。然摹擬
> 形似，可以駭俗目，而不可以炫真識。[52]

又云：

> 三楊以後，臺閣體興，沿及正、嘉，善學者為李茶陵，不善
> 學者遂千篇一律，塵飯土羹。北地、信陽挺然崛起，倡為復
> 古之說，文必宗秦漢，詩必宗漢魏、盛唐，踔厲縱橫，鏗鏘
> 震耀，風氣為之一變，未始非一代文章之盛也。久而至於後
> 七子，剿襲模擬，漸成窠臼。[53]

謂「駭俗目」、「成窠臼」，主要皆是對其專主一格、模擬形式而
論，因此，紀昀在《四庫提要》即曾對李攀龍編纂之《古今詩刪》
評曰：

---

51 王鎮遠：〈紀昀文學思想初探〉，《古代文學理論研究》（上海：上海古籍出版社，
　　1986 年 8 月），第 11 輯，頁 281。
52 紀昀：〈四百三十二年峰草堂詩鈔序〉，《紀文達公遺集》，卷 9。
53 紀昀：〈冶亭詩介序〉，《紀文達公遺集》卷 9；參閱本文註 36 引。

> 自李夢陽倡不讀唐以後書之說，前後七子牽以此論相尚。攀
> 龍是選，猶是志也。……然則文章派別，不主一途，但可以
> 工拙為程，未容以時代為限。……厥後摹擬剿竊，流弊萬端，
> 遂與公安、竟陵同受後人之詬屬。[54]

其論詩歌的歷史演變和發展規則，力主「但可以工拙為程，未容以
時代為限」，肯定一代有一代之詩，實為卓識之見。紀昀且嘗論曰：

> 同一書也，而晉法與唐法分；同一畫也，而南宋與北宋分，
> 其源一而流別也。流別既分，則一派中自有一派之詣極，不
> 相攝亦不相勝也。惟詩亦然，兩漢之詩緣事抒情而已，至魏
> 而宴游之篇作，至晉、宋而游覽之什勝，故彥和謂莊老告退
> 山水方滋也，然其時門戶未分。但一時自為一風氣，一人自
> 出一機軸耳。[55]

其以書、畫流派發展之自有其造詣，說明歷代詩歌自有其時代風氣，
各流派亦有其特殊趨尚，作家更都具備其獨特的風格。紀昀「不容
以時代為限」、「不相攝亦不相勝」之說，即從理論的高度打破了
七子「非如是不得入宗派」之迷思，也為詩學本體的建立，提供可
長可久的探索管道，而徵引劉勰之言說，更足見聲息相通之接受。

## 三、理論體系的建立與折中思維

　　劉勰除了論述文學演變規律採用折中思維外，其在分析文學現
象的許多重要的範疇，也都是運用折中思維而完成的。近來專論《文
心雕龍》「折衷」之文，以周勛初〈劉勰的主要研究方法 ——『折
衷』說述評〉及劉文忠〈劉勰美學思想體系的特色 ——「擘肌分理，
唯務折衷」〉二文最為全面。周文以為劉勰提出一系列的概念中，

---

54 紀昀評：《古今詩刪》，《四庫全書總目提要》，卷 189 集部 42 總集類 4，頁 5170。
55 紀昀：〈田候松巖詩序〉，《紀文達公遺集》，卷 9。

「情采」、「通變」這兩大範疇最爲重要，前者把文學中的許多問題作橫向的研究，後者將許多問題作縱向的研究，而〈情采〉和〈通變〉中運用的方法，就是「折衷」。[56]劉文則在李澤厚、劉綱紀主編的《中國美學史》的基礎上，詳加考察「折衷」在《文心雕龍》全書中的運用，並進而用以探討其美學思想的特色，把折衷從方法論上升到美學思想的核心。[57]二文持之有故，言之成理，令人激賞，今則順其思考模式，以明紀昀建立其詩學體系的折中思維，用接受的理論觀念，從另一側面證成劉勰的理論系統。

　　清代詩學與明代詩學的發展息息相關，亦可直謂：清代詩學是明代詩學的反撥，也是立足於明代詩學偏勝對立的基礎之上發展起來的，因此，清代詩論家之立論，蓋無一人不對明代偏勝對立之詩學進行反思，並以此爲基石，建立其一家之言者。紀昀則將古今詩學之源流正變，概括爲「擬議、變化之兩途」，[58]並援明代七子派和公安、竟陵派對立之兩極附會之，認爲：

　　　　王、李之派有擬議而無變化，故塵飯土羹；三袁、鍾譚之派有變化而無擬議，故偭規破矩。[59]

七子派塵飯土羹，不具面目，公安、竟陵派偭規破矩，怪怪奇奇，[60]蓋亦各具其弊，因此，他對明代詩學進行反思，接續言曰：

　　　　蓋必心靈自運，而後能不立一法，不離一法；所謂神而明之，存乎其人也。[61]

主張「心靈自運」、「不主一法，不離一法」，即在擬議之中有其

56 周勛初：〈劉勰的主要研究方法〉，《古代文學理論研究》（上海：上海古籍出版社，1986 年 8 月）第 11 輯，頁 1-29。
57 劉文忠：〈劉勰美學思想體系的特色——"擘肌分理，唯務折衷"〉，《文心雕龍研究》（北京：北京大學出版社，1995 年 7 月）第一輯，頁 114-131。
58 紀昀：〈鶴街詩稿序〉，《紀文達公遺集》，卷 9。參閱本文註 41。
59 紀昀：〈四百三十二年峰草堂詩鈔序〉，《紀文達公遺集》，卷 9。
60 紀昀：〈鶴街詩稿序〉，《紀文達公遺集》，卷 9。參閱本文註 41。
61 紀昀：〈四百三十二年峰草堂詩鈔序〉，《紀文達公遺集》，卷 9。

變化，變化之中不失其擬議；亦即是在變化之中不失其正，而在擬
議之中有其心靈自運。紀昀嘗云：「巧在規矩之外，而亦不能不出
乎規矩之中」，[62]即此之謂。可看出其在復古與新變對立中採行折中
之立場，其立場堅實，故其思維模式就嘗立題於會試策問，如云：

> 北地、信陽，以模擬漢、唐，流為膚濫，然因此禁學漢、唐，
> 是盡佃古人之規矩也；公安、竟陵，以荂甲新意，流為纖佻，
> 然因此惡生新意，是錮天下之性靈也。又何以酌其中歟？[63]

援明代對立二極之詩學立題，並以「酌其中」設問，真可見其詩學
理論系統之建立，與明代詩學之反思是息息相關的，而「折中」更
是其理論系統建立之主要方法之一，因此，其《四庫全書總目提要》
批評時人論著，即多涉二極詩學反思之語，如評李鄴嗣《杲堂文鈔》
云：「宗羲《序》稱其皆胸中流出，無比擬皮毛之習。蓋破除王、
李、鍾、譚之窠臼，而毅然自為者也。」[64]評董聞京《復園文集》
云：「持論甚高，然核其所作，不能出公安、竟陵門戶也。」[65]也
嘗用「擬議」、「變化」指陳歷代詩文，如評明王璲《青城山人集》
即云：「今觀其詩，音節色澤，皆合古格，誠有擬議而不能變化者。
然當元季詩格靡麗之餘，能毅然以六代、三唐為楷模，亦卓然特立
之士，又不得以王、李流弊預繩明初人矣。」[66]評明吳桂芳《師暇
袤言》云：「其文……猶沿臺閣舊體，詩力摹唐調，亦頗宏敞，而
有學宋太甚者。……非謂擬議變化之道也。」[67]諸如此類的評述，

---

62 紀昀評：《二馮評點才調集》，《四庫全書總目提要》，卷 191 集部 44 總集類存
目 1，頁 5220。
63 紀昀：〈嘉慶丙辰會試策問五道〉，《紀文達公遺集》，卷 12。
64 紀昀評：《杲堂文鈔》，《四庫全書總目提要》，卷 182 集部 35 別集類存目 9，
頁 4963-4964。
65 紀昀評：《復園文集》，《四庫全書總目提要》，卷 183 集部 36 別集類存目 10，
頁 4937。
66 紀昀評：《青城山人集》，《四庫全書總目提要》，卷 170 集部 23 別集類存目 23，
頁 4421。
67 紀昀評：《師暇袤言》，《四庫全書總目提要》，卷 177 集部 30 別集類存目 4，
頁 4763。

正可見其折中思維。

　　唯折中思維重在揚長去短，如何揚長去短以建立跨越時空之詩學本體，則端視詩論家卓越的識見，即如「因時而變」者，其實也是明公安派針砭擬古思潮之利器，袁宏道即嘗論曰：

> 夫代有升降，而法不相沿，各極其變，各窮其趣，所以可貴，原不可以優劣論也。[68]

又云：

> 文之不能不古而今也，時使之也。妍媸之質，不逐目而逐時。……唯識時之士，為能隄其隤而通其所必變。夫古有古之時，今有今之時，襲古人語言之跡而冒以為古，是處嚴冬而襲夏之葛者也。[69]

其認為變是詩文發展的規律，時代不同，體制風格自異，也同是各時代的文化藝術，故未足以區分高下優劣。唯其因襲前人，缺乏時代語言和獨特風貌，方是卑微而不合時宜。紀昀論時雖較側重在「風氣」之變，但二人精神理念極為契合。因之，對「因時而變」的詩文發展規律，紀昀與公安立論可謂一致，但對於公安之纖巧俗尚卻又批判有加；其對擬古思潮有「窠臼」之譏，但卻也有復古通變之說。如何針對明代偏勝詩學之弊，揚長去短，即成為明末清初以來諸多詩學理論家的共同話題，折中二端的思維，成為諸多詩論家建立系統理論的基石和趨尚。紀昀重變，其系統理論的建立，也就採行「酌中」的思維方法。

　　即此而論，折中思維並非專利於紀昀而獨用之，乃時代思維之共同趨尚，[70]紀昀立身於乾嘉，其對清初詩論家折中明代詩學而成

---

68　袁宏道〈序小修詩〉，《袁宏道集箋校》，卷 4。
69　袁宏道〈雪濤閣集序〉，《袁宏道集箋校》，卷 18。
70　參閱拙著：〈清代詩學史觀的認知取向與折中模式〉，《漢學研究國際學術研討會論文集》（國立雲林科技大學出版，2003 年 11 月），頁 37-52。

之理論，再予折中之現象，即頗令人注目，如二馮評點《才調集》
評曰：

> 國朝馮舒、馮班所評點，……凡所持論，具有淵源，非明代
> 公安、竟陵諸家所可比擬。故趙執信祖述其說。然韋縠之選
> 是集，其途頗寬，原不專主晚唐。故上自李白、王維，以至
> 元、白長慶之體，無不具錄。二馮乃以國初風氣矯太倉、歷
> 城之習，競尚宋詩，遂借以排斥江西，尊崇昆體。黃、陳、
> 溫、李，斷斷為門戶之爭。不知學江西者其弊易流於粗獷，
> 學昆體者其弊亦易流於纖穠。除一弊而生一弊，楚固失之，
> 齊亦未為得也。王士禎謂趙執信崇信是書，鑄金呼佛，殊不
> 可解。[71]

概括清初為矯明代擬古思潮，遂有宗宋、宗晚唐之詩派，唯宗宋者，
以理、文為詩，以議論、學問為詩，獨缺比興而流於粗獷；宗晚唐
者，崇尚文采，比物連類，著重比興而流於纖穠。皆顧此失彼，偏
照偶隙，未得詩學之本體，因此，對清初錢謙益、二馮、王士禎、
趙執信等詩學主張，以「除一弊而生一弊」兼論之。再如評《御選
唐宋詩醇》曰：

> 蓋明詩摹擬之弊，極於太倉、歷城；纖佻之弊，極於公安、
> 竟陵。物窮則變，故國初多以宋詩為宗。宋詩又弊，士禎乃
> 持嚴羽餘論，倡神韻之說以救之。故其推為極軌者，惟王、
> 孟、韋、柳諸家。然詩三百篇，尼山所定，其論詩一則謂歸
> 於溫柔敦厚，一則謂可以興觀群怨。原非以品題泉石，摹繪
> 煙霞，洎乎畸士逸人，各標幽賞，乃別為山水清音，實詩之
> 一體，不足以盡詩之全也。宋人惟不解溫柔敦厚之義，故意

---

71 紀昀評：《二馮評點才調集》，《四庫全書總目提要》，卷 191 集部 44 總集類存
　目 1，頁 5220。

言並盡，流而為鈍根。士禎又不究興觀群怨之原，故光景流連，變而為虛響。各明一義，遂各倚一偏。論甘忌辛，是丹非素，其斯之謂歟？[72]

則頗有調和宋詩派（錢謙益）、王士禎（唐詩派），二者之「各倚一偏」，以為調和之道，其唯儒家詩教，則頗似劉勰「宗經」之論。至如《唐賢三昧集》之評曰：

詩自太倉、歷下以雄渾博麗為主，其失也膚；公安、竟陵以清新幽渺為宗，其失也詭。學者兩途並窮，不得不折而入宋，其弊也滯而不靈，直而好盡，語錄、史論，皆可成篇。於是士禎等重申嚴羽之說，獨立神韻以矯之。蓋亦救弊補偏，各明一義。其後風流相尚，光景流連，趙執信等遂復操二馮舊法，起而相爭。所作《談龍錄》，排詆是書，不遺餘力。其論雖非無見，然兩說相濟，其理乃全；殊途同歸，未容偏廢。[73]

其謂「兩說相濟，其理乃全」，正是折中思維揚長去短之謂，也是劉勰「擘肌分理，唯務折衷」之最佳詮釋。

## 四、結　語

紀昀評點《文心雕龍》對近代「龍學」之研究與發展極具影響力，吾師王更生教授即嘗指出：

《文心雕龍》之所以引起後世學術界的注意，正得力於清儒黃叔琳，紀昀注疏、評騭之功。[74]

黃、紀並稱，而紀評以黃注為底本，則更有後出轉精之勢，近人撰

---

72 紀昀評：《御選唐宋詩醇》，《四庫全書總目提要》，卷 190 集部 43 總集類 5，頁 5200。
73 紀昀評：《唐賢三昧集》，《四庫全書總目提要》，卷 190 集部 43 總集類 5，頁 5205。
74 王師更生：《中國古代文學理論的祕寶‧文心雕龍》（台北：黎明文化事業公司，1995 年 7 月），頁 29。

論不乏其篇，如溫光華《文心雕龍黃注紀評研究》、汪春泓〈關於紀昀的《文心雕龍》批評極其文學思想之研究〉、沙先一〈論紀昀的《文心雕龍》研究〉，[75]皆能張篁紀昀《文心雕龍》研究之幽邃，展卷評覽，獲益實多，乃就劉、紀二人文學體系之理論思維模式的建立加以比較詮釋，並著重在紀昀對劉勰思維模式接受之探討，期能擴大《文心雕龍》研究的討論空間。

援此一角度切入作為研究主題，是有其合理性及意義可言的。首先，是紀昀之相關評論，言屢稱劉勰，其心嚮往之情，溢於言表；次則其手批《文心雕龍》，對後人研究此書之疑寶多所啟發，則紀昀對劉勰理論思維模式之接受是可成立的，而且有其重要的意義存焉。即如「通變」之立論，後人對劉勰、紀昀皆有多方面的評論，或褒或貶，莫衷一是，而本文則重在取徑紀昀的理論體系，再回溯返證劉勰的通變觀，則一切爭議，或可尋此而得一論述之佐證。

---

75 溫光華：《文心雕龍黃注紀評研究》（國立臺灣師範大學國文研究所碩士論文，王師更生指導，1997 年 6 月）。汪春泓：〈關於紀昀的《文心雕龍》批評極其文學思想之研究〉，《北京大學學報（哲學社會科學版）》，2001 年第 5 期，頁 75-84。沙先一：〈論紀昀的《文心雕龍》研究〉，見同註 3。

# 《文心雕龍》與《拙堂文話》

台灣　空中大學人文學系
## 方 元 珍

內容提要：《文心雕龍》與《拙堂文話》，一為寫於南朝的文學理論批評史上的鉅著，一為寫於日本江戶時代的漢文論中的重要作品；二書雖然時空相隔久遠，但皆反映所處時代的文學發展蓬勃，致使文學理論的規範、總結有璀璨的成果；而拙堂深受漢儒學、清代文論的影響，反對衰靡、模擬的文學風氣，主張取法經式，以淑世的內涵，抒發胸臆，自立腳根，與劉勰還宗經誥，華實相勝，以裨益文事，振衰起弊的用心是一致的。拙堂論文章淵源、文章體裁、文章作法、文章批評，及批評方法的靈活運用，曾取資《文心雕龍》，又有與劉勰論說雷同契合之處；參覈二書，並透顯諸多短長互見，足資參照互補的消息。《文心雕龍》體系嚴整，論說宏富，固足以籠罩百代，難踰其矩範，而《拙堂文話》以東洋之論著，涵蓋中日漢文學，時歷千年之久，且銓衡文家，彰美指瑕，論說之博大深厚，允為難得！惜歷來對本書研究者稀，尤未見與《文心雕龍》之比論覬索，遂著本文以為拋磚引玉之先路。

關鍵詞：《文心雕龍》、《拙堂文話》、文學理論、文章學、漢文學

　　《文心雕龍》與《拙堂文話》，一成書於南朝齊和帝中興元、二年（501-502 年）[1]，一寫於德川家齊將軍親政之天保元年（1830 年）[2]，亦即清宣宗道光 10 年，時間相隔 1300 年之久；而一爲著述體，中國古代文學理論批評史上最傑出的著作，一爲札記體，日本近世漢文論最大的鉅著[3]，地域相隔千里之遙。由於時空的差距，二書顯然頗有差異性，對於《拙堂文話》而言，來自《文心雕龍》的直接影響雖然不多；但二書的創作理念、文學理論，卻有頗多聲氣相通、足資對應互補之處，是以比論剖析，撰著本文，以爲關注中日文學理論、文章學發展者投石問路之先聲。

## 一、創作動機與內容

　　文風衰靡的南朝，追求華麗、新奇、形式之美，缺乏高遠的胸襟、深厚的內蘊，氣格卑弱[4]，劉勰身處此一時代，〈通變〉曾說：「魏晉淺而綺，宋初訛而新。從質及訛，彌近彌澹，何則？競今疎古，風末氣衰也」，〈指瑕〉也說：「近代辭人，……製同他文，若掠人美辭，以爲己力，寶玉大弓，終非其有」，對於當時文學作品的內涵膚淺，文辭勦襲，屢有不滿、撻伐之聲；而魏晉以來的文論又不能深入、全面地導正衰蔽，引領先路，是以劉勰基於文學的使命感，創作《文心雕龍》，其寫作的動機不純然是評騭褒貶，斟酌利病，以昭美戒，更可貴者在於能積極尋求對應之道，例如〈通

---

1　見於王師更生著《文心雕龍新論・壹、劉勰文心雕龍結構的完整性》，台北市：文史哲出版社，1991 年，頁 1。

2　《拙堂文話》正編著於此年，續編著於天保七年（1837 年），本文以《拙堂文話》正編爲論述主體。

3　見於日本古典文學大辭典編委會編《日本古典文學大辭典》第三卷，東京：岩波書店，1984 年，頁 619。

4　參《南齊書・文學傳論》云：「若無新變，不能代雄」，「今之文章，作者雖眾，總而爲論，略有三體。一則啓心閑繹，託辭華曠，雖有巧綺，終致迂回，……次則……或全借古語，用申今情，……頓失清采……次則發唱驚挺，操調險急，雕藻淫豔，傾炫心魂。」

變〉批評衰靡的文風後，又云：「矯訛翻淺，還宗經誥。斯斟酌乎
質文之間，而櫽括乎雅俗之際，可與言通變也」，指引通變的方法
路徑；〈指瑕〉歷數文章內容、體裁、用事、措辭之失當後，並砥
礪為文者「丹青初炳而後渝，文章歲久而彌光，若能櫽括於一朝，
可以無慚於千載」，庶能避免為文之瑕誤，而貽累千載，其用心良
苦，開示為文之津梁，《文心雕龍》五十篇無一不是如此，作者為
文學把脈，以文學的志業，用世濟世，富含的能量與使命感，令讀
者為之動心！故其著書《文心》，以先秦至南朝宋為畛域，探索文
學的本源、文體的特徵與作法、行文運思的方法與避忌、文學的批
評與鑒賞須考慮的因素等，既為體大思精，旨深論宏的文學理論鉅
著，也是我國第一部講論章篇的文章學[5]的重要著作。

　　《拙堂文話》的作者為齋藤謙，名正謙，字有終，號拙堂，生
於寬政 9 年（1797 年），卒於慶應元年（1865 年），享年 69 歲，
諡號「文靖先生」。年長入官學昌平黌，受教於古賀精里。曾任藩
校講學、上士、侍讀、督學、幕府儒官等職。為江戶時代的儒學者，
亦為著名的文章家，對國防、軍法、武術等實學亦有深入的研究，
著有《海防策》、《救荒事宜》、《士道要論》及〈梅溪游記〉、
〈月瀨記勝〉、〈下歧蘇川記〉等紀行文，長於敘事，所寫《拙堂
文話》正續集被譽為「日本文話的代表」[6]。據賴山陽《拙堂文話·
序》所云：「至今江門之致治，文在士庶，而敗於明清閒俗流之文，
非剽勦則鄙俚，雖有名儒大家，或所習不專。專者，則不免浸染焉，
是無他，不詳其源流與體裁，驟喜於新艷，擇而取其每下者，是以
瞶瞶如此。拙堂此著，有見於此歟！」指出日本江戶時代寬政、慶

---

5 參劉咸炘《文學述林·文學正名》。
6 引自中內惇〈拙堂先生小傳〉，收於《日本教育史資料》四，明治 24 年。

應年間，漢文學[7]趨於平易化，成爲一般士民的文學，惟受到荻生徂徠等人倡議古文辭派，以明人李、王七子作品爲典範，選錄韓愈、柳宗元、李攀龍、王世貞四人文章，編成《四家雋》，主張「文必秦漢，詩必盛唐」的影響，形成當時復古摹擬文風盛行；有鑑於此，齋藤謙乃述寫《拙堂文話》，以挽文學的頹風。作者並於《文話》中，一方面抨擊當時復古之學者，妄以古文爲號，剽竊蹈襲以爲古文，一方面則摘指三袁公安，戲謔嘲笑，間雜俚語，流於空疏淺俗[8]，則拙堂著書立言，欲矯當世文弊，期使著者反摹擬，自立腳根之用心，實與劉勰桴鼓呼應，其文亦被當時文家評爲「奔馳錯落，自行胸臆」[9]，顯能落實其文學主張。尤可貴者，拙堂能以持平之論，探及徂徠借徑明代復古文家的本心：

> 我邦從前文字庸陋，時豪患之，修李王而始雅矣；修辭之弊，塗澤模擬，時豪患之，修袁徐而始真矣，皆可謂知時務之俊傑也；然是皆瀉下之藥可暫用，而不可久服，今結轖已解，而輸瀉不止，元氣殆受傷矣。宜飯梁食肉以求其復常也。

日本的漢文學至古文辭派，由於徂徠最初係採經由學習古文辭學，認識古言以瞭解六經思想的過程，因而確實提昇了中文的造詣，使文章表現趨於高雅；惟明七子、公安流於膚濫、纖佻，拙堂認爲「瀉下之藥可暫用，而不可久服」，其所謂「飯梁食肉，以求其復常」的良方，便是揭示爲文「沿唐宋溯秦漢」── 以唐宋爲門階，秦漢爲閫奧的主張。故其著書既評析日本漢文學的發展變遷，亦採倒述方述，評論由明清至周秦的作家作品，其中魏晉南北朝不論，以符

---

7 指日本人借用中國的言語文字所創作的文學，爲與中國文學區別，也有人稱漢文學爲日本漢文學。
8 引自《拙堂文話》卷一，收錄於《日本藝林叢書》第四卷：東京：六合館，昭和三年，頁 7-10。
9 見於賴山陽《拙堂文話‧序》。

應其「沿唐宋溯秦漢」的論說。並述及文章淵源、文學體裁、文章作法、文學與時代之關係、作家應具備之修養等，內容含蓋的時空範圍雖較《文心雕龍》爲廣，但評析的議題大抵不脫《文心雕龍》的文論體系。

## 二、論文章淵源

劉勰著書《文心》，旨在探索爲文運思與形式的宏富之美，而〈徵聖〉寫道：「論文必徵於聖，窺聖必宗於經」，可見其論文以宗經爲矩範的思想。經典的內涵深厚精深，用字遣辭亦切合爲文的理則，乃「群言之奧區，才思之神皋」，故爲文章的根本源頭，文章之用，實經典的枝條而已。不但如此，經典也是各類文體的泉源，論說辭序，以《易經》統其首；賦頌謌讚，由《詩》立其本；銘誄箴祝，依《禮》總其端；記傳盟檄，則《春秋》爲根，由是劉勰建立起論文、作文的中心思想，凡依經爲式者，如《左傳》賞譽爲記籍之冠冕，馬融〈七厲〉推許爲立意高卓，潘勗〈冊魏公九錫文〉則鎔鑄經典，內容精當，文辭端直，組織井然有序，文骨峻挺，爲九錫文之首選[10]；反之，如楚漢辭賦，徒尙文辭的雕麗，流於豔侈，則有待正末歸本，還宗經誥了！而由徵聖宗經的儒家思想出發，劉勰對於文士的致用、文學的社會功用亦極重視。由〈程器〉說：「安有丈夫學文，而不達於政事哉」，「君子藏器，待時而動」，吾人可見作者以允文、習武自我期許，及以文行合一，經世濟民爲己任的抱負，是以論詩詮賦，必須反映社會，導正人心，自然也順理成章。〈樂府〉云：「樂心在詩，君子宜正其文。好樂無荒，晉風所以稱遠，伊其相謔，鄭國所以云亡。故知季札觀樂，不直聽聲而已」，

---

10 見於自著《文心雕龍作家論研究・第十二章第五節論潘勗》，台北市：文史哲出版社，2003 年，頁 333-334。

要求詩人創作樂府務塞淫濫，以免助長負面的社會風氣！〈詮賦〉
云：「逐末之儔，蔑棄其本。雖讀千賦，愈惑體要，遂使繁華損枝，
膏腴害骨，無實風骨，莫益勸戒」，則指出辭賦的「體要」，在於
表現雅正的文思，與勸諫的功能。可見劉勰以經典爲文章、體裁根
源的論說，由文章原理、作家批評，及於文章的社會功用，可謂一
以貫之，胸有丘壑。

　　齋藤謙亦極重視經典對作文的重要。《拙堂文話》卷五主張學
者治文，應先治古書中，首先指出的便是經典；繼而又說明文章之
本在於經書，故古文大家如韓柳，皆由自身的寫作經驗，自述其或
「上規姚姒、盤誥、春秋、左氏、易、詩」，或「本之書、詩、禮、
易、春秋」，係取資於經典的潤澤，乃能成就偉大的文業。韓、柳
文如此，千萬世之文亦皆由經傳出。接著，齋藤謙並援引顏之推《顏
氏家訓・文章》、劉勰《文心雕龍・宗經》、柳子厚〈楊評事文集
後序〉三家對文體的論說，認爲「文章體制亦出於六經，……三子
之言，學者所宜潛心也」，可見其與劉勰視經典爲文章根源的看法，
如出一轍。至於經典對文章的助益，劉勰曾有「六義」說，〈宗經〉
云：「故文能宗經，體有六義：一則情深而不詭，二則風清而不雜，
三則事信而不誕，四則義貞而不回，五則體約而不蕪，六則文麗而
不淫」，自文情、風格、取材、思想、體制、措辭六方面，具體指
陳經典對於爲文正面的效益；而齋藤謙亦說道：「文章之本經書，
非唯體制」，其並引述王質的說法：「文章根本皆在六經，非唯義
理也，而機杼物采規模制度無不具備者」，顯然作者亦認同經典對
文章取材、內容、佈局、文辭方面，具有潛移默化之功，足以做爲
學者之山淵，只是拙堂未能如劉勰「六義」說的思考積密、自立宏
規。而當爲文者采伐漁獵其間時，齋藤謙認爲應「不用古人句，只
用古人意」，「語相似，字句不盡同」，其化用古書的典故、意涵，

而不是一成不變地襲用成辭的觀點，亦與劉勰：「凡用舊合機，不啻自其口出」[11]的說法不謀而合。此外，對於為文應有益於世道人心的看法，《拙堂文話》卷五曾說：「後世之文，苟能明道經世，則與聖賢之用心同，豈復有古今之異乎哉，彼徒以辭句工麗者，何足與語之？」齋藤謙以日本儒者的背景，受文化（1804-1817）、文政（1818-1829）年間朱子學、陽明學大家並出，儒家思想盛極一時[12]的影響，強調「立言者貴於助教」[13]，其重視文章的社會教化功能，務存其本，不徒尚文辭的工麗，與《文心雕龍・序志》云：「辭人愛奇，言貴浮詭，飾羽尚畫，文繡鞶帨，離本彌盛，將遂訛濫」相較，可見兩人雖異國不同時，卻對所處時代的文風與文學主張，有相同的愴歎與論調！

## 三、論文章的體裁

劉勰論及的文學體裁，凡一百七十多類[14]，且先文後筆，類聚群分，並依四大綱領「原始以表末，敷理以舉統，原始以表末，選文以定篇」表述，考察源流，評論得失，條理井然，雖類別區分有部分不盡合理之處，但確為辨析文體中最早且較為完備的專著[15]；而《拙堂文話》以札記體的方式行文，論及的文體雖涵蓋詩、賦、頌、贊、銘、碑、章表、奏議、論說、書、史傳、諸子、隱語等十餘種，惟依時代圍別，散落各卷，不及《文心雕龍》的體系嚴整。雖然如此，但二書對於各式文體的寫作要領，或有論述相通，或可參照互補。

11 引自《文心雕龍・事類》。
12 參連清吉著《日本江戶時代的考證學家及其學問》，台北市：台灣學生書局，1998年，頁158。
13 引自《抱朴子・應嘲》外篇卷四，收於《四庫全書薈要》子部第三冊，台北市：世界書局，1987年，頁439。
14 同1，頁5。
15 參陳必祥著《古代散文文體概論》，台北市：文史哲出版社，1987年，頁27。

　　評述文體的寫作特色時，或見齋滕謙採用與劉勰相同的標準，以讚體爲例，《拙堂文話》銓品《史記》諸贊「語簡而意暢，以千里之足，回旋蟻蛭中而不亂，其材無所不可」，正合乎《文心雕龍‧頌贊》包舉讚體的特徵：「古來篇體，促而不廣，……約舉以盡情」，指出《史記》的讚詞意兼褒貶，能掌握言簡意賅的體要。《拙堂文話》卷四又云：「橫渠東西二銘，皆一字千金，有德者必有言，猶信！」雖未具體指陳銘文的作用，但其評騭作品的標準，實同於《文心雕龍‧銘箴》所言：「銘者，名也，觀器必名焉，正名審用，貴乎慎德」，稱讚張載銘文所以「一字千金」，乃以其境界很高，能顯現道德的莊嚴，誠屬有德者斯有言，並符合銘文的本義，足以呈現自我戒惕的美德！除了辨析爲文之正體，二書亦皆兼論變體，《文心雕龍‧頌讚》云：「陳思所綴，以〈皇子〉爲標，陸機積篇，惟〈功臣〉最顯；其褒貶雜居，固末代之訛體也」，按頌體的寫作，意在形容盛德，揄揚美善，而曹植〈皇太子生頌〉、陸機〈漢高祖功臣頌〉，義兼褒貶，故被劉勰評爲頌之末流與變體；《拙堂文話》卷五亦云：

> 賈生〈過秦論〉，乃以敘事代議論，言秦之強、始皇之驕、陳涉之起，歷歷縷敘，如紀事之文，但其承接送尾處，用一二轉語，斡旋文勢，至仁義不施兩句，綜斷全篇，遂成一篇好議論，作法甚奇。

按論體雖可分爲理論、政論、經論、史論、文論、諷論、寓論、設論八品[16]，但意在析理議說，此爲正體；而賈誼〈過秦論〉，前爲敘事之文，後以議論作結，實爲論之變體，此拙堂所以謂其「作法甚奇」之故。可見劉勰與齋藤謙爲文體溯源，正變俱備，能考量文

---

16 引自徐師曾著《文體明辨序說》：台北市，長安出版社，1978 年，頁 131。

體的名同實異，及其源流變遷。

　　此外，二人論說文體亦有可相互補之處，《拙堂文話》卷五云：
「枚乘〈諫吳王書〉，全篇隱語，蓋在叛謀未發之先，故不得不如
此，後人傚之，非也」，言枚乘上書諫吳王，時吳王尚未發兵，故
多用比喻，如云：「迹愈多，景愈疾，不如就陰而止」，「泰山之
霤穿石，單極之　斷幹，水非石之鑽，索非木之鋸，漸靡使之然也」
[17]，皆婉曲其語，以勸諫吳王深思熟慮，此即《文心雕龍‧諧讔》
所謂「讔者，隱也。遯辭以隱意，譎譬以指事也」；唯劉勰列舉漢
世隱語時，僅評述：「東方曼倩，尤巧辭述。但謬辭詆戲，無益規
補」，則拙堂對枚乘隱語之批評，適可補〈諧讔〉此處「選文以定
篇」之不足。再如，《拙堂文話》卷五云：

> 至武帝時，眾建諸侯，皆賈生之策也，方其進策，豈患覽弗
> 省哉？如〈天人策〉，武帝之問，既四百餘言；仲舒之對，
> 自不得不數千萬言，豈患覽弗竟哉？

其評述賈誼、董仲舒之對策，回應漢武帝有關治國之要的諮詢，不
以詞費為患，可與《文心雕龍‧詔策》云：「武帝崇儒，選言弘奧」、
《文心雕龍‧議對》云：「仲舒之對，……煩而不惃者，事理明也」
相參照，延伸由於《文心雕龍》行文簡省的義涵。另如《拙堂文話》
卷六銓衡《戰國策》的得失與成書之價值：「《國策》之文，雄健
橫絕，冠乎戰國，前輩喜其文詞；而病其多捭闔傾危之說，……七
雄相爭數百年，合從連橫之跡，強弱興衰之蹤，賴有此書存，豈可
棄而弗省哉」，可與《文心雕龍‧史傳》云：「秦並七王，而戰國
有《策》，蓋錄而弗敘，故即簡而為名也」相照應，言劉勰所未言，
補充〈史傳〉只論《戰國策》命名的敘述。反觀之，《文心雕龍》

---

17 見於嚴可均校輯《全上古三代秦漢三國六朝文‧全漢文》第一冊，京都：中文出版
　社，1981 年，頁 236。

亦有論說允當，可彌縫拙堂立說未備者。《拙堂文話》卷四云：「胡澹菴〈上高宗封事〉，千年以來章疏中第一文字，……以余觀之，則見澹菴光彩四出，而韓歐屏息一隅也。……今讀其封事慷慨激烈，忠憤之氣溢於紙墨之外」，認爲胡銓〈上高宗封事〉心懷至忠，文辭慷慨，足爲千年來章疏中之典範；山本積善對此則持不同的看法，其評語云：「胡氏〈封事〉但見其忠憤之漏出，故氣強語達，其文則甚拙，無變化，無飄逸」，摘指胡文雖意含忠憤，然言辭拙劣；惟若參覈於《文心雕龍·章表》所言：「必使繁約得正，華實相勝，脣吻不滯，則中律矣」，即知拙堂、山本所論，各執一隅，當文質並茂，方能符合章表之體要，劉勰所言洵爲文體辨析的不刊之論。

## 四、論文章作法

運筆之先，必須儲備爲文之修養，故韓文公曾說作文不可無學，所謂「學」應包括讀書、閱歷、練習等，乃爲文需備之修養。《文心雕龍·神思》云：「積學以儲寶，酌理以富才，研閱以窮照，馴致以繹辭，然後使玄解之宰，尋聲律而定墨；獨照之匠，窺意象而運斤」，即已指出儲才之法，有賴平日的累積學識、明析事理、研究觀察，及醞釀情致，否則臨時爲文，即可能發生旁皇四顧，神志蕭索的窘境。《拙堂文話》卷四亦云：「學者學文章，以多看多做爲要」，並舉唐代韓、柳爲例，言二子於古書無所不學；清朝黃之雋綜覽浩博，才華富贍，故爲文下筆不能自休，其言足爲〈神思〉云：「難易雖殊，並資博練」，〈事類〉云：「將贍才力，務在博見」做註腳。惟拙堂又舉徂徠之徒爲例，謂其「摘古書之辭，而用之於其文，故不得不博」；自己「學其法，而不用其辭，故不必博」，指出能文之士固以博觀群書爲貴，及至下筆「不必博也」，應融化痕跡於文章之中，乃爲文家之上乘，此乃更深一層分析「博」應儲

於平時，而非用於臨文之理。可與〈附會〉云：「夫文變無方，意見浮雜，約則義孤，博則辭叛」相互發明。

對於文章作法，劉勰既有篇章、字句、用事、鎔裁辭意等細目之論述，也揭示參古定法等寫作通則。〈章句〉篇云：

> 夫人之立言，因字而生句，積句而為章，積章而成篇。篇之彪炳，章無疵也；章之明靡，句無玷也；句之清英，字不妄也；振本而末從，知一而萬畢也。

強調積字連為文句，積句成為篇章的相互牽動，緊密聯繫。《拙堂文話》卷七亦云：「文譬之人身，其中以意為主，氣為之輔，其外以篇為體，章為之肢，字句為之毛髮，數者不具焉，則不得為人矣，亦不得為文也」，與〈章句〉所言有異曲同工之妙，皆以篇章字句為作文之骨幹。

謀篇安章之法，如置陣伏，本無定式，《拙堂文話》曾舉其顯而易見者，如卷七引李性學之說云：「常使經緯相通，有一脈過接乎其間，此篇法也，苟能如此，則文得渾成矣」，言為文應開合起伏，脈絡呼應，才能使眾理雖繁，而無倒置之乖，群言雖多，而無棼絲之亂[18]；否則即如《文心雕龍·附會》所言：「義脈不流，則偏枯文體」。同卷，《拙堂文話》又說：「一篇之中，有數行齊整處，數行不齊整處，齊整中不齊整，不齊整中齊整，或緩或急，或顯或晦，間用之，此李性學之說，所謂章法也。……凡作文，始戒率易，終要縱橫」，蓋行文如音樂，有整齊錯落、緩慢急促、顯揚含蓄的縱橫變化，乃安排章法的法門，故如孟子之文，順說、逆說、總說、補說[19]，各段鋪陳極富變化，使其說理暢達；莊子好用累棋

---

18 引自《文心雕龍·附會》。
19 見於《拙堂文話》卷六。

之法[20]，文字自下說上，一層深入一層，均爲靈活運用章法的範文。拙堂的觀點，與《文心雕龍》對謀篇佈局的看法，如〈徵聖〉云：「繁略殊制，隱顯異術」、〈章句〉云：「然章句在篇，如繭之抽緒，原始要終，體必鱗次」，頗有暗合之處。

　　用句鍊字方面，《拙堂文話》分析《檀弓》的句法，有極長者、有極短者，其安排猶如「鶴脛不可斷，鳧脛不可續」，長短各得其宜，此說足以做爲《文心雕龍‧附會》：「去留隨心，修短在手」的例證，參覈於《實用文章義法》所言：「句法有變化，則文勢益排蕩噴薄，旋轉如意」[21]，指出句法長短錯綜，對於文勢激盪迴轉的妙用，可見中外論文家都重視句法長短的變化。而文家屬辭應自吐胸臆，務去陳言，亦爲劉勰、齋藤謙的共同主張。〈指瑕〉云：「若掠人美辭，以爲己力，寶玉大弓，終非其有」，《拙堂文話》亦舉陳繼儒對李攀龍古樂府的評語爲例：「刻畫古人是後生第一病」，要求爲文應避用陳腔濫語，拙堂並將「陳言」與「古言」予以區分：「陳言之務去，世人多以爲去古言；然韓文中用古言，不可以一二數。陳言謂陳腐熟套人人能言者，非謂古言也」，足爲學者作文之指南。推而擴之，用典使事，劉勰主張「用人若己」[22]，拙堂提出「非直使本事」[23]，已爲理之必然！對於徒事文辭，文以害意之作，劉勰則有所摘詰，〈詮賦〉云：

> 然逐末之儔，蔑棄其本。雖讀千賦，愈惑體要，遂使繁華損枝，膏腴害骨，無實風軌，莫益勸戒，此揚子所以追悔於雕蟲，貽誚於霧穀者也。

批評揚雄好爲辭賦，雕琢辭章，語務艱奧，而忽略勸戒世人，有益

---

20 同 15。
21 引自謝无量著《實用文章義法》，台北市：華正書局，1990 年，頁 81。
22 引自《文心雕龍‧事類》。
23 引自《拙堂文話》卷七。

風教的內容。

　　《拙堂文話》亦評說揚雄「尙辭不尙意」，此爲子雲後來追悔於雕蟲的緣故！可見拙堂與劉勰「文不滅質」的看法是一致的。至於鍊字之重要與困難，〈練字〉云：「一句詭異，則群句震驚，三人弗識，則將成字妖矣」，表明一字之不當，將爲全文之累，是以〈鎔裁〉又說：「字不得減，乃知其密。……字删而意闕，則短乏而非覈」，言作文總以虛心善改爲貴；《拙堂文話》卷四亦舉歐陽修作文爲例，由〈醉翁亭記〉初說「滁州四面有山」，凡數十字，最後只餘「環滁皆山也」五字，可證知歐公「删改至不存一字，以曠世之才，精苦如此，宜其妙絕於古今也」，按劉勰由抽象理論立說，拙堂自作家實例入手，分流合擊，共同指出爲文鎔意裁辭之必要性。

　　爲文尙法，自古已然！劉勰、歸有光[24]、方苞[25]均有作文應遵循文體、立意、佈局、措辭等規則的論說，拙堂亦不例外。《文心雕龍・通變》云：「望今制奇，參古定法」，即明白指出學古而不復古，以宗經爲式，而不模擬古人爲文，才能掌握爲文通變，日新其業之理，故〈封禪〉亦云：「日新其采」，「意古而不晦於深，文今而不墜於淺」，頗能與〈通變〉言設文之體，資於故實；文辭氣力，酌於新聲的說法相呼應。《拙堂文話》卷五亦言爲文時，對於古書應「學其法，而不用其辭」，用古人意，而不用古人句，如此才能造古人所不到之處，如太史公陶鎔點化古語，以爲己言；東坡

---

24　歸震川曰：「凡議論援引，固以精當爲貴，然亦有牽引來說者，……如韓退之〈重答張籍書〉……，此正得將無作有之法。」，引自《文章指南・論文章體則》，台北市：廣文書局，1985 年，頁 8。
25　方苞〈又書貨殖傳後〉云：「《春秋》之制義法，自太史公發之。而後之深於文者亦具焉。義即《易》之所謂『言有物也』；法即《易》之所謂『言有序也』。義以爲經而法緯之，然後爲成體之文。」收於《方望溪先生全集》卷二（《四部叢刊初編集部》），上海：商務印書館，頁 40。

學太史公，能得奪胎換骨之法，故能為文章絕唱。卷七又云：

> 文有全篇用古人語不為蹈襲者，方正學〈扇贊〉云：「大火
> 流金，天地為爐，汝於是時，伊周大儒；北風其涼，雨雪載
> 途，汝於是時，夷齊餓夫。
>
> 噫！用之則行，舍之則藏，惟我與爾有是夫！」近世室鳩巢
> 先生書「誠敬」二大字後云：「何謂誠，不識不知，順帝之
> 則；何謂敬，不顯亦臨，無射亦保；何以存誠，如好好色，
> 如惡惡臭；何以持敬，戒慎不睹，恐懼不聞」。正學之言，
> 存出處之義；鳩巢之言，陳持守之功，皆典雅簡核，真儒者
> 之言也。予常誦之。

拙堂所標舉者，為明朝大儒方孝孺「用之則行，舍之則藏」的出處
之義，與日本程朱學者室鳩巢「存誠守敬」的處世哲學，皆本源於
儒家經典《論語》、《中庸》、《大學》的思想內涵，是以拙堂評
為「文有全篇用古人語，不為蹈襲」，「真儒者之言也。予常誦之」，
顯然其亦趨向於取法儒家經典，立意為文的方式。其與劉勰對於為
文守常達變的方法顯然精神相通。

## 五、論文章批評

　　作品的風格與作家才情學識的關係，為銓評文章時所必須考量
的因素。《文心雕龍·才略》曾剖析文家的才情學養與風格的關係：
「荀況學宗，而象物名賦，文質相稱，固巨儒之情也」，指出荀卿
詠物賦，意在說理，文質彬彬，與其為儒者的宗師有關；「孔融氣
盛於為筆，禰衡思銳於為文」，則敘明孔融的稟氣忠義耿直、禰衡
的才思敏捷，都反映於其作品之中。類此，《拙堂文話》卷二亦云：
「正學守節而死，烏傷奉使而死，皆為烈丈夫，宜乎其文有氣魄光
燄，為明代冠冕也」，評賞方孝孺、王烏傷性情剛正，故為文義薄

雲天，爲明文之冠；卷五並引朱子之說：「仲舒爲人寬緩，其文亦
如其人」，所謂「文如其人」正《文心雕龍・才略》所探討之文旨，
以性情、學術、才略、辭采，與文事互爲表裡，乃衡文者必操之術[26]。
惟在〈才略〉討論的九代英才中，不乏遺珠之憾，如言諸子散文，
未提莊子、孟子即是；而《拙堂文話》卷六稱莊子之書爲「宇宙間
第一奇文，後世多學之者」，讚孟子之文「語繁而意暢，賢人之文
也」，「孟子之文疏而暢，後世之人可學者也」，可藉補《文心雕
龍》〈諸子〉、〈才略〉立說之未贍。至於劉勰「貴器用而兼文采」，
以文事、武備並重爲「文人」定義的主張，見於〈程器〉：「摛文
必在緯軍國，負重必在任棟樑；窮則獨善以垂文，達則奉時以騁績，
若此文人，應梓材之士矣」，援此一文人作家的認定標準，印證於
《拙堂文話》卷二所言：「古今以王佐之材，兼有文章之名者，唐
陸宣公、宋范文正以下，不乏其人；至於草昧之際，功略蓋世，而
文章垂後者，僅僅諸葛武侯、劉誠意二人而已」，則符合劉勰認知
的文家，以文章政績名世者，歷代以來，惟諸葛亮、劉基二人而已。
此外，拙堂評文時，頗爲留意文學演變的軌跡，及文業興衰，與國
運、時代的關係。《拙堂文話》卷一抨擊日人荻生徂徠、服部南郭
等古文辭派以明文爲師，而對明代王世貞、李夢陽高唱復古，三袁
以清新輕俊矯之，變爲輕薄；竟陵鍾、譚爲矯公安之弊，又變爲幽
深孤峭的文風演變，評述甚詳。卷二並援引紀昀〈槐西雜志〉，綜
論由宋末迄於明末文學發展的變化：

> 質文遞變，原不一途，宋末文格猥瑣，元末文格纖穠，故宋
> 景濂諸公力追韓歐，救以舂容大雅，三揚以後，流爲臺閣之
> 體，日就膚闊，故李崆峒諸公又力追秦漢，救以奇偉博麗，

---

26 參劉永濟著《文心雕龍校釋・才略》，台北市：正中書局，1982 年，頁 76。

隆萬以後，流為俗體。

爰是，不僅可見拙堂受清代學者對明人門戶之爭、摹擬剽竊之風感到不齒的影響[27]，主張七子、公安之文不可為後進模範，應以唐宋為門徑，秦漢為閫奧的文學觀點，其概括質文代變，欲救文運之窮的論述，與《文心雕龍·通變》云：

> 推而論之，則黃唐淳而質，虞夏質而辨，商周麗而雅，楚漢
> 侈而豔，魏晉淺而綺，宋初訛而新。從質及訛，彌近彌澹。

有立意相通之處；而《拙堂文話》推溯一代文理先得後失的脈絡，亦與《文心雕龍·體性》可相發明，考覈〈時序〉所言：

> 至明帝纂戎，制詩度曲，徵篇章之士，置崇文之觀，何劉群
> 才，疊相照耀。

> 少主相仍，唯高貴英雄，顧盼含章，動言成論。於時正始餘
> 風，篇體輕澹，而嵇、阮、應、繆，並馳文路矣。

足證二家皆能洞察各代文學初期必有所長，是以能傳；其後則有流弊，由盛轉衰之理。是以「文變染乎世情，興廢繫乎時序」[28]，文章的盛衰關係國運[29]、學術思潮、文學風氣，重視時代與文學的關係，二人並無鑿枘不合。

## 六、批評方法

劉勰、齋藤謙著書立說時，採取的批評方法，如歷史斷代法、折衷法、比較法、徵引法等，視為文需要，不一而足，茲舉其顯而

---

27 顧炎武《日知錄》特別揭出「文人摹倣之病」，「文人求古之病」，論文忌摹擬因襲；王夫之《夕堂永日緒論·內篇》批評明代七子及矯正七子的竟陵派「纔立一門庭，則但有其局格，更無性情，更無興會，更無思致」；《四庫提要·堯峰文鈔》亦云：「古文一脈，自明代膚濫於七子，纖佻於三袁，至啟、禎而極敝。國初風氣還淳，一時學者始復講唐、宋以來之矩矱。」對於明代七子、公安頗有負面譏議。參《清代文論選·上》，北京：人民文學出版社，1999年，頁5-6。
28 引自《文心雕龍·時序》。
29 見於《拙堂文話》卷二。

易見，足資論析者予以說明。

　　《文心雕龍》論文，每依歷史斷代，原始表末，縱橫文苑，藉以考察品論文學思想、文體、作家、作品的源起、軌範、及發展變化的脈絡，誠可謂文家的史筆；而《拙堂文話》評述中國文學的發展變遷時，亦按時間為序，惟採倒敘法，由明清逆推先秦，以貫徹其作文沿唐宋、溯秦漢的文學主張。據拙堂云：「蓋諸文體裁，至唐宋大備，言秦漢者，亦不得不相沿；且其開闔起伏，抑揚頓挫諸法，亦易尋求，故學文者不得不由於此」，可以得知其依循唐宋文家法式，以登秦漢堂奧的用心。比較二書，則劉勰有「立文學史觀」的宏願[30]，而拙堂以「示為文門徑」為旨趣，是以在敘述的時序上有所歧異。

　　論文如斷案，立場必須客觀、持平，〈序志〉所言：「同之與異，不屑古今，擘肌分理，唯務折衷」，揭櫫了理想的衡文方法－「折衷」。意指論文之時，不但應識大體、觀衢路，也要能圓通、圓照，並且必須善於適要，得其環中[31]。爰此，劉勰論文務求縱觀整體，權衡得失，如〈辨騷〉不拘泥於儒家經典的軌範，亦取法騷辭誇誕的風格、豔麗的言詞，而讚譽《楚辭》為「詞賦之英傑」；〈指瑕〉彰美陳思之文為「群才之俊」，而有措辭失體之病、潘岳為文「善於哀文」，然有用辭傷義之病[32]；〈時序〉敘述東漢的作品漸靡儒風，惟靈帝以後的文製，如同俳優等，皆彌綸群言，利病互陳，以期做到批評的客觀公允。而《拙堂文話》雖未提出其評文

---

30　《文心雕龍・史傳》云：「然史之為任，乃彌綸一代，負海內之責，而贏是非之尤，秉筆荷擔，莫此之勞。」〈序志〉云：「夫銓序一文為易，彌綸群言為難」，史家與文論家的某些條件相同，均須具備籠罩全面，盱衡評述的眼光、洞見，及肩承是非毀譽的勇氣！

31　引自張少康著《文心雕龍新探・折衷論》，台北市：文史哲出版社，1991 年，頁258-267。

32　引自王師更生著《文心雕龍讀本・指瑕》下，台北市：文史哲出版社，1983 年，頁 213。

方式，然如卷一抨擊先輩唱李王、袁徐，不勝其弊；唯又肯定古文辭派「當日筆路藍縷之勞，亦不可泯也」；卷四評述三蘇父子的論說文字，借古議今，切合時政，故於結語云：「要之蘇家父子兄弟長於經濟，非徒文士」；同卷又賞鑑曾鞏之文，由於學術醇正，格律謹嚴，故能典雅有餘，惜乎精釆不足，外貌不揚，可見拙堂論文亦力求全面觀照，立論持平。

藉由作家、文理、風格等的比較，有益於揭示論述主體對象的共同性與特殊性。無論中外文學批評都是常用的方法。如《文心雕龍》〈通變〉概括九代「從質及訛，彌近彌澹」的文學基調、〈才略〉剖析魏文、陳思之短長、〈體性〉辨別「雅與奇反，奧與顯殊，繁與約舛，壯與輕乖」八種的風格，都是比較不同的元素，演繹其異質性；而「孔融氣盛於爲筆，禰衡思銳於爲文，有偏美焉」，「孫盛、干寶，文勝爲史，準的所擬，志乎典訓，戶牖雖異，而筆彩略同」，則是異中求同，歸納其同質性。經由不同特質之比較，輒見劉勰推翻俗說，建立一家的特識[33]。《拙堂文話》論文亦常採比較異同的批評方法，以卷二對宋濂、劉基文章的比較爲例：

> 明初之文，推宋潛溪、劉青田。潛溪富贍、青田雄深，其力
> 相匹。史稱基所爲文章氣昌而奇，與濂並爲一代之宗，斯言
> 允矣！明太祖與青田論文，青田曰：宋濂第一，其次臣不敢
> 多讓。方是時，青田之言不得不然！後人因此多以宋勝劉，
> 謬矣！

宋濂之文富贍博雅，史論多謂勝於劉基，然其格弱語漫，拙堂以爲不及劉文雄深。其藉由比較文家優劣，進而提出一己之見，由此得

---

33　《文心雕龍‧頌讚》云：「而仲治《流別》，謬稱爲述，失之遠矣！」〈才略〉云：
　　「魏文之才，洋洋清綺，舊談抑之，謂去植千里，……但俗情抑揚，雷同一響，遂
　　令文帝以位尊減才，思王以勢窘益價，未爲篤論也。」可見劉勰抉摘俗說之謬，成
　　一己之言。

窺全豹！至於拙堂比較《論》、《孟》文章之異同云：「《論語》語簡而意包，聖人之文也；《孟子》語繁而意暢，賢人之文也」，乃金科之言，而為《文心雕龍》所未言；針對《史》、《漢》的比較：「《史記》敘事議論，淋漓盡致，故有重沓者，《漢書》或刪之，以取齊整，……皆不若其舊也」，提出《漢書》為求行文整齊，刪文過多，不若《史記》之朴贍生動，其論說已為文論家之公評，可為〈史傳〉：「班固述《漢》，因循前業，觀史遷之辭，思實過半」做註，詮釋劉勰所未詳言。尋繹拙堂以一異域之文論家，而善用各種批評方法，對中國歷代文學鈎玄得要，建立其特識，並可為《文心雕龍》挹注，允為難得！

## 七、結　論

劉勰與拙堂各自成長於不同的時空背景，各有其卓越的文學地位，而由於中日學術、文學的匯聚交流，《拙堂文話》深受儒家思想薰染，及清代文論的影響，在文學理論、文章學上與《文心雕龍》有諸多桴鼓相應的論說。創作動機及內容方面，二人都有開示作文津逮，為文業振衰起弊的志忱，所謂「百齡影徂，千載心在」，其苦心孤詣，迄今仍力透紙背，憾動人心！文學的重要論述、為文的基本法則方面，亦有諸多不謀而合的主張，如認為文章的源頭在於經典、文體源於六經；對於贊、銘等文體的寫作要領，及區別文體的名同異實，掌握文體的源流變遷等，拙堂亦有取資《文心雕龍》，意見一致之處；而重視運筆之先，「並資博練」，臨文之時，講究篇章字句、鎔裁修改等細目的要求，及依循「參古定法」，取法儒家經典立意，不用古人語句的寫作通則，亦多有雷同相通的見解。至於作品風格與作家才性學養的關係、作家以文武兼長為貴，及歷代文學質文代變的關係、文運興衰之理，亦皆為劉勰、拙堂所關切，

不惜詞費，多所論述，重視文學與作家才性、時代的關係，不言可喻。至於行文論述方面，亦輒見二家觀照整體，彌綸群言，建構折衷持平的批評態度，並能藉由比較異同，推翻俗見，樹立一家之言。

參覈二書，又有短長互見，足資互補者。若干由於劉勰用語簡鍊，以致言未盡意，或忽略未提者，自《拙堂文話》可資挹注補釋，如〈諧讔〉論述漢世隱語，〈詔策〉、〈議對〉評述賈生、董仲舒之策文，均言之未詳，由拙堂所做相關評述，可藉補劉勰「選文以定篇」之不足。再如〈史傳〉比較《史》、《漢》之異同，語焉不詳，述及《戰國策》命名的源由，卻未論其文學得失與價值者，均可由《拙堂文話》得其消息。他如〈諸子〉、〈才略〉評述諸子散文，忽略莊子、孟子二家，在《拙堂文話》中，則有評介莊子、孟子文學成就的文字。相對的；劉勰對〈章表〉「華實相勝」的寫作要求、〈宗經〉六義說的完密等，亦有益於《拙堂文話》的思考完備，建立宏規。

在論述方法上，拙堂採札記體，大抵依時代逆敘，實現其「沿唐宋以溯秦漢」的主張，魏晉南北朝文學因而不在討論之列；而其以隨筆論述心得的方式成文，益加烘托劉勰以著作體論文，各篇單獨成立，綱舉目張，而又相互呼應，體系之分明嚴整，及典型在宿昔，後人難躋其論說的慧心特識；然「他山之石，可以攻錯」，自《文心雕龍》、《拙堂文話》，固使人歎服著作者的籠罩群言，開示金針，足以嘉惠來茲，惟吾人亦驚喜、欣見二書交會時互放的光亮！

# 從王惟儉《訓故》、梅慶生《音注》到黃叔琳《輯注》
## ── 明清《文心雕龍》主要注本關係略考

中國　上海社會科學院
## 林 其 錟

　　內容提要：《文心雕龍》研究是以文本作為物件，忠實地解讀文本，是研究《文心雕龍》的最基本要求。由於《文心雕龍》體大慮周、包羅群籍，加之傳播年代久遠，校勘注釋成了《文心雕龍》學的基礎。

　　《文心雕龍》的校注，萌芽于唐代，興盛於明清，明代王惟儉的《文心雕龍訓故》和梅慶生的《文心雕龍音注》實為《文心雕龍》校著的雙璧。清代考據之風盛行，《文心雕龍》校注家蠭起，而最有代表性而集前人之大成者當屬黃叔琳的《文心雕龍輯注》。該書校承《音注》，注承《訓故》，「旁稽博考，益以友朋見聞」，集前人校、注之大成，為近現代《文心雕龍》學的形成和發展奠定了基礎。

　　關鍵字：文心雕龍、訓故·音注、輯注、關係

## 一、《文心雕龍》注釋的濫觴

　　《文心雕龍》研究現在已成爲世界性的專門學科，它的特點就是以《文心雕龍》文本作爲主要研究物件。它要求研究者必須從文本出發，忠實地解讀文本，一切研究向題及其結論都要以文本爲基礎，不能用先入之己見或先驗的理論模式隨意地詮釋演繹文本。因此首要的前提就是還文本的本來面目。

　　但是，《文心雕龍》傳世已經 1500 餘年，在漫長的歷史長河中，紛繁的轉抄、復刻，或因轉抄之失誤，或由版本之漫漶，或校勘之不精，或妄改妄刪，或挖補作僞，遂致訛舛衍脫使文本失真。據歷史著錄統計，僅清代以前，《文心雕龍》的版本就有 98 種，其中寫本 15，單刻本 40，叢書本 13，校本 27，注本 3，選本 13。在這繁富的版本中，歧文異句紛呈，需要通過校勘糾謬訂字，這就是《文心》校勘學的任務。

　　《文心雕龍》又是一部體大慮周、包羅群籍、辨正眾言、品藻古今、截斷眾流的偉大著作，它「據事以類義，援古以證今」，書中涉及的典故不計其數，僅所涉人物就有 527 人，所涉作品就達 410部（篇）。加之事典久遠，隔代相望，文字變遷，扞格難入，今人要真正理解文本原意更是不易。清代段玉裁有言：「不正底本，則多誣古人，不斷其立說，則多誤今人。」《文心》注釋學正由此而生。

　　《文心雕龍》的注釋在唐代即已萌芽。今存敦煌遺書唐寫《文心雕龍》殘卷第一葉背面〈徵聖第二〉第十七行欄下注「好」字；第四葉背面〈正緯第四〉第十三行天頭注「東序」二字；第十三葉正面〈頌贊第九〉第十三行天頭注「淺」字；第十七葉背面〈誄碑第十二〉第十六行天頭注「烈字」；第五葉正面〈辨騷第五〉第三

行至第七行欄下注:「嚼,靖也」;「緇,黑色」;「涅,水中黑」等都是過讀者為寫本難識、難解之文字作注解,雖然簡單,但可視為今日所直接可見的《文心雕龍》注釋萌芽。

宋代《文心雕龍》注本已經出現。《宋史·藝文志》和鄭樵《通志·藝文略》都有「辛處信注《文心雕龍》十卷」的著錄,遺憾的是辛注本《文心雕龍》早已佚傳,只留空目而已。據王更生教授考察,南宋王應麟編的類書《玉海》引《文心雕龍》時出現的夾註,也可能就是辛氏的注文[1]。

明代由於逐漸擺脫宋人理學重理輕文的思想束縛,關注、研究《文心雕龍》的人也就多了起來,《文心雕龍》的刊刻亦趨活躍,見之於著錄的各種版本就有 60 種之多,留下的可觀序跋就有 13 篇。

明代評注《文心雕龍》當首推楊慎。

楊慎(1488-1559)字用修,號升庵,新都(今四川新都)人。正德六年(1511 年)狀元,授翰林修撰。嘉靖時,兩次上議大禮疏,兩遭廷杖,斃而復甦。謫戍雲南永昌,投荒多暇,書無所不覽,學問該博,凡宇宙名物,經史百家,下至稗官小說,醫卜技能、草木蟲魚靡不究心多識。他著述宏富,其論古考證之作,範圍很廣,批點《文心雕龍》便是其中之一。

楊慎對《文心雕龍》全書作了批點,既有總批,又有分批,特別是他創造了用不同的五色和特定的符號,揭示《文心雕龍》的精意以及對人名、地名的注解,這對於後來的注釋者有很大的影響和啟發。關於批點,他在《與張禺山書》中有說明:

> 批點《文心雕龍》,頗謂得劉舍人精意。此本亦古有一二誤
> 字,已正之。

---

1 王更生:《文心雕龍研究》,文史哲出版社 1979 年出版,第 165 頁。

其用色或紅、或黃、或綠、或青、或白，自爲一例，正不必說破；說破又宋人矣。蓋立意一定時，有出入者是乖其例。人名用斜角，地名用長圈。然亦有不然者，如董狐對司馬，有苗對無棣，雖系人名、地名，而儷偶之切又當用青筆圈之，此豈區區宋人之所能盡？高明必契鄙言矣。

從以上楊升庵自己的說明和楊升庵批點的實際情況看，我們雖然不能稱它爲《文心雕龍》注本，但它全書有校、有批、有注（除評點中含有注釋的內容之外，更多的是以特定的符號語言表述），因而說它是明代《文心雕龍》注釋的前驅代表是不過分的。劉勰在《文心雕龍·論說》中就把注釋看成是論說的散體。他說：「若夫注釋爲詞，解散論體，雜文雖異，總會是同。」在〈指瑕〉又提到：「若夫注釋爲書，所以明正事理。」所以注釋之詞在於說明、辨正事理，文字的訓詁也是爲「事理」「明正」效力的。楊慎對《文心雕龍》的點評與創造特有的符號也都有釋義釋名明正事理方便初學的作用，它對後來《文心》注釋的影響，我們可以在明代《文心雕龍》校注雙璧《文心雕龍訓故》和《文心雕龍音注》中看到。

## 二、《文心雕龍訓故》為《文心雕龍》注釋奠定了基礎

今傳《文心雕龍》注釋本首推明王惟儉的《文心雕龍訓故》。

王惟儉字損仲，祥符人，萬曆乙未（1595 年）進士，曆兵部職方主事，坐事劓籍歸家，賦閑二十年。光宗立（1620 年）累官工部右侍郎，魏忠賢黨劾之，再次落職閒居。錢謙益與他「定交長安，過從甚數」，說他：「敏而好學，通籍六載，御批罷官。終神宗之世，二十年不起，以其間盡讀經史百家之書，修辭汲古，於斯世泊如也。好古書畫器物，不惜典衣舉息，家藏饕餮周鼎、夔龍夏彝，皆一時名寶。……爲人疏通軒豁，口多微詞，評隲藝文，排擊道學，

機鋒側出，人不能堪。」[2]《明史》本傳亦謂：「萬曆天啟間世所稱博物君子，惟儉與董其昌並，而嘉興李日華亞之。」張同德在〈合刻訓注文心雕龍、史通序〉中也說：「損仲慕古好奇，於學無所不窺。」所以王惟儉確是一個通達事理的「通人」。王惟儉著作除《文心雕龍訓故》和《史通訓故》外還撰有《宋史記》二百五十卷和《王損仲史抄》十三卷；康熙《開封府志》還有《王惟儉全集》的著錄。

王惟儉《文心雕龍訓故》世所罕見，明清公私書目僅《五萬卷閣書目記》著錄。與王惟儉相去不遠的清初詩人王士禎，因慕《雕龍》、《史通》「二訓故援據甚博」，「訪求二十餘年始得之」[3]。其傳本之少可見一斑。據已知資訊，今尚存的《文心雕龍訓故》有五本，分藏北京圖書館（現改名國家圖書館）、中國人民大學圖書館、上海圖書館、山東省圖書館、日本京都大學文學部。京都大學藏本已收入由中國文心雕龍學會張少康教授主編、由學苑出版社於2004年出版的《文心雕龍資料叢書》。

關於以上數種現存本，臺灣王更生教授和鎮江圖書館彭荷成女士都有專文介紹[4]，於此不贅。從實物考察，根據行數、字數和款式的不同，王惟儉《文心雕龍訓故》北京圖書館藏本同中國人民大學、上海圖書館相同；而山東圖書館藏本則與京都大學文學部相同。可見《訓故》至少有兩刻，孰先孰後？《中國古籍善本書目》將北京、上海藏的三本斷爲萬曆三十九年（1611年）自刻本，而山東、京都藏本究竟刻于何時，尚難斷定。不過，日本已故《文心》學家戶田浩曉教授在其《文心雕龍研究史》第二章中說：「正如書名（按：指《文心雕龍訓故》）所表示的，這是一部『討求故實』（凡例）

---

2 錢謙益：《歷朝詩集小傳》丁集下，上海古籍出版社1983年版第639頁。
3 楊明照：《文心雕龍校注拾遺》，上海古籍出版社1982年版第768頁。
4 參見王更生〈日藏明王惟儉《文心雕龍訓故》之考察〉、彭荷成〈存世最早的《文心雕龍》注本《文心雕龍訓故》研究〉。

的著作，友人王毓華的跋說：『損仲自丁未（按：萬曆三十五年，即 1607 年）冬臥病，久之未已。然猶不釋卷也。客秋疏是書，三月告竣。』」「又王惟儉在〈史通訓故序〉中說；『余既注《文心雕龍》畢，因念黃太史公（浩曰：黃庭堅）有云，論文則《文心雕龍》，評史則《史通》，二書不可不觀，實有益於後學。復欲取《史通》注之。中牟張林宗（浩曰：名允享，字孔嘉）年兄，以江右郭氏《史通評釋》相示，讀之與余意多不合，乃以向注《文心》之例注焉。歷八月訖功。」[5]由此可見，《文心雕龍訓故》實完成於萬曆三十六～三十七年（戊申-乙酉）冬春之際，而《史通訓故》則完成於萬曆三十七年。《文心雕龍訓故》和《史通訓故》的合刻本梓印在萬曆三十九年是沒有疑問的，因爲有署「萬曆辛亥四月之吉祥符張同德昭甫氏題」的〈合刻訓注文心雕龍史通序〉爲證。而王惟儉自撰的〈文心雕龍訓故序〉則寫于「萬曆己酉夏日」，其〈跋〉和〈附識〉則明署「六月二十三日」，正與其「己酉夏日」相對應。是否《文心雕龍訓故》在合刻本之前先付刻過？現尚無資料可供確斷。但有一點是肯定的：王惟儉的《文心雕龍訓故》完成時間要比梅慶生的《文心雕龍音注》早半年多，這是不容置疑的。

　　〈文心雕龍訓故序〉和凡例六條，王惟儉闡述了《訓故》的撰寫指導思想、原則、重點和方法。他以爲把握「綴文之術」「稟先民之矩」正是「彥和《文心雕龍》之所繇作」，但此書「引證之奇，等絳老之甲子，兼之字畫之誤，甚晉史之己亥」，因而他把「討求故實」作爲是書注釋的重點，把「庶暢厥旨，用啓童蒙」作爲撰述《訓故》的目的。所以《訓故》對「奧語偉字」、「世所共曉」者則「姑不置論」、「無勞訓什」。同時在方法上力求簡明、力避重

---

5 戶田浩曉：《文心雕龍研究》，曹旭譯，上海古籍出版社 1992 年版第 23 頁。

複。基於這樣的指導思想，所以在對「評諸文之體，事溢於詞」的上卷訓釋就繁，對「詳撰述之規，詞溢於事」的下卷就簡了。

王惟儉撰述《訓故》是以嚴肅認真的態度對待的。他不僅「反覆斯書，聿考本傳」，而且在校字上「是書凡借數本」，進行比勘再三斟酌而定，沒有把握的就存疑「以俟善本未敢臆改」的。

王惟儉《文心雕龍訓故》的成就在校字方面他自稱「凡校九百一字，標疑七十四處」。但筆者根據今傳實物統計則是校字 946 字，標疑 98 處 141 字，同時還有注明「一作某」11 處 16 字，「此句疑誤」2 句，注釋共計 866 條。全書各篇的校字、標疑和注釋見下表：

| 篇名 | 校字 | 標疑 | 注釋 | 篇名 | 校字 | 標疑 | 注釋 |
|---|---|---|---|---|---|---|---|
| 原道 | 1 | 4 字（二處） | 9 | 神思 | 5 | 1 字（一處） | 11 |
| 徵聖 | 1 | 1 字（一處） | 10 | 體性 | 0 | 2 字(二處) | 0 |
| 宗經 | 144 | 0 | 13 | 風骨 | 2 | 3 字（三處） | 3 |
| 正緯 | 5 | 0 | 20 | 通變 | 4 | 1 字（一處） | 4 |
| 辨騷 | 9 | 0 | 21 | 定勢 | 4 | 8 字（一處） | 2 |
| 明詩 | 0 | 6 字（二處） | 36 | 情采 | 5 | 1 字（一處） | 4 |
| 樂府 | 6 | 1 字 | 36 | 鎔裁 | 9 | 0 | 3 |
| 詮賦 | 8 | 4 字（三處） | 14 | 聲律 | 21 | 9 字(四處) | 2 |
| 頌贊 | 9 | 4 字（三處） | 28 | 章句 | 3 | 3 字（三處） | 3 |
| 祝盟 | 13 | 2 字（二處） | 29 | 麗辭 | 3 | 6 字（三處） | 11 |
| 銘箴 | 13 | 3 字（三處） | 19 | 比興 | 15 | 3 字（三處） | 4 |
| 誄碑 | 5 | 3 字（二處） | 19 | 誇飾 | 7 | 2 字（一處） | 7 |
| 哀弔 | 9 | 3 字（二處），「疑誤」一句 | 21 | 事類 | 8 | 3 字（三處） | 15 |
| 雜文 | 11 | 2 字（一處） | 15 | 練字 | 13 | 0 | 9 |
| 諧讔 | 11 | 3 字（三處） | 21 | 隱秀 | 1 | 0，「以下有誤」一句 | 0 |
| 史傳 | 17 | 9 字（六處），「一作」1 字 | 35 | 指瑕 | 5 | 4 字（一處） | 10 |
| 諸子 | 14 | 6 字（三處） | 38 | 養氣 | 8 | 0，「一作」4 字三處 | 6 |
| 論說 | 14 | 2 字（一處） | 48 | 附會 | 26 | 0 | 3 |
| 詔策 | 7 | 4 字（三處） | 33 | 總術 | 5 | 3 字三處，「一作」二字一處 | 3 |

| | | | | | | | |
|---|---|---|---|---|---|---|---|
| 檄移 | 5 | 4字（四處） | 12 | 時序 | 8 | 5字（四處），「一作」2字 | 75 |
| 封禪 | 6 | 4字（四處） | 15 | 物色 | 2 | 0 | 2 |
| 章表 | 9 | 2字（二處） | 17 | 才略 | 15 | 8字六處，「一作」1字 | 34 |
| 奏啓 | 13 | 3字（二處），「一作」2字（二處） | 28 | 知音 | 5 | 2字（二處） | 15 |
| 議對 | 14 | 5字（四處） | 24 | 程器 | 10 | 0 | 25 |
| 書記 | 31 | 1字（一處），「一作」1字 | 35 | 序志 | 344 | 1字一處，「一作」3字 | 7 |

　　劉勰《文心雕龍·論說》把注釋作爲論的散體，他否定秦延君注《堯典》和朱普之解《尙書》的煩瑣，而肯定「毛公之訓《詩》，安國之傳《書》，鄭君之釋《禮》，王弼之解《易》」的「要約明暢」，並將這四家注解推爲範式。應該說，王惟儉之《文心雕龍訓故》基本上是遵循了劉勰提出的注釋要求的。正因爲此，它成了黃叔琳《輯注》的基礎，被《輯注》大量移植，足見其價值和影響。《訓故》是王惟儉獨立完成的作品，但從其卷末跋、識提到「滇本」和「林宗本」看，他也可能參校過楊升庵批點本。

　　末了，還值得一提的是：王惟儉在《訓故》的自序中把《劉子新論》肯定爲劉勰的另一著作。儘管他認爲：「（《文心雕龍》）持論深刻，摛詞藻繪，凡所撰著必將含屈吐宋，凌顏蹈謝」，「而《新論》一書類儒士之書抄，多老生之常譚」，但這是因爲「匪知之難，惟行之難」所致。當然，對《劉子》的文采問題見仁見智，明蔣以化說「《劉子》咀英吐華」，清謹軒認爲「其文雋采警拔，殆齊梁之挺秀也」，曹學佺在《文心雕龍序》中也認爲《劉子》「其于文辭燦然可觀，晁公武以淺俗譏之，亦不好文之一證矣」。不管怎樣，以好古博學著稱的王惟儉不以語言風格的差異而否定《文心雕龍》和《劉子新論》同出於劉勰一人之手，是值得我們重視的。

## 三、《文心雕龍音注》集明代諸家校注成果

梅慶生《文心雕龍音注》，據楊明照〈《文心雕龍》版本經眼錄〉，有萬曆己酉音注本（初刻本）、萬曆壬子復校本、凌雲五色套印本、姜午生覆刻本、天啓校定本、天啓二年校定後重修本、陳長卿覆刻天啓二年校定本、陳長卿覆刻重修本。初刻本卷首有許延祖楷書署「萬曆己酉嘉平月江甯顧起元撰於嬾真堂」的序。「萬曆己酉嘉平月」即萬曆三十七年（1609 年）十二月。由此可知：《音注》成書比《訓故》約晚半年多。

梅慶生《音注》內容包括：「音注」（例：「音某」、「平聲」、「去聲」等），「字注」（例：「一作某」、「某云當作某」等），「名注」（人名、地名、書名等等），「校字」（改訛、補脫、刪衍），「批評」（另批、總批），注釋（篇後列目注解）。據筆者對《音注》全書的統計，全書音注 184 字；字注 72 字；名注 691 條；校字 356 字（其中改正 295 字，補脫 54 字，刪衍 7 字）；注釋 293 條；批評 20 條（另批 13 條，總批 7 條）。上述各項分佈諸篇的情況如下表：

| 篇名 | 音注 | 字注 | 名注 | 校字 | 注釋 | 批評 | 篇名 | 音注 | 字注 | 名注 | 校字 | 注釋 | 批評 |
|---|---|---|---|---|---|---|---|---|---|---|---|---|---|
| 原道 | 8 | 1 | 2 | 2（改） | 5 | | 神思 | 2 | 1 | 9 | 4（改） | 4 | |
| 徵聖 | 5 | 1 | 2 | 7（改2補5） | 5 | 1 | 體性 | 5 | 0 | 14 | 0 | 0 | |
| 宗經 | 6 | 1 | 1 | 21（改5補16） | 17 | | 風骨 | 8 | 1 | 2 | 2（改） | 3 | 4 |
| 正緯 | 6 | 0 | 13 | 2（改） | 6 | | 通變 | 3 | 2 | 8 | 6（改） | 2 | • |
| 辨騷 | 12 | 1 | 20 | 10（改） | 13 | 1 | 定勢 | 0 | 1 | 0 | 4（改） | 1 | |
| 明詩 | 2 | 2 | 33 | 3（改） | 11 | 1 | 情采 | 3 | 1 | 2 | 1（改） | 1 | 3 |
| 樂府 | 5 | 1 | 22 | 5（改） | 26 | | 鎔裁 | 3 | 1 | 1 | 2（改） | 0 | |
| 詮賦 | 0 | 4 | 27 | 9（改8補1） | 4 | | 聲律 | 6 | 6 | 3 | 7（改5補2） | 2 | |
| 頌贊 | 0 | 3 | 25 | 9（改8補1） | 7 | | 章句 | 3 | 2 | 3 | 6（改） | 2 | |
| 祝盟 | 8 | 0 | 6 | 8（改7補1） | 17 | | 麗辭 | 2 | 1 | 13 | 5（改4補1） | 4 | |

| | | | | | | | | | | | | | |
|---|---|---|---|---|---|---|---|---|---|---|---|---|---|
| 銘箴 | 3 | 0 | 24 | 9（改） | 10 | | 比興 | 9 | 1 | 15 | 7（改） | 5 | |
| 誄碑 | 8 | 3 | 23 | 9（改） | 6 | | 誇飾 | 0 | 5 | 4 | 7（改6補1） | 6 | |
| 哀弔 | 3 | 2 | 7 | 12（改） | 3 | | 事類 | 2 | 2 | 21 | 4（改） | 6 | 1 |
| 雜文 | 1 | 2 | 8 | 5（改） | 4 | | 練字 | 3 | 0 | 6 | 8（改） | 4 | |
| 諧讔 | 5 | 1 | 16 | 8（改） | 14 | | 隱秀 | 1 | 1 | 0 | 6（改） | 0 | 3（朱、謝、李） |
| 史傳 | 9 | 2 | 31 | 28（改13補11刪4） | 9 | | 指瑕 | 1 | 1 | 4 | 4（改3補1） | 2 | |
| 諸子 | 4 | 0 | 38 | 9（改7補2） | 4 | | 養氣 | 1 | 0 | 1 | 1（改） | 2 | |
| 論說 | 10 | 2 | 35 | 18（改16補2） | 1 | 1 | 附會 | 8 | 0 | 1 | 1（改） | 2 | 2 |
| 詔策 | 5 | 1 | 14 | 15（改14補1） | 11 | | 總術 | 4 | 1 | 0 | 10（改） | 0 | |
| 檄移 | 3 | 0 | 8 | 10（改8補2） | 11 | | 時序 | 0 | 4 | 95 | 14（改） | 12 | |
| 封禪 | 1 | 0 | 14 | 6（改4補2） | 3 | | 物色 | 5 | 0 | 2 | 1（改） | 0 | |
| 章表 | 1 | 1 | 10 | 7（改5補2） | 6 | | 才略 | 6 | 6 | 28 | 6（改） | 3 | |
| 奏啓 | 0 | 0 | 16 | 9（改8補1） | 4 | | 知音 | 1 | 0 | 11 | 0 | 7 | |
| 議對 | 0 | 1 | 19 | 8（改） | 17 | 1 | 程器 | 1 | 0 | 9 | 3（改） | 1 | |
| 書記 | 4 | 0 | 23 | 12（改8補1刪3） | 14 | 2 | 序志 | 0 | 5 | 3 | 6（改5補1） | 0 | |

　　梅慶生《文心雕龍音注》是一部集體校注的校注本，它集中了自楊慎以下、特別是萬曆、天啓年間幾十位著意于《文心雕龍》校注家的長期積累成果，其中特別關鍵的人物就有楊慎、朱鬱儀、徐興公、曹學佺和謝兆申。當然，梅慶生自己，也是「既擷東莞之華，復賞博南之鑒，手自較讎，博稽精考，補遺刊衍，汰彼殽譌」[6]，前後十餘年不斷修訂，多次刊刻。正如近人傅增湘所言：「取諸家校本，彙集而刊傳之，雖校訂未必悉當，然考證之功，亦云勤矣。」[7]

　　根據其音注凡例第一條和第二條的說明，「楊用修間有批評，一篇之上，或總批或另批，今總批附本篇之末，另批則入本段之中，用雙行小字，以便觀者」，「其人名原用斜角，地名元用長圓，今人名地名已爲注釋，二法無所用」。《音注》本對楊慎批評無論總批或另批皆悉數襲錄，對其人名地名則棄其符號改爲注釋。上面表

---

6 顧起元《序》。
7 傅增湘《徐興公校文心雕龍跋》

中批評部分除 2 條爲他人之外，其他全是楊慎的，名詞簡注 691 條也是絕大多數據楊慎的符號轉換成文字名注。所以《音注》實際是以楊慎批點本作爲基礎再集中諸家校勘成果的，故其讎校姓氏中首列楊慎。

　　第二位是朱謀。朱氏字鬱儀，封鎮國中尉。他貫穿經史，博覽群籍，辨證古今，傾倒腹笥，著述甚豐，有《易象通》、《詩故》、《春秋載記》、《魯論箋》與他書百十有二卷，皆手自繕寫。及疾革，猶與諸子說《易》。他對於《文心雕龍》也情有獨鐘，自述：「往余弱冠，日抄雕龍諷味，不舍晝夜。恒苦舊無善本，傳寫譌漏，遂注意校讎。往來三十餘年，參考《御覽》、《玉海》諸籍，另據目力所及，補改正三百二十餘字。」「萬曆乙卯夏，海虞許子洽于錢功甫萬卷樓檢得宋刻」，錄得《隱秀》脫文數百字[8]。朱郁儀「慨文章之道日猥」，完全出於公心，將自己數十年校勘成果或直接，或通過謝兆申、徐興公，都轉給梅慶生付梓，這是《音注》本極重要的來源。

　　第三位是徐。徐氏字惟起，更字興公，福建閩縣人。博聞多識，工文。善草隸詩歌，萬曆間與曹學佺狎主閩中詩壇，嗜古學，積書數萬卷，著《筆精》、《榕陰新檢》、《閩南唐雅》等書，以博洽稱于時，與錢牧齋交遊，約以暇日，至搜所藏書，討求放失。曹能始聞之，欣然願與同事。徐興公先人舊藏已經校讎的《文心雕龍》，興公少學操觚時取披閱，每有綴辭，采爲筌餌，積有年歲，非同好者，不出相示。諸處刻本脫《序志》篇，乃抄《廣文選》以補。又從薛晦叔家獲觀其叔父從滇南得歸之楊升庵批點抄本，並借歸依其批點。辛醜之冬攜入樵川爲謝伯元借出讎校達七年始歸，復反復諷

---

8 朱郁儀《萬曆癸巳跋》

誦，又校出脫誤若干，校之至再至三。游豫章訪朱郁儀，鬱儀出校本相示，復獲朱圖南家藏本，再與鬱儀重校，凡有見解，鬱儀一一爲之細書；後又得朱孝穆補《隱秀》脫文。徐興公多年校讎所得，亦歸之梅子庚付梓，故梅慶生亦列其姓名於前。

　　第四是曹學佺。曹學佺，字能始，號石倉，福建侯官人，萬曆進士。天啓間官廣西參議，爲著《野史紀略》事，遭彈劾削籍。唐王時官至禮部尚書，明亡殉節投繯死。能始具勝情，愛名山水，著述頗豐，《海內名勝志》、《十二代詩選》皆盛行於世。欲修儒藏，採擷四庫之書十有餘年。爲詩以清麗爲主，萬曆間與徐興公狎主閩中詩壇。能始嘗評《文心雕龍》，並以青州本與《音注》乙酉本對校，箋其大指，對《音注》本作出補充，梅子庚亦列於讎校姓氏之前。

　　第五是謝兆申。謝兆申，字泊元，號耳伯，又號太弋山樵，福建建甯人，萬曆貢生。爲文謇棘幽晦，喜交異人，購異書，所藏五六萬卷，客死麻城。有《耳伯詩文集》。謝兆申是梅慶生《音注》得以成功的台柱人物。由於他交遊廣泛，同萬曆間實際存莊的以《文心雕龍》校勘和研究多達數十人的文人群體多有聯繫。他不僅同梅慶生結爲兒女親家（後不知何故聘而不娶，但未影響學術交情），同朱郁儀、徐興公、曹學佺、錢謙益、焦竑、葉循甫、李孔章以及《音注》本中所列參校名單中的許多人都有交往和交情。所以謝兆申對於梅慶生《音注》，不僅直接負責刊梓，而且在資料來源上起了穿針引線、彙聚諸家成果的中心作用。而謝兆申自已也孜孜以求，他在萬曆三十七年《音注》初刻時寫的序中云：「始徐興公得是批點本（按：楊慎批點本）示予，予因取他刻數種復正之。比到豫章，以示朱鬱儀氏、李孔章氏，彼各有所正，而鬱儀氏加詳矣。然僞缺尚亦有之。今歲，焦太史讀予是本，以爲善也當梓。而會梅子庚慨

文章之道日猥，盍以是書爲程爲則，乃肆爲訂補音注。使彥和之書
頓成佳本，彥和有知，當驚知己于曠代矣……。」可惜此序夾在亂
書中未曾與乙酉初刻本一起刊出，十四年後，即天啓二年才被梅慶
生發現，特加跋一起在重修本中刊出。其跋云：「此謝耳伯己酉年
初刻是書時作也，未嘗出以示予。其研討之功，實十倍予。距今一
十四載，予復改補七百餘字，乃無日不思我耳伯。六月間偶從亂書
堆中得耳伯《雕龍》舊本，內忽見是稿，豈非精神感通乃爾耶！令
予悲喜交集者累日夕。因手書付梓，用以少慰云。」這也足見謝耳
伯在梅慶生心中的地位與他們感情的深厚。

　　《音注》全書校字共計改、補、刪 356 字，依「凡例」標明有
18 家，所校字數如下表（以校字多少爲序）：

| 序號 | 姓名 | 校字 | 序號 | 姓名 | 校字 |
|---|---|---|---|---|---|
| 1 | 梅慶生 | 185 | 10 | 柳應芳 | 3 |
| 2 | 朱鬱儀 | 59 | 11 | 張僑度 | 3 |
| 3 | 謝兆申 | 20 | 12 | 許無念 | 2 |
| 4 | 曹學佺 | 20 | 13 | 欽叔陽 | 2 |
| 5 | 孫汝澄 | 19 | 14 | 喬孟和 | 2 |
| 6 | 許天敘 | 13 | 15 | 胡孝轅 | 2 |
| 7 | 楊慎 | 10 | 16 | 龔仲和 | 2 |
| 8 | 王一言 | 9 | 17 | 王青蓮 | 1 |
| 9 | 王性凝 | 3 | 18 | 葉循父 | 1 |

　　梅慶生《音注》列在首頁的「《文心雕龍》讎校姓氏」有 10
位，「音注讎校姓氏」有 22 位，合計有 32 位，而梅慶生自己尚不
在內。由此可見：梅氏《文心雕龍音注》是有明一代諸多《文心雕
龍》研究者共同耕耘的成果，是集體的創作，這同王惟儉的《文心
雕龍訓故》是不同的，後者乃由王惟儉獨立完成。《音注》的主要
成就在文本校勘，注釋則相對遜色，不僅注釋少、欠全面，而且多

不合「明暢要約」的原則，不少注釋條文繁雜而冗長，如練字篇「保章氏掌教六書」一條，注文即達 1428 字，這就比《訓故》差多了。但《音注》也自有《訓故》所不及者。梅慶生數十年孜孜以求，不斷吸收、充實、修訂、翻刻，使《文心雕龍》文本不斷得到完善，所以《音注》與《訓故》同為明代《文心》雙璧，而《音注》的影響遠比《訓故》大得多！

## 四、《文心雕龍輯注》集校注之大成，為近現代《文心》學的形成與發展創造了條件

《文心雕龍輯注》是在清代考據風氣盛行的環境裏產生的，它充分地吸收了前人的校勘、注釋成果，特別是《文心雕龍音注》和《文心雕龍訓故》的成果，博真求實，擇善而從，刊誤正訛，集其大成，因而成為清代以後最為通行、影響最大的一個版本。

《輯注》也是一個集體的創作。主編黃叔琳（1672-1756），字昆圃，本為歙縣程氏子，因其父幼孤，為母舅大興黃爾悟收養，遂改姓黃，並改籍為大興人。康熙進士，授編修，累官詹事，加侍郎銜。嘗以文學政事，受知康熙、雍正、乾隆三朝，當代推為巨儒，世稱「北平先生」。勤讀好學，博聞強記，筆記盈篋，著作頗豐。有《硯北易抄》、《詩經統說》、《夏小正傳注》、《史通訓故補注》、《文心雕龍節抄》、《文心雕龍輯注》等等。

黃叔琳雅愛《文心雕龍》，先有《文心雕龍節抄》，後又感梅氏《音注》之疏通證明「什僅四三，略而弗詳」，並且「相沿既久，別風淮雨往往有之」，所以決心「承子庚之綿蕝，旁稽博考，益以友朋見聞，兼用諸本比對，正其字句」，遂作此書。按原刻養素堂本，各卷卷首均載有參訂者姓名，每卷二人，全書共 20 人。在 20 个參訂者中，《輯注》「例言」還特別提到顧尊光、金雨叔、陳祖

范、張澤珹、王永琪、張奕樞等人。

《輯注》之作始于雍正九年（1731 年夏），刻於乾隆六年（1741年），歷十載有餘。初刻爲養素堂本，嗣後翻刻較多。卷前有黃叔琳乾隆三年秋月撰的序，有梅慶生「原校姓氏」，但增加了梅慶生、王惟儉二人，還有「例言」、目錄，卷末有姚培謙乾隆六年跋。姚跋云：「此書向乏佳刻，少宰北平先生因舊注之闕略，爲之補輯，穿穴百家，剪裁一手。既博且精，誠足以爲功於前哲，嘉惠於來茲矣。」而紀昀則於《輯注》批云：「此書校本，實出先生，其注及評，則先生某甲所爲。先生時爲山東布政使，案牘紛繁，未暇徧閱，遂以付姚平山，晚年悔之，舊已不可及矣。」又云：「此注不出先生手，舊人皆知之。」[9]從筆者以《輯注》同《音注》、《訓故》核對的結果看，《輯注》在文字校勘方面確是以《音注》爲底本，而注釋方面則主要以《訓故》爲基礎兼收《音注》部分注文。梅慶生《音注》的校改文字和字注的大部分基本都被承襲，但由梅慶生校改的文字，《音注》都加□，而且「凡例」中申明：「一篇中於改補字外用一□圈之，且注元脫、元誤並元改姓字於下，如無姓字即爲愚所正者」。《輯注》襲用《音注》校字成果一律去□，對元校姓字下標名，但對校改字數最多的梅慶生，去□之後卻不加標注姓字，這就模糊不清了。

在注釋方面，《輯注》全書注文共 1476 條，《訓故》共有 866條，《音注》共有 293 條。細考三本注文關係，我們發現：《輯注》直接與《訓故》關連者有 850 條；與《音注》關連者有 242 條。其中或原文移錄，或合二而一，或一分爲二、爲三、……爲九，或加刪節、補充等，加以襲用。尤其襲用《訓故》注文更多。下面是三

---

9　《文心雕龍輯注》芸香堂本卷首。

本注文關連的統計：

| 篇名 | 《訓故》注文數 | 《音注》注文數 | 《輯注》注文數 | 涉《訓故》 | 涉《音注》 | 篇名 | 《訓故》注文數 | 《音注》注文數 | 《輯注》注文數 | 涉《訓故》 | 涉《音注》 |
|---|---|---|---|---|---|---|---|---|---|---|---|
| 原道 | 9 | 5 | 27 | 8 | 2 | 神思 | 11 | 4 | 16 | 8 | 3 |
| 徵聖 | 10 | 5 | 17 | 9 | 4 | 體性 | 0 | 0 | 5 | 0 | 0 |
| 宗經 | 13 | 17 | 24 | 15 | 11 | 風骨 | 3 | 3 | 9 | 3 | 2 |
| 正緯 | 20 | 6 | 31 | 18 | 6 | 通變 | 4 | 2 | 12 | 4 | 2 |
| 辨騷 | 21 | 13 | 45 | 23 | 12 | 定勢 | 2 | 1 | 5 | 2 | 1 |
| 明詩 | 36 | 11 | 56 | 25 | 9 | 情采 | 4 | 2 | 17 | 4 | 1 |
| 樂府 | 36 | 26 | 45 | 28 | 24 | 鎔裁 | 3 | 0 | 6 | 3 | 0 |
| 詮賦 | 14 | 4 | 50 | 24 | 3 | 聲律 | 2 | 2 | 17 | 2 | 2 |
| 頌贊 | 28 | 7 | 32 | 26 | 7 | 章句 | 3 | 2 | 15 | 5 | 3 |
| 祝盟 | 29 | 17 | 37 | 29 | 14 | 麗辭 | 11 | 4 | 17 | 10 | 1 |
| 銘箴 | 36 | 10 | 40 | 36 | 9 | 比興 | 4 | 5 | 21 | 13 | 6 |
| 誄碑 | 19 | 6 | 23 | 19 | 3 | 誇飾 | 7 | 6 | 22 | 11 | 6 |
| 哀弔 | 16 | 3 | 24 | 16 | 4 | 事類 | 15 | 6 | 25 | 15 | 6 |
| 雜文 | 15 | 4 | 43 | 18 | 10 | 練字 | 9 | 4 | 17 | 10 | 4 |
| 諧讔 | 21 | 14 | 33 | 21 | 11 | 隱秀 | 0 | 0 | 7 | 0 | 0 |
| 史傳 | 35 | 9 | 59 | 36 | 4 | 指瑕 | 10 | 2 | 19 | 8 | 2 |
| 諸子 | 36 | 4 | 60 | 48 | 3 | 養氣 | 6 | 2 | 16 | 5 | 2 |
| 論說 | 48 | 1 | 55 | 40 | 1 | 附會 | 3 | 2 | 11 | 3 | 2 |
| 詔策 | 33 | 11 | 39 | 13 | 12 | 總術 | 3 | 0 | 10 | 3 | 0 |
| 檄移 | 12 | 11 | 28 | 14 | 7 | 時序 | 75 | 12 | 116 | 85 | 11 |
| 封禪 | 15 | 3 | 26 | 14 | 3 | 物色 | 2 | 0 | 21 | 13 | 0 |
| 章表 | 17 | 6 | 27 | 16 | 4 | 才略 | 34 | 3 | 47 | 29 | 3 |
| 奏啓 | 28 | 4 | 38 | 26 | 4 | 知音 | 15 | 7 | 20 | 13 | 7 |
| 議對 | 24 | 17 | 29 | 24 | 17 | 程器 | 25 | 1 | 29 | 25 | 1 |
| 書記 | 35 | 14 | 75 | 37 | 14 | 序志 | 7 | 0 | 13 | 8 | 0 |

　　上表統計表明：《輯注》注文大部分參襲《訓故》和《音注》，特別是《訓故》，相當部分注文是原文移植的。正因如此，輯注者又未明確說明，難免引起後人非議：「清黃叔琳《文心雕龍輯注》的注解部分，有很多是從這裏（按：指《訓故》）抄去的。黃叔琳序中只提到是在梅慶生《音注》本的基礎上加工的，而沒有提《文心雕

龍訓故》，只在原校姓氏上最後加了王惟儉的姓名，其實所謂『黃叔琳注』，有多少是黃氏或其門客注的呢？」[10]此言有理，但尚欠全面。因爲黃叔琳及其門客在輯注過程中，畢竟做了擇善而從、補充史實、增加詞語詮釋等諸多工作。《輯注》不僅把《訓故》、《音注》的成果有選擇地繼承下來，而且旁收馮舒、何焯等諸家成果，所以後出轉精，無論體例、內容、文字都比前人進步，仍不失爲清人集大成之作。也正因爲如此，《輯注》才廣泛流傳，李詳、范文瀾、楊明照、李曰剛以及諸多時賢，莫不以它作爲研究的出發點，所以它成了近現代《文心雕龍》學形成和發展的基礎。由此也證明：一門新學科的創立和發展，絕不是無源之水，無根之木，它是依靠群體的共同努力，先是漸進的積累，然後在特定條件下，經「通人」的集成、總結、創新，把學科建設推向一個又一個的高峰，從而使一門學科獲得不斷發展，益臻成熟。

---

10　詹鍈：《文心雕龍義證》，上海古籍出版社 1989 年版第 21 頁。

# 當代龍學研究略攷
## —— 從「索引」到「思辨」再到「創新」

日本　福岡國際大學

海村惟一

　　關於「龍學」即「《文心雕龍》學」之慣稱的説法，見於張文勛〈《文心雕龍》研究的過去、現在和未來〉一文：「《文心雕龍》研究，現在已成爲一門具有世界意義的學問，是和歷代文人學者的研究分不開。而經過近百年間，尤其是本世紀四十年代以來的研究，《文心雕龍》學（大家習慣稱之爲「龍學」），已成世界文化寶庫中的一顆明珠。」（2000）[1] 此文以括號的方式道出了大家習慣稱之（《文心雕龍》學）爲「龍學」。

　　其實，與此同時，美國學者林中明在〈從劉勰《文心》看八大山人的藝術、人格〉一文中引八大山人之詩來作結論，他說：「更希望借著《文心雕龍》這『大禪一粒粟，可吸（收融會天下各藝）四瀝水』。新一代的『龍學』學者，（有選擇性的）『東風不受吹，西風吹不就』，而在『吸盡西（方文藝科學的）江水（以後），（更能體會到）他（劉勰）能爲汝道。』」（2000）[2] 這裡，龍學便以引號的『龍學』方式登上了論壇。也許，2000 年是龍年的關係吧。

---

1　參照國立臺灣師範大學國文學系主編《文心雕龍國際學術研討會論文集》（文史哲出版社印行，2000）699 頁。
2　參照中國文心雕龍學會編《論劉勰及其文心雕龍》（學苑出版社，2000）591 頁。

　　我們再看看港臺學者黃維樑提交于「95《文心雕龍》國際學術研討會」的〈《文心雕龍》「六觀」說和文學作品的評析─兼談龍學未來的兩個方面〉一文，其曰：「作爲『龍的傳人』，龍學學者的一個研究方向，應該是用宏觀或微觀的方式，通過中西的比較，向西方學術界説明《文心雕龍》在世界文論史上的地位。」（1995）[3]

　　由此，我們可以知道對於西方學術界來説，《文心雕龍》的「龍」還可以與「龍的傳人」聯繫起來。就中國學術的顯學而言，我們知道《紅樓夢》之學已經成爲舉世聞名的「紅學」，此乃取其開頭之字而爲之；《文選》之學也已經成爲舉世聞名的「選學」，此乃取其結尾之字而爲之。

　　回顧「龍學」形成的過程，就有必要先看看二十世紀的《文心雕龍》研究狀況。[4]可以說夢南〈說「氣」〉的論文（1901）拉開了二十世紀《文心雕龍》研究的序幕，而范文瀾《文心雕龍講疏》的專著（1925）則可謂集二十世紀初《文心雕龍》研究之大成。縱觀東亞（中、日、韓、港、臺）百年《文心雕龍》之研究成果，就其間所發表論文的情況來看，便可從中悟出一些現當代「龍學」研究與時代的關係。這一百年所發表論文的統計的結果如下。

　　年間一篇論文也沒有發表的年度有：1901、1902、1903、1904、1905、1906、1908、1910、1912、1913、1914、1915、1916、1917、1918、1921、1930、1946 等十八個年度。

　　年間發表的論文不到十篇的年度有：1907、1907、1911、1919、1920、1922、1923、1924、1927、1928、1929、1931、1932、1933、1934、1935、1936、1937、1938、1939、1040、1941、1942、1943、

---

3 同 1，711 頁。
4 參照張少康‧汪春泓‧陳允鋒‧陶禮天《文心雕龍研究史》（北京大學出版社，2001）597 至 704 頁的〈二十世紀《文心雕龍》研究論著目錄〉。

1944、1947、1948、1949、1950、1951、1952、1953、1954、1955、
1956、1957、1965（共三篇，日本 1、韓國 1、臺灣 1 篇，中國皆無，
中國的這種皆無的狀況一直持續到 1973 年爲止）、1966 等三十八
個年度。

　　年間超過十篇論文的有：1925、1926（其中有一篇是日本鈴木
虎雄〈敦煌本文心雕龍校勘記〉，此篇可謂拉開了二十世紀日本《文
心雕龍》研究的序幕）、1946（其中有七篇是日本目加田誠所作的
〈文心雕龍譯註〉）、1958（其中有二篇是日本的，其一是斯波六
郎〈文心雕龍札記（四）正緯〉，其二是戶田浩曉〈關於岡白駒的
《文心雕龍》開版〉）、1959、1960、1964、1967、1968、1969、
1972、1973 等十二個年度。

　　年間發表的論文超過二十篇的年度有：1963、1974、1975、1976
等四個年度。

　　年間發表的論文超過三十篇的年度有： 1961、1977 等二個年
度。

　　年間發表的論文超過四十篇的年度有： 1978、1982、1993 等
三個年度。

　　年間發表的論文超過五十篇的年度有： 1994 等一個年度。

　　年間發表的論文超過六十篇的年度有：1979 等一個年度。

　　年間發表的論文超過七十篇的年度有：1990、1995 等二個年度。

　　年間發表的論文超過八十篇的年度有：1991、1998、1999 等三
個年度。

　　年間發表的論文超過九十篇的年度有：1962、1980、1981、1989、
1996 等五個年度。

　　年間發表的論文超過一百十篇的年度有：1987、1988、1997 等
三個年度。

年間發表的論文超過一百二十篇的年度有： 1984、1992 等二個年度。

年間發表的論文超過一百六十篇的年度有：2000 等一個年度。

年間發表的論文超過一百七十篇的年度有：1983、1985 等二個年度。

年間發表的論文超過一百八十篇的年度有：1986 等一個年度。

綜上統計的結果，年間超過六十篇論文的，即五個地區平均每月發表一篇的紀錄是從 1979 年開始的，這意味著文心雕龍的研究在 1979 年開始步入正常，主要是指中國大陸，因爲在文革期間（1966 至 1976）大陸的文心雕龍研究是一張白紙；年間超過一百二十篇論文的，則是從 1983 年開始的，這與大陸的中國文心雕龍學會於 1983 年成立不無關係，學會的成立促進了世界的文心雕龍研究向縱深發展，所以年間超過一百六十篇論文以上的 1983、1985、1986、2000 的四年，都是在學會成立之後。其實，「龍學」之稱的出現也是在中國文心雕龍學會成立之後的 1987 年。[5]

由此可以認爲，1983 年 8 月中國文心雕龍學會的成立告示著文心雕龍研究將成爲了世界學林之中的顯學。1983 年 9 月以王元化爲團長的中國文心雕龍考察團訪問日本，王元化以《文心雕龍》學爲外交方式，在東洋、京都、廣島、九州等七所日本的大學作了學術報告，並與日本《文心雕龍》研究者目加田誠、岡村繁、古田敬一、小島郊一、戶田浩曉、興膳宏等著名漢學家進行了廣泛深入研討，[6] 此舉已經成了中日文化交流史的「龍學」佳話，中日攜手共育《文心雕龍》學，使其成爲真正的世界學林之中的顯學，故至此《文心雕龍》學可名正言順地稱之爲龍學了。換言之，1983 年是「文心雕

---

5 同 4，652 頁。
6 參照胡曉明《跨過的歲月 —— 王元化畫傳》（上海文藝出版社，1999）142 頁。

龍研究」成爲龍學的紀年。但是，「當代」的年代劃分卻是一個難
題，各門學科都有獨特的劃分法，就龍學研究而言，筆者完全贊同
張少康·汪春泓·陳允鋒·陶禮天《文心雕龍研究史》（2001）的劃分
法，認爲其上限應該爲 1950 年，其理由將在第二節裏表述。當代的
第一期爲 1950 年至 1978 年，第二期爲 1979 年至 2002 年，第三期
從 2003 年開始。

　　順便提一下，冠以「文心雕龍研究史」的專著，以出版時間爲
序，有張文勛《文心雕龍研究史》（2001）、[7]以及剛才提及的張少
康等所著的《文心雕龍研究史》，前者較後者早三個月，兩者均出
自于大陸學者之手；前者論及港臺之龍學研究，而後者除了港臺之
外還網羅東亞、歐美之龍學研究，可謂各領風騷。兩者都給筆者很
大的啓發和幫助，先表示感謝。此文將把論攷的焦點聚在當代龍學
研究之上。

二

　　1950 年日本刊行了岡村繁以黃叔琳輯注紀昀評本爲底本而編
著的《文心雕龍索引》。[8]此書不僅將「索引」這一西方的的工具性
方法論引進龍學研究的領域，而且使其付之于實踐，故使得傳統的
龍學研究出現了嶄新的局面，[9]也使龍學研究從現代走進了當代。可
以說，「索引」拉開了當代龍學研究的序幕。兩年后，巴黎大學北
京漢學研究所出版了《文心雕龍新書通檢》。[10]

　　岡村繁並非盲目地把「索引」引進龍學研究的領域裏來，在《文

---

7　張文勛《文心雕龍研究史》（雲南大學出版社，2001）。
8　岡村繁《文心雕龍索引》（廣島大學漢文研究室，1950）。
9　「索引」又曰「引得」。按哈佛燕京學社引得編纂處編印《周易引得》敍例曰：「……
　　引得譯自英語 index，即索引之改譯；……引得在中國尙屬草創。」
10 王利器《文心雕龍新書通檢》（巴黎大學北京漢學研究所，1952）。

心雕龍索引》自序裏對此作了詳細的説明：[11]

> 大凡真「讀」古典者，可謂至難之技，特別對於年輕學者來
> 説，更是痛切之嘆。儘管如此，我們無論如何還得想出什麼
> 辦法，來克服這痛切之嘆；還得盡一切可能的手段，來傾耳
> 側聽微微流淌于古典行間的玲瓏透明之聲。如此的人類之經
> 營，假使有時儘管于虛幻空徒的摸索之中，也是不允許我們
> 恐懼如此結果而狐疑徘徊。一方面，罄澄心而凝思、眇衆慮
> 而為言的六朝文人在其作品中連綴着很多極爲精致的詞語。
> 另一方面，在時空相遙的彼此之間，要通過如此精致的詞語
> 來溝通我們的心靈，真是難不可及。爲了克服這難不可及，
> 我們就得一個字一個字去端審其義，再通詞意，從而領會其
> 文。

「索引」引進龍學研究之後，極大程度地幫助當代人真正地閱讀難
以理解的《文心雕龍》。因爲，「索引」使得當代讀者可以有意識
地「一個字一個字去端審其義，再通詞意，從而領會其文」，通過
精確的語言分析來溝通我們與《文心雕龍》的心靈交流，所以，筆
者認爲《文心雕龍索引》的出版拉開了當代龍學研究的序幕。《文
心雕龍索引》的出版可以說使《文心雕龍》基礎研究进入一個全新
的時代，即開闢了一條科學的的學術大道。其實，在經學研究領域
裏，已經證明了「索引」作爲「工具性方法論」的實用性、科學性。
日本龍學大家興膳宏對此的評價是：「岡村繁的《文心雕龍索引》
是在斯波六郎指導下取得的成果，其以黃叔琳輯注本爲底本，至今
仍是研究《文心雕龍》或六朝文學所不可缺的文獻。」[12]

---

11 此語係筆者所譯。
12 參閲楊明照主編《文心雕龍學總覽》（上海書店出版社，1995），47 頁，作者附
　　記曰：「本篇是以我在 1984 年的中日學者《文心雕龍》學術討論會上所報告的拙
　　稿〈日本對《文心雕龍》的接受和研究〉（彭恩華譯，《中華文史論叢》1985 年
　　第 2 輯）爲基礎，加以刪節補充而成。」

中國大陸最早言及《文心雕龍索引》的是 1984 年王元化在上海中日學者《文心雕龍》討論會上的總結發言。[13]最早介紹此書的是《文心雕龍學總覽》（1995）。[14]張少康・汪春泓・陳允鋒・陶禮天《文心雕龍研究史》（2001）引用了《文心雕龍學總覽》的介紹，這兩部專著都認爲「這本索引對促進《文心雕龍》的研究有很大的貢獻」。[15]

王元化在十八年之後又提及此事說道：「二戰後日本學者對我國古代文論的研究首推《文心雕龍》，研究涉及有版本、註釋、翻譯、索引等方面。岡村先生最初研究成果是《文心雕龍索引》，這部書與王利器《文心雕龍新書通檢》均在五十年代問世，成爲研究《文心雕龍》的重要的工具性著作。」[16]

綜上所述，《文心雕龍索引》的問世不僅拉開了當代龍學研究的序幕，而且「成爲研究《文心雕龍》的重要的工具性著作」，「對促進《文心雕龍》的研究有很大的貢獻」。

## 三

岡村繁的《文心雕龍索引》問世二十九年後，上海古籍出版社出版了王元化的《文心雕龍創作論》（1979）。此書「在全國首屆（1979-1989）比較文學圖書評獎活動中」，「與《管錐編》、《談藝錄》、《七綴集》、《中印文化關係史論集》等，同獲榮譽獎。」[17]1992 年，在此書重版時，「作者又作了較大的修訂，並改名爲《文心彫龍講疏》，取其既有講話，又有疏記之義。」[18]此書於 2004 年

13　參照王元化《文心雕龍講疏》（上海古籍出版社，1992）270 頁。
14　同 12，47 頁，207 頁，326 頁。
15　同 12，326 頁。同 4，311 頁。
16　參閱王元化主編《岡村繁全集》第一卷（上海古籍出版社，2002）〈王元化序〉。
17　同 4，382-383 頁。
18　參閱王元化《文心雕龍講疏》（廣西師範大學出版社，2004）〈出版說明〉。

由廣西師範大學出版社出版了該書的「定本」。[19]

從日本岡村繁的「索引」到中國大陸王元化的「講疏」，歷經 29 年，東亞「龍學」界究竟發生了什麼變化呢？

29 年前岡村繁把西方的工具性方法論引進了「龍學」界，在拉開了當代龍學研究的序幕的同時，也開啓了當代龍學研究第一期之門；29 年後王元化把西方的思辨性方法論引進了「龍學」界，即把黑格爾的思辨哲學以及美學引進「龍學」研究，以期揭示出文學創作的規律來，此書可謂開啓了當代龍學研究第二期之門。在大陸「龍學」界，「大家公認有很大影響的是王元化的《文心雕龍創作論》，該書對《文心》的內容有許多獨到的見解，例如劉勰的身世以及『心物交融說』、『擬容取心說』等，在研究方法上的中西比較研究，實證與闡釋的結合等方面，也開拓了新的領域，把《文心》研究引向深入」。[20]

關於引進西方的思辨性方法論來研究「龍學」的意圖，王元化在《文心雕龍講疏》自序裏作了詳細地說明：[21]

> 那時我正耽迷于黑格爾哲學的思辨魅力。五十年代中期，我把十幾本讀《小邏輯》的筆記簿帶回家中。此後，我又讀了黑格爾《哲學史講演錄》、《美學》。這三部書比黑格爾的其他著作給我更大的影響。幾年中，我把《小邏輯》讀了四遍，作過兩次筆記。黑格爾的《美學》，我也作過十分詳細的筆記。後來，我所發表的有關黑格爾美學思想的論文，包括《文心雕龍創作論》中的那幾篇附錄，都是從這些筆記中

---

19 同 18，王元化在此書的〈新版前言〉中說：「我把現在出版的這本書稱爲定本，只是將它和以前所出的各種本子比較而言。在已出的各本子中，它算是比較完滿的一個本子」。
20 同 12，21 頁。
21 同 13，2 頁。

抄錄出來的，幾乎沒有作過多少修改。當時關於德國哲學的局限性，談得較多的是那批迂腐學究喜歡建構無所不包的龐大體系的特殊癖好。我也持同樣看法。但是黑格爾哲學那強大而犀利的邏輯力量，卻使我為之傾倒。我覺得它似乎具有一種無堅不摧、可以掃蕩現象界一切迷霧而揭示其內在必然性的魔力。黑格爾哲學蘊含着一股清明剛毅的精神。一八一八年，黑格爾榮膺柏林大學講席，他在開講辭中說：「精神的偉大和力量是不可以低估和小視的。那隱閉着的宇宙本質自身並沒有力量足以抵抗求知的勇氣。對於勇毅的求知者它只能揭開它的秘密，將它的財富和奧妙公開給他，讓他享受。」這幾句話充分顯示了對理性和知識力量的信心。上述種種都加強了我認為文學規律可以被揭示出來的信念。

雖然「揭示文學創作的規律」成了王元化開始研究《文心雕龍》時的至上命題，但是，後來他對此進行了反思，他說：「我曾在書中援引章實齋『文成法立而無定格，無定之中有一定焉』的說法為借鑑。但是，這種戒心未能完全遏制探索規律的更強烈的興趣與願望。《文心雕龍創作論》初版在論述規律方面所存在的某些偏差，第二版中仍保存下來，直到在這新的一版裏，我才將它們刈除。但這只是刪削，而不是用今天的觀點去更替原來的觀點。」[22]

王元化在引進思辨性方法論的同時，還試行了一個新的方法，即「正文與附錄結合的體例」，舉其書中一章節為例而觀之，則如下：

釋《比興篇》擬容取心說
——關於意象：表象與概念的綜合

---

22 同 13，4 頁。

　　[附釋一]　「離方遁圓」補釋

　　[附釋二]　劉勰的譬喻說與歌德的意蘊說

　　[附釋三]　關於「由抽象上升到具體」的一點

　　[附釋四]　再釋《比興篇》擬容取心說

　　對此體例，作者解釋說：「我覺得與其勉強地追求融貫，以至流於比附，還不如採取案而不斷的辦法，把古今中外我認爲有關的論點，分別地在附錄中表述出來。」[23]正因爲如此，程千帆認爲：「王元化講我國古代文論中的風格，比別人講得都好，這是由於他對德國美學體會深。不是硬用黑格爾套劉彥和，或者反過來。」[24]錢仲聯認爲這一方法以及體例「雖然選擇的『只限于劉勰創作論八說所涉及的問題範圍之內』，但它給我們以科學研究我國古代文論的鑰匙。」[25]

　　總之，中國學界大致認爲：「王元化《文心雕龍創作論》，是本時期大陸出版的第一部研究《文心雕龍》文學理論的高水平學術專著」；[26]「該書自出版以來，不僅受到學術界高度地評價和讚譽，而且本書的學術內容，研究方法及其紮實嚴謹的學風，對新時期以來《文心雕龍》研究的繁榮興盛產生了非常特殊的重要作用。」[27]

　　2005 年初，此書作爲日譯本《王元化著作集》第一卷（岡村繁主編）由日本的汲古書院出版，在日本學術界也產生了很大的影響。

## 四

　　由《文心雕龍》（496-497）到《斌心雕龍》（2003），「文」與「武」之相通，竟花了一千五百多年。但是，最終還非得由美籍

---

23　同 13，314 頁。
24　同 18，379 頁。
25　同 18，376 頁。
26　同 4，370 頁。
27　同 4，383 頁。

華人的「黑馬式學者」[28]來完成這「相通」，所謂「文武之道，一
弛一張」。

　　《斌心雕龍》的作者林中明在〈斌心雕龍：從《孫武兵經》探
解文藝創作〉的後記裏說道：論文集後由中國・軍事科學出版社於
1999 年 11 月出版。……但書中篇名誤排〈斌心雕龍：從《孫武兵
經》看文藝創作〉爲《〈文心雕龍〉裏的兵略思想》，把「斌心」
擅自改爲「文心」；以及作者所在地誤書「中國・臺灣」，而不是
論文上註明的「美國・加州」。可見的「文武對立」已久，「文」
和「武」兩邊都不能真正做到「文武合一」，以至連專業編輯都犯
了「心眼不一」的錯誤。由此更可以瞭解這篇文章與「傳統」的「文
武對立之學」在觀念上有「顛覆性」和「根源性」之大不相同。而
這正是作者撰寫這篇文章以糾正和擴大今人和後之學者對中華文化
瞭解的重要原因之一。《孫子》說「知己知彼，百戰不殆」。我們
做學問也是應當如此，只是「說易行難」耳。[29]

　　筆者認爲林中明的《斌心雕龍》開啓了當代龍學研究第三期之
門。此書不僅做到「文武合一」，而且，把科學性方法論引進了「龍
學」研究，使「龍學」走出「研究」，開始通過「科學實驗」，合
「文武」以「雕龍」，即在研究的基礎之上進行研究者自身的創作。
這也許可以稱爲「後當代龍學現象」。

　　首先，我們從此書的整體構造來考察作者如何合「文武」以「雕
龍」，其目錄如下：[30]

　　一部異彩紛呈的著作 —— 林中明先生著《斌心雕龍》…張寄謙

---

28 參閱《斌心雕龍》（臺灣學生書局，2003）1 頁，張寄謙〈一部異彩紛呈的著作—
　林中明先生著《斌心彫龍》〉。
29 同 28，129 頁。
30 同 28，參閱「目錄」。

　　由上揭「目錄」可知，除了他序三篇、自序一篇以外，其「主
力部隊」兵分五路，由「文化傳承」、「斌心雕龍」、「文學的多
樣性」、「藝貴有格」、「文化源流和發揚創新」等組成，又各率
特種兵部隊會戰「雕龍」。我們從中可以到處窺視到「文」與「武」、
「人文」與「科技」、「情詩」與「幾何」、「禪理」與「管理」、
「懷古」與「創新」等對立矛盾群體的有機結合，真可謂史無前例
的「混合特種兵會戰」。對此，北京大學張寄謙教授認爲：「從人
類思維發展的角度來看，對立的，矛盾的兩者如果有機會結合，它
會產生特異的功能，迸發出瑰麗的奇朵。林中明先生的著作《斌心
雕龍》之所以能夠勝出，同樣是因具有這種兩相矛盾，對立雙方相
結合的因緣，是西方最前沿的學科之一電子學科與中國古老文化傳
統相撞擊而成的產物。」[31]

　　我們再看看林中明的「特種兵部隊」的作戰方式，以〈斌心雕
龍：從《孫武兵經》探解文藝創作〉一文爲例。此部作戰可謂「奇」，
「奇」就「奇」在其佈局之「奇」。此戰亦兵分五路，由「緣起」、
「文、藝創作裏的兵略運用的實例」、「短篇小說的要訣：集中攻
擊、節約兵力」、「諧讔，戲劇莫非兵也！」、「結語」等組成，
但是，在第一路兵「緣起」與第二路兵「文、藝創作裏的兵略運用
的實例」之間，佈下了「十七支傘兵」由空而降，配合地面部隊，
出奇制勝。「十七支傘兵」謂之「兵法文用？！」、「中國傳統文
化的特色」、「文藝源于遊戲，遊戲起于競生」、「宏觀同異」、

---

31 同 28。

「戰爭、藝術和科學的同異」、「微觀探解」、「《文心雕龍》裏的兵略思想」、「道和兵形象水」、「攻守」、「部陣，治眾」、「奇正」、「通變」、「勢」、「集中、精簡」、「果決」、「『節』的意指」、「附會可否？」。第二路兵由兩支「特攻隊」組成，謂之「中國書法的突破：東晉・衛夫人《七條筆陣出入斬砍圖》」、「作詩如用兵」。第三路兵謂之「短篇小說的要訣：集中攻擊、節約兵力」，率「特攻隊」三支，謂之「兵家高下」、「畫家高下」、「上乘散文：『善戰者無赫赫之功』，如水之就下，勝於無形」。第四路兵謂之「諧讔，戲劇莫非兵也！」，率五部精兵壓陣，以扇形收拾戰局。此五部精兵謂之「諧、讔」、「戲劇的字源」、「諷刺小說的殺傷力」、「佛經裏的兵法」、「文化與和平之展望」。第五路乃為統帥之部，謂之「結語」。此部作戰可謂出奇制勝，合「文武」以「雕龍」的「統帥部」的「勝利宣言」曰：[32]

> 21 世紀人類最大的戰場，不在沙灘，不在平原，不在海洋，不在沙漠，也不在太空，而是在各個人心中的「心靈戰場」。
>
> 21 世紀最偉大的「文明」，不是人口最多的「文明集體」，也不是只有最強大武器的「軍事聯盟」，而是擁有：能「如水之就下」，遠近悅服，以「不戰而屈人之兵」，產生最少廢熵（entropy）的文化。
>
> 21 世紀最勇敢的鬥士，不再是上山殺虎，下水斬蛟的力士，而是能制勝於千里之外的智士，和能戰勝寸心之內的「物欲」和「我執」的「任何人」（anybody）。12 世紀初，宋朝文武全材的全人 —— 岳飛，曾說：「文臣不愛錢，武臣不惜死，天下平矣」。今天，如果我們把「愛錢」和「惜死」換成「物

---

32 同 28，129 頁。

欲」和「我執」，岳武穆的名言，還是錚錚廻響，撞人心弦。現在我們即將渡過 20 世紀，希望今後的智士能人，「行有餘力，則以學文」。把兩千五百年前《孫子》的智略，從鬥力鬥兵，提升到「戲」「劇」上的佈局鬥鬥和文藝上的鬥智創意，以喜劇和美學的方式和心態，和平優雅而又愉快地進入 21 世紀。

這個「勝利宣言」，即結語，已經明明白白地向我們展現了林中明的合「文武」以「雕龍」，即在研究的基礎之上進行研究者自身創作的一個典範性的結論。這就是林中明的《斌心雕龍》。

林中明在《斌心雕龍》自序的最後列詩、聯二則，以爲結語：[33]

一、《論中華文藝復興》：

舊經典、活智慧，借助知識平臺；

新信息、雅藝術，加強文化縱深。

二、《青海行》壬午秋初絲路記行並論學焉

黃土高原上，

黃河滾滾流；

青山似青海，

青海無盡頭。

並自跋曰：「學問之道，豈非當如立足於高原之上，坤德載物，而創意又如長河大川，滾滾不絕，再復見山似海，終至心胸開闊，如大海之浩瀚，一望無涯也。」[34]

對於林中明的如此抱負，臺灣龍學大家王更生談了這樣的感想：「林君既在學養、道德修養方面，有與眾不同的特質，其吐詞爲文，亦必定心裁別出，自成一家。當你氣定神閑，明窗下坐，清

---

33 同 28，參閱自序《智術一也》。
34 同 28，參閱自序《智術一也》。

風徐來，香茗新泑，此時讀《斌心雕龍》，看他那運籌帷幄的廟算、徵聖宗經的脈絡、首尾圓合的佈局、奇兵突襲的措詞、恍兮惚兮的奇思，尤其是那意出言外，情生腕底的靈明，令人有不覺時光易逝之感。」[35]

教授兼將領林中斌對《斌心雕龍》作了如此評價：「林先生浸淫中華的古典文化，博徵西洋的各類學問，挾持尖端科技的本領，勤習詩書畫藝的奧妙。他能綜合『創新』和『懷古』，正是歐洲文藝復興的兩大要素。他的典範其實已經感染了各地老中青的華人朋友們，紛紛開始寫詩作畫。當他的影響藉此書的出版擴散到各個華人的社會時，我們可以依稀遠眺到一個中華文藝復興的晨曦。當旭日東昇之時，或許全世界將蒙上它的金光彩霞，共享它的榮耀。」[36]

當代龍學研究第三期之門已經被林中明的《斌心雕龍》打開了。「龍學」也將開始由學術研究走向學術創作，使「龍學」在劉勰奠定的基礎上吸收時代的精華不斷有所更新，這就是，《斌心雕龍》給予我們的啓示。

## 五

回顧五十五年前，岡村繁先生《文心雕龍索引》的出版拉開了當代龍學研究的序幕，當代龍學研究第一期之門被打開，從此，西方的工具性方法論被岡村繁先生引進了「龍學」界。

二十九年之後，王元化先生《文心雕龍創作論》的出版打開了當代龍學研究第二期之門，西方的思辨性方法論被王元化先生引進了「龍學」界。

又二十四年之後，林中明先生的《斌心雕龍》開啓了當代龍學

---

35 同 28，參閱王更生〈林中明先生著《斌心彫龍》〉。
36 同 28，參閱林中斌〈中華文藝復興的晨曦 —— 林中明《斌心彫龍》序〉。

研究第三期之門，他把西方的科學性方法論引進了「龍學」界，此書不僅真正做到「文武合一」，而且使「龍學」走出「研究」，開始通過「科學實驗」，合「文武」以「雕龍」，即在研究的基礎之上進行研究者自身的創作。

　　筆者稱此爲「後當代龍學現象」。

# 民國時期的「《文心雕龍》學」

台灣師範大學國文系
## 王 更 生

## 一、前　言

　　「民國時期」係指一九一二年清廷遜位、中華民國於南京建元起，到一九四九年因國共內戰、中華民國政府退守台灣止，其間共三十八年有效統治大陸的一段時間。

　　民國建元前後，政局一直動盪不安，先是國民革命，繼而洪憲帝制，接著軍閥混戰，以後又長期抗戰，內憂外患，紛至沓來，已使民不聊生，到了救死惟恐不暇的地步。

　　當此顛沛流離之時，仍有不少的學者們，即令在食不果腹、衣不蔽體，四處流亡的情況下，他們仍秉持知識分子的風骨，鼓起學術報國的勇氣，對劉勰及其《文心雕龍》，做出不懈地研究而迭有創獲！

　　本文寫作的目的，是企圖將這一段鮮為人知，或知而欠詳，或詳而不易掌握其要領的「《文心雕龍》學」發展的真象，以時代為經，《文心雕龍》為緯，研究的學者為點線，看一看那些具有冷眼熱腸的中華兒女們，在槍林彈雨的惡劣環境下，他們得到些什麼樣的研究成果？

## 二、「龍學」研究方法的巨變

　　回顧「龍學」在清朝二百六十八年的研究發展史乘上，無論是思想、功能、資料、成書時期、佛教關係和性格特質等各方面，均獲致重大突破[1]。自道光二十二年（一八四二），中英鴉片戰爭失敗，訂立《江寧條約》後，西方列強的新思想、新觀念、新文化，隨著船堅砲利沛然東來，對我傳統之政治、經濟、社會、軍事、教育、學術、文化，發生了全面性的衝撞。此即梁任公於《中國近三百年學術史》中所謂「三千年來一大變局」者是也。

　　黃叔琳《文心雕龍輯注》於清高宗乾隆三年（一七三八）九月，與陳祖范論定，同時交由雲間姚平山付梓後[2]。乾隆三十六年（一七七一）八月，紀昀對黃氏《輯注》加上了「評語」[3]。當時「黃注」「紀評」分別單行，至道光十三年（一八三三）八月，兩廣總督盧坤命嘉應吳蘭修將「黃注」「紀評」以朱墨套印，合刻印行[4]。自一七三一年黃氏《輯注》問世，迄一九二五年范文瀾《講疏》發行，其間將近二百年，都是黃《注》紀《評》獨領風騷的時光。

　　民初，新文化運動如火似荼，整個學術思想界，除一二耆老尚堅守傳統壁壘、不願屈己從時外，一般人皆群趨於袪舊騖新，他們不再走乾嘉諸老訓詁考據的老路，用讀經的辦法來讀《文心雕龍》；而是拿舊有的校勘注釋為基礎，運用西方新進的治學方法，來探討劉勰的文論思想、《文心雕龍》的組織體系，以及《文心雕龍》與東西方文學理論的比較研究[5]。冀由這部藝苑秘寶，為中國文學創通

1　清代二百六十八年「龍學」研究的情況，見王更生「清代的《文心雕龍》學」（二〇〇二年高雄中山大學出版的《清代學術研究論文集》）。
2　事見顧鎮編，台灣商務印書館發行的《清初黃崑圃先生叔琳年譜》。
3　見台灣經文書局印行的《新體廣注文心雕龍》書末附嘉應吳蘭修跋。
4　參見前注3。
5　此段文字由王更生〈近六十年來文心雕龍研究總結〉第三節〈研究角度的轉變〉改寫（原文載於一九七四年三月《中華文化復興月刊》七卷三期）。

一條發展的新途徑。

## 三、搖籃時期的「龍學」走向

從中華民國初建，到北伐完成（一九一二～一九二八），在此將近二十個年頭裡，是中國傳統思想破壞最慘烈的時刻。此時「《文心雕龍》學」的走向，就像一個初生的嬰兒，在兵荒馬亂中過著驚魂不定的日子。我們稱此為搖籃時期。

民國六年（一九一七）的「五四」運動，如石破天驚般給當時的學術文化界投下了一枚定時炸彈。這一原屬政治上的愛國運動，最後竟變成學術性的「新文化運動」，尤其胡適於《新青年雜誌》發表〈文學改良芻議〉，陳獨秀倡〈文學革命論〉後，新文學的浪潮，席捲了全國知識分子的思想，擠壓得透不過氣來。[6]

就在這個國事如麻的時刻，黃侃先生講授《文心雕龍》於北大（由民國三年至八年），侃字季剛，湖北蘄春螞堆人，生於清光緒十二年二月十九日（一八八六），卒於民國二十四年九月十一日（一九三五），他出生仕宦之家，自幼遍讀群經，青年時期，熱衷革命，加入同盟會，投身新文化運動。[7]

在北大任教期間，為了講授方便，作為《札記》三十一篇。內容自〈原道〉至〈頌贊〉九篇，〈議對〉與〈書記〉二篇、〈神思〉至〈總術〉十九篇，〈序志〉一篇，創解殊多，頗受學術界的重視。民國八年（一九一九）暑後，先生執教湖北武昌高等師範學校，並將《札記》印成講義。

初，黃氏於北平時，北京文化學社曾將〈神思〉以下二十篇刊

---

6 有關「五四運動」的詳情，參閱張若英編著，香港中文大學近代史料出版組印行的《中國新文學運動史資料》。
7 黃侃先生生平行事，見上海書店出版社印行的《文心雕龍綜覽》第二九九頁，由張伯偉寫的〈黃侃〉。

布，民國二十四年（一九三五）先生病逝南京後，《札記》極不易見，繼由季剛哲嗣黃念識編印，作有〈後記〉，黃門弟子駱鴻凱撰〈物色篇札記〉，也同時殿於該書之末。民國五十一年（一九六二），婺源潘重規老師講學香江，教課之餘，取北京、武昌二本合編付梓；另將其本人在學時撰寫的〈讀文心雕龍札記〉三十四條，附於黃《札》之後。潘氏〈跋語〉中有這樣的幾句話：「是書雖非完璧，然季剛先生早歲論文大旨，略存於是矣！」[8]民國九十三年（二〇〇四）九月，中國人民大學出版部又發行了吳方《點校》的《文心雕龍札記》，足見此書受學術界的推重，且至今不衰！

　　黃氏《札記》完稿於人文薈萃的北大，復於「中西」「新故」之爭，劇烈衝突之時，因此《札記》初出，即震驚文壇。從而令學術思想界對《文心雕龍》的實用價值，研究角度，作了革命性的調整。所以他不僅是彥和的功臣，尤當奉爲我國近代古典文論發展的先驅。[9]

　　其次，是受黃侃影響最大而又繼續研究卓有心得的范文瀾。范文瀾字芸臺，又字仲澐，浙江紹興人，書香門第。生於清光緒十九年（一八九三），卒於民國五十八年（一九六九），幼受父親教誨，既長，進北京大學人文本科國學門，從黃侃習《文心雕龍》，畢業後，曾短期擔任蔡元培校長私人秘書。民國十一年（一九二二）應聘爲南開中學教師，旋即兼任南開大學教授，講授《文心雕龍》、中國文學史、《史通》和《文史通義》。[10]

　　《文心雕龍》自北宋初年辛處信爲作《校注》後，若明王惟儉《訓故》、楊用修《批點》、梅子庚《音註》，清黃叔琳《輯注》、

---

8　潘氏跋語見民國五十一年（一九六二）香港新亞書院中國文學系出版的《文心雕龍札記》二二三頁至二三一頁。
9　此處文字參本文前注5。
10　范文瀾生平事迹，依據上海書店出版《文心雕龍綜覽》三〇二頁〈范文瀾〉一文。

紀曉嵐《評述》，多不脫圈點評騭的成規。自清道光以來，我國傳統的治學方法，輒因受西學影響而改絃易轍。范文瀾追躡於黃氏之門，因感舊注紕繆，未愜人心，乃別撰新疏，聊作補苴。民國十四年（一九二五）十月天津新懋印書館首先印行其《文心雕龍講疏》。民國二十年（一九三一）北平文化學社再版。民國二十五年（一九三六）改交上海開明書店印行，定名爲《文心雕龍注》。[11]

　　范注雖以考據校勘爲主，但他旁徵博引，鑄故鎔新的精神，確實爲《文心雕龍》注釋開一新紀元。其自述撰寫取材的情形，是網羅古今之說，詳記作者姓氏及書名卷數；至於師友之言，亦多甄采，如注中稱黃先生，即蘄春黃季剛，陳先生，即象山陳伯弢。再以劉勰《文心雕龍》所引用的範文成篇，大多散佚，范注特將其中存而可見者，悉數收入此編，展卷誦習，大省讀者翻檢之勞。[12]

　　惟此書既以內容繁富見稱，其中援經據典，難期無病，故楊明照於民國二十六年（一九三七）《文學年報》第三期，發表〈文心雕龍注舉正〉，民國三十四年（一九四五）趙西陸在《國文月刊》三十七期有〈評范文瀾文心雕龍注〉，日本學者斯波六郎，也在民國四十一年，即昭和二十七年（一九五二），由廣島大學文學部中國文學研究室，印行了他的《文心雕龍范注補正》，民國五十六年（一九六七）台灣正中書局出版了政治大學教授張立齋的《文心雕龍注訂》，民國六十八年（一九七九）十一月，台灣師範大學教授王更生由華正書局印行了他的《文心雕龍范注駁正》。今人周振甫對范注評論說：「范注功力極深，多有發前人所未發者。以《文心》徵引之博，傳寫之誤，或有待於補正。但就首次詳注《文心雕龍》而言，也在所難免。」蓋長江大河挾泥沙而俱下，瑕不掩瑜，這是

---

11 參見前注 10。
12 見范文瀾《文心雕龍注・例言》。

不能苛責的。[13]

　　與黃、范二家同期的單篇論文，在此姑且不計，但當時另有一種以「言文對照」「新式標點」相號召的著作，大量湧現於書肆，如上海新文化書店於民國十年（一九二一）出版薛恨生標點，何銘校閱的《新式標點文心雕龍》，民國十四年（一九二五）九月，上海掃葉山房發行陳益標點的《新式標點文心雕龍》，民國十六年（一九二七），湖州五洲書局出版了馮葭初《白話演述文心雕龍》。他們為了適應當時重白話，輕文言的時代思潮，和一般基層讀者畏難趨易的需求，類此普及性的作品，便如雨後春筍般的應運而生。這種空前未有的現象，必會迫使習慣於鑽堅求通、鉤深取極的「龍學」家們，不得不對今後《文心雕龍》的走向，在黃、范兩家寬厚的肩膀上，重新釐定新的研究基調！

## 四、抗戰前後的「龍學」成果

　　由民國二十年到政府遷台（一九三一～一九四九），政局過渡到長期抗戰和國共內戰階段，這是中國近現代歷史上最黯淡的歲月。知識分子對學術文化的熱誠，從他們研究《文心雕龍》的成果上，可以看出端倪。譬如：

　　　　葉長青的《文心雕龍雜記》，一九三三年七月福州鋪前頂程厝衖葉宅發行。

　　　　莊適的《文心雕龍選注》，一九三三年十二月上海商務印書館印行。

　　　　冰心主人的《標點文心雕龍》，一九三四年四月大中書局印行。

---

13　周振甫評語，見本文前注 10。

　　杜天縻的《廣注文心雕龍》，一九三五年十月世界書局出版。

　　錢基博的《文心雕龍校讀記》，一九三五年六月無錫國學專修學校發行。

　　朱恕之的《文心雕龍研究》，一九四四年十月南鄭縣立民生印刷工廠出版。

　　劉永濟的《文心雕龍校釋》，一九四八年十月正中書局出版。

　　在那個戰火燎原的年代，有此七種新著問世，不能不說是研究上的豐收。不過由於不可抗拒的原因，筆者能夠見到的，只有莊適的《文心雕龍選注》、杜天縻的《廣注文心雕龍》，錢基博的《文心雕龍校讀記》、劉永濟的《文心雕龍校釋》四種，其他，皆史留空目，原作未見。

　　莊適的《文心雕龍選注》，是我國第一個《文心雕龍》選本。莊適其人，生平不詳。此書一九三三年經上海商務印書館印行後，一九五九年五月香港商務印書館再版。作者於《文心》上篇選〈原道〉、〈宗經〉，下篇因〈隱秀〉篇殘缺不選外，〈神思〉以下至〈序志〉二十四篇全選。注釋部分，除作者自注外，絕大部分係參考黃《注》、紀《評》、黃《札》、范《注》。〈緒言〉中自言編輯旨趣，是供初學之用。在當時國難日趨嚴重，學生購買能力又極差的情況下，莊氏的《選注》，顯然滿足了基層讀者的需要。

　　杜天縻，生卒年里不詳。一九三五年世界書局出版了他的《廣注文心雕龍》，後在台灣文光圖書公司重印時，易其名曰《詳注文心雕龍》。初學者喜其方便攜帶，多購置備用。所謂「廣注」「詳註」也者，皆坊間商家噱頭，內容與黃《注》紀《評》全同，只在書裡多出〈引言〉一文，文不長，尚可略窺杜氏觀點。他認爲《文心》是文學評論鉅著，全書所以組織縝密，蓋受佛家影響。《文心》十卷五十篇，前半論文體，後半論文術，論文體又分兩部分，前十

篇屬藝術文、後十篇屬實用文。論文術又分論文章作法、論文格、
論章法、論命意布局、論結尾、論造句、論練字、論篇章結構、論
行文之法。最後，杜氏以爲劉勰論文特重韻語，唐宋八大家「文以
載道說」，實根柢劉勰。而劉勰《文心》似脫胎於陸機〈文賦〉，
〈夸飾〉一篇祖襲王充之〈藝增〉。所言雖屬老生長談，但對初學
不無小補。

　　錢基博，字子泉，又字啞泉，別號潛廬，江蘇無錫人。生於清
光緒十三年（一八八七），卒於民國四十六年（一九五七）。五歲
從長兄子蘭讀書，九歲讀《四書》《五經》，十歲伯父仲眉教爲策
論，課以《史記》和儲欣《唐宋八家文選》。其父祖常勉以杜門讀
書，勿以文字標高揚己，以是更加沈潛力學。先生歷任中小學教師，
中山大學中文系主任，無錫國學專門學校校務主任、光華大學中文
系主任及文學院院長。其所學既精且博，發爲文章，每能旁徵博引，
洞見別出。《文心雕龍校讀記》，就是在無錫國學專修學校任教時
的講義。[14]

　　《校讀記》完稿於民國十九年（一九三〇）九月，二十四年六
月始梓行可觀。全書布局，大致依《文心》原書五十篇之順序，每
篇不錄正文，除篇題外，分〈發指〉與〈校勘〉兩部分。其在「校
字」方面：採取黃《注》紀《評》、涵芬樓景印明嘉靖本、乾隆辛
亥金谿王氏重刊《漢魏叢書》本、乾隆五十六年長洲張松孫《注》
本互校。「發指」方面，其精彩獨到處，第一，是比較異同，彰明
指歸：錢氏利用比較法進行論述，如《文心》前後篇章的比較，與
同代文論的比較，和後代文論的比較，手法靈活，隻眼別具，能發
前人之所未發；往往於比較中得窺字句的義蘊，文體的源流。第二，

14　錢氏的《文心雕龍校讀記》，民國二十四年（一九三五）無錫國學專修學校發行。

貫通《文心雕龍》與唐宋八大家的關係：錢氏堅信彥和之「振經詁」「砭文華」的文學思想，對唐宋八大家的古文創作，有絕大影響；尤其彥和的「理」「氣」說，更是開唐宋八大家古文創作的先聲。至於彥和「通變寓於復古」「推陳所以出新」的通變論，他以為更是唐宋八大家古文創作的基本精神。

　　錢氏自題楹聯：「書非三代兩漢不讀，未為大雅；文在桐城陽湖之外，別闢一塗。」[15]其自信如此。學友顏瑞芳著〈錢基博文心雕龍校讀記探究〉，說：「錢先生是大學問家，而非《文心雕龍》之評注家或專門研究者，故其於《文心雕龍》既少疏證入妙之功，亦無鑽礪過分之病；能著眼大局，立定主意，以闡發彥和為文之用心，就初學者而言，它固然是探索《文心雕龍》堂奧之入門書，對《文心雕龍》之夙好者而言，它亦開啟許多扇窗口，大有助於研究視野之開拓。」[16]

　　當時研究《文心雕龍》的成功之作，要推劉永濟的《校釋》。劉永濟，湖南新寧縣人，生於清光緒十三年（一八八七），卒於民國五十五年（一九六六），出身仕宦之家。幼從父親攻讀文史，十九歲入上海復旦公學，次年考取北京清華留美預校。旅居上海時，從詞家況周頤、朱祖謀學詞曲，甚得賞識。歷任湖南長沙明德中學教師、瀋陽東北大學國文系教授、湖北武漢大學文學院院長，解放後被評為一級教授。[17]

　　劉氏治學謹嚴，博學精微。在武漢大學任教時，致力《文心雕龍》研究，先分篇刊載於《武漢大學學報》，後彙集成冊，民國三

---

15 錢氏自題楹聯，見明倫出版社於民國六十一年（一九七二）八月出版的《現代中國文學史》書末附錄的〈錢基博自傳〉。

16 顏氏論文見民國八十一年（一九九二）六月台灣文史哲出版社印行的《文心雕龍國學際學術研討會論文集》二六七頁。

17 劉永濟生平事蹟，見上海書店出版的《文心雕龍綜覽》三〇一頁，由馬昌松寫的〈劉永濟〉。

十七年（一九四八）十月交正中書局發行。四十六年（一九五七）正中書局在台灣發行第一版，五十七年（一九六八）台四版，六十三年（一九七四）台北華正書局，將劉氏於一九五四年的增訂本引進來台，重新發行，此本不僅恢復《文心雕龍》上下篇原有之編序，對於校字的增加，釋義的修訂，均有煥然一新之感！

　　劉氏《校釋》的體例，分「校字」「釋義」兩部分。校字蓋以黃叔琳《輯注》爲主，於《唐寫本》及《太平御覽》所引者，亦爲重要依據。其校勘方式，大別就每篇歷來考校欠密者，取「字」或「詞」三數，詳加推求，皆能援證立說，推陳出新。其釋義分兩截，初明通篇要旨與分段大意，次闡述《文心》論文之閫奧；雖然提綱挈領，但卻言近旨遠。讀者如能深接玩味，於彥和文論之精義，當清晰可見。

　　同道好友張文勛教授，在他的大作《文心雕龍研究史》裡說：「本書（劉永濟《文心雕龍校釋》）主要價值在『釋義』部分。作者不滿足於一般的校注，而是在黃侃《札記》的基礎上前進了一步，對《文心雕龍》的內容作逐篇闡釋，這是前人所未做過的。…他對《文心》的理論多有闡發，但力避任意發揮。所以這本講義式的著作，具有獨創的學術價值。」[18]

　　抗戰前後，是中華民族生死存亡的決定關頭，當此千鈞一髮之際，還有學者在三餐不繼的死亡線上，勒緊褲帶，咬緊牙關，提起如椽之筆，從事《文心雕龍》的研究，並留下如此可觀的成績，真令人情不自禁地流下喜悅的淚水。綜理這七種專門論著，除劉永濟的《文心雕龍校釋》，參古定法，長期揣摩，雖以講義形態出現，

---

18 張文勛教授的評語，見其所著《文心雕龍研究史》（雲南大學出版社印行）第六章〈新中國成立後龍學的勃興〉第一節〈校注和翻譯〉第二目〈劉永濟文心雕龍校釋〉一三五頁至一三七頁。

但卻自有不與人同的卓見，至今猶受學者稱賞。錢基博的《文心雕龍校讀記》，錢氏的才學，兩皆絕倫，理應有鉤深窮高的造詣，惜當時困於行政瑣務，以致心餘力絀，未得展布所長。其他各家，在時當亂離，每天為因應生活所需，已感力不從心，那還能從容率情，寫出歷久彌光的作品。故只能雜記所得，編輯成說，新式標點，以供初學者的需要。既是得來不易，自不必求賢責備了！

## 五、單篇論文與其他

民國建元以前，學者們從事學術研究，其心得多半在書信中往來討論，絕少以單篇論文的形態，出現於朋儕故舊間。所以民國開元後，由於中西文化交流，隨著商業的發達，交通的便捷，大都會的形成，再加上教育的普及，於是應運而生的書報雜誌，不但成了新興的傳播事業，更是知識分子商量舊學，陶冶新知的園地。此時《文心雕龍》的研究，也完全擺脫了過去閉門造車的方式，利用書報雜誌的傳播，走向奇文共賞的新局面！

根據北京大學教授張少康、汪春泓、陳先鋒、陶禮天合著的《文心雕龍研究史》所附〈二十世紀文心雕龍研究論著目錄〉第一節〈研究論文〉的統計，從一九〇七年（清光緒三十三年），到一九四九年（民國三十八年），除去李詳《補注》、黃侃《札記》、劉永濟《校釋》、潘重規《札記》，已彙集單篇、印刷成書外，其他從一九一二年，民國初建開始，到一九四九年，政府遷台之當年止，在此三十八年中研究《文心雕龍》的單篇論文，共得八十九篇。其中如除去鈴木虎雄、本田誠之著、太田兵三郎、目加田誠、近籐春雄、戶田浩曉、加賀榮治等八篇域外學者的作品不計外，純粹國人發表的論文只有八十一篇。

這八十一篇論文的內容，綜其大要，計有通論《文心雕龍》全

書大旨的：如陳延傑的〈讀文心雕龍〉、李仰南的〈文心雕龍研究〉、陳冠一的〈文心雕龍分析之研究〉、楊鴻烈的〈文心雕龍的研究〉、吳熙的〈劉勰研究〉。考察劉勰生平事蹟的：計有梁繩褘的〈文學批評家劉勰評傳〉、劉節的〈劉勰評傳〉。研究劉勰文論思想的：計有傅振倫的〈劉彥和的史學〉、牛毅甫的〈劉勰的文學觀〉、吳增益的〈文心雕龍中的文學觀〉。至於趙萬里根據敦煌唐人草書《文心雕龍殘卷》，作的〈唐寫本文心雕龍殘卷校記〉，更是揭開了研究《文心雕龍》版本的序幕。還有徐復寫的〈黃補文心雕龍隱秀篇箋注〉，載在民國二十七年《金陵學報》卷八第一、二期合刊本上，注釋詳明，倒是繼黃補〈隱秀〉篇後，最成功的一篇明快文字。早年，香港某書店有《文心雕龍選注》的出版，其中轉載了黃侃〈隱秀〉、趙西陸〈箋注〉，我覺得趙〈箋〉空疏欠周，不逮徐作遠甚。

又有些學者基於著作上的需要，或評品，或引證，或考訂，或序跋，或版本，從各種角度，來發掘《文心雕龍》的多面性。例如對劉勰及其《文心雕龍》進行褒貶的：有姚永樸《文學研究法・運會》篇評〈時序〉篇文；劉師培《中古文學史・概論》評〈聲律〉篇文；章炳麟《國故論衡・文學總略》評〈書記〉篇文；高閬仙《文章源流・文章之類別》評〈情采〉篇文；魯迅《魯迅全集・摩羅斯力說》評〈明詩〉篇文；張孟劬《史微內篇》評〈諸子〉篇文。有些學者著書立說，援引《文心》證成己論者：如章炳麟《國故論衡・正齎送》引〈誄碑〉篇文；陳漢章《論語微知錄・先進言語宰我子貢》條引〈章表〉篇文；黃侃《文選評校》引〈詮賦〉篇文；魯迅《魯迅全集・漢文學史綱》引〈詮賦〉篇〈雜文〉篇文；張孟劬《史微內篇・原緯》引〈正緯〉篇文；余嘉錫《古籍校讀法・明體例》引〈雜文〉篇文；駱鴻凱《文選學・義例》引〈詮賦〉篇文。又《文心》彌綸群言，通曉不易，今人著述，間有零星考訂者：如李詳《媿

生叢錄》引〈知音〉篇文加以考訂；章炳麟《國故論衡‧文學總略》引〈總術〉篇文加以考訂；陳漢章《列女傳校注‧黎莊夫人傳》引〈明詩〉篇文加以考訂；黃侃《文選評校》引〈封禪〉篇文加以考訂；劉咸炘《史學述林‧史體論‧本紀》引〈史傳〉篇文加以考訂；余嘉錫《四庫提要辨證‧子部》引〈論說〉篇文〈銘箴〉篇文加以考訂；駱鴻凱《文選學‧義例》引〈頌贊〉篇文考訂。還有論述《文心》的版本和校勘者：如陳準的〈顧黃合校文心雕龍跋〉，趙萬里〈唐寫本文心雕龍殘卷校記序〉、張孟劬〈明正德仿元本文心雕龍書題〉。至於民國以來，木刻本已不可見，而至今可見者，惟有鄭國勛之《龍谿精舍叢書本》一種，現藏「四川省圖書館」。今人校本之可見者，有徐乃昌《校本》，現藏北京大學圖書館；傅增湘《臨校唐寫本》，現藏北京圖書館；張孟劬《臨校胡震亨本》，現由楊明照個人收藏；倫明《校元至正本》，現藏北京圖書館。[19]

　　由於中國廣土眾民，加上連年爭戰，全國各種書報雜誌，或出版於淪陷區，或發行於大後方，山涯海涘，道阻途隔，搜羅不易；為此，上述單篇論文，和品評、考訂之專著，不能目見耳聞，掛一漏萬者，為數定有可觀。不過，在那個煙硝瀰漫的年代，能有如此眾多的學者，關懷「龍學」並抒發己見；或從事考訂、校勘、序跋等，光大「龍學」的內涵，可謂難能可貴矣。

## 六、結　論

　　綜觀民國時期的「《文心雕龍》學」（由一九一二～一九四九），先由研究方法和觀念的改變，影響到內容和思想的改變；再由內容思想的改變，帶動了寫作形式的改變。換言之，也就是由傳統訓詁、

---

19 以上這一大段，大多依據楊明照《增訂文心雕龍校注》下冊〈附錄〉（該書是中華書局二〇〇〇年六月印行）。

考據的讀經方式，過渡到分門別類的研究過程。使古典文學理論，透過科學分工，或科際整合的手段，與現代實際生活相結合。我覺得這該是近現代中西文化交流後的一項重大收穫。

　　在這三十八年的「龍學」發展過程中，最值得一提的專門著述和單篇論文：在注釋方面，有范文瀾的《文心雕龍注》；在文論思想方面，有黃侃的《文心雕龍札記》、劉永濟的《文心雕龍校釋》；在綜合研究方面，有吳熙的〈劉勰研究〉、李仰南的〈文心雕龍研究〉、陳冠一的〈文心雕龍分析之研究〉；在單篇研究方面，如劉師培的〈文心雕龍頌贊篇口義上下〉、金毓黻的〈文心雕龍史傳篇疏證上下〉；在劉勰生平事略方面，有梁繩褘的〈文學批評家劉勰評傳〉、楊明照的〈梁書劉勰傳箋注〉。在通俗作品方面，有馮葭初的《白話演述文心雕龍》、陳益的《新式標點文心雕龍》等。他們有的折衷各家，取精用宏；有的窮搜冥索，觀瀾索源；有的原始要終，發微闡幽；有的是因文求義，推陳出新；又有的是追根究柢，知人論世。都能各就所好，匯聚涓流，以成江河。使《文心雕龍》為當時荒涼的學術園地，綻放朵朵奇葩！替後來的「龍學」發展，做出了基礎性的貢獻！

　　今天我們研究《文心雕龍》，如意欲置硯述作，留聲名於後代；我堅信當你搦筆染翰的時候，還不得不乞靈於黃《札》，假寵於劉《校》，參驗於范《注》。固然歲月如流，但民國時期的「龍學」家們，給我們留下的這些奇珍異寶，就像麗天之辰星，將永照文壇！

　　　　　　　　　　　　　**王更生**　完稿於 2005 年 3 月 23 日

　　　　　　　　　　　　　　　　　　台灣台北寓所

# 文心雕龍 WebGIS 創意網

台灣師範大學國文系

## 劉　渼

　　內容提要：在資訊科技時代，龍學的現代化勢必要應用到資訊科技。本文旨在探討《文心雕龍》研究應用「地理資訊系統（Geographic Information System, GIS）」網路環境之理論內涵與應用模式。

　　首先簡介中研院「中華文明之時空基礎架構」（Chinese Civilization in Time and Space, CCTS）的內涵特色與應用現況，分別從時空整合符合認知模式、空間圖資與套疊特色、WebGIS 整合應用環境、主題化的屬性資訊、WebGIS 的應用案例五方面加以說明。

　　其次以龍學中的劉勰研究為例，有關劉勰里籍與《文心雕龍》成書之地，就有三個相關的地理資訊：莒縣、京口、定林寺。本文舉「譚其驤《中國歷史地圖》原始影像瀏覽系統/西晉・青州徐州」的圖例，標示三地的地理位置關係。再分別析論劉勰的祖籍地、出生地、成書地的相關地理資訊。根據線上大量的照片與圖資，如鎮江市 GIS 地圖、南京中山陵定林寺遺址圖等，足証龍學研究有以 WebGIS 加以整合的必要性與迫切性。

　　《文心雕龍》WebGIS 可以從較具圖資訊息的劉勰生平研究、

《文心雕龍》原典研究（如作家論）、傳播史或龍學研究環境等課題為優先。且可透過單一入口網站，整合 WebGIS 系統、eLearning 數位學習平台（如 WebCT）、多媒體互動式網站、Xoops 討論區（WebBBS），以及後端的各種資料庫等。故 WebGIS 有助於《文心雕龍》研究方法與模式的創新、研究資源的掌握與整合，符合資訊科技時代的現代化龍學研究。

　　**關鍵字**：文心雕龍、地理資訊系統（GIS）、創意、網路（Web）、龍學

# 一、前　言

　　資訊科技不僅僅指計算機和通信技術，也泛指所有處理資訊的科學和技術。它改變了我們溝通與學習的方式，也改變了知識的表達、儲存、處理、傳播、認知、應用和研究[1]。現代化的《文心雕龍》研究勢必要應用到資訊科技[2]。本文探討龍學應用「地理資訊系統（Geographic Information System, GIS）」網路環境之理論內涵與應用模式：首先說明中研院「中華文明之時空基礎架構」（Chinese Civilization in Time and Space, CCTS）平台，其次舉龍學中的劉勰研究為例，探究開發龍學研究新方法與創新模式之可能。

---

1 謝清俊（2001），試論資訊科技對學術研究的影響與衝擊。「科技發展與人文重建學術研討會」法鼓人文社會學院 2001 年 10 月 8 日。科技發展與人文重建論文集 P. 63-71。
2 劉渼（2004），文心雕龍網路觀察與研究展望。2004 年文心雕龍國際學術研討會(論文集 p. 303-p.329)，中國深圳，2004 年 3 月 26-28 日。

## 二、WebGIS 系統簡介與應用[3]

中研院「中華歷史地理資訊系統」[4]為其「GIScience 中心」所開發的系統平台[5]，是以中國為空間範圍，並以原始社會迄今的中國歷史為時間縱深，以中國文明為內涵的整合性資訊應用環境。其系統平台有時空資訊整合應用支援體系（GeoLibrary）、時空整合知識支援網路（Spatiotemporal-based Knowledge Network）、WebGIS共享環境（WebGIS Application Framework）等。以下簡介其內涵特色與應用模式[6]：

### （一）時空整合符合認知模式

由於人、事、物涵攝時間與空間屬性，傳統方法與工具對整合事物的時空屬性進行分析與表達有其侷限性。時空整合（時空定位、古今對位）的視覺效果，能夠塑造一個符合人類思考認知模式的資訊整合應用方法與環境。

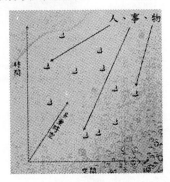

圖 1 多重時空的整合

---

3 本小節內容與圖 1-7 是根據以下網路資源：http://ccts.ascc.net/intro.php?lang=zh-tw、
　http://db1.sinica.edu.tw/~textdb/test/gatenews/showpost.php、
　http://gis.ascc.net/NDAS-DLM。
4 即 CCTS。
5 由中研院史語所范毅軍先生主持。
6 WebGIS 系統流程圖、系統架構圖等，請詳註 3 網路資源。

### （二）空間圖資與套疊特色

　　空間圖資是以譚其驤《中國歷史地圖集》爲基本底圖，並輔以各類歷史地圖（如「中國大陸與臺灣地區地圖資料庫」、中國國家基礎地理信息中心發佈之 1：1,000,000《中國數字地圖》（Arc/China）、遙測影像（人造衛星影像、航空照片，如「中國大陸與臺灣地區遙測影像資料庫」）等，構成逾二千年的時空框架。

　　各類型圖資的圖層套疊方式有很多種，且研究者可自行選擇，如古地名與現代地名套疊時，可以做古今地名的比對；再如古地名和古地圖套疊時，可以清楚當時的地理位置與方位關係；又如古地圖和現代地圖套疊，或古地名套疊於現代地圖時，可以更加明白古今地貌的變遷、古人活動領域與今人的關係等。

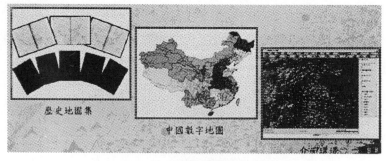

圖 2 各類型圖資

圖 3 圖資套疊

### （三）WebGIS 整合應用環境

WebGIS 是地理資訊系統與網路技術的整合。使用者僅需具備 Web 瀏覽器即能享有以 GIS 為基礎之資訊整合檢索與圖資製作功能。

### （四）主題化的屬性資訊

主題化的屬性資訊，可建置文物資料庫、統計數據庫、影像多媒體資料庫等。WebGIS 與上述資料庫整合後，在電子地圖上任何新舊地名，均可連結到多個相關資料庫，提供包含該地名的文章內容或書目索引，減少典籍檢索的時間與精力。

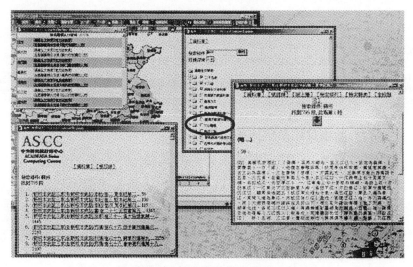

圖 4 WebGIS 與資料庫的整合介面

### （五）WebGIS 的應用案例

WebGIS 的應用旨在整合學術資源、輔助專題研究與促進知識普及，是以時間及空間為主的資訊管理、分析、整合與呈現等應用。目前中研院已有的相關研究應用，如「傅斯年圖書館的空間資訊系統」，以歷史地圖呈現明人詩文集人名權威檔。「拓片與古文書數

位典藏計畫」，有「漢代簡牘數位典藏/秦漢歷史地圖查詢系統」[7]、
「漢代歷史地圖查詢系統」[8]、「漢代石刻畫像出土地查詢系統」[9]、
「漢代石刻畫像拓本地圖查詢系統」[10]等。

由上可知，中研院 WebGIS 系統有許多優點，且已廣泛應用到
學術研究中。本研究不但可直接與中研院已有的「漢籍電子資料庫
/《文心雕龍》」[11]三種全文資料庫（范文瀾《文心雕龍注》、詹鍈
《文心雕龍義証》、張立齋《文心雕龍考異》）[12]相整合，且可進
一步將所有龍學成果應用到 GIS 上，開發現代化研究方法與極優的
線上研究應用環境。

### 三、文心雕龍 WebGIS 應用示例

「《文心雕龍》WebGIS 創意網」是與歷史、文化地理資訊相
關之跨領域的學術研究應用，可將不同時期與各類型的空間資料進
行套疊，有助於比對與分析。茲以劉勰里籍與成書地為例說明之。

### （一）地理資訊系統的基本圖資

根據史載[13]，劉勰祖籍山東東莞郡莒縣（今縣名仍舊），晉懷
帝永嘉年間（307～312 年），琅邪王司馬睿避亂南遷，其先人避難
渡江，世居京口（今江蘇鎮江）。劉勰幼年喪父，篤志好學，家貧
不娶妻，依沙門僧。在鐘山南麓定林寺，跟隨僧祐研讀佛書及儒家

---

7　請詳 http://rub.ihp.sinica.edu.tw/%7Ewoodslip/h_3.htm。
8　請詳 http://gis2.sinica.edu.tw/website/stone2/
9　請詳 http://gis2.sinica.edu.tw/website/stone1/。
10　請詳 http://gis2.sinica.edu.tw/website/stone3/
11　瀚典全文檢索系統
　　http://www.sinica.edu.tw/ftms-bin/ftmsw3?ukey=-743178240&path=%2F&key=&dep=1
12　參陳昭珍（1995），建立古籍多版本超文件之探討 ── 以《文心雕龍》為例(上)。
　　中研院《計算中心通訊》第 11 卷 20 期 1995 年 10 月 02 日。
　　http://www.ascc.net/nl/84/1120/03.txt。陳昭珍（1995），建立古籍多版本超文件之
　　探討 ── 以《文心雕龍》為例(下)。《中央研究院週報》21 期 1995 年 10 月 16 日
　　http://www.ascc.net/nl/84/1121/02.txt。
13　《梁書》、《南史》〈劉勰傳〉。

經典。並著手撰寫《文心雕龍》。所以要談到劉勰里籍與《文心雕龍》成書之地，就有三個相關的地理資訊：莒縣、京口、定林寺。

　　WebGIS 與地名資料庫可提供上述三地的歷史地名與相關文獻的標定（Mark-Up），以呈現相關歷史事件及劉勰撰著《文心雕龍》的時空背景，且透過文字敘述與相關地理位置的對應，有助於研究者瞭解劉勰的祖籍、出生地與成書地。以下舉「譚其驤《中國歷史地圖》原始影像瀏覽系統/西晉‧青州徐州」圖例，說明三地的地理位置關係。圖示如下[14]：

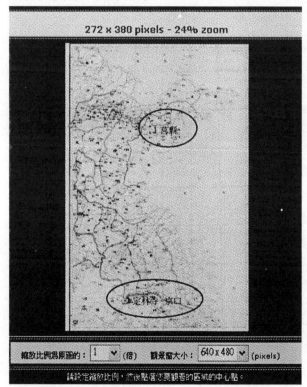

圖 5 譚其驤《中國歷史地圖》原始影像瀏覽系統/西晉‧青州徐州

14 資料來源：http://ccts.lib.berkeley.edu/framework.php?lang=zh-tw#sys。

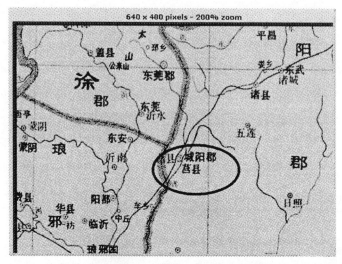

圖6「圖五‧1莒縣」之6倍放大圖

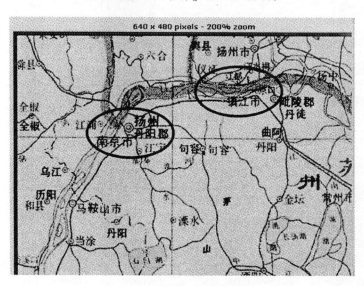

圖7「圖五‧2定林寺、京口」之6倍放大圖

　　除上述基本圖資外，還可以利用圖層套疊，將古今地圖套疊，並輔以各種不同性質資料庫（如主題、多媒體等）的圖文說明，做深入探索與比對分析。

## （二）劉勰與祖籍地[15]

### （1）定林寺（北定林寺）

　　定林寺在山東（日照市）莒縣城西浮來山南麓，也叫北定林寺（南定林在現今的鐘山），建於南北朝。現存殿宇樓堂 40 餘間，均係 1668 年（康熙七年）地震後縮建。清朝同治十三年（1874 年）重修。寺門有楹聯：「法汰東來傳禪定，慧地北歸校佛經。」整個院落面南背北，總共三進院落，南北長 95 米，東西寬 52 米，總面積爲 4940 平方米。有五殿二堂，兩廡一宮三院。自前向後，依次是大雄寶殿、校經樓、三教堂等。1977 年定爲省級重點文物保護單位。三教堂現闢爲「《文心雕龍》學術討論專題陳列」。寺邊有臥龍泉、救生泉、文心亭、怪石峪、象山樹、柳橋飛瀑、朝陽觀、莒子墓等景觀。

### （2）校經樓、文心亭與「劉勰生平陳列館」

　　1962 年爲紀念《文心雕龍》成書 1460 年，郭沫若親題「校經樓」橫匾與「文心亭」碑文。此樓現爲「劉勰生平陳列館」，內陳黑白龍、王小古等畫家創作的劉勰塑像、兩邊是陸侃如撰寫、蔣維崧手書的《劉勰生平》和《劉勰年表》，和《文心雕龍》的各種版本和當代研究文獻及紀念文章。

圖 8 劉勰塑像[16]

---

15 本小節文字內容參註 16-20。
16 資料來源：http://www.rzw.com.cn/home/lvyou/lvyoujx02.htm

圖 9 劉勰故居[17]

圖 10 校經樓[18]

圖 11 文心亭[19]

---

17 資料來源：http://www.zhonghao-hotel.com/sight_17.htm
18 資料來源：
　　http://www.dzwww.com/shandong/changyoushandong/gedimingsheng/t20030827_382943.htm
19 資料來源：http://life.beelink.com.cn/20040827/1664314.shtml

## （3）浮來山

　　浮來山又名浮丘。位於日照市莒縣城西，距縣城 8 公里。海拔 298.9 米，處莒西平原盡頭，扼莒縣、沂南兩界。在莒城登高西眺浮來，呈平地崛起之勢，有水上浮來之感。此山三峰鼎立，拱圍相連，北爲「佛來峰」，西爲「浮來峰」，南爲「飛來峰」。三峰鼎峙而又拱圍相連，唯東面略微開啟。三峰名稱的由來，有神話傳說：遠古時代，有位神仙雲遊到此，見沭河一帶土地肥美，碧水長流，桃紅柳綠，景色宜人，美中不足的是缺乏青山點綴。於是，他便從遠處挾來一山安放在此。既「佛來峰」。後來水神漂遊到此，見獨峰聳立，孤單無侶，也施展法力，從水上漂來一山與佛來峰相依爲伴，即「浮來峰」。兩峰相聯不成格局，一夜之間不知又從何處飛來一山，座落在兩峰南面作爲屏障，即「飛來峰」。於是，三峰聳峙，如龍蟠虎踞，迤邐連綿。世代相傳，人們把三峰統稱浮來山。

　　浮來山是莒文化的發源地，莒文化與齊文化、魯文化並稱山東三大文化，在人類文明史上具有舉足輕重的地位。浮來山廊坊，有楹聯曰：「浮丘公駕鶴西來，山曰浮來，鄉人盡信；竺法汰傳禪定，寺名定林，遠客鮮知。」背面的楹聯所書「魯公莒子會盟處，法汰僧遠坐禪山」是發生在此地的兩個歷史典故。據史書《左傳》記載，是春秋戰國時期，魯國和莒國國君曾會盟之地（《左傳》：「隱公八年（西元前 715 年）九月辛卯，公及莒人盟於浮來。」）。定林寺古刹，歷來是名聞遐邇的佛教聖地，竺法汰和僧遠，是在定林寺當過主持的有道高僧，兩位高僧的故事，如今在《高僧傳》裏依然可以找到。其他如法汰講《禪定》、慧地講《華嚴》、曇觀送舍利、三豐煉金丹、佛成受衣缽、法鏡苦承傳等。

圖 12 浮來山[20]

## （4）塔林（傳有劉勰墓）

　　浮丘定林寺西的塔林，據《高僧傳》：「隋仁壽中歲，曇觀奉敕送舍利於本州（莒州）定林寺。」明嘉靖《青州府志》、清嘉慶《莒州志》均有此類論述。塔林在清康熙七年（西元 1668 年）大地震毀壞。後人哀悼，題詠崖壁：「鐵佛憫莒歸地府，彥和碑碎遺荒墳」（康熙十年）。定林寺最後一位住持僧佛成（卒於 1942 年前後），在世時曾多次指點劉勰的墓塔遺址就在寺西[21]。

## （5）象山樹（傳爲劉勰題篆）

　　定林寺前有怪石峪，一片怪石，其狀如睡獅、如奔馬、如臥牛，妙趣橫生，是浮來八景之一。怪石峪摩崖上，鐫有許多歷史名人題詠，「古木扶蘇六代餘，古人曾說此幽居，貝葉蓮花今何在？不抵雕龍數卷書。」即寫劉勰。文心亭內巨石上刻有「象山樹」三個篆字，旁邊的五個小篆字已經模糊了，只有最後一個「題」字清晰可見，此摩崖石刻曾訛傳是曹丕所書，後經郭沫若辨認爲落款小篆字爲「隱仕慧地題」。關於「象山樹」的含義有兩種解釋，一說定林寺內銀杏樹大的像山；另一種說法是三字各有所指：「象」（同「像」）指寺內佛像，「山」指浮來山，「樹」當然就是銀杏王了，若按後一種解釋，則浮來山的最主要的景觀都囊括在三字構成的畫圖中，

足見書家之立意不凡。

（三）劉勰與出生地[22]

（1）「鎮江市圖書館文心雕龍資料中心」（2000 年 4 月）[23]

鎮江市於 1997 年在南山風景區建造了「文苑」及「文心閣」兩處景觀以紀念劉勰。2000 年舉辦《文心雕龍》國際學術會議，並在鎮江圖書館建立了資料中心。約收論文 2000 餘篇，港臺論文百餘篇。2003 年有「文心雕龍網站」和「《文心雕龍》資訊資料庫」，已錄入資訊 2033 條，按分類、篇名、出版地、出版時間、著者等條目錄入[24]。

（2）江蘇鎮江相關圖資

從以下圖 13-16 可知，除一般性的鎮江市地圖外，已有江蘇電子地圖（GIS）：

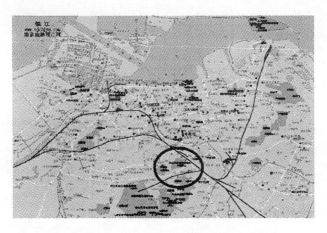

圖 13 鎮江市地圖[25]

---

22 本小節文字內容參註 23-26。
23 彭菏成〈文心雕龍資料中心的建設與發展前景展望〉
　　http://www.culchina.net/Article_Show.asp?ArticleID=111。
24 採用杭州天宇公司的 CGRS 軟體
　　（http://www.zjlib.net/zxzy/wxdl2/200307240104.htm）。
25 資料來源：http://www.njchina.com/newhtml/9/2005-01-13/20050113124707.html

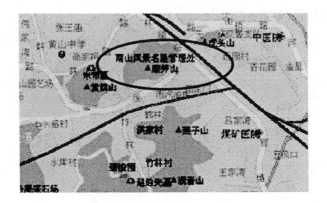

圖 14「圖 13」之放大圖

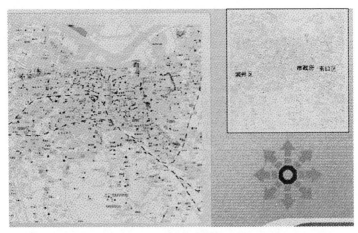

圖 15 鎮江市地圖（GIS）[26]

___

26 資料來源：江蘇電子地圖（GIS）/鎮江省基礎地理信息中心
（http://www.jsmap.com.cn/zj/）。

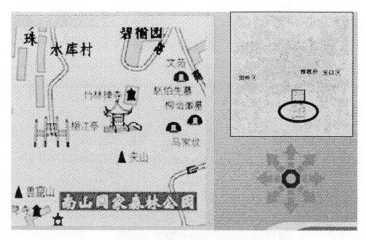

圖 16「圖 15」之放大圖

### （四）劉勰與書《文心雕龍》地[27]

### （1）鐘山上定林寺劉勰與《文心雕龍》紀念館（2005 年 2 月 28 日）

　　六朝齊、梁時代，劉勰在建康（今南京）東郊的鐘山定林寺生活了約 20 年，他借助定林寺豐富的藏書完成了《文心雕龍》一書。

　　定林寺在唐代以後湮沒無聞，南宋乾道年間，高僧善鑒移寺額于南京江甯方山重建定林寺。明代為建朱元璋孝陵，陵域內除原開善寺易地重建為靈穀寺，包括定林寺在內的其他各寺均告移走或消失，鐘山定林寺寺址即成為歷史上的一大謎團。

　　直至 2004 年「南京中山陵園管理局」始公佈發現劉勰撰著《文心雕龍》的鐘山定林寺。並在 2005 年 2 月 28 日鐘山南麓的定林山莊內建立「鐘山上定林寺劉勰與《文心雕龍》紀念館」[28]。

---

27 本小節文字內容參註 28-32。
28 資料來源：「南朝著名文學家劉勰死後千年謎未解」《人民網：江南時報》2004/12/03
　　（http://www.people.com.cn/BIG5/wenhua/40479/40481/3035592.html）。

## （2）定林寺相關圖資

從以下圖 17-19 可知，定林寺遺址已有跡可尋[29]：

圖 17 建康、京口古今地圖[30]

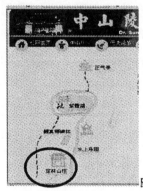

圖 18 定林山莊地理位置[31]

---

圖 19 定林山莊[32]

　　由於「地理資訊系統」可針對空間資料進行各種處理、應用與分析，如從空間資訊的變遷演化與分佈、時空與環境關連特性的展現等做進一步的查詢與分析。從上述三地的多元豐富空間資訊看來，如西晉青州徐州地圖、鎮江市 GIS 地圖、南京中山陵定林寺遺址圖等，足証龍學研究有以 WebGIS 加以整合的必要性與迫切性。

---

31 資料來源：「中山陵」http://www.zschina.org/news/detail.asp?n_id=45&title=。
32 同註 31。

# 四、結　語

　　中研院的 WebGIS 是具精確空間定位、整合時間與空間屬性之漢學研究應用環境。龍學研究可綜合既有研究成果，在系統中將舊圖上的地名、地物轉化標示在現代地圖上，透過與新、舊空間相關文獻與考釋資料的動態連結，可以進行各種新舊資料套疊，以加強研究的佐證與分析。

　　《文心雕龍》WebGIS 可以從較具圖資訊息的劉勰生平研究、《文心雕龍》原典研究（如作家論）、傳播史或龍學研究環境等課題為優先。且可透過單一入口網站，整合 WebGIS 系統、eLearning 數位學習平台（如 WebCT）、多媒體互動式網站、Xoops 討論區（WebBBS），以及後端的各種資料庫等。故 WebGIS 有助於《文心雕龍》研究方法與模式的創新、研究資源的掌握與整合，符合資訊科技時代的現代化龍學研究。

# 文心雕龍國際會議與會學者名單

## 一、中國學者（8名）

張少康　北京大學

王運熙　復旦大學

陸曉光　華東師範大學

林其錟　上海社會科學院

石家宜　南京師範大學

劉文忠　人民文學出版社

汪春泓　北京大學

錢永波　鎮江文心雕龍資料中心

楊　明　復旦大學

## 二、臺灣學者（7名）

王更生　臺灣師範大學

劉　渼　臺灣師範大學

方元珍　臺灣空中大學

呂武志　臺灣師範大學

尤雅姿　臺灣中興大學

溫光華　臺灣花蓮師範大學

廖宏昌　臺灣中山大學

## 三、日本學者（7 名）

町田三郎　九州大學

岡村　繁　九州大學

笠　　征　福岡大學人文學部

海村惟一　九州國際大學

甲斐勝二　福岡大學人文學部

連 清 吉　長崎大學

## 四、美國學者（1 名）

林中明　張敬基金會

## 五、韓國學者（1 名）

諸海星　啓明大學

## 六、澳門學者（1 名）

鄧國光　澳門大學

# 文心雕龍國際學術研討會組織

名 譽 會 長　町田三郎　九州大學

會　　　長　笠　　征　福岡大學

秘 書 長　王　孝廉　西南學院大學

執行委員長　甲斐勝二　福岡大學

總　　　務　連　清 吉　長崎大學

送　　　迎　葉　言材　北九州市立大學、

海村惟一　九州國際大學

# 《文心雕龍》國際學術研討會議程表

**時間**：2005 年 4 月 4 日~5 日
**地點**：日本福岡大學セミナーハウス
　　　　（福岡市中央區六本公 3-4-20）

**4 月 4 日（星期一）**

8：30~9：00 報到

9：00~9：20 開幕式

9：30~11：00 專題講演

**岡村　繁**：「老莊告退、而山水方滋」── 淝水之戰的文化史的
　　　　意義

**王　運熙**：《文心雕龍》的藝術標準

**王　更生**：民國時期的「《文心雕龍》學」

11：00~11：10 休息

11：10~12：10 第一場論文發表會

**主席：岡村　繁**

**發表者**

　張少康：劉勰《文心雕龍》和佛教思想的關係

　汪春泓：謝靈運及其山水詩 ── 兼論「莊‧老告退而山水方
　　　　滋」

　劉　渼：《文心雕龍》WebGIS 創意網

12：10~13：20 午餐

13：20~14：20 第二場論文發表會

主　席：林中明

發表者

　　方元珍：論《文心雕龍》與《拙堂文話》之比較

　　陸曉光：試論《文心雕龍》與馬克斯文藝思想的相通與互

　　諸海星：《文心雕龍》在中國文體分類學上的價值和影響


14：20~14：40 休息

14：40~15：40 第三場論文發表會

主席：王更生

發表者

　　林中明：《尤利西斯》的文體與喬伊斯的文心 —— 從劉勰《文
　　　　　　心》去瞭解現代文藝小說經典之王

　　林其錟：從王惟儉《訓故》、梅慶生《音注》到黃叔琳《輯注》
　　　　　　—— 明清《文心雕龍》主要注本略考

　　石家宜：《文心雕龍》與《詩品》比較淺探


15：40~16：00 休息

16：00~17：00 第四場論文發表會

主席：張少康

發表者

　　尤雅姿：文心雕龍中的情感範疇試論

　　劉文忠：漢代賦學與《文心雕龍》的淵源關係

　　廖宏昌：《文心雕龍》紀評的折中思惟與接受


18：00~晚餐

## 4月5日（星期二）

9：00~10：00 第五場論文發表會

**主席：甲斐勝二**

**發表者**

鄧 國 光：《文心雕龍·原道》「神理」義探

呂 武 志：《文心雕龍》論學習

海村惟一：「龍學」研究史考 —— 從《索引》到《講疏》再
　　　　　　到《詮釋》


10：00~10：20 休息

10：20~11：20 第六場論文發表會

**主席：諸海星**

**發表者**

錢永波：劉勰故鄉鎮江的文心情結

楊　明：《文心雕龍》語詞零札

溫光華：從《文心雕龍》論「麗」看劉勰的文學觀


11：20~12：00

**綜合討論及閉幕式**

**主　席：笠　征**


12：00~13：00 午餐

13：00~自由活動或觀賞櫻花

18：30~晚餐

☆**每人：發表 15 分·討論 5 分**